張大可
韓兆琦 等 注譯

新譯資治通鑑

（四十）

後漢紀三—四
後周紀一—五

三民書局

國家圖書館出版品預行編目資料

新譯資治通鑑(四十)／張大可,韓兆琦等注譯.——初版三刷.——臺北市：三民，2024
冊；　公分.——(古籍今注新譯叢書)

ISBN 978-957-14-6239-4（全套:精裝）
1. 資治通鑑 2. 注釋

610.23　　105022920

古籍今注新譯叢書

新譯資治通鑑(四十)

注譯者｜張大可　韓兆琦等
創辦人｜劉振強
發行人｜劉仲傑
出版者｜三民書局股份有限公司(成立於1953年)

三民網路書店
https://www.sanmin.com.tw

地　址｜臺北市復興北路386號　(復北門市)　(02)2500-6600
臺北市重慶南路一段61號(重南門市)　(02)2361-7511

出版日期｜初版一刷2017年1月
初版三刷2024年5月
全套不分售
ISBN｜978-957-14-6239-4

新譯資治通鑑　目次

第四十冊

卷第二百八十八

後漢紀三

起著雍涒灘（戊申　西元九四八年）三月，盡屠維作噩（己酉　西元九四九年），凡一年有奇。

【題解】本卷記事起於西元九四八年三月，迄於西元九四九年，凡一年又十個月。當後漢隱帝乾祐元年三月至乾祐二年。乾祐元年高祖劉知遠崩殂，次子劉承祐嗣位，是為隱帝。隱帝年少輕佻，無威略。永興小校趙思綰隨王景崇西征後蜀，從鳳翔返鎮途中據守長安，聯結河中李守貞與鳳翔王景崇反叛後漢，史稱三鎮叛漢。後漢樞密使郭威奉命征討，平定三叛，有大功於漢，然而跋扈不臣，以個人小忿，擅自更易節鎮主帥，隱帝不問，標誌朝綱墮壞。蜀主昏庸，權奸當路。南漢與楚交兵。吳越王獎勵墾荒，境內無棄田。

高祖睿文聖武昭肅孝皇帝下

乾祐元年（戊申　西元九四八年）

三月丙辰❶，史弘肇起復❷，加兼侍中。○侯益家富於財，厚賂執政❸及史弘肇等，由是大臣爭譽之。丙寅❹，以益兼中書令，行開封尹。○改廣晉府[1]為大名府❺，晉昌軍為永興軍❻。

侯益盛毀王景崇於朝，言其恣橫。景崇聞益尹開封，知事已變，內不自安，且怨朝廷。會詔遣供奉官王益如鳳翔，徵趙匡贊牙兵詣闕，趙思綰❼等甚懼，景崇因以言激之。思綰途中謂其黨常彥卿曰：「小太尉❽已落其手，吾屬至京師，并死矣！柰何？」彥卿曰：「臨機制變，子勿復言！」

癸酉❾，至長安，永興節度副使安友規、巡檢喬守溫出迎王益，置酒於客亭❿。思綰前白曰：「壕寨使⓫已定舍館於城東。今將士家屬皆在城中⓬，欲各入城挈家詣城東宿。」友規等然之。時思綰等皆無鎧仗，既入西門，有州校坐門側，思綰遽奪其劍斬之。其徒因大譟，持白梃，殺守門者十餘人，分遣其黨守諸門。思綰入府，開庫取鎧仗給之，友規等皆逃去。思綰遂據城，集城中少年，得四千餘人。繕城隍⓭，葺樓堞⓮，旬日間，戰守之具皆備。

王景崇諷⓯鳳翔吏民表景崇知軍府事，朝廷患之，甲戌⓰，徙靜難⓱節度使王守恩為永興節度使，徙保義節度使趙暉為鳳翔⓲節度使，並同平章事。以景崇為邠州留後，令便道之官⓳。

虢州[20]伶人[21]靖邊庭殺團練使[22]田令方，驅掠州民，奔趙思綰。至潼關[23]，潼關守將出擊之，其眾皆潰。

初，契丹主北歸，至定州，以義武節度副使邪律忠為節度使，徙故節度使孫方簡[24]為大同[25]節度使。方簡怨恚，且懼入朝為契丹所留，遷延不受命，帥其黨三千人保狼山故寨[26]，控守要害。契丹攻之，不克。未幾，遣使請降，帝復其舊官[27]，以扞[28]契丹。

邪律忠聞鄴都既平，常懼華人為變。詔以成德留後劉在明為幽州道馬步都部署，使出兵經略定州。未行，忠與麻荅等焚掠定州，悉驅其人棄城北去。孫方簡自狼山帥其眾數百，還據定州，又奏以弟行友為易州刺史、方遇為泰州[29]刺史。每契丹入寇，兄弟奔命[30]，契丹頗畏之。於是晉末州縣陷契丹者，皆復為漢有矣。

丙子[31]，以劉在明為成德節度使。○麻荅至其國，契丹主責以失守。麻荅不服，曰：「因朝廷徵漢官[32]致亂耳。」契丹主鴆殺[33]之。

蘇逢吉等為相，多遷補官吏。楊邠以為虛費國用，所奏多抑之。逢吉等不悅。

中書侍郎兼戶部尚書、同平章事李濤上疏言：「今關西紛擾，外禦為急。二樞密[34]皆佐命功臣，官雖貴而家未富，宜授以要害大鎮。樞機之務在陛下目前，易以裁決，逢吉、禹珪自先帝時任事，皆可委也。」楊邠、郭威聞之，見太后泣訴，稱：「臣等從先帝起艱難中，今天子取人言，欲棄之於外。況關西方有事㉟，臣等何忍自取安逸，不顧社稷。若臣等必不任職，乞留過山陵㊱。」太后怒，以讓帝，曰：「國家勳舊之臣，柰何聽人言而逐之！」帝曰：「此宰相所言也。」因詰責宰相。濤曰：「此疏臣獨為之，它人無預。」丁丑㊲，罷濤政事，勒㊳歸私第。

是日，邠、涇、同、華四鎮㊴俱上言護國節度使兼中書令李守貞與永興、鳳翔同反㊵。

始，守貞聞杜重威死而懼，陰有異志。自以晉世嘗為上將，有戰功㊶，素好施，得士卒心。漢室新造，天子年少初立，執政皆後進㊷，有輕㊸朝廷之志。乃招納亡命，養死士，治城塹，繕甲兵，晝夜不息。遣人間道㊹齎蠟丸結契丹，屢為邊吏所獲。

浚儀人趙修己㊺，素善術數。自守貞鎮滑州，署司戶參軍，累從移鎮。為守貞言：「時命不可，勿妄動！」前後切諫非一，守貞不聽，乃稱疾歸鄉里。僧總倫，以術媚守貞，言其必為天子，守貞信之。又嘗會將佐置酒，引弓指舐掌虎圖㊻

曰：「吾有非常之福，當中其舌。」一發中之，左右皆賀。守貞益自負。

會趙思綰據長安，奉表獻御衣於守貞，守貞自謂天人協契㊼，乃自稱秦王。遣其驍將平陸王繼勳㊽將兵[2]據潼關，以思綰為晉昌節度使。

同州距河中最近，匡國㊾節度使張彥威常詗守貞所為，奏請先為之備，詔滑州馬軍都指揮使羅金山將部兵戍同州。故守貞起兵，同州不為所併。金山，雲州人也。

【章旨】以上為第一段，寫趙思綰據長安城，聯合河中李守貞、鳳翔王景崇反叛後漢。

【注釋】❶丙辰　三月初七日。❷起復　居喪被奪情任用為起復。❸執政　指蘇逢吉、楊邠等當權大臣。❹丙寅　三月十七日。❺大名府　府名，治所在今河北大名。❻晉昌軍為永興軍　後漢已取代後晉，「廣晉」與「晉昌」之名含「晉」字，已不適宜，故改。❼趙思綰　趙匡贊的牙校。❽小太尉　趙思綰等本為趙延壽部曲，故稱趙匡贊為小太尉。趙延壽官至契丹大丞相、樞密使，故稱為太尉。❾癸酉　三月二十四日。❿客亭　當時各州鎮都設客亭，作為迎送宴餞之處。⓫壕寨使　掌管營造浚築及安營紮寨等事。⓬今將士家屬皆在城中　趙思綰所部士卒此前隨從趙匡贊鎮長安，所以家屬全在長安城中。⓭繕城隍　修理護城河。城隍，護城河。⓮葺樓堞　修理整治城樓和城上的矮牆。葺，原指用茅草覆蓋房屋，泛指修理房屋。堞，城上的矮牆，也稱女牆。⓯諷　用委婉的語言暗示。此時王景崇為鳳翔巡檢使，他想「知軍府事」，也就是當鳳翔節度使，但又不明說，只是暗諭吏民上表，向朝廷反映。⓰甲戌　三月二十五日。⓱靜難　方鎮名，五代後梁置。治所邠州，在今陝西彬縣。⓲鳳翔　方鎮名，唐永泰初改興平節度使為鳳翔節度使。治所鳳翔府，在今陝西鳳翔。⓳便道之官　意為就從長安直接上任。⓴虢州　州名，治所弘農，在今河南靈寶。㉑伶人　古代樂人之稱。㉒團練使　官名，唐代中期以後，在不設節度使的地區置團練使、都團練使，掌本區各州軍事，常與觀察使、防禦使互兼，又曾與防禦使互易稱號。㉓潼關　關名，在今陝西潼關縣北。古為桃林塞地，東漢末設潼關，當陝西、山西、河南三省要衝。㉔故節度使孫方簡　後晉齊王開運三年（西元九四六年）十二月，義武節度使李殷投降契丹，契丹主任命孫方簡為義武節度使。㉕大同　方鎮名，後唐同光二年（西元九二四年）置。治所雲中，在今山西大同。㉖狼山故寨　狼山在當時定州西北二百里，孫方簡乘亂據狼山，事見本書卷二百八十五晉開運三年。契丹北還，孫方簡入據定州，今又復聚於狼山。㉗復其舊官　恢復為義武節度使。㉘扞　同「捍」。㉙泰州　州名，治所在今河北清苑。㉚奔命　奔走救急。指孫氏兄弟三人互相聲援救難，抗擊契丹。㉛丙子　三月二十七日。㉜徵漢官　調徵馮道等人。㉝鴆殺　以毒酒害死人。鴆，鴆鳥，傳說其羽毛置酒中能毒殺人。㉞二樞密　指楊邠、郭威二人，均做過樞密使。㉟關西方有事　指趙思綰等人的反叛。㊱乞留過山陵　請求留任到先帝下葬山陵。舊稱帝王墳墓為山陵。此時劉知遠尚未正式下葬。㊲丁丑　三月二十八日。㊳勒　勒令；強制。㊴邠涇同華四鎮　邠帥王守恩、涇帥史匡威、同帥張彥威、華帥扈從珂，四鎮同時上疏李守貞與趙思綰、王景崇聯合反漢。李守貞帶中書令鎮護國河中府，趙思綰據永興長安，王景崇據鳳翔。㊵與永興鳳翔同反　與趙思綰、王景崇同反。當時趙思綰據永興，王景崇據鳳翔。㊶有戰功　李守貞曾在馬家口打敗契丹，攻克青州，又破契丹於陽城。㊷後進　指蘇逢吉等皆後輩而進身為執政大臣。㊸輕　看不起。㊹間道　偏僻小路。㊺趙修己　浚儀（今河南開封）人，少精天文推步之學，為李守貞謀主。守貞反，屢勸不聽，辭歸。入周，官司天監，入宋遷太府卿、判監事。傳見《宋史》卷四百六十一。㊻舐掌虎圖　一幅老虎伸舌舐掌的圖畫。㊼天人協契　意為是天道和人心相契合的徵兆。㊽王繼勳　平陸（今山西平陸）人，初投李守貞為牙校，後隨之謀反，作戰屢敗，降郭威。宋初為賀州道行營馬步軍都監。在軍陣中常用鐵鞭、鐵槊、鐵檛，被稱做「王三鐵」。傳見《宋史》卷二百七十四。㊾匡國　方鎮名，五代後唐置。治所同州，在今陝西大荔。

【校　記】[1]府　原無此字。據章鈺校，十二行本、乙十一行本皆有此字，今據補。[2]將兵　原無此二字。據章鈺校，十二行本、乙十一行本皆有此二字，今據補。

【語　譯】高祖睿文聖武昭肅孝皇帝下

乾祐元年（戊申　西元九四八年）

三月初七日丙辰，史弘肇起用復職，加授兼任侍中。○侯益家裡錢財很多，重重地賄賂執政大臣和史弘肇等人，由此大臣們爭相稱譽侯益。十七日丙寅，任命侯益兼任中書令，代理開封尹。○朝廷把廣晉府改為大名府，晉昌軍改為永興軍。

侯益在朝中極力毀謗王景崇，說他放肆蠻橫。王景崇聽說侯益主政開封府，知道事情已經起了變化，內心感到不安，並且怨恨朝廷。適逢皇帝詔命派遣供奉官王益前往鳳翔，徵調趙匡贊的衛隊到京城，趙思綰等人很害怕，王景崇便趁機用言語激他們。趙思綰在路上對他的黨羽常彥卿說：「小太尉趙匡贊已經落入他們的手中，我們這些人到了京城，都得被殺！怎麼辦？」常彥卿說：「隨機應變，您不要再說了！」

三月二十四日癸酉，趙思綰等到達長安。永興節度副使安友規、巡檢喬守溫出城迎接王益，在客亭設置酒宴。趙思綰走上前去說：「壕寨使已經在城東安排了館舍，現在將士們的家屬都在城中，想各自進城帶領家屬前往城東住宿。」安友規等人認為趙思綰說得對。當時趙思綰等人都沒有鎧甲、兵器，他們進了西門以後，有一個本州的軍官坐在門邊，趙思綰立刻奪了他的劍，把他殺了。趙思綰的部眾趁機大聲叫嚷，手拿大木棒，殺死守門的十多人，分別由他的黨羽把守各個城門。趙思綰進入官署中，打開武器庫，取出鎧甲、兵器發給部眾。安友規等人全都逃離。趙思綰於是佔據州城，召集城內的少年，得到四千多人。修理護城河，整修城樓和城上的矮牆，十天之間，一切戰鬥和防守的用具都準備好了。

王景崇暗示鳳翔的官吏和百姓上表向皇帝推薦自己主持軍府的事務，朝廷對此感到擔憂。三月二十五日甲戌，調任靜難節度使王守恩為永興節度使，調任保義節度使趙暉為鳳翔節度使，二人都為同平章事。任命王景崇為邠州留後，命他從長安直接赴任。

虢州的樂人靖邊庭殺死團練使田令方，搶劫和驅趕州城百姓，投奔趙思綰。到達潼關，潼關守將出關攻打靖邊庭，他的部眾全部潰散。

當初，契丹主向北返回，走到定州，任命義武節度副使邪律忠為節度使，調任前任節度使孫方簡為大同節度使。孫方簡很怨恨，又怕去朝見被契丹扣留，故意拖延不肯接受任命，率領他的部眾三千人固守狼山舊寨，控制把守險要的地方。契丹進攻他，沒有攻下。不久，孫方簡派遣使者前來請求歸降漢朝，漢隱帝恢復他原來的官職，用以抵禦契丹。

邪律忠聽說鄴都已經平定，常常害怕漢人發動叛亂。漢隱帝下詔任命成德留後劉在明為幽州道馬步都部署，叫他出兵謀取定州。劉在明還沒有出發，邪律忠和麻荅等人在定州焚燒搶劫，驅趕所有州城居民放棄州城北去。孫方簡率領他的部眾幾百人，從狼山回來佔據定州，又上奏請求任命他的弟弟孫行友為易州刺史、孫方遇為泰州刺史。每當契丹入境寇掠，兄弟二人奔走救援，契丹很害怕他們。於是後晉末年淪陷於契丹的州縣，又都為後漢所有了。

三月二十七日丙子，漢隱帝任命劉在明為成德節度使。〇麻荅到了他的國內，契丹主譴責他失守州城。麻荅不服，說：「這是因為朝廷信用漢人官員招致了禍亂罷了。」契丹主毒死了麻荅。

蘇逢吉等人當了宰相，升遷補任很多官吏。楊邠認為這是白白地浪費國家的錢財，所上奏章大多被扣押。蘇逢吉等人不高興。

中書侍郎兼戶部尚書、同平章事李濤上疏說：「現在關西動盪不安，抵禦外部入侵是當務之急。兩位樞密使都是幫助先帝建立基業的功臣，官位雖然顯貴，而家中沒有富足，應該授給他們衝要大鎮。樞密機要的事務就在陛下的眼前，很容易處理決定。蘇逢吉和蘇禹珪從先帝時候起就開始任職，都可以委派出去。」楊邠、郭威聽說這件事，進見太后哭訴說：「臣等跟隨先帝出身於艱難之中，現在天子聽信別人的話，想把我們棄置在外，何況關西正發生變亂，臣等怎麼忍心自取安逸，不顧國家。如果臣等一定不稱職，請求留任到先帝下葬山陵。」太后很生氣，拿這件事去責問皇帝，說：「國家有功勞的舊臣，怎麼能聽信別人的話把他們趕走呢！」漢隱帝說：「這是宰相說的。」因而責問宰相。李濤說：「這份奏章是我獨自一人寫的，其他的人沒有參與。」三月二十八日丁丑，罷免李濤的官職，勒令他回家。

這一天，邠州、涇州、同州、華州這四個藩鎮都向朝廷奏報，說護國節度使兼中書令李守貞和永興、鳳翔兩節度使一起反叛。

起初，李守貞聽說杜重威被處死就害怕了，暗中就有反叛的想法。他自認為在後晉曾為上將，立有戰功，向來喜歡施恩於人，深得士兵之心。後漢初建，天子年少，剛剛即位，執政大臣都是晚輩，因此有了輕視朝廷的想法。於是招收亡命之徒，豢養敢死之士，修築城池，整修鎧甲、武器，日夜不停。派遣使者抄小路帶著裝有密信的蠟丸去勾結契丹，多次被守邊的官吏抓獲。

浚儀人趙修己，向來擅長星占命相之術。自從李守貞鎮守滑州，任命他為司戶參軍，多次隨從李守貞調換鎮所。趙修己對李守貞說：「時運不允許，不要輕舉妄動！」先後痛切地勸諫不止一次，李守貞不聽，於是就稱病回到家鄉。有個和尚叫總倫，用妖術取悅於李守貞，說李守貞一定能當皇帝，李守貞相信了。李守貞又曾經聚會將吏僚屬，置辦酒宴，拉滿弓指著〈舐掌虎圖〉說：「如果我有不同尋常的福分，一定會射中老虎的舌頭。」一箭就射中了，身邊的人都向他祝賀。李守貞更加自負。

正好這時趙思綰佔據長安，奉章表進獻帝王穿的衣服給李守貞。李守貞自以為天道和人心相契合，於是自稱秦王。派遣他的猛將平陸人王繼勳率軍據守潼關，任命趙思綰為晉昌節度使。

同州距離河中府最近，匡國節度使張彥威常常偵察李守貞的所作所為，上奏朝廷請求預先作好準備。漢隱帝詔命滑州馬軍都指揮使羅金山帶領他所統轄的軍隊戍守同州。所以李守貞起兵時，同州沒有被他吞併。羅金山，是雲州人。

定難❶節度使李彝殷發兵屯境上，奏稱：「去❷三載前羌族❸𠴫毋❹殺綏州❺刺史李仁裕叛去，請討之。」慶州❻上言：「請益兵為備。」詔以司天❼言「今歲不利先舉兵」，諭止之。

夏，四月辛巳❽，陝州都監❾王玉奏克復潼關。

帝與左右謀，以太后怒李濤離間，欲更進用二樞密，以明非帝意。左右亦疾二蘇⑩之專，欲奪其權，共勸之。壬午⑪，制以樞密使楊邠為中書侍郎兼吏部尚書、同平章事，樞密使如故，以副樞密使郭威為樞密使，又加三司使王章同平章事。

凡中書除官、諸司奏事，帝皆委邠斟酌。自是三相拱手⑫，政事盡決於邠。事有未更邠所可否者，莫敢施行，遂成凝滯⑬。三相每進擬用人，苟不出邠意，雖簿、尉⑭亦不之與。邠素不喜書生，常言：「國家府廩實、甲兵彊，乃為急務。至於文章禮樂，何足介意⑮！」既恨二蘇排己，又以其除官太濫，為眾所非，欲矯其弊。由是艱於除拜，士大夫往往有自漢興至亡不霑一命⑯者，凡門蔭⑰及百司入仕⑱者悉罷之。雖由邠之愚蔽，時人亦咎二蘇之不公所致云。

以鎮寧節度使郭從義充永興行營都部署，將侍衛兵討趙思綰。戊子⑲，以保義節度使白文珂為河中行營都部署、內客省使王峻為都監。辛卯⑳，削奪李守貞官爵，命文珂等會兵討之。乙未㉑，以寧江㉒節度使、侍衛步軍都指揮使尚洪遷為西面行營都虞候。

王景崇遷延不之邠州，閱集㉓鳳翔丁壯，詐言討趙思綰，仍牒邠州會兵㉔。

契丹主如遼陽㉕，故晉主㉖與太后㉗、皇后㉘皆謁見。有禪奴利者，契丹主之妻兄也，聞晉主有女未嫁，詣晉主求之，晉主辭以幼。後數日，契丹主使人馳取其女而去，以賜禪奴。

王景崇遣蜀鳳州㉙刺史徐彥書，求通互市。壬戌㉚，蜀主使彥復書招之。○契丹主留晉翰林學士徐台符於幽州，台符逃歸。○五月乙亥㉛，滑州言河決魚池㉜。○六月戊寅朔㉝，日有食之。○辛巳㉞，以奉國左廂都虞候劉詞㉟充河中行營馬步都虞候。○乙酉㊱，王景崇遣使請降于蜀，亦受李守貞官爵。○高從誨既與漢絕，北方商旅不至，境內貧乏，乃遣使上表謝罪，乞修職貢。詔遣使慰撫之。○西面行營都虞候尚洪遷攻長安，傷重而卒。

秋，七月，以工部侍郎李穀充西南面行營都轉運使。○庚申㊲，加樞密使郭威同平章事。

【章旨】以上為第二段，寫後漢樞密使、同平章事楊邠專權。

【注釋】❶定難　方鎮名，五代後梁置。治所夏州，在今陝西靖邊西。❷去　已往。❸羌族　古族名，主要分布在今甘肅、青海、四川一帶。其後逐漸與西北地區的漢族及其他民族相融合。❹㖡毋　胡三省注引《龍龕手鏡》云：「㖡，音夜。毋，讀如膜。」❺綏州　州名，治所在今陝西綏德。❻慶州　州名，治所安化，在今甘肅慶陽。❼司天　即司天監，掌天文、曆數、占候、推步之事。❽辛巳　四月初二日。❾都監　設在州府的都監，掌本城軍隊的屯戍、訓練、器甲、差使等事。❿二蘇　蘇逢吉與蘇禹珪。⓫壬午　四月初三日。⓬三相拱手　三位宰相清閒無事。三相，竇貞固、蘇逢吉、蘇禹珪。拱手，兩手合抱，引申為閒適。⑬凝滯　停滯。⑭簿尉　主簿、縣尉，指較低級的官吏。⑮介意　在意。⑯不霑一命　未得一職；連個小官也沒有得到。霑，潤澤；得到利益。周代官階從一命至九命，一命是最低官階。⑰門蔭　因祖先功勳而補官。⑱百司入仕　指流品以外的人當官。⑲戊子　四月初九日。⑳辛卯　四月十二日。㉑乙未　四月十六日。㉒寧江　方鎮名，後唐天成二年（西元九二七年）置。治所夔州，在今重慶市奉節。㉓閱集　檢閱、集合。㉔仍牒邠州會兵　還行文通知邠州，準備會師討伐趙思綰。㉕遼陽　府名，治所在今遼寧遼陽。㉖晉主　石重貴。㉗太后　李氏。㉘皇后　馮氏。㉙鳳州　州名，治所在今陝西鳳縣。㉚壬戌　四月庚辰朔，無壬戌。壬戌，當為五月十四日。㉛乙亥　五月二十七日。㉜魚池　地名，黃河在此決口後謂之魚池口。在今河南滑縣境內。㉝戊寅朔　六月初一日。㉞辛巳　六月初四日。㉟劉詞　字好謙，歷仕後唐、後晉、後漢、後周，官同中書門下平章事。傳見《舊五代史》卷一百二十四、《新五代史》卷五十。㊱乙酉　六月初八日。㊲庚申　七月十三日。

【語譯】定難節度使李彝殷派出軍隊屯駐邊境，上表說：「三年以前，羌族啘毋殺了綏州刺史李仁裕後叛逃，請討伐他。」慶州官員上奏說：「請求增加兵力進行防備。」漢隱帝下詔稱由於主管天象的官員說「今年不利於先興兵」，勸諭他們停止。

夏，四月初二日辛巳，陝州都監王玉奏報攻克收復了潼關。

漢隱帝和近臣商議，由於太后惱怒李濤挑撥離間，想再提拔任用兩位樞密使，以表示以前的事並不是皇帝的意思。近臣也恨二蘇專權，想奪取他二人的權力，都勸皇帝這樣做。四月初三日壬午，漢隱帝下制書任命樞密使楊邠為中書侍郎兼吏部尚書、同平章事，樞密使依舊，任命副樞密使郭威為樞密使，又加授三司使王章同平章事。

凡是中書省任命官職、各部門奏報公事，漢隱帝都交給楊邠斟酌處理。從此三位宰相安閒無事，政務完全由楊邠決定。事情未經楊邠提出處理意見的，沒有人敢施行，於是政事停滯。三位宰相每次上奏打算錄用的人員，如果不是出自楊邠的意思，即使是主簿、縣尉這樣的小官也不予任用。楊邠向來不喜歡讀書人，常常說：「國家府庫充實、甲兵強盛，才是當務之急。至於禮樂制度，哪裡值得放在心上！」楊邠既痛恨二蘇排擠自己，又認為他們任命官吏太濫，被眾人所非議，想要矯正這些弊端。因此很難任命官員，士大夫往往有從後漢興起一直到滅亡連個小官也當不上的，凡是因為祖先功勳而得官以及流外入仕，全部停止。這雖然是由於楊邠的愚昧，但當時的人也埋怨這是二蘇的處事不公所導致的。

漢隱帝任命鎮寧節度使郭從義充任永興行營都部署，率領侍衛兵討伐趙思綰。四月初九日戊子，任命保義節度使白文珂為河中行營都部署、內客省使王峻為都監。十二日辛卯，削去李守貞的官爵，命令白文珂等人聯合兵力討伐他。十六日乙未，任命寧江節度使、侍衛步軍都指揮使尚洪遷為西面行營都虞候。

王景崇拖延時間不到邠州上任，搜集鳳翔的丁壯，欺騙說要討伐趙思綰，還行文邠州會師。

契丹主前往遼陽，原來的後晉主和太后、皇后都去拜見。有一個叫禪奴利的人，是契丹主妻子的哥哥，聽說後晉主有一個女兒還沒有出嫁，就去向後晉主求婚，後晉主以年紀還小推辭。過了幾天，契丹主派人騎著快馬把他的女兒搶去，把她賜給禪奴利。

王景崇寫信給後蜀鳳州刺史徐彥，請求互通貿易。壬戌日，後蜀主命徐彥回信招他投降。○契丹主把後晉的翰林學士徐台符扣留在幽州，徐台符逃了回來。○五月二十七日乙亥，滑州奏報黃河在魚池決口。

六月初一日戊寅，發生日蝕。○初四日辛巳，漢隱帝任命奉國左廂都虞候劉詞充任河中行營馬步都虞候。○初八日乙酉，王景崇派遣使者請求投降後蜀，也接受李守貞授給的官爵。○高從誨與後漢斷絕往來以後，北方的商旅不到荊南來了，境內貧乏窮困，於是派遣使者上表謝罪，請求恢復對朝廷的貢納。漢隱帝下詔派使者去安撫慰問他。○西面行營都虞候尚洪遷攻打長安，傷重而死。

秋，七月，漢隱帝任命工部侍郎李穀充任西南面行營都轉運使。○十三日庚申，加授樞密使郭威同平章事。

蜀司空兼中書侍郎、同平章事張業[1]，性豪侈，強市[2]人田宅，藏匿亡命於私第，置獄繫負債者，或歷年至有瘐死❸者。其子檢校左僕射繼昭，好擊劍，嘗與僧歸信訪善劍者。右匡聖都指揮使孫漢韶與業有隙，密告業、繼昭謀反，翰林承旨李昊、奉聖控鶴馬步都指揮使安思謙❹復從而譖之。甲子❺，業入朝，蜀主命壯士就都堂❻擊殺之，下詔暴其罪惡，籍沒其家。

樞密使、保寧❼節度使兼侍中王處回，亦專權貪縱，賣官鬻獄❽，四方饋獻，皆先輸處回，次及內府❾，家貲巨萬。子德鈞，亦驕橫。張業既死，蜀主不忍殺處回，聽歸私第。處回惶恐辭位，以為武德❿節度使兼中書令。

蜀主欲以普豐庫使高延昭、茶酒庫使王昭遠⓫為樞密使，以其名位素輕，乃授通奏使，知樞密院事。昭遠，成都人，幼以僧童從其師⓬入府，蜀高祖⓭愛其敏慧，令給事蜀主⓮左右。至是，委以機務，府庫金帛，恣其取與，不復會計⓯。

戊辰⓰，以郭從義為永興節度使、白文珂兼知河中行府事⓱。

蜀主以翰林承旨、尚書左丞李昊為門下侍郎兼戶部尚書，翰林學士、兵部侍郎徐光溥⓲為中書侍郎兼禮部尚書，並同平章事。

蜀安思謙謀盡去舊將，又譖衛聖都指揮使兼中書令趙廷隱⓳謀反，欲代其位，夜，發兵圍其第。會山南西道節度使李廷珪入朝，極言廷隱無罪，乃得免。廷隱因稱疾，固請解軍職。甲戌⑳，蜀主許之。

鳳翔節度使趙暉至長安。乙亥㉑，表王景崇反狀益明，請進兵擊之。

初，高祖鎮河東，皇弟崇為馬步都指揮使，與蕃漢都孔目官郭威爭權，有隙。及威執政，崇憂之。節度判官鄭珙勸崇為自全計，崇從之。珙，青州㉒人也。八月庚辰㉓，崇表募兵四指揮。自是選募勇士，招納亡命，繕甲兵，實府庫，罷上供財賦，皆以備契丹為名。朝廷詔令，多不稟承。

【章旨】以上為第三段，寫後蜀主昏庸，權奸當路。後漢高祖弟劉崇圖謀割據河東。

【注釋】❶張業　後蜀權臣，官左僕射、兼中書侍郎、同平章事。孫漢韶告其父子謀反，被誅。❷強市　強行購買。❸瘐死　此指死於私獄中。律文中罪犯因飢寒病死獄中稱「瘐」。❹安思謙　後蜀禁軍將領，與後主相猜忌，其子依仗父威，橫行國中。後被誅。❺甲子　七月十七日。❻都堂　尚書省總辦公處之稱。❼保寧　方鎮名，五代十國後蜀置。治所閬州，在今四川閬中。❽賣官鬻獄　出賣官爵，賣訟受賄。❾內府　皇室的倉庫。❿武德　方鎮名，五代十國前蜀改劍南東川為武德軍。治所梓州，在今四川三臺。王處回因為以武德節度使兼中書令，本人仍在朝廷，未赴節鎮。⓫王昭遠　幼孤貧，以僧童身分隨師入宮，侍奉後主得寵，由捲簾使逐步升為山南西道節度使、同平章事。以通兵書、懂方略自詡，及與宋戰，臨陣股慄，被俘。宋太祖釋之，授左領軍衛大將軍。⓬師　王昭遠師父為智諲。⓭蜀高祖　孟知祥（西元八七四－九三四年），五代後蜀國的建立者。歷仕太原留守、成都尹、東西川節度使，西元九三四年稱帝，不足一年病逝。傳見《舊五代史》卷一百三十六、《新五代史》卷六十四。⓮蜀主　後主孟昶（西元九一九－九六五年），孟知祥第三子。西元九三四－九六五年在位。宋乾德三年（西元九六五年）宋兵入成都，降，封秦國公。⓯會計　核算。⓰戊辰　七月二十一日。⓱以郭從義為永興節度使句　當時河中、永興、鳳翔三鎮拒命後漢，後漢高祖派郭從義討長安，遂任為永興節度使；派白文珂討河中，遂命白文珂知河中行府事。⑱徐光溥　博學善詩歌，有辯才，遇事輒發。後因李昊疾之，有議事便熟睡，時號「睡相」。⑲趙廷隱　開封人，後蜀勇將。高祖孟知祥死，同趙季良等受遺詔輔政，官至太師、中書令，封宋王。⑳甲戌　七月二十七日。㉑乙亥　七月二十八日。㉒青州　州名，治所東陽城，在今山東青州。㉓庚辰　八月初四日。

【語譯】 後蜀司空兼中書侍郎、同平章事張業，生性奢華，強買百姓的田地和宅第，在私宅裡窩藏亡命徒，設立監牢拘押欠債的人，有的被拘押多年，以致有死在監獄裡的。他的兒子檢校左僕射張繼昭，喜歡擊劍，曾經與僧人歸信一起去尋訪擊劍好手。右匡聖都指揮使孫漢韶與張業有仇怨，密告張業、張繼昭圖謀造反，翰林承旨李昊、奉聖控鶴馬步都指揮使安思謙也跟著誣陷他們。七月十七日甲子，張業入朝，後蜀主命令壯士在都堂上打死了他，下詔公布他的罪行，清查沒收他的家產。

樞密使、保寧節度使兼侍中王處回，也獨攬大權，貪婪驕縱，出售官爵，賣訟受賄，四方所進獻的財貨，都先送到王處回那裡，再送到宮內的府庫，家財億萬。他的兒子王德鈞，也驕奢蠻橫。張業死了以後，後蜀主不忍心殺王處回，允許他回家。王處回驚慌恐懼，辭去官位。後蜀主任命他為武德節度使兼中書令。

後蜀主想任命普豐庫使高延昭、茶酒庫使王昭遠為樞密使，因為他們的名聲和地位向來很低，於是授任通奏使，主持樞密院的事務。王昭遠是成都人，小時候以僧童的身分跟隨他的師父進入節度使府，後蜀高祖喜愛王昭遠敏捷聰慧，讓他在後蜀主的身邊供事。到了這個時候，把機要事務交付給他，府庫的金錢、布帛，聽任他取用，不再核算。

七月二十一日戊辰，漢隱帝任命郭從義為永興節度使、白文珂兼理河中行府的事務。

後蜀主任命翰林承旨、尚書左丞李昊為門下侍郎兼戶部尚書，翰林學士、兵部侍郎徐光溥為中書侍郎兼禮部尚書，二人都為同平章事。

後蜀安思謙圖謀把舊將全部排擠掉，又誣陷衛聖都指揮使兼中書令趙廷隱謀反，想取代他的官位，晚上發兵包圍趙廷隱的住宅。恰逢山南西道節度使李廷珪入朝，極力陳說趙廷隱無罪，才得以免禍。趙廷隱於是藉口有病，堅決要求卸去軍職。七月二十七日甲戌，後蜀主答應了他的要求。

鳳翔節度使趙暉到達長安。七月二十八日乙亥，上表稱王景崇謀反的跡象越發明顯，請求進兵攻打他。

當初，漢高祖鎮守河東，漢隱帝的弟弟劉崇任馬步都指揮使，和蕃漢都孔目官郭威爭奪權力，產生仇怨。等到郭威掌權，劉崇擔憂了。節度判官鄭珙勸劉崇作保全自己的打算，劉崇聽從鄭珙的建議。鄭珙，是青州人。八月初四日庚辰，劉崇上表招募四個指揮的兵力。從此選拔和募集勇士，招收亡命之徒，修治鎧甲兵器，充實府庫，停止上交財物賦稅，都以防禦契丹為藉口。朝廷的詔令，多不接受。

自河中、永興、鳳翔三鎮拒命以來，朝廷繼遣諸將討之。昭義節度使常思❶屯潼關，白文珂屯同州，趙暉屯咸陽❷。惟郭從義、王峻置柵近長安，而二人相惡如水火，自春徂❸秋，皆相仗❹莫肯攻戰。帝患之，欲遣重臣臨督。壬午❺，以郭威為西面軍前招慰安撫使，諸軍皆受威節度。威將行，問策於太師馮道。道曰：「守貞自謂舊將，為士卒所附。願公勿愛官物，以賜士卒，則奪其所恃矣。」威從之。由是眾心始附於威。○詔白文珂趣河中，趙暉趣鳳翔。

甲申❻，蜀主以趙廷隱為太傅，賜爵宋王，國有大事，就第問之。○戊子❼，蜀改鳳翔曰岐陽軍❽。己丑❾，以王景崇為岐陽節度使、同平章事。○乙未❿，以錢弘俶為東南兵馬都元帥、鎮海・鎮東節度使兼中書令、吳越國王。

郭威與諸將議攻討，諸將欲先取長安、鳳翔。鎮國節度使扈彥珂[1]曰：「今三叛連衡，推守貞為主。守貞亡，則兩鎮自破矣。若捨近而攻遠，萬一王、趙拒吾前，守貞掎⑪吾後，此危道也。」威善之。於是威自陝州，白文珂及寧江節度使、侍衛步軍都指揮使劉詞自同州，常思自潼關，三道攻河中。威撫養士卒，與同苦樂，小有功輒厚[2]賞之，微有傷常親視之。士無賢不肖，有所陳啓，皆溫辭色而受之。違忤不怒，小過不責。由是將卒咸歸心於威。

始，李守貞以禁軍皆嘗在麾下⑫，受其恩施，又士卒素驕，苦漢法之嚴，謂其至則叩城奉迎，可[3]坐而待之。既而士卒新受賜於郭威，皆忘守貞舊恩。己亥⑬，至城下，揚旗伐鼓，踊躍詬譟⑭。守貞視之，失色。

白文珂克西關城⑮，柵於河西，常思柵於城南，威柵於城西。未幾，威以常思無將領才，先遣歸鎮。

諸將欲急攻城，威曰：「守貞前朝宿將，健鬭好施，屢立戰功。況城臨大河，樓堞完固，未易輕也。且彼馮⑯城而鬭，吾仰而攻之，何異帥士卒投湯火乎！夫勇有盛衰，攻有緩急，時有可否，事有後先。不若且設長圍而守之，使飛走路絕。吾洗兵牧馬，坐食轉輸⑰，溫飽有餘。俟城中無食，公帑⑱家財皆竭，然後進梯衝⑲以逼之，飛羽檄⑳以招之。彼之將士，脫身逃死，父子且不相保，況烏合之眾乎！思綰、景崇，但分兵縻㉑之，不足慮也。」乃發諸州民夫二萬餘人，使白文珂等帥之，刳長壕㉒、築連城㉓、列隊伍而圍之。威又謂諸將曰：「守貞曩㉔畏高祖，不敢鴟張㉕。以我輩崛起太原，事功未著，有輕我心，故敢反耳。正宜靜以制之。」乃偃旗臥鼓，但循河設火鋪㉖，連延數十里，番㉗步卒以守之。遣水軍艤舟㉘於岸，寇有潛往來者，無不擒之。於是守貞如坐網中矣。

【章旨】以上為第四段，寫後漢郭威圍困李守貞於河中。

【注釋】❶常思　字克恭，太原人，曾仕後唐、後晉、後漢、後周。郭威少孤無依，食於常家。後周立，郭威以常叔呼之。歷任歸德、平盧節度使。傳見《舊五代史》卷一百二十九、《新五代史》卷四十九。❷咸陽　縣名，縣治在今陝西咸陽。❸徂　到。❹相仗　互相依仗、推委。❺壬午　八月初六日。❻甲申　八月初八。❼戊子　八月十二日。❽改鳳翔曰岐陽軍　因鳳翔在岐山之南，山南為陽，故名。❾己丑　八月十三日。❿乙未　八月十九日。⓫掎　從後牽引，引申為夾擊。⓬李守貞以禁軍皆嘗在麾下　李守貞在後晉曾任侍衛親軍都虞候、侍衛親軍都指揮使，掌禁中，這時征討他的官兵多是他的部下。麾下，本指在主帥的旌麾下，引申為部下。⓭己亥　八月二十三日。⓮詬詈　謾罵、喧譁。⓯西關城　屬河中府，位於黃河西部。⓰馮　通「憑」。憑藉；依靠。⓱轉輸　轉運輸送物資。⓲公帑　國庫。此指城中儲積。⓳衝　古時用以衝擊敵城的戰車。⓴羽檄　即羽書，古時徵調軍隊的文書，上插鳥羽表示緊急，必須速遞。㉑縻　本為牛韁繩，引申為牽制。㉒刳長壕　挖圍城的長壕。㉓築連城　修築相連的圍城碉堡。㉔曩　昔時；先前。㉕鴟張　囂張、兇暴，像鴟鳥張開翅膀一樣。㉖火鋪　瞭望崗亭。㉗番　輪番。㉘艤舟　使船靠岸。

【校記】[1]扈彥珂　原作「扈從珂」。據章鈺校，十二行本、乙十一行本皆作「扈彥珂」，今據改。按，《宋史》卷二百五十四有扈彥珂傳。[2]厚　原無此字。據章鈺校，十二行本、乙十一行本皆有此字，今據補。按，「厚賞之」與下之「親視之」對仗，補「厚」字義長。[3]可　原作「可以」。據章鈺校，十二行本、乙十一行本皆無「以」字，今據刪。按，《通鑑紀事本末》無「以」字。

【語　譯】自從河中、永興、鳳翔三個藩鎮抗拒朝廷的命令以來，朝廷相繼派遣眾將領去討伐他們。昭義節度使常思駐紮潼關，白文珂駐紮同州，趙暉駐紮咸陽。只有郭從義、王峻所築寨柵靠近長安，而二人相互憎恨，如同水火，從春天到秋天，都互相推委不肯出戰。皇帝對此很擔憂，想派遣一位朝廷重臣前去監督。八月初六日壬午，任命郭威為西面軍前招慰安撫使，各軍都受郭威的指揮。郭威將要啟程，向太師馮道詢問計策。馮道說：「李守貞自己以為是舊時將領，被士卒所歸附。希望您不要吝惜公家的財物，拿來賞賜士卒，這樣就奪取了他所憑藉的東西了。」郭威聽從了馮道的建議。從此人心開始歸附於郭威了。〇漢隱帝下詔命令白文珂趕赴河中鎮，趙暉趕赴鳳翔鎮。

八月初八日甲申，後蜀主任命趙廷隱為太傅，賜爵為宋王，國家有重大事情，到宅第詢問他。〇十二日戊子，後蜀改鳳翔為岐陽軍。十三日己丑，任命王景崇為岐陽節度使、同平章事。〇十九日乙未，後漢任命錢弘俶為東南兵馬都元帥、鎮海·鎮東節度使兼中書令、吳越國王。

郭威和眾將商議攻打討伐之事，眾將打算先取長安、鳳翔。鎮國節度使扈彥珂說：「如今三個叛臣聯合，推舉李守貞為首領。李守貞敗亡，那麼其他兩個藩鎮就不攻自破了。如果捨近攻遠，萬一王景崇、趙思綰在我們的前面抵抗，李守貞在我們的後面夾擊，這是危險的策略。」郭威認為扈彥珂的主意好。於是郭威從陝州，白文珂和寧江節度使、侍衛步軍都指揮使劉詞從同州，常思從潼關，三路一起進攻河中鎮。郭威撫慰愛護士卒，和他們同甘共苦，有一點小功勞就重賞他們，稍微受點傷常常親自去看望他們。士人不論賢能與否，只要有陳說稟告，他都好言好語、和顏悅色地接受。士兵有了冒犯，他不生氣，犯了小錯，他不責罰。因此將領士卒都心向郭威。

起初，李守貞認為禁軍都曾經在自己的部下，受過他的恩惠，而且士卒向來驕縱，苦於後漢法律的嚴苛，所以他認為禁軍一到就會敞著城門恭敬地迎接他，可以靜坐著等待他們。前不久士卒們剛剛受到郭威的賞賜，都忘記了李守貞的舊恩。八月二十三日己亥，軍隊到達城下，揮動旗幟，敲擊戰鼓，奔騰跳躍，辱罵喧鬧。李守貞見了，變了臉色。

白文珂攻克西關城，在黃河西岸築柵，常思在城南築柵，郭威在城西築柵。不久，郭威認為常思沒有將領的才能，打發他先回到自己的鎮所。

眾將想要加緊攻城，郭威說：「李守貞是前朝的老將，勇猛善戰，好施恩惠，多次建立戰功；加之城池緊靠黃河，城樓護牆完好堅固，不可輕視。而且他們倚靠城池作戰，我們在城下向上進攻，這和帶領士卒投進開水和烈火中有什麼兩樣呢！勇氣有盛有衰，進攻有緩有急，時機有適宜不適宜，事情有先有後。不如暫且設置包圍圈來防守，使其通往外界的通道都斷絕。我們擦洗兵器，放牧戰馬，安閒地享用後方轉送來的糧餉，吃飽穿暖還有富餘。等待城中糧食吃完，國庫和私人的財物都用光了，然後用上雲梯、衝車逼迫他們，飛傳檄文招降他們。他們的將士各自抽身逃死，父子尚且不能相互保護，何況是烏合之眾呢！思綰、景崇，你們只要分別派兵牽制住他們，不值得憂慮。」於是徵調各州民夫兩萬多人，讓白文珂等人率領，挖掘長長的壕溝、修築一個一個連結起來的碉堡、排開隊伍把他包圍起來。郭威又對眾將說：「李守貞過去畏懼高祖，不敢過於猖狂。他認為我們從太原起家，功業還不明顯，有輕視我們的想法，所以才敢反叛。正應該用靜來制服他。」於是放倒軍旗，停敲戰鼓，只沿著河岸設置瞭望崗亭，延續幾十里，派步兵輪番防守。遣令水軍把船靠在岸邊，敵人有偷偷進出的，沒有一個不被抓獲。這樣一來，李守貞就像困在網中一樣了。

蜀武德節度使兼中書令王處回請老❶，辛丑❷，以太子太傅致仕。

南漢主❸遣知制誥宣化鍾允章❹求昏於楚，楚王希廣不許。南漢主怒，問允章：「馬公復能經略南土乎？」對曰：「馬氏兄弟，方爭亡於不暇，安能害我！」

南漢主曰：「然！希廣懦而吝嗇，其士卒忘戰日久，此乃吾進取之秋也。」

武平節度使馬希萼請與楚王希廣各修職貢⑤，求朝廷別加官爵。希廣用天策府內都押牙歐弘練⑥、進奏官張仲荀謀，厚賂執政，使拒其請。九月壬子⑦，賜希萼及楚王希廣詔書，諭以兄弟宜相輯睦，凡希萼所貢，當附希廣以聞。希萼不從。

蜀兵援王景崇，軍于散關，趙暉遣都監李彥從襲擊，破之，蜀兵遁去。〇蜀主以張業、王處回執政，事多壅蔽⑧，己未⑨，始置匭函⑩，後改為獻納函。

王景崇盡殺侯益家屬七十餘人⑪，益子前天平行軍司馬⑫仁矩⑬先在外，得免。庚申⑭，以仁矩為隰州⑮刺史。仁矩子延廣⑯，尚在襁褓⑰，乳母劉氏以己子易之，抱延廣而逃，乞食至于大梁，歸于益家。

李守貞屢出兵欲突長圍，皆敗而返。遣人齎蠟丸求救於唐、蜀、契丹，皆為邏者⑱所獲。城中食且盡，殍死者⑲日眾。守貞憂形於色，召總倫詰之。總倫曰：「大王當為天子，人不能奪。但此分野⑳有災，待磨滅將盡，只餘一人一騎，乃大王鵲起㉑之時也。」守貞猶以為然。

冬，十月，王景崇遣其子德讓、趙思綰遣其子懷乂，見蜀主[1]于成都。

戊寅㉒，景崇遣兵出西門，趙暉擊破之，遂取西關城。景崇退守大城，暉 [2] 塹而圍之，數挑戰，不出。暉潛遣千餘人擐㉓甲執兵，效蜀旗幟，循南山而下，令諸軍聲言：「蜀兵至矣。」景崇果遣兵數千出迎之，暉設伏掩擊，盡殪㉔之。自是景崇不復敢出。

蜀主遣山南西道節度使安思謙將兵救鳳翔，左僕射兼門下侍郎、同平章事毋昭裔㉕上疏諫曰：「臣竊見莊宗皇帝志貪西顧㉖，前蜀主意欲北行㉗，凡在庭臣，皆貢諫疏，殊無聽納，有何所成！只此兩朝，可為鑒誡。」不聽。又遣雄武節度使韓保貞引兵出汧陽㉘，以分漢兵之勢。

王景崇遣前義成節度使酸棗㉙李彥舜等逆蜀兵。丙申㉚，安思謙屯右界㉛，漢兵屯寶雞㉜。思謙遣眉州刺史申貴將兵二千趣模壁㉝，設伏於竹林。丁酉旦㉞，貴以兵數百壓寶雞而陳，漢兵逐之，遇伏而敗，蜀兵逐北，破寶雞寨。蜀兵去，漢兵復入寶雞。己亥㉟，思謙進屯渭水㊱，漢益兵五千戍寶雞。思謙畏之，謂眾曰：「糧少敵彊，宜更為後圖。」辛丑㊲，退屯鳳州，尋歸興元㊳。貴，潞州人也。

【章旨】以上為第五段，寫李守貞困守河中坐以待斃，王景崇引蜀兵為援苟延殘喘。

【注　釋】❶請老　以年老請求辭官退休。❷辛丑　八月二十五日。❸南漢主　即中宗劉晟。❹鍾允章　其先邕州（治所在今廣西南寧）人，博學善文辭，多起草誥詞碑記，文思敏捷，操筆立就。官尚書左丞。為人耿直，遭宦官忌恨，誣其謀反，被誅。❺各修職貢　各自向朝廷獻納應進的貢品。❻歐弘練　文昭王馬希範時為客將，後事廢王馬希廣，善謀劃，馬氏王位得以延續。❼壬子　九月初七日。❽壅蔽　阻斷隱瞞。❾己未　九月十四日。❿匭函　小箱子，供進書言事者投遞用。⓫王景崇盡殺侯益家屬七十餘人　王景崇與侯益銜恨極深，本年二月就有人勸景崇殺侯益，景崇猶豫不決，至此終於族滅侯益。⓬行軍司馬　唐代出征將帥及節度使下皆設行軍司馬，總理所部事務，戰時負參謀之責。⓭仁矩　侯益子，官至刺史、左羽林將軍。至郡決滯訟，一日釋繫囚百餘，有政聲。傳見《宋史》卷二百五十四。⓮庚申　九月十五日。⓯隰州　州名，治所隰川，在今山西隰縣。⓰延廣　侯仁矩子，少有勇。入宋，官寧州團練使、知靈州兼兵馬都部署。傳見《宋史》卷二百五十四。⓱襁褓　泛指背負小兒所用的東西。此指嬰兒。襁，布幅，用以絡負。褓，小兒的被，用以裹覆。⓲邏者　巡邏兵。⓳殍死者　餓死的人。⓴分野　我國古代占星術中的一種概念，認為地上各州郡邦國和天上的一定區域相對應，在該天區發生的天象預兆著各對應地方的吉凶。㉑鵲起　《莊子》曰：「鵲上高城，乘危而巢於高枝之巔，城壞巢折，凌風而起，故君子之居世也，得時則蟻行，失時則鵲起也。」本指見機而作，後用為乘時崛起之意。㉒戊寅　十月初三日。㉓擐　套；穿。㉔殪死。㉕毌昭裔　河中龍門（今山西河津）人，博學有才，勇於進諫，好古文，通經術。倡導印經書，使後蜀文學復盛。㉖莊宗皇帝志貪西顧　指後唐莊宗李存勗荒於政事，不聽進諫，伐蜀，後在兵變中被殺。西顧，西向伐蜀。㉗前蜀主意欲北行　前蜀主王衍恣意享樂，欲幸秦州，群臣切諫，不聽。後唐軍乘機入侵，衍降，前蜀遂亡。北行，指北幸秦州。㉘汧陽　縣名，縣治在今陝西千陽。㉙酸棗　縣名，縣治在今河南延津。㉚丙申　十月二十一日。㉛右界　在寶雞西，蜀、漢分界處。㉜寶雞　縣名，縣治在今陝西寶雞。㉝模壁　又稱模壁寨，在今陝西寶雞西南。㉞丁酉旦　十月二十二日晨。㉟己亥　十月二十四日。㊱渭水　黃河最大支流，在陝西中部。㊲辛丑　十月二十六日。㊳興元　府名，治所南鄭，在今陝西漢中市。

【校　記】①主　原作「王」。據章鈺校，十二行本、乙十一行本皆作「主」，今據改。②暉　原無此字。據章鈺校，十二行本、乙十一行本皆有此字，張敦仁《通鑑刊本識誤》同，今據補。

【語　譯】後蜀武德節度使兼中書令王處回請求告老辭職。八月二十五日辛丑，以太子太傅的身分退休。

南漢主劉晟派遣知制誥宣化人鍾允章向楚國求婚，楚王馬希廣沒有答應。南漢主很生氣，問鍾允章說：

「馬希廣還能籌劃處理南國的事情嗎？」回答說：「馬氏兄弟正忙於你死我活的爭鬥，怎麼能危害我們！」南漢主說：「是的！馬希廣懦弱而且吝嗇，他的士兵長期沒有打過仗，這正是我們謀求進取的好時機啊。」

武平節度使馬希萼請求和楚王馬希廣獻納各自應進的貢品，請朝廷另外加授官爵。馬希廣採納天策府內都押牙歐弘練、進奏官張仲荀的計策，重重地賄賂執政大臣，讓他們拒絕馬希萼的請求。九月初七日壬子，皇帝賜給馬希萼和楚王馬希廣詔書，開導他們兄弟應該和睦相處，所有馬希萼進貢的東西，應當隨著馬希廣的貢品上奏。馬希萼不聽從。

後蜀軍隊增援王景崇，駐紮在散關。趙暉派遣都監李彥從襲擊，大敗後蜀軍隊，後蜀軍隊逃離。○後蜀主因為張業、王處回執掌朝政，好多事情被阻斷隱瞞。九月十四日己未，開始設置讓臣民投書的箱子，後來改名獻忠言箱。

王景崇把侯益的家屬七十多人全部殺死，侯益的兒子前任天平行軍司馬侯仁矩事前在外面，得以免禍。九月十五日庚申，漢隱帝任命侯仁矩為隰州刺史。侯仁矩的兒子侯延廣，還在襁褓之中，乳母劉氏用自己的兒子替換了他，抱著侯延廣逃走，靠討飯到了大梁，回到侯益的家裡。

李守貞多次出兵想衝出包圍圈，都失敗而退回。派人帶著用蠟丸裹著的密信向南唐、後蜀、契丹求救，全都被巡邏的士兵抓獲。城中的糧食將要吃完，餓死的人一天比一天多。李守貞滿臉憂愁，把總倫找來質問。總倫說：「大王必定做天子，別人搶不去。可是與這個星次相對應的地域有災難，等到災難即將消磨完了，只剩下一個人一匹馬，就是大王乘時崛起的時候了。」李守貞還信以為真。

冬，十月，王景崇派遣兒子王德讓、趙思綰派遣兒子趙懷乂，在成都進見了後蜀主。

十月初三日戊寅，王景崇派兵出西門，趙暉打敗了敵人，於是奪取了西關城。王景崇退守大城，趙暉挖掘壕溝把他包圍起來，屢次挑戰，王景崇不出來。趙暉暗中派遣一千多人穿著鎧甲，拿著兵器，仿照後蜀的旗幟，沿著南山而下，命令各軍揚言說：「蜀兵來了。」王景崇果然派出幾千士兵出城迎接。趙暉設置伏兵突然出擊，把幾千人馬全部消滅。從此王景崇再也不敢出來。

後蜀主派遣山南西道節度使安思謙率兵救援鳳翔，左僕射兼門下侍郎、同平章事毌昭裔上疏勸諫說：「臣看到唐莊宗皇帝貪圖向西征伐，前蜀主一心想要向北方發展，所有在朝廷的臣子都上了勸諫的奏章，可是他們根本聽不進去，最後有什麼成就！就這兩個朝代的事，可以作為鑑誡！」後蜀主不聽。又派遣雄武節度使韓保貞領兵從汧陽進發，來分散後漢軍隊的兵力。

王景崇派遣前任義成節度使酸棗人李彥舜等人迎接後蜀軍隊。十月二十一日丙申，安思謙駐紮在寶雞以西，後漢軍隊駐紮在寶雞。安思謙派遣眉州刺史申貴率兵兩千人奔赴模壁，在竹林中部署伏兵。二十二日丁酉早晨，申貴率領幾百名士兵逼近寶雞擺開陣勢，後漢軍隊驅逐他們，遭遇伏兵被打敗，後蜀軍隊乘勝追擊後漢敗兵，攻破寶雞寨。後蜀軍隊離開以後，後漢軍隊又進入寶雞。二十四日己亥，安思謙進兵駐紮在渭水。後漢增兵五千人戍守寶雞。安思謙害怕，對部眾說：「我們糧食少，敵人強大，應該另做以後的打算。」二十六日辛丑，退兵屯駐鳳州，不久回到興元。申貴，是潞州人。

荊南節度使兼中書令[1]南平文獻王高從誨寢疾❶，以其子節度副使保融❷判內外兵馬事。癸卯❸，從誨卒，保融知留後。

彰武節度使高允權與定難節度使李彝殷有隙，李守貞密求援於彝殷，發兵屯延、丹境上❹，聞官軍圍河中，乃退。甲辰❺，允權以其[2]狀聞，彝殷亦自訴，朝廷和解之。

初，高祖入大梁，太師馮道、太子太傅李崧皆在真定❻，高祖以道第賜蘇禹珪、崧第賜蘇逢吉。崧第中瘞藏之物❼及洛陽別業❽，逢吉盡有之。及崧歸朝，自以形迹孤危⑨，事漢權臣，常惕惕⑩謙謹，多稱疾杜門。而二弟嶼、嶬，與逢吉子弟俱為朝士⑪，時乘酒出怨言，云「奪我居第、家貲。」逢吉由是惡之。未幾，崧以兩京宅券⑫獻於逢吉，逢吉愈不悅。翰林學士陶穀⑬，先為崧所引用，復從而譖⑭之。

漢法既嚴，而侍衛都指揮使史弘肇尤殘忍，寵任孔目官解暉⑮，凡入軍獄⑯者，使之隨意鍛鍊⑰，無不自誣⑱。及三叛連兵⑲，羣情震動，民間或訛言相驚駭。弘肇掌部⑳禁兵，巡邏京城，得罪人，不問情[3]輕重，於法何如，皆專殺不請，或決口、斷舌[4]、斮筋㉑、折脛㉒，無虛日。雖姦盜屏跡，而冤死者甚眾，莫敢辯訴。

李嶼僕夫葛延遇，為嶼販鬻，多所欺匿㉓。嶼扶㉔之，督其負㉕甚急。延遇與蘇逢吉之僕李澄，謀上變告嶼謀反。逢吉聞而誘致之，因召崧至第，收送侍衛獄㉖。嶼自誣云：「與兄崧、弟嶬、甥王凝及家僮合二十人，謀因山陵發引㉗，縱火焚京城作亂。又遣人以蠟書入河中城，結李守貞。又遣人召契丹兵。」及具獄上，逢吉取筆改「二十」為「五十」字。十一月甲寅㉘，下詔誅崧兄弟、家屬及辭所連及者，皆陳尸於市，仍厚賞葛延遇等，時人無不冤之。自是士民家皆畏憚僕隸，往往為所脅制。

它日，祕書郎真定李昉[29]詣陶穀，穀曰：「君於李侍中近遠？」昉曰：「族叔父。」穀曰：「李氏之禍，穀有力焉。」昉聞之，汗出。穀，邠州人也，本姓唐，避晉高祖諱改焉。

史弘肇尤惡文士，常曰：「此屬輕人難耐[30]，每謂吾輩為卒。」弘肇領歸德節度使，委親吏楊乙收屬府公利[31]。乙依勢驕橫，合境[32]畏之如弘肇，副使以下，望風展敬，乙皆下視之[33]。月率錢萬緡[34]以輸弘肇，士民不勝其苦。

初，沈丘人舒元[35]、嵩山[36]道士楊訥[37]，俱以遊客干[38]李守貞。守貞為漢所攻，遣元更姓朱，訥更姓李、名平，間道奉表求救於唐。唐諫議大夫查文徽、兵部侍郎魏岑請出兵應之。

唐主命北面行營招討使李金全[39]將兵救河中，以清淮[40]節度使劉彥貞[41]副之，文徽為監軍使，岑為沿淮巡檢使，軍于沂州[42]之境。金全與諸將方會食，候騎白有漢兵數百在澗[43]北，皆羸弱[44]，請掩之。金全令曰：「敢言過澗者斬！」及暮，伏兵四起，金鼓聞十餘里，金全曰：「曏可與之戰乎？」時唐士卒厭兵，莫有鬭志，又河中道遠，勢不相及，丙寅[45]，唐兵退保海州[46]。○唐主遣帝書謝[47]，請復通商旅，且請赦守貞，朝廷不報㊽。

壬申㊾，葬睿文聖武昭肅孝皇帝于睿陵㊿，廟號高祖。

十二月丁丑[51]，以高保融為荊南節度使、同平章事。

【章旨】以上為第六段，寫輔臣蘇逢吉、節鎮史弘肇貪殘暴虐，南唐主兵救李守貞敗還。

【注釋】❶寢疾　臥病。寢，臥。❷保融　高從誨第三子高保融，字德長。父死，即南平王位。性迂緩，無才能，事無大小皆委其弟保勗。西元九四八－九六〇年在位。傳見《舊五代史》卷一百三十三、《新五代史》卷六十九、《宋史》卷四百八十三。❸癸卯　十月二十八日。❹發兵屯延丹境上　延州，治所膚施，在今陝西延安東北。丹州，治所宜川，在今陝西宜川縣。李守貞向李彝殷求援，李彝殷故屯兵於延州、丹州境上聲援李守貞。聞官軍圍河中，李彝殷乃退回夏州。❺甲辰　十月二十九日。❻真定　縣名，縣治在今河北正定。❼瘞藏之物　埋藏在地下的東西。❽別業　別置田園於他所稱別業。❾形迹孤危　李崧由於行事而陷於孤危境地。指在後晉時，李崧與劉知遠有嫌隙。先是，劉知遠為晉侍衛都指揮使，掌親軍，李崧盛讚杜重威之才而代劉知遠，劉以崧排己，深恨之。晉亡，李崧又為耶律德光所器重，拜太子太師。故任漢臣，李崧自感孤危，處處謹小慎微。❿惕惕　憂懼的樣子。⓫朝士　泛指中央的官吏。⓬宅券　房契。⓭陶穀　字秀實，本姓唐，避晉高祖諱改。先祖為北齊、隋、唐望族。善屬文，仕後晉，為知制誥，深得李崧器重，後卻厚誣李崧。歷後漢、後周，入宋，官禮部尚書。傳見《宋史》卷二百六十九。⓮譖　進讒言；說人壞話。⓯解暉　歷仕後晉、後漢、後周、宋，官至右千牛衛上將軍。傳見《宋史》卷二百七十一。本傳未載解暉任孔目官。⓰軍獄　軍中監牢。⓱鍛鍊　枉法羅織罪名。⓲自誣　自己受屈招供。⓳三叛連兵　指李守貞、王景崇、趙思綰三人聯合兵力。⓴掌部　掌管。㉑斷筋　斷筋。㉒脛　人的小腿。㉓欺匿　指葛延遇替李嶼販賣物品時，多所欺瞞藏匿。㉔抶　笞打；鞭打。㉕負　指所欠的部分。㉖侍衛獄　即侍衛司獄，即所謂軍獄。㉗謀因山陵發引　謀劃藉皇帝出殯之機。山陵，皇帝的墳，此代皇帝。發引，舊時出殯，柩車啟行，送喪者執紼前導稱發引。引，挽車之索，又稱紼，字或作「靷」。㉘甲寅　十一月初九日。㉙李昉　（西元九二五－九九六年）字明遠，深州饒陽（今河北饒陽，本文稱真定）人，歷仕後漢、後周。入宋，官右僕射、中書侍郎平章事。參加編寫《舊五代史》，主編《太平御覽》、《太平廣記》、《文苑英華》。傳見《宋史》卷二百六十五。㉚輕人難耐　輕視人使人難以忍受。㉛收屬府公利　收取本軍府應得的財利。史弘肇領歸德節度使，而職掌侍衛，人在京師，故使節度副使治理府事，副使為其下屬，故謂之「屬府」。㉜合境　整個管區。㉝下視之　當下屬看待。㉞月率錢萬緡　每月收斂的錢上萬緡。緡，本指穿錢的繩子，亦指成串的錢。一千文為一緡。㉟舒元　沈丘（今河南沈丘南）人，一度更名朱元。少好學，辯捷強記。仕南唐、後周，入宋，官兵馬都監。傳見《宋史》卷四百七十八。㊱嵩山　古稱中嶽，在今河南登封北。㊲楊訥　更名李平，赴南唐求救兵，遂留南唐，官永安節度使。後因罪死獄中。㊳干　求取。㊴李金全　其先為吐谷渾人，驍勇善騎射。歷仕後唐、後晉，後投南唐。傳見《舊五代史》卷九十七、《新五代史》卷四十八。㊵清淮　方鎮名，五代南唐置。治所壽州，在今安徽壽縣。㊶劉彥貞　仕南唐，官至神武統軍。搜刮民財有方，於戰事卻指揮失措，在與周師作戰中大敗身亡。㊷沂州　州名，治所臨沂，在今山東臨沂。㊸澗　兩山之間的流水。㊹羸弱　瘦弱。㊺丙寅　十一月二十一日。㊻海州　州名，治所朐山，在今江蘇連雲港市西南海州鎮。㊼唐主遺帝書謝　指南唐元宗李璟給後漢隱帝寫信謝罪。㊽不報　擱置不答覆。㊾壬申　十一月二十七日。㊿睿陵　在今河南登封東南告成鎮。(51)丁丑　十二月初三日。

【校　記】①兼中書令　原無此四字。據章鈺校，十二行本、乙十一行本皆有此四字，張敦仁《通鑑刊本識誤》同，今據補。②其　原無此字。據章鈺校，十二行本、乙十一行本、孔天胤本皆有此字，今據補。③情　原無此字。據章鈺校，十二行本、乙十一行本皆有此字，今據補。④斷舌　原無此二字。據章鈺校，十二行本、乙十一行本皆有此二字，張敦仁《通鑑刊本識誤》云：「『決口斷舌』四字不宜夾寫。」今據補。

【語　譯】荊南節度使兼中書令南平文獻王高從誨臥床病重，命令他的兒子節度副使高保融兼理內外兵馬事務。十月二十八日癸卯，高從誨去世，由高保融主持留後事務。

彰武節度使高允權和定難節度使李彝殷有隔閡。李守貞祕密向李彝殷求救，李彝殷發兵駐紮在延州、丹州邊境上，聽說官軍包圍河中，於是撤退。十月二十九日甲辰，高允權把情況上報朝廷，李彝殷也為這件事自行申訴，朝廷為他們進行和解。

當初，後漢高祖進入大梁，太師馮道、太子太傅李崧都還在真定。高祖把馮道在大梁的宅第賜給蘇禹珪，把李崧的宅第賜給蘇逢吉。李崧宅第中所埋藏的東西以及在洛陽的其他園林田莊，全部歸蘇逢吉所有。等到李崧歸順朝廷，自認為由於行事而陷於孤危境地，因此奉事後漢權臣，常心存憂懼，謙退謹慎，大多稱病不出門。而他的兩個弟弟李嶼、李嶬，和蘇逢吉的子弟都是朝廷的官員，時常乘著酒勁口出怨言，說「奪走我家的住宅、家財。」蘇逢吉因此痛恨他們。不久，李崧把洛陽和大梁的房契送給蘇逢吉，蘇逢吉更加不高興。翰林學士陶穀，先前由李崧引薦進用，現在又跟著別人來誣陷他。

後漢的法律已經很嚴酷，而侍衛都指揮使史弘肇尤其殘忍。他寵信任用孔目官解暉，凡是被關進軍中監獄的人，讓他隨意羅織罪名，沒有不承認妄加之罪的，及至李守貞、王景崇、趙思綰三個叛臣兵力聯合，人心恐慌，民間有時散布謠言，人們相互驚慌恐懼。史弘肇掌管禁軍，巡邏京城，抓到犯罪的人，不問罪過輕重，在法律上應該怎麼處理，都不經請示就擅自處死，有的撕裂嘴巴、截斷舌頭、挑斷腳筋、折斷小腿，沒有一天停止過。儘管奸人盜賊斂跡，但是被冤屈而死的人太多，沒有一個敢辯冤申訴的。

李嶼的車夫葛延遇，替李嶼販賣東西，多有欺騙隱瞞。李嶼鞭打他，追責他交出所欠的東西，催促得很急。葛延遇和蘇逢吉的車夫李澄，密謀向朝廷報告說李嶼圖謀造反。蘇逢吉聽說這個事就引誘他們去做。於是把李崧叫到家裡，抓起來送到侍衛獄。李嶼自我誣陷說：「與哥哥李崧、弟弟李嶬、外甥王凝以及僮僕一共二十人，謀劃乘先帝的靈柩出殯時，放火焚燒京城，起來造反。又派人攜帶蠟丸密信到河中城，勾結李守貞。又派人召引契丹兵。」等到定案的案卷呈遞上去，蘇逢吉拿筆把「二十」改成「五十」。十一月初九日甲寅，漢隱帝下詔誅殺李崧兄弟、家屬以及供詞所牽連到的人，都暴屍街頭，同時重賞葛延遇等人。當時的人無不認為他們是冤枉的。從此士人和百姓家裡都害怕車夫家奴，往往被這種人要挾控制。

有一天，祕書郎真定人李昉前往陶穀那裡，陶穀說：「您和李侍中的關係是近是遠？」李昉說：「他是我的族叔父。」陶穀說：「李氏的災禍，我出了力啊。」李昉聽了這句話，嚇得冒出汗來。陶穀，是邠州人，本來姓唐，因為避後晉高祖石敬瑭的名諱而改姓。

史弘肇尤其痛恨文人，常常說：「這幫人瞧不起人，讓人難以忍受，常稱我們這些人是大兵。」史弘肇兼任歸德節度使，委託親信的官吏楊乙替他收取本軍府應得的財利。楊乙依仗權勢驕縱蠻橫，整個歸德境內懼怕他如同懼怕史弘肇一樣，節度副使以下的官吏，望見他的氣勢便施禮致敬，楊乙都把他們當下屬看待。每月徵斂錢財萬緡都獻給史弘肇，官吏百姓受不了這種苦。

當初，沈丘人舒元、嵩山道士楊訥，都以遊客的身分請求李守貞任用。李守貞被後漢所攻，便派遣舒元改姓朱，楊訥改姓李、名叫平，持章表抄小路向南唐請求救兵。南唐諫議大夫查文徽、兵部侍郎魏岑請求出兵，答應救援。

南唐主命令北面行營招討使李金全率兵救援河中，任命清淮節度使劉彥貞做他的副手，查文徽為監軍使，魏岑為沿淮巡檢使，駐紮在沂州境內。李金全和眾將正在一起吃飯，偵察的騎兵報告說有幾百名後漢兵在澗水北岸，都很瘦弱，請求襲擊他們。李金全下令說：「敢說渡過澗水的人斬首！」等到傍晚，伏兵四起，鳴金擊鼓聲十幾里外都能聽到，李金全說：「剛才能和他們交戰嗎？」當時南唐士兵厭戰，沒有一個人有鬥志，加上河中路途遙遠，軍力不能相救。十一月二十一日丙寅，南唐軍隊退守海州。○南唐主致信給後漢皇帝謝罪，請求恢復商旅往來，並且請求赦免李守貞，朝廷沒有答覆。

十一月二十七日壬申，把睿文聖武昭肅孝皇帝安葬在睿陵，廟號為高祖。

十二月初三日丁丑，漢隱帝任命高保融為荊南節度使、同平章事。

辛巳❶，南漢主以內常侍❷吳懷恩❸為開府儀同三司❹、西北面招討使，將兵擊楚，攻賀州❺。楚王希廣遣決勝指揮使徐知新等將兵五千救之，未至，南漢人已拔賀州。鑿大穽於城外，覆以竹箔❻，加土，下施機軸，自塹中穿穴通穽中。知新等至，引兵攻城，南漢遣人自穴中發機，楚兵悉陷，南漢出兵從而擊之，楚兵死者以千數。知新等遁歸，希廣斬之。南漢兵復陷昭州⑦。

王景崇累表告急於蜀，蜀主命安思謙再出兵救之。壬午⑧，思謙自興元⑨引兵屯鳳州，請先運糧四十萬斛⑩，乃可出境。蜀主曰：「觀思謙之意，安肯為朕進取！」然亦發興州⑪、興元米數萬斛以饋之。戊子⑫，思謙進屯散關，遣馬步使高彥儔⑬、眉州⑭刺史申貴擊漢箭筈⑮安都寨，破之。庚寅⑯，思謙敗漢兵於玉女潭⑰，漢兵退屯寶雞，思謙進屯模壁⑱。韓保貞出新關⑲，壬辰⑳，軍于隴州神前，漢兵不出，保貞亦不敢進。

趙暉告急於郭威，威自往赴之。時李守貞遣副使周光遜、裨將王繼勳、聶知遇，守城西。威戒白文珂、劉詞曰：「賊苟不能突圍，終為我禽。萬一得出，則吾不得復留於此。成敗之機，於是乎在。賊之驍銳盡在城西，我去，必來突圍。爾曹謹備之！」威至華州，聞蜀兵食盡引去，威乃還。韓保貞聞安思謙去，亦退保弓川寨㉑。

蜀中書侍郎兼禮部尚書、同平章事徐光溥坐以豔辭挑前蜀安康長公主，丁酉㉒，罷守本官㉓。

【章　旨】以上為第七段，寫南漢與楚交兵。蜀主再次出兵救援王景崇。

【注　釋】❶辛巳　十二月初七日。❷內常侍　屬內侍省，掌宮廷事務，多以宦官充任。❸吳懷恩　番禺人，南漢中宗時率兵攻下楚賀州、昭州，又北上佔有數州，時人譽為最善戰者。❹開府儀同三司　即與三司體制、待遇相同，亦可以設官署。三實為大臣的加銜，其本身還另有其他職務。古代高級官吏（如三公、大將軍等）可以設置府署、自選僚屬的制度稱開府。三司，即太尉、司徒、司空。三司都自有官署。❺賀州　州名，治所臨賀，在今廣西賀縣。❻竹箔　用葦子或竹子織成的簾子。❼昭州　州名，治所在今廣西平樂。❽壬午　十二月初八日。❾興元　府名，治所南鄭，在今陝西漢中市東。❿斛　量器名，亦為容量單位。古代以十斗為一斛，南宋末年改為五斗。⓫興州　州名，治所順政，在今陝西略陽。⓬戊子　十二月十四日。⓭高彥儔　太原人，仕後蜀，官至昭武軍節度使。北宋軍攻夔州，防守失利，拒降，自焚死。⓮眉州　州名，治所通義，在今四川眉山市。⓯箭筈　嶺名，上有箭筈關，在陝西隴縣南岐山最高處。⓰庚寅　十二月十六日。⓱玉女潭　在今陝西寶雞西南。⓲模壁　或作「摸壁」。今地不詳。約在寶雞附近。⓳新關　在陝西隴縣西，唐時稱安戎關。⓴壬辰　十二月十八日。㉑弓川寨　在今甘肅秦安東。㉒丁酉　十二月二十三日。㉓罷守本官　罷禮部尚書、同平章事，只任本官中書侍郎。即罷相。

【語　譯】十二月初七日辛巳，南漢主任命內常侍吳懷恩為開府儀同三司、西北面招討使，率兵攻打楚國，進攻賀州。楚王馬希廣派遣決勝指揮使徐知新等將領率兵五千人救援賀州，還沒有到達，南漢人已經攻下賀州。南漢人在城外挖了一個大陷阱，蓋上竹簾，加上泥土，下面設置機關，從壕溝裡挖地道通到陷阱。徐知新等人到達城外，帶兵攻城，南漢派人從地道中發動機關，楚國的士兵全部落入陷阱。南漢接著出兵攻擊，楚兵死的人數以千計。徐知新等人逃回，馬希廣斬殺了他。南漢軍隊又攻陷了昭州。

王景崇屢次向後蜀上表告急，後蜀主命令安思謙再次出兵救援。十二月初八日壬午，安思謙從興元領兵屯駐鳳州，請求先運送糧食四十萬斛，才可以出境。後蜀主說：「看安思謙的意思，怎麼會肯為朕進攻！」但是也調撥興州、興元的米糧幾萬斛送給安思謙。十四日戊子，安思謙進兵屯駐散關，派遣馬步使高彥儔、眉州刺史申貴進攻後漢箭筈嶺上的安都寨，攻下了它。十六日庚寅，安思謙在玉女潭打敗後漢軍隊，後漢軍隊撤退屯駐寶雞，安思謙進兵屯駐模壁。韓保貞從新關出兵，十八日壬辰，駐紮在隴州神前。後漢軍隊不出戰，韓保貞也不敢進兵。

趙暉向郭威告急，郭威親自前往。當時李守貞派遣副使周光遜，偏將王繼勳、聶知遇，一同防守城西。郭威告誡白文珂、劉詞說：「敵人如果不能突圍，最後終究會被我們抓獲。萬一能夠突圍，那麼我們就不能再留在這裡。成敗的關鍵，就在於此。敵人勇猛精銳的部隊全在城西，我離去後，他們必定前來突圍。你們要小心謹慎地防備他們！」郭威到達華州，聽說後蜀軍隊糧盡退走了，郭威於是返回。韓保貞聽說安思謙離去，也退守弓川寨。

後蜀中書侍郎兼禮部尚書、同平章事徐光溥，因為用有關情愛的話語挑逗前蜀安康長公主，十二月二十三日丁酉，被罷免宰相職務，只擔任原來的官職。

隱皇帝上

乾祐二年（己酉　西元九四九年）

春，正月乙巳朔❶，大赦。○郭威將至河中，白文珂出迎之。戊申❷夜，李守貞遣王繼勳等引精兵千餘人循河而南，襲漢柵❸。坎岸而登❹，遂入之，縱火大譟，軍中狼狽不知所為。劉詞神色自若，下令曰：「小盜不足驚也。」帥眾擊之。客省使❺閻晉卿❻曰：「賊甲皆黃紙，為火所照，易辨耳。柰眾無鬭志何！」裨將李韜❼曰：「安有無事食君祿，有急不死鬭者邪！」援矟❽先進，眾從之。河中兵退走，死者七百人，繼勳重傷，僅以身免。己酉❾，郭威至，劉訶迎馬首請罪。威厚賞之，曰：「吾所憂正在於此。微⑩兄健鬬，幾為虜嗤。然虜伎殫⑪於此矣。」晉卿，忻州⑫人也。

守貞之欲攻河西柵也，先遣人出酤酒⑬於村墅，或貰與，不責其直⑭，邏騎⑮多醉。由是河中兵得潛行入寨，幾至不守。郭威乃下令：「將士非犒宴⑯，毋得私飲！」愛將李審，晨飲少酒，威怒曰：「汝為吾帳下，首違軍令，何以齊眾⑰！」立斬以徇。

甲寅⑱，蜀安思謙退屯鳳州，上表待罪，蜀主釋不問。詔以靜州⑲隸定難軍，二月辛未⑳，李彝殷上表謝。彝殷以中原多故，有輕傲之志，每藩鎮有叛者，常陰助之，邀㉑其重賂。朝廷知其事，亦以恩澤羈縻㉒之。

淮北㉓羣盜多請命於唐，唐主遣神衛都虞候皇甫暉等將兵萬人出海、泗㉔以招納之，蒙城㉕鎮將咸師朗等降於暉。徐州將成德欽敗唐兵於峒峿鎮㉖，俘斬六百級，暉等引歸。

晉李太后詣契丹主，請依漢人城寨之側，給田以耕桑自贍。契丹主許之，并晉主遷於建州㉗。未至，安太妃卒於路。遺令：「必焚我骨，南向颺之，庶幾魂魄歸達於漢。」既至建州，得田五十餘頃，晉主令從者耕其中以給食。頃之，述律王㉘遣騎取晉主寵姬趙氏、聶氏而去。述律王者，契丹主德光之子也。

三月己未㉙，以歸德牙內指揮使史德珫㉚領忠州㉛刺史。德珫，弘肇之子也，頗讀書，常不樂父之所為。有舉人呼譟于貢院㉜門，蘇逢吉命執送侍衛司㉝，欲其痛箠而黥之㉞。德珫言於父曰：「書生無禮，自有臺府㉟治之，非軍務也。此乃公卿欲彰大人之過㊱耳。」弘肇大然之，即破械遣之。

楚將徐進敗蠻于風陽山，斬首五千級。

夏，四月壬午㊲，太白晝見㊳。民有仰視之者，為邏卒所執，史弘肇腰斬之。

河中城中食且盡，民餓死者什五六。癸卯㊴，李守貞出兵五千餘人，齎梯橋㊵，分五道以攻長圍之西北隅。郭威遣都監吳虔裕㊶引兵橫擊之，河中兵敗走，殺傷太半，奪其攻具。五月丙午㊷，守貞復出兵，又敗之，擒其將魏延朗、鄭賓。壬子㊸，周光遜、王繼勳、聶知遇㊹帥其眾千餘人來降。守貞將士降者相繼，威乘其離散，庚申㊺，督諸軍百道攻之。

趙思綰好食人肝，嘗面剖而膾㊻之，膾盡，人猶未死。又好以酒吞人膽，謂人曰：「吞此千枚，則膽無敵矣。」及長安城中食盡，取婦女、幼稚為軍糧，日計數而給之。每犒軍，輒屠數百人，如羊豕法(47)。思綰計窮，不知所出。郭從義使人誘之。

初，思綰少時，求為左驍衛上將軍致仕李肅僕。肅不納(48)，曰：「是人目亂而語誕(49)，它日必為叛臣。」肅妻張氏，全義(50)之女也，曰：「君今拒之，後且為患。」乃厚以金帛遺之。及思綰據長安，肅閒居在城中，思綰數就見之，拜伏如故禮。肅曰：「是子亟(51)來，且汙(52)我。」欲自殺。妻曰：「曷若勸之歸國(53)！」會思綰問自全(54)之計，肅乃與判官程讓能說思綰曰：「公本與國家無嫌，但懼罪耳。今國家三道用兵(55)，俱未有功。若以此時翻然改圖，朝廷必喜，自可不失富貴。孰與坐而待斃乎！」思綰從之，遣使詣闕請降。乙丑(56)，以思綰為華州留後，都指揮使常彥卿為虢州刺史，令便道之官(57)。

吳越內牙都指揮使鈄(58)滔，胡進思之黨也，或告其謀叛，辭連丞相弘億(59)。吳越王弘俶不欲窮治，貶滔于處州(60)。

六月癸酉朔(61)，日有食之。

秋，七月甲辰(62)，趙思綰釋甲出城受詔。郭從義以兵守其南門，復遣還城。思綰求其牙兵及鎧仗，從義亦給之。思綰遷延，收斂財賄，三改行期。從義等疑之，密白郭威，請圖之，威許之。壬子[63]，從義與都監、南院宣徽使[64]王峻按轡[65]入城，處于府舍。召思綰酌別[66]，因執之，并常彥卿及其父兄、部曲[67]三百人，皆斬於市。

甲寅[68]，郭威攻河中，克其外郭[69]。李守貞收餘眾，退保子城[70]。諸將請急攻之，威曰：「夫鳥窮則啄，況一軍乎！涸[71]水取魚，安用急為！」壬戌[72]，李守貞與妻及子崇勳等自焚，威入城，獲其子崇玉等及所署宰相[1]靖餘、孫愿，樞密使劉芮、國師總倫等，送大梁，磔[73]於市。徵趙修己為翰林天文[74]。威閱守貞文書，得朝廷權臣及藩鎮與守貞交通書，詞意悖逆[75]，欲奏之。祕書郎[76]榆次王溥[77]諫曰：「魑魅[78]乘夜爭出，見日自消。願一切焚之，以安反側[79]。」威從之。

【章旨】以上為第八段，寫後漢平定李守貞、趙思綰。

【注釋】❶乙巳朔　正月初一日。❷戊申　正月初四日。❸柵　軍營的柵欄。❹坎岸而登　在黃河的陡岸上挖鑿坎階而上。坎作動詞用。❺客省使　客省長官，掌四方進奉及外族使者朝貢。❻閻晉卿　仕後漢，官至權侍衛馬軍都指揮使。後因北郊兵敗，自殺。傳見《舊五代史》卷一百七。❼李韜　河朔人，有勇力膽氣，善用矟，仕後漢，任禁軍隊長。大敗李守貞軍，官至趙州刺史。傳見《宋史》卷二百七十一。❽援矟　舉槍。矟，長矛，即槊。❾己酉　正月初五日。❿微　無。⓫殫　竭盡。⓬忻州　州名，治所秀容，在今山西忻州。⓭酤酒　賣酒。⓮或貰與一句　有時賒帳，不索要錢。貰，賒欠。直，同「值」。⓯邏騎　巡邏的騎兵。⓰犒宴　犒賞宴飲。⓱齊眾　整飭軍隊。⓲甲寅　正月初十日。⓳靜州　州名，治所在今陝西米脂西。原為唐靜邊州，安置党項降者。⓴辛未　二月乙亥朔，無辛未，辛未，疑為正月二十七日。㉑邀　希求。㉒羈縻　籠絡。羈，馬絡頭。縻，牛韁繩。㉓淮北　泛指淮河以北。㉔泗　州名，治所在今江蘇盱眙東北。㉕蒙城　縣名，縣治在今安徽蒙城。㉖峒峿鎮　在今安徽宿州北六十里峒峿山下，為北通山東的孔道。峒峿山，也寫作司吾山。㉗建州　州名，契丹遼太祖置。治所永霸，在今遼寧朝陽西南，大淩河南岸。聖宗時遷大淩河北。㉘述律王　遼太宗耶律德光長子耶律璟，小字述律。遼世宗耶律阮死，登基，西元九五一－九六〇年在位。廟號穆宗。㉙己未　三月十六日。㉚史德琉　乾祐中，授檢校司空，領忠州刺史。傳見《舊五代史》卷一百七。㉛忠州　州名，治所臨江，在今重慶市忠縣。㉜貢院　科舉時代考試貢士之所。屬禮部。㉝侍衛司　統領軍隊的機構。下分馬軍司、步軍司，均設都指揮使、副都指揮使、都虞候各一人。㉞痛箠而黥之　先痛打一頓，然後在他臉上刺字。箠，杖刑。黥，古代肉刑的一種，即墨刑，在臉上刺字。㉟臺府　此指御史府。㊱彰大人之過　彰顯大人（指史弘肇）的過失。㊲壬午　四月初九日。㊳太白晝見　太白星在白天出現。太白，即金星，我國古代也叫啟明、長庚、明星等，是太陽系九大行星之一。金星距地球最近，在天空中的亮度僅次於日月。最亮時甚至在白晝也能看見，夜裡照著物體還能有影。由於運行方位不同，晚上出現的叫長庚，早晨出現的叫啟明。古人迷信，傳說太白星主殺伐，「太白晝見」更不吉利，仰視它就會帶來災禍。見，通「現」。㊴癸卯　四月三十日。㊵齎梯橋　攜帶著梯橋。齎，攜帶。梯橋，拱橋，兩端有階梯供上橋下橋，故名。㊶吳虔裕　許州許田（今河南許昌）人，歷仕後漢、後周。入宋，官右千牛衛上將軍。性簡率，言多輕肆。傳見《宋史》卷二百七十一。㊷丙午　五月初三日。㊸壬子　五月初九日。㊹周光遜王繼勳聶知遇　當時周光遜為李守貞副使，王繼勳、聶知遇為李守貞裨將，均為軍中核心將領。三人投降郭威，軍心動搖，李守貞敗勢已不可逆轉。㊺庚申　五月十七日。㊻膾　細切的魚肉，此指把人肝切碎。㊼如羊豕法　意為屠殺人就像屠宰豬、羊的方法一樣。㊽不納　不接受。㊾目亂而語誕　眼睛邪亂，說話狂妄荒誕。㊿全義　字國維，濮州臨濮（今河南范縣）人，初名居言。早年投黃巢軍，巢敗歸唐，又仕後梁、後唐，官至忠武節度使、檢校太師、尚書令。傳見《舊五代史》卷六十三、《新五代史》卷四十五。(51)亟　屢次。(52)汙　汙辱。(53)歸國　歸降朝廷。(54)自全　保全自己。(55)三道用兵　指郭威攻河中，趙暉攻鳳翔，郭從義攻趙思綰。(56)乙丑　五月二十二日。(57)令便道之官　讓他們不必經過朝廷，直接上任，以不使之生疑。(58)鈄　此字僅用於姓。(59)辭連丞相弘億　據《十國春秋·弘億傳》載：鈄滔謀亂，辭連弘億，吳越王弘俶左右勸王「窮其事」，「王以弘億故不欲顯治」，只是「貶滔處州，而出弘億為明州刺史」。(60)處州　州名，治所括蒼，在今浙江麗水縣西。(61)癸酉朔　六月初一日。(62)甲辰　七月初三日。(63)壬子　七月十一日。(64)南院宣徽使　胡三省注：「當作『宣徽南院使』。」宣徽院分南、北兩院，各置使一人，總領內諸司、三班內侍之籍及郊祀、朝會、宴享供帳之儀。(65)按轡　扣緊馬韁繩，使馬慢步前行。(66)酌別　飲酒餞別。(67)部

曲　古代軍隊的編制單位，後又指豪門大族私人的軍隊。68甲寅　七月十三日。69外郭　外城。古代在城的外圍加築的一道城牆。70子城　大城所屬的小城，即內城或附在城垣上的甕城或月城。71涸　水乾；枯竭。72壬戌　七月二十一日。73磔　五代時始置的淩遲酷刑，俗稱剮刑。74翰林天文　唐代有天文博士、天文生，皆屬於司天監。其中有待詔於翰林院的稱翰林天文。趙修己善術數，又多次勸阻李守貞反，故被徵召任職。75詞意悖逆　文詞叛逆。76祕書郎　專掌圖書收藏與抄寫事務。77王溥　字齊物，榆次（今山西榆次）人，五代漢中進士甲科。歷仕後漢、後周，官中書舍人、翰林學士、右僕射。入宋，進司空，封祁國公。著《唐會要》、《五代會要》。傳見《宋史》卷二百四十九。78魑魅　古代傳說中山澤的鬼怪。79反側　反覆無常的人。

【校　記】1宰相　原作「丞相」。據章鈺校，十二行本、乙十一行本皆作「宰相」，今據改。按，《通鑑紀事本末》作「宰相」。

【語　譯】隱皇帝上

乾祐二年（己酉　西元九四九年）

春，正月初一日乙巳，實行大赦。○郭威即將到達河中，白文珂出城迎接他。

正月初四日戊申晚上，李守貞派遣王繼勳等將領率精兵一千多人，沿著黃河南進，偷襲後漢軍隊的營寨。在岸邊鑿坎登上，於是進入營寨，放火焚燒，大聲呼喊，後漢軍中情急之下不知道怎麼辦。劉詞神色自如，下令說：「小小盜賊不值得驚慌嘛。」率領部眾反擊。客省使閻晉卿說：「賊兵的鎧甲上面都有黃紙，被火所照，很容易辨認了。可是眾人都沒有鬥志，又有什麼辦法呢！」偏將李韶說：「哪有沒事時吃皇上的俸祿，遇有危急卻不拼死作戰的呢！」舉起長矛率先前進，眾人跟著他。河中軍隊退走，死了七百人，王繼勳受重傷，僅僅得以脫身。初五日己酉，郭威到達，劉詞迎上去在馬前請罪。郭威豐厚地獎賞他，說：「我所擔憂的正是在這裡。如果沒有老兄的勇猛作戰，幾乎被敵人嗤笑。不過敵人的招數到此也就用完了。」閻晉卿，是忻州人。

李守貞打算攻擊河西柵寨，先派人出城到村莊裡賣酒，有時候賒給人家，不索要酒錢，後漢巡邏的騎兵大多喝醉。因此河中軍隊得以偷偷地進入柵寨，柵寨幾乎失守。郭威於是下令：「將士除非是犒賞飲宴，不得私下喝酒！」郭威的愛將李審，早上喝了少量的酒，郭威生氣地說：「你是我的部下，卻首先違反軍令，教我怎麼整治軍隊！」立即把李審斬首示眾。

正月初十日甲寅，後蜀安思謙撤退屯駐鳳州，上表等待治罪，後蜀主放過此事沒有追問。

漢隱帝下詔把靜州隸屬於定難軍。二月辛未日，李彝殷上表謝恩。李彝殷因為中原多變故，所以有輕視傲慢的心理，每當藩鎮有叛亂的，常常暗中幫助他們，向他們索取豐厚的賄賂。朝廷知道他的行為，仍然施加恩惠來籠絡他。

淮北成群的盜賊大多請求聽命於南唐，南唐主派遣神衛都虞候皇甫暉等將領率兵一萬人從海州、泗州出發，去招撫接收他們，蒙城守將咸師朗等人向皇甫暉投降。徐州將領成德欽在峒峿鎮打敗南唐軍隊，俘虜斬殺六百人，皇甫暉等人領兵退回。

後晉李太后前往契丹主那裡，請求在靠近漢人城寨的旁邊，給一塊田地來耕田養蠶，養活自己。契丹主答應了她，連同後晉主一起遷到建州。還沒有到達，安太妃就死在路上。她臨終時囑咐說：「一定火化我的遺體，面向南揚撒骨灰，魂魄或許回到漢室。」李太后到了建州以後，得到田地五十多頃，後晉主命令隨從人員在田裡耕種來供應食物。不久，述律王派遣騎兵搶走後晉主寵愛的姬妾趙氏、聶氏。述律王這人，是契丹主耶律德光的兒子。

三月十六日己未，漢隱帝任命歸德牙內指揮使史德珫兼任忠州刺史。史德珫，是史弘肇的兒子，讀了很多書，常常不滿意他父親的作為。有一個舉人在貢院門前呼喊喧鬧，蘇逢吉命人把舉人抓起來送到侍衛司，想叫侍衛司把他痛打一頓，在他臉上刺上字，史德珫對父親說：「讀書人無禮，自然有御史府懲處，不是軍中的事務。這是公卿大臣要暴露大人的過失罷了。」史弘肇認為史德珫說得非常對，就立即打開枷鎖放走舉人。

楚國將領徐進在風陽山打敗蠻人，斬首五千級。

夏，四月初九日壬午，太白星在白天出現。百姓有仰面觀看它的，被巡邏的士兵抓住，史弘肇把他腰斬了。

河中城裡糧食即將吃完，百姓餓死的有十分之五六。四月三十日癸卯，李守貞派出士兵五千多人，攜帶梯橋，分五路進攻包圍圈的西北角。郭威派遣都監吳虔裕領兵攔腰截擊。河中兵戰敗逃走，殺傷李守貞軍一大半，奪取了他們的攻城器具。五月初三日丙午，李守貞再次出兵，後漢軍隊又打敗了他們，擒獲他們的將領魏延朗、鄭賓。初九日壬子，周光遜、王繼勳、聶知遇帶領他們的部眾一千多人前來投降，李守貞的將士前來投降的接連不斷。郭威乘他們分崩離析，十七日庚申，督率各軍發起全面進攻。

趙思綰喜歡吃人肝，曾經當面把一個人的肝挖出來細切了，細切完後，人還沒有死。又喜歡用酒吞人膽，他對人說：「把這個吞下一千個，就膽大無敵了。」等到長安城裡的糧食吃完了，就拿婦女、小孩充當軍糧，每天按數量供給。每次犒賞軍隊，就屠殺幾百人，跟宰殺豬羊一樣。趙思綰計謀用盡，不知道怎麼辦。郭從義派人誘降他。

當初，趙思綰年輕的時候，請求當退休的左驍衛上將軍李肅的車夫。李肅沒有接受，說：「這個人目光邪亂而言語荒誕，以後一定是叛臣。」李肅的妻子張氏，是張全義的女兒，說：「您現在拒絕了趙思綰，以後會成為禍害。」於是用豐厚的金帛贈送給他。等到趙思綰佔據長安以後，李肅閒居在城裡，趙思綰幾次前去見李肅，跪拜俯伏仍然按照以前的禮節。李肅說：「這個人屢次到家裡來，將會玷汙我。」想要自殺。李肅的妻子說：「與其自殺何如勸他歸順朝廷！」恰好趙思綰向李肅請教如何保全自己的計策，李肅便和判官程讓能勸趙思綰說：「您和國家本來沒有仇怨，只是擔心獲罪而已。現在國家三路用兵，都未見成效。倘若您在這個時候回心轉意，朝廷一定喜歡，自然不會失去富貴。比起坐而待斃，哪一種好呢！」趙思綰聽從了他們的勸說，派遣使者到朝廷請求投降。五月二十二日乙丑，朝廷任命趙思綰為華州留後，都指揮使常彥卿為虢州刺史，命令他們直接上任。

吳越內牙都指揮使鈄滔，是胡進思的黨羽，有人告發鈄滔圖謀叛亂，口供牽連到丞相錢弘億。吳越王錢弘俶不願意徹底追究，只把斜滔貶到處州。

六月初一日癸酉，發生日蝕。

秋，七月初三日甲辰，趙思綰脫下鎧甲出城接受漢隱帝的詔書。郭從義派兵把守長安城南門，又把趙思綰送回城裡。趙思綰尋找他的衛兵和鎧甲武器，郭從義也給了他。但是趙思綰拖延時間，把他的財貨搜集到一起，再三改變行期。郭從義等對趙思綰產生了懷疑，祕密報告了郭威，請示對趙思綰採取措施。郭威同意了。十一日壬子，郭從義和都監、南院宣徽使王峻在馬上緊扣轡繩緩步進城，住進官邸。邀請趙思綰一起飲酒話別，趁機把趙思綰抓起來，連同常彥卿和他們的父親兄弟、家兵一共三百人，全部在街市上斬首。

七月十三日甲寅，郭威進攻河中，攻下河中的外城。李守貞搜集殘餘部眾，退守內城。眾將領請求趕快進攻他，郭威說：「鳥一旦走投無路就要啄人，何況是一支軍隊呢！把水舀乾了再抓魚，何必要那麼性急哩！」二十一日壬戌，李守貞和他的妻子及兒子李崇勳等人自焚而死。郭威進城，抓住李守貞的兒子李崇玉等人以及李守貞所任命的宰相靖崳、孫愿，樞密使劉芮、國師總倫等人，押送到大梁，凌遲於街頭。徵聘趙修己為翰林天文。郭威查閱李守貞的公文書信，得到朝廷執政大臣以及藩鎮官員與李守貞往來勾結的書信，言辭叛逆，郭威想要奏報。祕書郎榆次人王溥勸諫說：「鬼怪乘黑夜才爭相出現，一見到陽光自然就會消失。希望全部燒掉這些書信，來安定那些反覆無常的人。」郭威聽從了他的建議。

三叛既平❶，帝浸❷驕縱，與左右狎暱❸。飛龍使瑕丘後匡贊❹、茶酒使太原郭允明❺以諂媚得幸，帝好與之為廋辭❻、醜語❼，太后屢戒之，帝不以為意。癸亥❽，太常卿❾張昭❿上言：「宜親近儒臣，講習經訓。」不聽。昭，即昭遠，避高祖諱改之。○戊辰⓫，加永興節度使郭從義同平章事，徙鎮國節度使扈從珂為護國節度使，以河中行營馬步都虞候劉詞為鎮國節度使。

唐主復進用魏岑⑫。吏部郎中會稽鍾謨⑬、尚書員外郎李德明⑭始以辯慧得幸，參預國政。二人皆恃恩輕躁，雖不與岑為黨，而國人皆惡之。戶部員外郎范沖敏，性狷介⑮，乃教天威都虞候王建封上書，歷詆⑯用事者，請進用正人。唐主謂建封武臣典兵，不當干預國政，大怒，流建封於池州，未至，殺之，沖敏棄市。○唐主聞河中破，以朱元為駕部員外郎⑰，待詔⑱文理院⑲李平為尚書員外郎。

吳越王弘俶以丞相弘億判明州。

西京留守、同平章事王守恩，性貪鄙，專事聚斂。喪車非輸錢不得出城⑳，下至抒廁㉑、行乞之人，不免課率，或縱麾下令盜人財。有富室娶婦，守恩與俳優數人往為賓客，得銀數鋌㉒而返。

八月甲申㉓，郭威自河中還，過洛陽。守恩自恃位兼將相㉔，肩輿出迎。威怒，以為慢己，辭以浴，不見，即以頭子㉕命保義節度使、同平章事白文珂代守恩為留守，文珂不敢違。守恩猶坐客次㉖，吏白：「新留守已視事於府矣。」守恩大驚，狼狽而歸，見家屬數百已逐[1]出府，在通衢矣。朝廷不之問，以文珂兼侍中，充西京留守。

歐陽脩論曰：「自古亂亡之國，必先壞其法制而後亂從之。此勢之然也，五代之際是已。文珂、守恩皆漢大臣，而周太祖以一樞密使頭子而易置之，如更戍卒。是時太祖未有無君之志，而所為如此者，蓋習為常事，故文珂不敢違，守恩不敢拒。太祖既處之不疑，而漢廷君臣亦置而不問，豈非綱紀壞亂之極而至於此歟！是以善為天下慮者，不敢忽於微而常杜其漸也，可不戒哉！」

守恩至大梁，恐獲罪，廣為貢獻，重賂權貴。朝廷亦以守恩首舉潞州歸漢，故宥之㉗，但誅其用事者數人而已。

【章旨】以上為第九段，寫郭威擅權，更易節鎮，標誌朝綱法紀敗壞，受到歐陽脩的批評。

【注釋】❶三叛既平　此時鳳翔猶未平定，此為籠統之言。❷浸　漸漸。❸狎暱　輕佻地親熱。❹後匡贊　瑕丘（今山東兗州東北）人，《舊五代史》避宋太祖趙匡胤諱只稱後贊。傳見《舊五代史》卷一百七、《新五代史》卷三十。❺郭允明　太原（今山西太原）人。傳見《舊五代史》卷一百七、《新五代史》卷三十。❻廋辭　也叫廋語，謎語的古稱。❼醜語　醜惡低級的語言。❽癸亥　七月二十二日。❾太常卿　官名，掌宗廟祭祀之事。❿張昭　本名昭遠，避漢高祖劉知遠諱改名。通經史、天文、釋老之說；自後唐至宋，專事筆削典章之任，封鄭國公。傳見《宋史》卷二百六十三。⓫戊辰　七月二十七日。⓬復進用魏岑　南唐李璟保大五年（西元九四七年）四月，魏岑因罪被貶為太子洗馬，至此又得進用。⓭鍾謨　南唐元宗時官翰林學士、知尚書省事，多次出使後周。因建儲事得罪元宗，貶為宣州副使。後周亡，賜死於貶所。⓮李德明　南唐元宗時官至工部侍郎。因與後周世宗談判，割地過多，朝臣誣其賣國，被元宗誅殺。⓯狷介　孤高耿直，潔身自好。⓰歷詆　一一詆毀。⓱駕部員外郎　官名，掌輿輦、傳乘、郵驛、廄牧之事。⓲待詔　本意為候命，以備待詔，唐以後遂成官名，如翰林待詔等。負責四方表疏批答、應和文章等事。⓳文理院　為南唐所設。⓴喪車非輸錢不得出城　意為出殯的車不交錢也不讓出城。輸錢，交錢。㉑抒廁　刷洗糞桶。㉒鋌　古代專門鑄成的各種形狀的金銀塊。後沿用「錠」字。㉓甲申　八月十三日。㉔守恩自恃位兼將相　王守恩任留守、節度使，是身為將職；又任同平章事，是身為相職，故云「位兼將相」。㉕頭子　唐末至宋，樞密使不經由中書直行下達的札子，事大者稱宣，事小者稱頭子，亦稱宣頭。㉖坐客次　意為坐在客位上等待接見。㉗以守恩首舉潞州歸漢二句　王守恩原為權潞州巡檢使，晉亡，以潞州降漢，故漢隱帝宥之。

【校　記】①逐　原作「遂」。據章鈺校，乙十一行本、孔天胤本皆作「逐」，熊羅宿《胡刻資治通鑑校字記》同，今據改。

【語　譯】三個叛臣已經平定，漢隱帝逐漸驕奢放縱，與近侍輕佻地親熱玩耍。飛龍使瑕丘人後匡贊、茶酒使太原人郭允明靠巴結討好而得到皇帝的寵幸，漢隱帝喜歡和他們說謎語、髒話，太后多次訓誡他，漢隱帝也不放在心上。七月二十二日癸亥，太常卿張昭進言說：「應該親近儒臣，講習經義。」漢隱帝不聽。張昭，就是張昭遠，因為避高祖劉知遠的名諱而改名。〇二十七日戊辰，加授永興節度使郭從義同平章事，調任鎮國節度使扈從珂為護國節度使，任命河中行營馬步都虞候劉詞為鎮國節度使。

南唐主又進用魏岑。吏部郎中會稽人鍾謨、尚書員外郎李德明最初是靠口才好、聰明得到寵幸，參與國家政事。兩個人都倚仗皇帝的恩寵而浮躁，雖然不和魏岑結黨，但是全國的人都痛恨他們。戶部員外郎范沖敏性情孤高耿直，便讓天威都虞候王建封上書，一一詆毀當權者，請求進用正直的人。南唐主認為王建封是武臣，掌管軍隊，不應干預國家政事，非常惱怒，把他流放到池州，還沒有到達，就把他殺了，范沖敏被斬首示眾。〇南唐主聽說河中被攻破，就任命朱元為駕部員外郎，待詔文理院李平為尚書員外郎。

吳越王錢弘俶任命丞相錢弘億兼管明州。

西京留守、同平章事王守恩，性情貪婪鄙陋，專門幹聚斂財貨的事。出殯的車不給錢不准出城，下到刷洗糞桶的、討飯的，都不免要交稅，有時候還放出手下的人去偷竊別人的錢財。有一富戶娶媳婦，王守恩和幾個藝人前去做客，弄到幾錠銀子才回來。

八月十三日甲申，郭威從河中返回，路過洛陽。王守恩倚仗自己位兼將相，坐著轎子出去迎接。郭威很生氣，認為怠慢自己，推說洗澡，不見王守恩，就用一張札子任命保義節度使、同平章事白文珂代替王守恩為西京留守，白文珂不敢違抗。王守恩還坐在客位上等候接見，小吏告訴王守恩說：「新任的留守已經在官府辦公事了。」王守恩大驚，倉皇返回，看到家屬幾百人已經被趕出官府，站在大街上了。朝廷不過問這件事，任命白文珂兼任侍中，充任西京留守。

歐陽脩評論說：「自古混亂滅亡的國家，一定是先破壞了國家的法律制度，然後跟著亂起來。這是勢所必然的，五代的時候正是這樣。白文珂、王守恩都是後漢大臣，然而後周太祖郭威用一張樞密使的札子就更換了他們的職位，就像更換戍卒。當時後周太祖尚沒有無視君主的野心，但所以做出這樣的事，大概是習以為常，所以白文珂不敢反對，王守恩不敢抗拒。後周太祖毫不遲疑地這樣做，而後漢朝廷君臣也置之不問，這難道不是因為國家的法律制度敗壞混亂到了極點，才會出現這種情況嗎！所以善於為天下考慮的人，不敢忽略細微的事情而常常防微杜漸，這些能不引為鑑戒嗎！」

王守恩到了大梁，害怕獲罪，便四處進貢，厚賂權貴。朝廷也因為王守恩首先率領潞州歸降漢朝，所以寬恕了他，只殺了幾個在王守恩手下管事的人就完了。

馬希萼悉調朗州丁壯為鄉兵❶，造號❷靜江軍❸，作戰艦七百艘，將攻潭州。其妻苑氏諫曰：「兄弟相攻，勝負皆為人笑。」不聽，引兵趣長沙❹。

馬希廣聞之曰：「朗州，吾兄也，不可與爭，當以國讓之而已。」劉彥瑫、李弘皋等[1]固爭以為不可，乃以岳州❺刺史王贇❻為都部署戰棹指揮使，以彥瑫監其軍。己丑❼，大破希萼於僕射洲，獲其戰艦三百艘。贇追希萼，將及之，希廣遣使召之曰：「勿傷吾兄！」贇引兵還。贇，環❽之子也。希萼自赤沙湖❾乘輕舟遁歸，苑氏泣曰：「禍將至矣，余不忍見也。」赴井而死。

戊戌⑩，郭威至大梁，入見。帝勞之，賜金帛、衣服、玉帶、鞍馬，辭曰：「臣受命期年⑪，僅克一城，何功之有！且臣將兵在外，凡鎮安京師、供億所須，使兵食不乏，皆諸大臣居中者之力也，臣安敢獨膺⑫此賜！請偏賞之。」又議加領[2]方鎮⑬，辭曰：「楊邠位在臣上，未有茅土⑭。且帷幄之臣⑮，不可以弘肇為比⑯。」九月壬寅⑰，徧賜宰相、樞密、宣徽、三司、侍衛使九人⑱，與威如一。帝欲特賞威，辭曰：「運籌建畫，出於廟堂。發兵饋糧，資於藩鎮。暴露戰鬬，在於將士。而功獨歸臣，臣何以堪之！」

乙巳⑲，加威兼侍中、史弘肇兼中書令。辛亥⑳，加竇貞固司徒、蘇逢吉司空、蘇禹珪左僕射、楊邠右僕射。諸大臣議，以朝廷執政溥加恩，恐藩鎮觖望㉑。乙卯㉒，加天雄節度使高行周守太師、山南東道節度使安審琦守太傅、泰寧節度使符彥卿守太保、河東節度使劉崇兼中書令。己未㉓，加忠武節度使劉信、天平節度使慕容彥超、平盧節度使劉銖並兼侍中。辛酉㉔，加朔方節度使馮暉、定難節度使李彝殷兼中書令。冬，十月壬申㉕，加義武節度使孫方簡、武寧節度使劉贇同平章事。壬午㉖，加吳越王弘俶尚書令、楚王希廣太尉。丙戌㉗，加荊南節度使高保融兼侍中。議者以為：「郭威不專有其功，推以分人，信為美矣。而國家爵位，以一人立功而覃及天下㉘，不亦濫乎！」

【章旨】以上為第十段，寫後漢郭威平定三叛建功，朝廷濫施賞賜遍天下。

【注釋】❶鄉兵　本地域的士兵。❷造號　創立軍號。❸靜江軍　方鎮名，五代十國楚國置。治所桂州，在今廣西桂林。❹長沙　府名，治所在今湖南長沙。五代時楚國都城。❺岳州　州名，治所在今湖南岳陽。❻王贇　王環子，官岳州刺史、永州刺史。曾大敗恭孝王馬希萼軍，國亡歸南唐。❼己丑　八月十八日。❽環　王環，王贇父，五代十國時楚國名將。曾六破吳兵，兩破荊南兵。深受武穆王馬殷賞識，官岳州都指揮使。❾赤沙湖　在今湖南華容南，洞庭湖西，又名赤亭湖。夏、秋水漲，與洞庭湖相通。❿戊戌　八月二十七日。⓫期年　一週年。上年七月，郭威為西面軍前招慰安撫使，節度諸軍討伐河中、永興、鳳翔三鎮，至今年八月，剛過一年。⓬膺　受。⓭議加領方鎮　指後漢隱帝擬議使郭威加領節度使。⓮茅土　古代皇帝社祭的壇用五色土建成，東方青，南方赤，西方白，北方黑，中央黃。分封諸侯時，把代表分封方位顏色的泥土用茅草包好，授給受封的人，作為分得土地的象徵，後稱封諸侯為授茅土。此指封節度使。當時楊邠為樞密使，位在郭威之上，還未曾領節鎮。⓯帷幄之臣　指任職中樞之臣。與節度使相對。⓰不可以弘肇為比　時史弘肇為節度使，又掌侍衛兵，故郭威稱不可以和他為比。⓱壬寅　九月初二日。⓲徧賜宰相句　徧賜，一一賞賜。宰相指竇貞固、蘇逢吉、蘇禹珪；樞密使指楊邠；宣徽使指王峻、吳虔裕；三司使指王章；侍衛使指史弘肇。文中稱九人，僅可查八人，或許包括郭威也未可知。⓳乙巳　九月初五日。⓴辛亥　九月十一日。㉑觖望　不滿而怨望。觖，怨望。㉒乙卯　九月十五日。㉓己未　九月十九日。㉔辛酉　九月二十一日。㉕壬申　十月初三日。㉖壬午　十月十三日。㉗丙戌　十月十七日。㉘以一人立功而覃及天下　意為國家的爵位由於一個人立功而賞賜延及天下人。後漢隱帝給文武官員賞賜的司徒、司空、太師、太傅、太保、侍中、同平章事等，都是加官、加銜，並無實際職務。以同平章事加予節度使的，也叫做使相。覃，延及。

【校記】1等　原無此字。據章鈺校，十二行本、乙十一行本皆有此字，今據補。2領　原無此字。據章鈺校，十二行本、乙十一行本、孔天胤本皆有此字，張敦仁《通鑑刊本識誤》、張瑛《通鑑校勘記》同，今據補。

【語譯】馬希萼把朗州的丁壯全部徵調來當鄉兵，創立名號為靜江軍，建造七百艘戰艦，即將攻打潭州。他的妻子苑氏勸諫說：「兄弟互相攻打，不論誰勝誰敗，都會被人嗤笑。」馬希萼不聽，領兵奔赴長沙。

馬希廣聽到這個消息，說：「朗州，那是我的哥哥，不能和他爭鬥，應當把國家讓給他就是了。」劉彥瑫、李弘皋等堅決抗爭，認為不能這樣做。馬希廣才任命岳州刺史王贇為都部署戰棹指揮使，派劉彥瑫督察這支軍隊。八月十八日己丑，在僕射洲大敗馬希萼，繳獲他的戰艦三百艘，王贇追趕馬希萼，快要追上時，馬希廣派使者把王贇叫回來，說：「不要傷害我的哥哥！」王贇於是領兵返回。王贇，是王環的兒子。馬希萼從赤沙湖乘輕便小船逃回朗州。苑氏哭著說：「災禍就要降臨了，我不忍心看到。」跳井死了。

八月二十七日戊戌，郭威回到大梁，入朝拜見漢隱帝。漢隱帝慰勞他，賜予金帛、衣服、玉帶、鞍馬。郭威推辭說：「臣受詔命一年，只攻克一城，哪有功勞！何況臣領兵在外，所有鎮守保衛京師、供應軍隊所需，使軍糧不缺乏，都是朝中各位大臣的功勞，臣怎麼敢獨自接受這些賞賜！請賞給所有大臣吧。」朝廷又擬議加授給他藩鎮，郭威推辭說：「楊邠官位在臣之上，尚且沒有兼領藩鎮。況且國家中樞之臣不能和史弘肇相比。」九月初二日壬寅，普遍賞賜宰相、樞密使、宣徽使、三司使、侍衛使等九人，和郭威一樣。漢隱帝想特別賞賜郭威，郭威推辭說：「運籌建策，出自朝廷。發兵運糧，依靠藩鎮。暴身作戰，在於將士。而把功勞只歸於臣，臣怎麼承受得起！」

九月初五日乙巳，加授郭威兼任侍中、史弘肇兼任中書令。十一日辛亥，加授竇貞固司徒、蘇逢吉司空、蘇禹珪左僕射、楊邠右僕射。大臣們議論，認為朝廷的執政大臣普遍加恩，恐怕各藩鎮怨望不滿。十五日乙卯，加授天雄節度使高行周加官兼署太師、山南東道節度使安審琦兼署太傅、泰寧節度使符彥卿兼署太保、河東節度使劉崇兼任中書令。十九日己未，加授忠武節度使劉信、天平節度使慕容彥超、平盧節度使劉銖都兼任侍中。二十一日辛酉，加授朔方節度使馮暉、定難節度使李彝殷都兼任中書令。冬，十月初三日壬申，加授義武節度使孫方簡、武寧節度使劉贇同平章事。十三日壬午，加授吳越王錢弘俶尚書令、楚王馬希廣太尉。十七日丙戌，加授荊南節度使高保融兼任侍中。對這件事議論的人認為：「郭威不獨攬功勞，而把功勞分給眾人，的確是很好的。但是國家的封爵，因一個人立功而遍賜天下，不也太濫了嗎！」

吳越王弘俶募民能墾荒田者，勿收其稅，由是境內無棄田。或請糾民遺丁以增賦❶，仍自掌其事❷，弘俶杖之國門。國人皆悅。

楚靜江節度使馬希瞻❸以兄希萼、希廣交爭，屢遣使諫止，不從。知終覆族❹，疽發于背，丁亥❺，卒。

契丹寇河北，所過殺掠，節度使、刺史各嬰城自守❻。遊騎至貝州及鄴都之北境，帝憂之。己丑❼，遣樞密使郭威督諸將禦之，以宣徽使王峻監其軍。十一月，契丹聞漢兵渡河，乃引去。辛亥❽，郭威軍至鄴都，令王峻分軍趣鎮、定。戊午❾，威至邢州。

唐兵度淮，攻正陽❿。十二月，潁州將白福進擊敗之。

楊邠為政苛細⓫。初，邢州人周璨為諸衛將軍，罷秩無依⓬，從王景崇西征。景崇叛，遂為之謀主。邠奏：「諸前資官⓭，喜搖動藩臣，宜悉遣詣京師。」既而四方雲集，日遮宰相馬求官。辛卯⓮，邠復奏：「前資官宜分居兩京⓯，以俟有闕而補之。」漂泊失所者甚眾。邠又奏：「行道往來者，皆給過所⓰。」既而官司填咽⑰，民情大擾，乃止。

趙暉急攻鳳翔，周璨謂王景崇曰：「公鄉與蒲、雍⑱相表裏，今二鎮已平，蜀兒不足恃⑲，不如降也。」景崇曰：「善！吾更思之。」後數日，外攻轉急。景崇謂其黨曰：「事窮矣，吾欲為急計。」乃謂其將公孫輦、張思練曰：「趙暉精兵，多在城北。來日五鼓⑳前，爾二人燒城東門詐降，勿令寇入。吾與周璨以牙兵出北門突暉軍，縱無成而死，猶勝束手。」皆曰：「善！」癸巳㉑，未明，輦、思練燒東門請降，府牙㉒火亦發。二將遣人詗之，景崇已與家人自焚矣。璨亦降。

丁酉㉓，密州㉔刺史王萬敢擊唐海州荻水鎮㉕，殘之。

是月，南漢主如英州。

是歲，唐泉州刺史留從效兄南州㉖副使從願，酖刺史董思安而代之。唐主不能制，置清源軍㉗於泉州，以從效為節度使。

【章旨】以上為第十一段，寫吳越主獎勵墾荒，境內無棄田。

【注釋】❶糾民遺丁以增賦　清查已經成年而漏登戶籍的男丁，以便增加賦稅收入。遺丁，指成丁男子而未著籍納賦者。❷仍自掌其事　並且由他自己來掌管此事。仍，又；並且。❸馬希瞻　武穆王馬殷庶子。曾因監袁詮軍，打敗荊南兵，授靜江軍節度使。❹覆族　覆滅整個家族。❺丁亥　十月十八日。❻嬰城自守　環城自守。❼己丑　十月二十日。❽辛亥　十一月十二日。❾戊午　十一月十九日。❿正陽　地名，又稱正陽關。在今安徽壽縣西，為南貨水運要地。⓫苛細　苛刻繁細。⓬罷秩無依　罷官無所依靠。⓭前資官　謂官資皆前朝所授者。⓮辛卯　十二月二十二日。⓯兩京　即西京河南府和東京開封府。⓰過所　古代過關所用的憑照。⓱填咽　意為人多得擁塞不通。⓲蒲雍　兩州名。蒲州，又稱河中府，此指李守貞。雍州，京兆府一帶，此指趙思綰。⓳蜀兒不足恃　王景崇曾求援於蜀，蜀兵不至，故言不足恃。⓴五鼓　即五更。古代將一夜分五更，每更約兩小時。五更約在早晨三至五時，天亮前後。㉑癸巳　十二月二十四日。㉒府牙　即府衙，官署。㉓丁酉　十二月二十八日。㉔密州　州名，治所在今山東諸城。㉕荻水鎮　在江蘇贛榆東北七十里，東濱海，又稱荻水口鎮。㉖南州　州名，治所漳州，在今福建漳州。南唐元宗以董思安為刺史，思安以父名章辭，元宗遂改漳州為南州。宋改回為漳州。㉗清源軍　方鎮名，五代南唐置。治所晉江，在今福建泉州。

【語　譯】吳越王錢弘俶召募能夠開墾荒地的百姓，不徵收他們的租稅，因此吳越境內沒有閒置的田地。有人建議清查戶籍上漏登的男丁，以增加賦稅收入，並且由他自己來掌管這件事，錢弘俶命人在都城的大門前杖擊提此建議的人。都城的人都很高興。

楚國靜江節度使馬希瞻因為哥哥馬希萼、馬希廣互相爭鬥，多次派遣使者勸阻，他們不聽。馬希瞻知道總有一天被滅族，他背上毒瘡發作，十月十八日丁亥，去世。

契丹入侵河北，所過之處殺人搶劫，節度使、刺史各自環城固守。契丹的流動騎兵到達貝州和鄴都的北部邊境，漢隱帝對此擔憂。十月二十日己丑，派遣樞密使郭威統率眾將抵禦契丹，命令宣徽使王峻監督這支軍隊。

十一月，契丹聽說後漢軍隊渡過黃河，就撤走了。十二日辛亥，郭威的軍隊到達鄴都，命令王峻分一部分兵力奔赴鎮、定二州。十九日戊午，郭威到達邢州。

南唐軍隊渡過淮河，攻打正陽。十二月，潁州將領白福進打敗了南唐軍隊。

楊邠處理政事苛刻瑣細。當初，邢州人周瓌任諸衛將軍，被罷官後無所依靠，隨從王景崇西征。王景崇叛亂，他就成為王景崇的主要謀劃人。楊邠上奏說：「前朝所任命的官吏喜歡煽動藩鎮大臣，應該全部遣送他們前往京師。」不久，前朝官吏從四面八方雲集京師，每天攔住宰相的馬索要官職。十二月二十二日辛卯，楊邠又上奏說：「前朝所任命的官吏應該分別居住在兩京，等待有缺額時補官。」漂泊無去處的官吏很多。楊邠再次上奏說：「在路上過往的官吏，都發給通行證。」不久，負責簽發通行證的機構，人員擁擠不堪，民情大為騷動，這才停止。

趙暉加緊攻打鳳翔，周璨對王景崇說：「您以前和蒲州、雍州互為聲援，現在二鎮已被平定，蜀國小兒不可依靠，不如投降。」王景崇說：「好！我再想想此事。」過了幾天，城外的攻勢變得更激烈，王景崇對他的黨羽說：「事情已經無路可走了，我要作救急的策劃。」於是就對他的將領公孫輦、張思練說：「趙暉的精銳部隊，大多在城北。明天五更以前，你們兩人放火燒城東門，假裝投降，不要讓敵人進城。我與周璨率領衛隊出北門衝擊趙暉的軍隊。即使是沒有成功而死，也比束手就擒好。」二人都說：「好！」十二月二十四日癸巳，天還沒亮，公孫輦、張思練焚燒城東門請求投降，這時軍府衙門內的火也燒了起來。二位將領派人去偵察，王景崇已經和他的家人自焚了。周璨也投降了。

十二月二十八日丁酉，密州刺史王萬敢進攻南唐海州荻水鎮，毀滅了這個鎮。

這個月，南漢主前往英州。

這一年，南唐泉州刺史留從效的哥哥南州副使留從願，毒死南州刺史董思安自己取代了他。南唐主不能制止，使在泉州設置清源軍，任命留從效為節度使。

【研　析】本卷研析三鎮叛漢、劉崇圖謀割據河東、郭威擅權、吳越王錢弘俶募民墾荒四件史事。

三鎮叛漢。三鎮，指河東節度使李守貞、鳳翔節度使王景崇、奪取京兆府永興軍的趙思綰，連兵叛漢，史稱三鎮叛漢。李守貞，河陽人，為晉高祖石敬瑭牙將，官至河東節度使。晉出帝時，李守貞與杜重威以兵降契丹，晉亡。劉知遠建漢，李守貞來朝，仍被署為河東節度使。劉知遠死後，漢隱帝即位，殺杜重威，李守貞心不自安，而舉兵反。王景崇，邢州人，唐明宗鎮邢州時為牙將，入晉官至左金吾衛大將軍，心常怏怏自認為未盡其用。晉亡，王景崇厚賂契丹人求高官，未果而盜取國家庫金往投劉知遠，官至鳳翔節度使。趙思綰，魏州人，為趙延壽之子趙贊部屬。契丹滅晉，趙贊為河中節度使，趙思綰為牙將。入漢，劉知遠改任趙贊為永興軍節度使。趙贊入朝，漢高祖劉知遠留而不遣，趙思綰疑懼不安。原鳳翔節度使侯益與河中節度使趙贊，皆為契丹人所署。趙贊入朝，侯益遲留。劉知遠任命王景崇為鳳翔節度使取代侯益，授命王景崇可便宜從事。李景崇沒有便宜從事殺侯益，縱之東歸，劉知遠任用侯益為開封尹，侯益進讒說王景崇的壞話，王景崇聞知，心不自安，後悔沒有殺侯益。劉知遠又徵召趙思綰入朝，趙思綰抗命，以永興軍之眾首先反叛朝廷，接著王景崇、李守貞也舉兵反叛。趙思綰、王景崇共推李守貞為秦王，奉以為主，三鎮連兵，連引蜀國、南唐，以及契丹之兵攻擊漢朝，一時聲勢盛大。劉知遠調兵遣將，經過兩年多的征戰，到漢隱帝即位，三鎮才被討平。三鎮之叛，固然是李守貞、王景崇、趙思綰三人兇險，亦是劉知遠所逼。三人為舊朝之將，李守貞狂妄，王景崇奸險，趙思綰殘暴，因手握兵權，在五代亂世的時局下容易反叛，但他們已經降漢，由於漢高祖劉知遠仁、信、刑皆失，賞罰不當導致三鎮連兵反叛。劉知遠不誅杜重威，臨終囑隱帝嚴防杜重威，隱帝誅杜重威而逼反李守貞，這是用刑不當。杜重威當誅時不誅，猜忌時妄殺，兔死狐悲，李守貞安得不叛。侯益，偽署節鎮，拒命不朝，王景崇兵臨之，無奈投降，不誅已過，又重用之，是以逼反王景崇。趙贊入朝，已歸服，高祖留而不遣，又徵趙思綰入朝，困獸猶鬥，何況手握兵權的趙思綰。三鎮之叛的主因，是劉知遠治國無方的經典案例，又一次驗證了司馬光的評論：劉知遠失仁、失信、失刑，漢祚不延，不是很正常的嗎！

劉崇圖謀割據河東。劉崇，漢高祖劉知遠同母弟，初名崇，後更名旻。劉知遠事晉為河東節度使，鎮太原，任用劉崇為馬步都指揮使，郭威為蕃漢都孔目，即侍衛都虞候。郭威粗通兵法，善戰，為劉知遠所親愛，凡重大戰役，都有郭威參加。劉知遠即皇帝位，任用劉崇為太原尹、北京留守，同中書門下平章事，領大鎮；任用郭威為樞密副使，掌兵權。劉崇、郭威是劉知遠的左右手，兩人爭寵有隔閡。劉知遠臨終，將隱帝劉承祐託孤於郭威和史弘肇。隱帝即位，晉升郭威為樞密使，劉崇心不自安，與判官鄭珙謀自安之術。鄭珙建言，劉崇擴軍，建立四部指揮使，自選勇士，招納亡命，打造兵器，儲備糧秣，停止上貢朝廷的財賦，理由是防禦契丹，名正言順。等到郭威稱帝，建立後周，劉崇也稱帝於太原，建立北漢政權。劉崇本為自安，強兵足民，做好了割據河東的基礎，沒有預料到郭威稱帝，所以漢隱帝死，劉崇沒有舉兵入梁。郭威忌劉崇之勢，假藉擁立劉崇之子武寧軍節度使劉贇為嗣，還裝模作樣派大臣馮道迎請劉贇於徐州，用以麻痺劉崇。當郭威在大梁站穩腳跟後，翻臉露出廬山真面目，誅劉贇，稱帝建周，劉崇建北漢也就在情理之中。

郭威擅權。郭威，邢州堯山人，行伍出身，有勇力，使酒好鬥，性粗豪，略通兵法，善戰，深為劉知遠所愛。隱帝立，郭威平定三鎮叛亂，建立蓋世之功，更是目中無人。郭威從河中還師，路過洛陽。洛陽西京留守、同平章事王守恩自認為位兼將相，坐著轎子慢吞吞出城郊迎。郭威震怒，認為王守恩看不起他，拒絕與王守恩相見，推辭說在洗澡。郭威立即發出樞密使的帖子，命令保義節度使、同平章事白文珂取代王守恩為西京留守，派兵驅趕王守恩家人出府。這時王守恩還在客館的客位上等著郭威接見。王守恩的部屬來報告，說：「新任留守上任了。」王守恩狼狽回府，走到大街上，已看到家人被趕出，也都在大街上等王守恩。王守恩不敢責問郭威，趕緊回朝報告，漢隱帝置之不理，還正式下達了任命白文珂兼侍中，充任西京留守。

大臣任免，要通過宰相推薦，皇帝批准，中書令下達，而郭威竟然用樞密使的帖子，隨意更換大臣，如同指使部屬兵卒。這時候的郭威，未必就有篡位之心，但他擅權逾制，已陵駕在國家之上，比皇帝還皇帝。皇帝更易大臣，還要徵詢三公九卿的意見，至少過場也是要做的。王守恩貪汙受賄，郭威不聞不問，認為冒犯自己，就大張撻伐。其實王守恩不敢，只是一場誤會，瞬間驅趕，如此擅權，古今少有。故歐陽脩說：「自古亂亡之國，一定是先從法律制度的破壞開始。五代亂世，就是這樣的情況。習慣成自然，郭威的所作所為，自己沒有意識到，漢廷君臣也認為是常事，這簡直是綱紀被破壞到不可收拾的地步了。」其後，郭威篡漢，也就是冰凍三尺，非一日之寒了。

吳越王錢弘俶募民墾荒。吳越王錢弘俶懸賞招募種田能手開墾荒地，不收賦稅，因此吳越國境內沒有荒地。有人建議懸賞揭發隱瞞成丁男子戶籍的人，把他們檢舉出來可以增加國家賦稅的收入。提建議的人還自告奮勇，說他十分勝任這一工作。吳越王十分反感提建議的人，把這個人放在城門口鞭打。這事影響很大，吳越國都的人一傳十，十傳百，十分高興。

如何向百姓徵稅是國家大事。五代十國，各國徵稅的情況史事記載不詳。春秋時魯國初稅畝，已按田畝徵稅。漢朝實施地畝稅和人頭稅兩種制度，地畝徵稅，三十稅一，稱為科稅，按成丁男子徵稅，每人每年一百二十文叫賦。從吳越王錢弘佐募民墾荒不交稅，以及鞭打要檢括戶口增加賦稅的人兩件事情來看，吳越國實行田稅加人頭稅兩種辦法。墾荒不徵稅，說明熟田有脫；檢括遺漏丁男以增加國家稅收，說明吳越國家有人頭稅。吳越王錢弘佐的做法是減輕人民負擔的措施，所以國人很高興。墾荒不加稅，國境內無荒田，這樣增加了生產，藏富於民，民富則國強，錢弘佐的善政值得肯定。

王夫之批評南唐李氏政權只按田地肥瘠徵稅，肥田多徵稅，瘠田少徵稅。當時戰亂頻仍，國用不足，時常加稅，一次又一次按田畝肥瘠加徵，勤勞種地的人交納沒完沒了的稅，以至於拋荒不種地，讓肥田變瘠田，變荒田。王夫之認為按田畝肥瘠徵稅，則有田不如無田，有良田不如瘠田，是在獎勵懶惰之民，王夫之主張只按丁口徵稅，他說：「夫有民不役，而役以田，則等於無民。」（《讀通鑑論》卷三十）這也未免極端。只按丁口徵稅，那麼擁有良田萬畝的大戶無稅，無立錐之地的貧民有稅，當然更不公平。古代國家收入，主要依靠農業，合理的辦法是，對國家貢獻和義務，應當是有錢出錢，有力出力，按地畝徵稅，按人丁出役，最為公平。吳越國徵稅既按地畝，又按人丁，獎勵墾荒不加稅，遺漏戶口不細究，水清無大魚，藏富於民，於民於國皆有利，所以是善政，應予肯定。

卷第二百八十九

後漢紀四

上章閹茂（庚戌　西元九五〇年），一年。

【題解】本卷記載史事一年，西元九五〇年，當後漢隱帝乾祐三年。此一年間，中原又一次發生政權更迭，後漢滅亡，後周建立。後漢隱帝行事乖張，年僅二十，血性用事，群小離間，突然間誅殺樞密使楊邠、中書令史弘肇、三司使王章，舉朝驚駭，逼反郭威。隱帝親征，為亂兵所殺。後漢立國短暫，根基不穩，郭威宿將，兵權在握，製造兵變，擁立自己稱帝，後來趙匡胤依樣畫葫蘆，製造陳橋驛兵變奪取後周政權，非郭威始料所及。南唐主聞中原三叛悉平，亦罷兵停止北上。楚國內訌，兄弟交兵，馬希萼破長沙，殺馬希廣而自立。

隱皇帝下

乾祐三年（庚戌　西元九五〇年）

春，正月丁未❶，加鳳翔節度使趙暉兼侍中。○密州刺史王萬敢請益兵以攻唐，詔以前沂州刺史郭瓊❷為東路行營都部署，帥禁軍及齊州❸兵赴之。○郭威請勒兵北臨契丹之境，詔止之。○丙寅[4]，遣使詣河中、鳳翔收瘞[5]戰死及餓殍遺骸，時有僧已聚二十萬[6]矣。

唐主聞漢兵盡平三叛，始罷李金全北面行營招討使[7]。

唐清淮節度使劉彥貞多斂民財以賂權貴，權貴爭譽之。在壽州[8]積年，恐被代，欲以警急自固[9]，妄奏稱漢兵將大舉南伐。二月，唐主以東都[10]留守燕王弘冀[11]為潤・宣二州[12]大都督、鎮潤州，寧國[13]節度使周宗為東都留守。

朝廷欲移易藩鎮，因其請赴嘉慶節[14]上壽，許之。○甲申[15]，郭威行北邊還[16]。

福州人或詣建州告唐永安留後查文徽[17]，云吳越兵已棄城去，請文徽為帥。文徽信之，遣劍州[18]刺史陳誨[19]將水軍下閩江[20]，文徽自以步騎繼之。會大雨，水漲，誨一夕行七百里，至城下，敗福州兵，執其將馬先進等。庚寅[21]，文徽至福州，吳越知威武軍[22]吳程詐遣數百人出迎。誨曰：「閩人多詐，未可信也，宜立寨徐圖。」文徽曰：「疑則變生，不若乘機據其城。」因引兵徑進。誨整眾鳴鼓，止于江湄[23]。文徽不為備，程勒兵出擊之，唐兵大敗，文徽墜馬，為福人所執，士卒死者萬人。誨全軍[24]歸劍州。程送文徽於錢唐，吳越王弘俶獻于五廟[25]而釋之。

丁亥㉖，汝州㉗奏防禦使劉審交卒。吏民詣闕上書，以審交有仁政㉘，乞留葬汝州，得奉事其丘壟，詔許之。州人相與聚哭而葬之，為立祠，歲時享之。太師馮道曰：「吾嘗為劉君僚佐㉙，觀其為政，無以踰人，非能減其租賦，除其繇役也，但推公廉慈愛之心以行之耳。此亦眾人所能為，但它人不為而劉君獨為之，故汝人愛之如此。使天下二千石㉚皆效其所為，何患得民不如劉君哉！」

甲午㉛，吳越丞相、昭化節度使、同平章事杜建徽卒。○乙未㉜，以前永興節度使趙匡贊為左驍衛上將軍。

【章　旨】以上為第一段，寫南唐主聞中原三叛悉平，罷兵北上；查文徽南犯福州，輕敵冒進，兵敗成俘虜。

【注　釋】❶丁未　正月初九日。❷郭瓊　平州盧龍（今河北盧龍）人，有勇力。歷仕契丹、後唐、後晉、後漢、後周。入宋，以加右領軍衛上將軍致仕。傳見《宋史》卷二百六十一。❸齊州　州名，治所歷城，在今山東濟南。❹丙寅　正月二十八日。❺瘞　埋葬。❻有僧已聚二十萬　已有僧人在河中、鳳翔收聚了二十萬具屍骨。❼始罷李金全北面行營招討使　李金全於乾祐元年（西元九四八年）為北面行營招討使。❽壽州　州名，治所壽春，在今安徽壽縣。❾以警急自固　藉緊急事變來鞏固自己地位。❿東都　南唐以江都府為東都，在今江蘇揚州。⓫弘冀　南唐元宗李璟長子，封燕王，立為太子。後元宗怒其逾法，欲改立太弟景遂。弘冀便派人將景遂鴆殺，不久弘冀也病死。⓬潤宣二州　潤州治所丹徒，在今江蘇鎮江市，宣州治所在今安徽宣州。⓭寧國　方鎮名，五代十國吳國置。治所宣州，在今安徽宣州。⓮嘉慶節　後漢隱帝生日為三月九日，故稱這一天為嘉慶節。⓯甲申　二月十六日。⓰郭威行北邊還　上年郭威北征，今還。⓱查文徽　南唐元宗李璟時，以江西安撫使率軍打敗殷主王延政，佔領建州，始授任永安軍留後。⓲劍州　州名，治所劍浦，在今福建南平。⓳陳誨　初仕閩，後歸南唐。任劍州刺史。攻福州，查文徽被俘，陳誨獨有功，遷永安軍節度使兼侍中。⑳閩江　福建最大的河流，東南流入福州，故陳誨率水軍下閩江，以攻福州。㉑庚寅　二月二十二日。㉒知威武軍　據《十國春秋・吳程傳》載：吳程在天福年間已拜丞相，授威武軍節度使。福州一戰獲勝後，又兼屯田榷酤事。與本文「知威武軍」的說法有出入。㉓湄　岸邊，水與草交接的地方。㉔全軍　保全了自己的軍隊。㉕五廟　古代諸侯有五廟，即二昭、二穆和太祖廟。左為昭，右為穆。二世、四世、六世等在左；三世、五世、七世等在右。吳越設五廟，這是採用諸侯之制。㉖丁亥　二月十九日。㉗汝州　州名，治所梁縣，在今河南汝州。㉘以審交有仁政　據新、舊《五代史》本傳載，劉審交任三司使、汝州防禦使時，「盡去煩弊，無擾於民」，重視改進農業生產工具，發展生產，故得民心。㉙吾嘗為劉君僚佐　劉審交曾在僭號的劉守光手下任兵部尚書，馮道時為參軍，故馮道稱他們是僚佐。㉚二千石　漢代郡守俸祿為二千石，即月俸百二十斛。後世則以二千石作為郡守的通稱。此指地方的州級長官。㉛甲午　二月二十六日。㉜乙未　二月二十七日。

【語　譯】隱皇帝下

乾祐三年（庚戌　西元九五〇年）

春，正月初九日丁未，加授鳳翔節度使趙暉兼任侍中。〇密州刺史王萬敢請求增兵攻打南唐，漢隱帝下詔任命前任沂州刺史郭瓊為東路行營都部署，率領禁衛軍和齊州軍隊前往。〇郭威請求整軍北臨契丹邊境，皇帝下詔阻止了他。〇二十八日丙寅，朝廷派使者前往河中、鳳翔收埋戰死將士和餓死百姓的屍骨，當時有僧人已經收聚二十萬了。

南唐主聽說後漢軍隊全部平息了三鎮的叛亂，這才罷免李金全的北面行營招討使。

南唐清淮節度使劉彥貞大量搜刮民財來賄賂權貴，權貴爭相稱讚他。他在壽州多年，恐怕被人替代，想藉緊急事變來鞏固自己的地位，就虛妄地上奏說後漢軍隊即將大舉南伐。二月，南唐主任命東都留守燕王李弘冀為潤・宣二州大都督、鎮守潤州，寧國節度使周宗為東都留守。

朝廷想調換各藩鎮節度使，藉著他們請求前來參加嘉慶節慶賀皇上生日這一機會，就答應了他們。〇二月十六日甲申，郭威巡行北方邊境返回京師。

福州人有的到建州向南唐永安留後查文徽報告，說吳越軍隊已經棄城離去，請查文徽為帥。查文徽相信了，派遣劍州刺史陳誨率領水軍順閩江而下，查文徽自己用步兵和騎兵跟在後面。適逢大雨，江水上漲，陳誨一夜行船七百里，到達福州城下，打敗了福州軍隊，抓住了他們的將領馬先進等人。二月二十二日庚寅，查文徽到達福州，吳越知威武軍吳程詐遣幾百人出迎。陳誨說：「閩人多詐，不可相信，應該設置營寨慢慢謀劃。」查文徽說：「遲疑就會發生變故，不如乘機佔據他們的州城。」於是領兵直進，陳誨整眾鳴鼓，在閩江岸邊停下來。查文徽不作防備，吳程領兵出擊，南唐軍隊大敗，查文徽墜落馬下，被福州人抓住，士卒死亡上萬人。陳誨保全軍隊回到劍州。吳程把查文徽押送到錢唐，吳越王錢弘俶把查文徽作為戰利品獻給祖廟，然後放了他。

二月十九日丁亥，汝州奏報防禦使劉審交去世。官吏和百姓到朝廷上書，因為劉審交有仁政，請求留在汝州安葬，以便能夠奉事他的墳墓，漢隱帝下詔同意了。汝州人相互聚集在一起痛哭，安葬了劉審交，為他建立祠堂，每年按時祭祀他。太師馮道說：「我曾經做過劉君的僚屬，看他治理政事，沒有什麼過人的地方。不是能夠減少百姓的賦稅，免除百姓的徭役，只是推行公平、廉潔、慈愛之心而行政罷了。這也是大家所能做到的，只是其他的人不去做而劉君獨自做了，所以汝州人這樣愛戴他。假使天下食祿二千石的州官們都能仿效他的所作所為，還怕不能像劉君那樣得民心嗎！」

二月二十六日甲午，吳越丞相、昭化節度使、同平章事杜建徽去世。○二十七日乙未，任命前任永興節度使趙匡贊為左驍衛上將軍。

三月丙午❶，嘉慶節，鄴都留守高行周、天平節度使慕容彥超、泰寧節度使符彥卿❷、昭義節度使常思、安遠節度使楊信、安國節度使薛懷讓、成德節度使武行德、彰德節度使郭謹❸、保大留後王饒皆入朝。○甲寅❹，詔營寢廟❺於高祖長陵❻、世祖原陵❼，以時致祭。有司以費多，寢其事，以至國亡，二陵竟不霑一奠❽。○壬戌❾，徙高行周為天平節度使，符彥卿為平盧❿節度使。甲子⓫，徙慕容彥超為泰寧節度使。○永安節度使折從阮舉族入朝⓬。

夏，四月戊辰朔⓭，徙薛懷讓為匡國節度使。庚午⓮，徙折從阮為武勝節度使⓯。壬申⓰，徙楊信為保大節度使，徙鎮國節度使劉詞為安國節度使、永清節度使王令溫⓱為安遠節度使。李守貞之亂，王饒潛與之通，守貞平，眾謂饒必居散地⓲。及入朝，厚結史弘肇，遷護國節度使，聞者駭之。

楊邠求解樞密使⓳，帝遣中使⓴諭止之。宣徽北院使㉑吳虔裕在旁曰：「樞密重地，難以久居，當使後來者迭為之，相公辭之是也。」帝聞之，不悅，辛巳㉒，以虔裕為鄭州防禦使。

朝廷以契丹近入寇，橫行河北，諸藩鎮各自守㉓，無捍禦之者，議以郭威鎮鄴都，使督諸將以備契丹。史弘肇欲威仍領樞密使，蘇逢吉以為故事無之㉔。弘肇曰：「領樞密使則可以便宜從事，諸軍畏服，號令行矣。」帝卒從弘肇議。弘肇怨逢吉異議，逢吉曰：「以內制外，順也。今反以外制內，其可乎！」壬午㉕，制以威為鄴都留守、天雄節度使，樞密使如故。仍㉖詔河北，兵甲錢穀，但見郭威文書，立皆稟應㉗。明日，朝貴會飲於竇貞固之第。弘肇舉大觴㉘屬威，厲聲曰：「昨日廷議，一何同異㉙！今日為弟飲之。」逢吉與[1]楊邠亦舉觴曰：「是國家之事，何足介意！」弘肇又厲聲曰：「安定國家，在長槍大劍，安用毛錐㉚！」王章曰：「無毛錐，則財賦何從可出？」自是將相始有隙。

癸未㉛，罷永安軍㉜。○壬辰㉝，以左監門衛將軍郭榮㉞為貴州㉟刺史、天雄牙內都指揮使。榮本姓柴，父守禮㊱，郭威之妻兄也，威未有子時養以為子。五月己亥㊲，以府州蕃漢馬步都指揮使折德扆㊳為本州團練使。德扆，從阮之子也。

庚子㊴，郭威辭行，言於帝曰：「太后從先帝久，多歷天下事。陛下富於春秋，有事宜稟其教而行之。親近忠直，放遠讒邪，善惡之間，所宜明審。蘇逢吉、楊邠、史弘肇皆先帝舊臣，盡忠徇國㊵，願陛下推心任之，必無敗失。至於疆埸㊶之事，臣願竭其愚駑，庶不負驅策。」帝斂容謝之。威至鄴都，以河北困弊，戒邊將謹守疆埸，嚴守備，無得出侵掠，契丹入寇，則堅壁清野以待之。

辛丑㊷，敕防禦、團練使，自非軍期，無得專奏事，皆先申觀察使㊸斟酌以聞。○丙午㊹，以皇弟山南西道節度使承勳㊺為開封尹，加兼中書令，實未出閤㊻。平盧節度使劉銖貪虐恣橫，朝廷欲徵之。恐其拒命，因沂、密用兵於唐，遣沂州刺史郭瓊將兵屯青州。銖不自安，置酒召瓊，伏兵幕下，欲害之。瓊知其謀，悉屏左右，從容如㊼會，了無懼色，銖不敢發。瓊因諭以禍福，銖感服，詔至即行。庚戌㊽，銖入朝。辛亥㊾，以瓊為潁州團練使。

癸丑㊿，王章置酒會諸朝貴，酒酣，為手勢令[51]。史弘肇不閑[52]其事，客省使閻晉卿坐次弘肇，屢教之。蘇逢吉戲之曰：「旁有姓閻人，何憂罰爵！」弘肇妻閻氏，本酒家倡[53]也，意逢吉譏之，大怒，以醜語詬逢吉[54]，逢吉不應。弘肇欲毆之，逢吉起去。弘肇索劍欲追之，楊邠泣止之曰：「蘇公宰相，公若殺之，置天子何地，願孰[55]思之！」弘肇即上馬去，邠與之聯鑣[56]，送至其第而還。於是將相如水火矣。帝使宣徽使王峻置酒和解之，不能得。逢吉欲求出鎮以避之，既而中止，曰：「吾去朝廷，止煩史公一處分，吾齏粉[57]矣！」王章亦忽忽不樂，欲求外官，楊、史固止之。

閏月[58]，宮中數有怪。癸巳[59]，大風雨[2]，發屋拔木，吹鄭門[60]扉[61]起，十餘步而落，震死者六七人，水深平地尺餘。帝召司天監趙延乂，問以禳祈[62]之術，對曰：「臣之業在天文時日，禳祈非所習也。然王者欲弭㊸災異，莫如修德。」延乂歸，帝遣中使問：「如何為修德？」延乂對：「請讀貞觀政要㊹而法之。」

六月，河決鄭州。

【章　旨】以上為第二段，寫後漢將相不和。

【注　釋】❶丙午　三月初九日。❷符彥卿　字冠侯，勇略有謀，善用兵。符存審第四子，軍中稱之為「符第四」。歷仕後唐、後晉、後漢、後周，入宋，加守太師，封魏王。傳見《舊五代史》卷五十六、《新五代史》卷二十五、《宋史》卷二百五十一。❸郭謹　字守節，善騎射。歷仕後晉、後漢，官至彰德節度使加檢校太師。傳見《舊五代史》卷一百六。❹甲寅　三月十七日。❺寢廟　古代宗廟中寢和廟的合稱。廟在前，是接神處；寢在後，是藏衣冠處。❻長陵　前漢高祖劉邦陵，在今陝西咸陽東。❼原陵　後漢光武帝劉秀陵，在今河南孟津西。❽不霑一奠　沒有享受過一次祭奠。霑，沾濡；沾潤。奠，祭奠。❾壬戌　三月二十五日。❿平盧　方鎮名，唐上元二年（西元七六一年）置，治所青州，在今山東青州。⓫甲子　三月二十七日。⓬折從阮舉族入朝　此謂折從阮從府州入朝。折從阮，字可久，本名從遠，避後漢高祖劉知遠諱改從阮。歷仕後唐、後晉、後漢、後周，官至靜難軍節度使加檢侍中。乾祐二年（西元九四九年）從府州舉族入朝。傳見《舊五代史》卷一百二十五、《新五代史》卷五十。⓭戊辰朔　四月初一。⓮庚午　四月初三日。⓯武勝節度使　即威勝節度使，史書避周太祖郭威諱改。⓰壬申　四月初五日。⓱王令溫　字順之，歷仕後唐、後晉、後漢、後周，官至安州節度使，加檢校太尉、同平章事。傳見《舊五代史》卷一百二十四。⓲散地　本指閒散之地，此處借指閒散的官職。⓳樞密使　樞密院長官，以宦官充任。掌承受表奏，於內中進呈；皇帝有所處分，則宣付中書門下。權位極重。⓴中使　皇帝從宮中派出執行帝命的使者，由宦官充任。㉑宣徽北院使　唐代後期宣徽院分置南北兩院，各置使一人主管其事，以宦官充任，五代時改用士人。㉒辛巳　四月十四日。㉓諸藩鎮各自守　各藩鎮節度使各自防守。㉔故事無之　按成例，前朝沒有帶樞密使為節鎮的。㉕壬午　四月十五日。㉖仍　通「乃」。始也。㉗稟應　供應。稟，通「廩」。給予。㉘觴　古代的盛酒器。㉙一何同異　怎麼那樣不一致。㉚安用毛錐　哪用得著毛筆。毛錐，即毛筆。史弘肇認為安定國家靠的是武器，用不著耍筆桿子的。而三司使王章反駁說，沒有拿毛筆的人管理財政，財賦從何而來。從此將相關係出現裂痕。㉛癸未　四月十六日。㉜罷永安軍　把永安軍降為團練州，隸屬於河東節度使。到後周顯德元年（西元九五四年）又恢復。㉝壬辰　四月二十五日。㉞郭榮　即周世宗柴榮（西元九二一—九五九年），邢州龍岡（今河北邢臺西南）人，郭威養子。執政期間先後攻取後蜀、南唐、契丹等十七州，為北宋統一奠定了基礎。西元九五四—九五九年在位。傳見《舊五代史》卷一百十四、《新五代史》卷十二。㉟貴州　州名，治所鬱林縣，在今廣西貴港市西南。㊱守禮　柴守禮，字克讓。周太祖皇后柴氏兄，柴榮生父，官至太傅。傳見《新五代史》卷二十。㊲己亥　五月初二日。㊳折德扆　折從阮子，世為大族，自晉、漢以來獨居府州，控扼西北。仕後周、宋，官至永安軍節度使。傳見《宋史》卷二百三十五。㊴庚子　五月初三日。㊵徇國　獻身國家。徇，通「殉」。殉身；獻身。㊶疆場　疆界；邊界。㊷辛丑　五月初四日。㊸先申觀察使　指防禦使、團練使皆受觀察使統轄，故有事應先向觀察使報告，不得擅自越級直達朝廷，但戰爭期間除外。㊹丙午　五月初九日。㊺承勳　劉知遠第三子，隱帝承祐弟。隱帝死，欲立，因病免。廣順元年（西元九五一年）卒。傳見《舊五代史》卷一百五、《新五代史》卷十八。㊻出閤　皇子出朝任職。又，閤臣外任亦稱出閤。㊼如　前往。㊽庚戌　五月十三日。㊾辛亥　五月十四日。㊿癸丑　五月十六日。(51)手勢令　酒令名，以手作各物之勢為酒令，比輸贏。(52)閑　通「嫻」。熟習；熟練。(53)酒家倡　酒館的倡女，善行酒令。(54)以醜語詬逢吉　用髒話痛罵蘇逢吉。醜語，髒話。詬，罵。(55)孰　通「熟」。(56)聯鑣　馬銜相聯，意為並騎而行。鑣，馬具。與銜合用，銜在口內，鑣在口旁。(57)齏粉　細粉；碎屑。常用以比喻粉身碎骨。(58)閏月　閏五月。(59)癸巳　閏五月二十七日。(60)鄭門　大梁城西面南來第一門。梁改為開明門，晉改為金義門，周改為迎秋門。鄭門是舊名。(61)扉　門扇。(62)禳祈　祈禱消災。(63)弭　停止；消除。(64)貞觀政要　書名，唐吳兢撰，十卷四十篇。分類編輯唐太宗與魏徵、房玄齡、杜如晦等大臣的問答、大臣的諍議和所上勸諫的奏疏，以及政治上的措施，為歷代治國者所重視。

【校　記】 [1]與　原無此字。據章鈺校，十二行本、乙十一行本皆有此字，今據補。按，《通鑑紀事本末》有「與」字。[2]雨　原無此字。據章鈺校，十二行本、乙十一行本、孔天胤本皆有此字，張敦仁《通鑑刊本識誤》同，今據補。

【語　譯】 三月初九日丙午，嘉慶節，鄴都留守高行周、天平節度使慕容彥超、泰寧節度使符彥卿、昭義節度使常思、安遠節度使楊信、安國節度使薛懷讓、成德節度使武行德、彰德節度使郭瑾、保大留後王饒全都來到朝廷。〇十七日甲寅，漢隱帝下詔在高祖長陵、世祖原陵營建寢廟，按時祭祀。有關部門因為費用大，放下了這件事。直到國家滅亡，二陵始終沒有享受過一次祭奠。〇二十五日壬戌，徙任高行周為天平節度使，符彥卿為平盧節度使。二十七日甲子，徙任慕容彥超為泰寧節度使。〇永安節度使折從阮全族入朝。

夏，四月初一日戊辰，徙任薛懷讓為匡國節度使。初三日庚午，徙任折從阮為武勝節度使。初五日壬申，徙任楊信為保大節度使，徙任鎮國節度使劉詞為安國節度使、永清節度使王令溫為安遠節度使。李守貞之亂，王饒暗中和李守貞串通，李守貞之亂平息後，大家認為王饒一定身居散職。等到王饒入朝，用厚禮與史弘肇相結，升任為護國節度使，聽說這件事的人很驚駭。

楊邠要求解除樞密使的職務，漢隱帝派遣中使勸慰阻止。宣徽北院使吳虔裕在旁邊說：「樞密院是政務重地，難以長久停留，應該讓後來的人輪流擔任樞密使，相公辭去這個職位是對的。」漢隱帝聽了，不太高興。四月十四日辛巳，任命吳虔裕為鄭州防禦使。

朝廷因為契丹最近入侵，橫行黃河以北，各藩鎮各自防守，沒有抵抗的，朝議以郭威鎮守鄴都，讓他督率各將領來防備契丹。史弘肇想讓郭威仍然兼任樞密使，蘇逢吉認為沒有這樣的舊制。史弘肇說：「兼任樞密使可以見機行事，各路軍隊畏懼服從，號令可以施行。」漢隱帝最終聽從了史弘肇的建議。史弘肇埋怨蘇逢吉提出不同建議，蘇逢吉說：「以內朝官節制外朝官，是順乎情理的。現今反過來以外朝官節制內朝官，那怎麼可以！」四月十五日壬午，漢隱帝下制書任命郭威為鄴都留守、天雄節度使，依舊擔任樞密使。始下詔命令黃河以北地區，武器、錢糧，只要見到郭威所簽署的文書，都立即供應。第二天，朝廷權貴在竇貞固的宅第聚會宴飲。史弘肇舉著大酒杯盯著郭威，大聲地說：「昨天的朝廷議論，大家的意見怎麼那樣不一致！今天特地為老弟乾了這一杯。」蘇逢吉和楊邠也舉起酒杯說：「這些都是為了國家的事情，何足介意！」史弘肇又大聲說：「安定國家，在於長槍大劍，哪裡用得著毛筆！」王章說：「沒有毛筆，那錢財、軍賦從哪裡來？」從此將相之間開始有了矛盾。

四月十六日癸未，廢除永安軍。〇二十五日壬辰，漢隱帝任命左監門衛將軍郭榮為貴州刺史、天雄牙內都指揮使。郭榮本姓柴，父親柴守禮是郭威妻子的哥哥，郭威沒有兒子時收養郭榮為兒子。

五月初二日己亥，漢隱帝任命府州蕃漢馬步都指揮使折德扆為本州團練使。折德扆，是折從阮的兒子。

五月初三日庚子，郭威向漢隱帝辭行，對漢隱帝說：「太后跟隨先帝很久，經歷過許多天下的事情。陛下年輕，有什麼事情應該稟承太后的教誨而行動。親近忠誠正直的人，遠離諂媚邪惡的人，善惡之間，應該明察。蘇逢吉、楊邠、史弘肇都是先帝時的舊臣，竭盡忠誠，獻身國家，希望陛下推心置腹地任用他們，一定不會有失誤。至於邊疆的事情，臣願意竭盡低劣的才能，希望不辜負陛下的任用。」漢隱帝嚴肅地向郭威道謝。郭威到了鄴都，因為黃河以北窮困破敗，告誡邊境將領謹慎把守邊疆，嚴加防備，不得外出侵擾搶劫，契丹入侵，就堅壁清野，以此來對付他們。

五月初四日辛丑，漢隱帝下敕防禦使和團練使，如果不是戰爭期間，不得擅自直接向朝廷奏報事情，都必須先報告觀察使斟酌後再奏報朝廷。〇初九日丙午，漢隱帝任命皇弟山南西道節度使劉承勳為開封尹，加官兼任中書令，實際上沒有離朝就職。

平盧節度使劉銖貪暴恣橫，朝廷想徵召他入朝。害怕他違抗命令，就趁著朝廷在沂州、密州對南唐用兵，派遣沂州刺史郭瓊率兵屯駐青州。劉銖內心不安，擺設酒宴召請郭瓊，在府內埋伏士兵，想殺害郭瓊。郭瓊知道他的陰謀，全部屏退隨從，從容赴會，全無懼色，劉銖不敢下手。郭瓊藉機向他說明禍福之所在，劉銖被感動折服，詔書到達，立即啟程。五月十三日庚戌，劉銖入朝。十四日辛亥，任命郭瓊為潁州團練使。

五月十六日癸丑，王章擺設酒宴與朝廷權貴相聚，酒喝到暢快時，作手勢來行酒令。史弘肇不熟悉這種酒令，客省使閻晉卿的座位挨著史弘肇，多次教他。蘇逢吉戲弄他說：「身旁有個姓閻的人，何必擔心被罰酒！」史弘肇的妻子閻氏，原本是酒家倡女，史弘肇的想法是認為蘇逢吉譏笑他，大怒，用髒話罵蘇逢吉，蘇逢吉不答理。史弘肇想打他，蘇逢吉起身離去。史弘肇找來劍想追趕他，楊邠哭著勸阻他說：「蘇公是宰相，您如果殺了他，將置天子於何地，希望您深思熟慮！」史弘肇立刻上馬離去，楊邠和他並騎，送他到家裡才回來。於是將相之間如同水火了。皇帝讓宣徽使王峻設置酒宴來和解，沒有成功。蘇逢吉想請求出任藩鎮來避開史弘肇，不久又作罷，說：「我離開朝廷，只要史公一作處理，我便粉身碎骨了！」王章也悶悶不樂，想請求到外地為官，楊邠、史弘肇堅決阻止王章。

閏五月，宮中多次出現怪事。二十七日癸巳，大風雨，掀掉房屋，拔起樹木，把大梁城西南的鄭門門扇吹了起來，飛出十多步落下來，被震死的有六七個人，平地水深一尺多。皇帝召來司天監趙延乂，問他祈禱消災的辦法，趙延乂回答說：「臣的工作在於天象曆法，祈禱消災不是我所熟悉的。不過統治天下的人想要消除災異，不如修行德政。」趙延乂回去以後，漢隱帝派遣中使詢問他：「怎樣才是修行德政？」趙延乂回答說：「請讀《貞觀政要》而去效法它。」

六月，黃河在鄭州決口。

馬希萼既敗歸❶，乃以書誘辰、溆州❷及梅山❸蠻，欲與共擊湖南。蠻素聞長沙帑藏之富，大喜，爭出兵赴之，遂攻益陽❹。楚王希廣遣指揮使陳璠拒之，戰于淹溪，璠敗死。

秋，七月，唐歸馬先進等於吳越以易查文徽。

馬希萼又遣羣蠻攻迪田，八月戊戌❺，破之，殺其鎮將張延嗣。楚王希廣遣指揮使黃處超救之，處超敗死。潭人震恐，復遣牙內指揮使崔洪璉將兵七千屯玉潭❻。

庚子❼，蜀主立其弟仁毅❽為夔王，仁贄❾為雅王，仁裕❿為彭王，仁操⓫為嘉王。己酉⓬，立子玄喆⓭為秦王，玄珏⓮為褒王。

晉李太后在建州，臥病，無醫藥，惟與晉主仰天號泣，戟手[15]罵杜重威、李守貞曰：「吾死不置汝！」戊午[16]，卒。周顯德中，有自契丹來者云：「晉主及馮后尚無恙，其從者亡歸[17]及物故[18]則過半矣。」

馬希萼表請別置進奏務[19]於京師。九月辛巳[20]，詔以湖南已有進奏務[21]，不許。亦賜楚王希廣詔，勸以敦睦。馬希萼以朝廷意佑[22]楚王希廣，怒，遣使稱藩于唐[23]，乞師攻楚。唐加希萼同平章事，以鄂州[24]今年租稅賜之，命楚州[25]刺史何敬洙將兵助希萼。冬，十月丙午[26]，希廣遣使上表告急，言：「荊南[27]、嶺南[28]、江南[29]連謀，欲分湖南之地，乞發兵屯澧州[30]，以扼江南、荊南援朗州之路。」

丁未[31]，以吳越王弘俶為諸道兵馬元帥。

楚王希廣以朗州與山蠻入寇、諸將屢敗，憂形于色。劉彥瑫言於希廣曰：「朗州兵不滿萬，馬不滿千，都府[32]精兵十萬，何憂不勝！願假臣兵萬餘人，戰艦百五十艘，徑入朗州縛取希萼，以解大王之憂。」王悅，以彥瑫為戰棹都指揮使、朗州行營都統。彥瑫入朗州境，父老爭以牛酒犒軍，曰：「百姓不願從亂，望都府之兵久矣！」彥瑫厚賞之。戰艦過，則運竹木以斷其後。是日，馬希萼遣朗兵及蠻兵六千、戰艦百艘逆戰於湄州[33]，彥瑫乘風縱火以焚其艦，頃之，風回，反自焚。彥瑫還走，江路已斷，士卒戰及溺死者數千人。希廣聞之，涕泣不知所為。希廣平日罕頒賜，至是，大出金帛以取悅於士卒。

或告天策左司馬希崇流言惑眾，反狀已明，請殺之。希廣曰：「吾自害其弟，何以見先王於地下！」

馬軍指揮使張暉將兵自它道擊朗州，至龍陽㉞，聞彥瑫敗，退屯益陽。希萼又遣指揮使朱進忠等將兵三千急攻益陽，張暉紿㉟其眾曰：「我以麾下出賊後，汝輩留城中待我，相與合勢擊之。」既出，遂自竹頭市㊱遁歸長沙。朗兵知城中無主，急擊之，士卒九千餘人皆死。

吳越王弘俶歸查文徽於唐，文徽得瘖㊲疾，以工部尚書致仕。

十一月甲子朔㊳，日有食之。○蜀太師、中書令宋忠武王趙廷隱卒。

楚王希廣遣其僚屬孟駢說馬希萼曰：「公忘父兄之讎，北面事唐，何異袁譚求救於曹公㊴邪！」希萼將斬之，駢曰：「古者兵交，使在其間，駢若愛死，安肯此來！駢之言非私於潭人，實為公謀也。」乃釋之，使還報曰：「大義絕矣，非地下不相見也！」朱進忠請希萼自將兵取潭州，辛未㊵，希萼留其子光贊㊶守朗州，悉發境內之兵趣長沙，自稱順天王。

詔侍衛步軍都指揮使、寧江㊷節度使王殷㊸將兵屯澶州以備契丹。殷，瀛州人也。○朝廷議發兵，以安遠節度使王令溫為都部署，以救潭州。會內難㊹作，不果。

【章旨】以上為第三段，寫楚國內訌，兄弟交惡，愈演愈烈。

【注釋】❶馬希萼既敗歸　指僕射洲之敗，事載上卷上年八月。❷辰漵州　兩州名。辰州，治所在今湖南沅陵。漵州，治所在今湖南懷化。❸梅山　在今湖南新化東北。❹益陽　縣名，縣治在今湖南益陽。❺戊戌　八月初三日。❻玉潭　鎮名，在今湖南湘鄉。❼庚子　八月初五日。❽仁毅　孟昶弟，史書無傳。❾仁贄　字忠美，孟昶弟。官至大同軍節度使。傳見《宋史》卷四百七十九。❿仁裕　字鳴謙，孟昶弟。官至武泰軍節度使。降宋，官右監門衛上將軍。傳同上。⓫仁操　孟昶弟。官至永寧軍節度使。降宋，遷右隆武統軍。傳同上。⓬己酉　八月十四日。⓭玄喆　字遵聖，孟昶長子。立為皇太子。降宋，官左龍武軍統軍，封滕國公。傳同上。⓮玄珏　孟昶次子，官保寧軍節度使。降宋，官右神武統軍。傳同上。⓯戟手　用食指與中指指點，其狀似戟。這是指斥怒罵時的一種情態。⓰戊午　八月二十三日。⓱亡歸　逃歸。亡，逃亡。⓲物故　死亡。⓳進奏務　官署名，藩鎮在京城設的辦事處。掌章奏、詔令及各種文書的投遞、承轉。唐代稱進奏院。⓴辛巳　九月十七日。㉑詔以湖南已有進奏務　漢隱帝下詔馬希萼，因馬希廣已在京師設有進奏務，故不許馬希萼再設進奏務。湖南，指馬希廣。㉒意佑　有意保護。㉓稱藩于唐　向南唐稱臣。藩，藩臣。㉔鄂州　州名，治所江夏，在今湖南武漢武昌。㉕楚州　州名，治所山陽，在今江蘇淮安。㉖丙午　十月十二日。㉗荊南　指南平高氏。㉘嶺南　指南漢劉氏。㉙江南　指南唐李氏。㉚澧州　州名，治所澧陽，在今湖南澧縣。㉛丁未　十月十三日。㉜都府　都會。此指楚首府長沙。㉝湄州　州名，治所在今湖南漢壽西。㉞龍陽　舊縣名，治所在今湖南漢壽。㉟紿　欺騙。㊱竹頭市　地名，在湖南益陽東南。㊲瘖　啞。㊳甲子朔　十一月初一日。㊴袁譚求救於曹公　袁譚為東漢末年軍閥袁紹長子。袁紹素喜少子袁尚，紹死，群臣擁立袁尚代紹位，譚、尚遂相攻擊。譚失利，求救於曹操。操先擊敗袁尚，後又討譚。譚亡，尚也被公孫康誘殺。孟駢藉此事告誡馬希萼，北面事唐等於自殺。㊵辛未　十一月初八日。㊶光贊　楚恭孝王馬希萼子。希萼攻佔長沙，授光贊為武平軍留後，守朗州。王逵之亂起，推光贊從兄光惠知州事，光贊遂被黜。㊷寧江　方鎮名，後唐天成二年（西元九二七年）置。治所夔州，在今重慶市奉節。夔州時屬後蜀地，王殷遙領之。㊸王殷　大名（今河北大名）人，助郭威反漢隱帝，官大雄軍節度使、同中書門下平章事。後郭威疑其有異志，削奪官爵，殺之。傳見《舊五代史》卷一百二十四、《新五代史》卷五十。㊹內難　指隱帝等殺楊邠，招致郭威起兵之禍。

【語譯】馬希萼打了敗仗回來後，就寫信引誘辰州、溆州和梅山的蠻族，想和他們共同攻打湖南。蠻族一向聽說長沙府庫財貨豐富，大為高興，爭著出兵前往，於是攻打益陽。楚王馬希廣派遣指揮使陳璠抵抗敵軍。兩軍在淹溪交戰，陳璠戰敗死去。

秋，七月，南唐把馬先進等人歸還吳越，用來交換查文徽。

馬希萼又派遣群蠻攻打迪田。八月初三日戊戌，攻破迪田，殺死守將張延嗣。楚王馬希廣派遣指揮使黃處超救援迪田，黃處超戰敗死去。潭州人震恐，楚王馬希廣又派遣牙內指揮使崔洪璉率兵七千屯駐玉潭。

八月初五日庚子，後蜀主立他的弟弟孟仁毅為夔王，孟仁贄為雅王，孟仁裕為彭王，孟仁操為嘉王。十四日己酉，立他的兒子孟玄喆為秦王，孟玄珏為褒王。

後晉李太后在建州臥床生病，沒有醫藥，只是和後晉主仰天號哭，用食指與中指指著，罵杜重威和李守貞說：「我死了也不放過你們！」八月二十三日戊午，李太后去世。後周顯德年間，有從契丹回來的人說：「晉主和馮后身體還好，他們的隨從人員逃回來和死亡的則超過一半了。」

馬希萼上表請求在京師另設一個進奏務。九月十七日辛巳，皇帝下詔認為馬希廣在京師已經有了進奏務，沒有答應。也賜詔楚王馬希廣，以敦厚和睦勸他們兄弟。馬希萼認為朝廷有意保護楚王馬希廣，很生氣，派使者向南唐稱臣，乞請軍隊攻打楚國。南唐加授馬希萼同平章事，把今年鄂州的租稅賜給馬希萼，命令楚州刺史何敬洙率兵援助馬希萼。冬，十月十二日丙午，馬希廣派遣使者向朝廷上表告急，說：「荊南、嶺南、江南共同謀劃，打算瓜分湖南的土地，請求發兵屯駐澧州，以此來控制江南、荊南援助朗州的道路。」

十月十三日丁未，朝廷任命吳越王錢弘俶為諸道兵馬元帥。

楚王馬希廣因為朗州和山蠻入侵，眾將屢次戰敗，面有憂色。劉彥瑫對馬希廣說：「朗州兵不足一萬，馬不到一千，首府長沙有精兵十萬，還擔心不能戰勝！希望能給我士兵一萬多人，戰艦一百五十艘，直接進入朗州捉拿馬希萼，以解除您的憂患。」楚王馬希廣很高興，任命劉彥瑫為戰棹都指揮使、朗州行營都統。劉彥瑫進入朗州界內，父老們爭相拿牛、酒來犒勞軍隊，說：「百姓不願隨從叛軍作亂，盼望都府的軍隊很久了！」劉彥瑫重賞他們。戰艦通過以後，便運來竹子、木頭用來隔斷後路。這一天，馬希萼派遣朗州軍隊和蠻族軍隊六千、戰艦一百艘在湄州迎戰，劉彥瑫乘著風勢放火焚燒對方的戰艦，不一會兒，風向逆轉，反過來燒到自己的戰艦。劉彥瑫往回跑，江上的水路已經被隔斷，士兵戰死和淹死的有幾千人。馬希廣聽到這個消息，哭泣，不知道該怎麼辦。馬希廣平時很少頒賜獎賞，到了這時，也大量地拿出金銀、絹帛來取悅於士兵。

有人告發天策左司馬馬希崇流言飛語，蠱惑大眾，反叛的跡象已經很明顯，請求殺掉他。馬希廣說：「我親自害死自己的弟弟，還有什麼臉面在九泉之下見先王！」

馬軍指揮使張暉率兵從另外的路線攻打朗州，到達龍陽，聽說劉彥瑫戰敗，退兵駐守益陽。馬希萼又派遣指揮使朱進忠等人率兵三千急速攻打益陽，張暉欺騙他的部眾說：「我帶領部下出城到賊兵的背後，你們留在城裡等我，一起合力夾擊他們。」張暉出城後，就從竹頭市逃回長沙。朗州兵知道益陽城裡沒有主帥，緊急攻城，城裡的九千多名士兵全部戰死。

吳越王錢弘俶把查文徽交給南唐，查文徽得了啞病，以工部尚書的職位退休。

十一月初一日甲子，發生日蝕。〇後蜀太師、中書令宋忠武王趙廷隱去世。

楚王馬希廣派遣他的僚屬孟駢勸馬希萼說：「您忘記了父兄之仇，臣事南唐，這和袁譚向曹操求救有什麼不同呢！」馬希萼將要殺掉他，孟駢說：「古時兩軍交戰，使者在雙方之間來往，我孟駢如果吝惜一死，怎麼肯到這裡來！我所說的話並不是為了潭州人，實際上是為您謀劃。」於是馬希萼放了孟駢，讓他回去報告說：「兄弟的情義斷絕了，不到九泉不再相見了！」朱進忠請求馬希萼親自率兵奪取潭州。十一月初八日辛未，馬希萼留下他的兒子馬光贊守衛朗州，發動境內全部軍隊奔赴長沙，自稱順天王。

漢隱帝詔令侍衛步軍都指揮使、寧江節度使王殷率兵屯駐澶州，用來防備契丹。王殷，是瀛州人。○朝廷商議出兵，任命安遠節度使王令溫為都部署，救援潭州。適逢朝廷發生內亂，沒有成行。

帝自即位以來，樞密使、右僕射、同平章事楊邠總機政❶，樞密使兼侍中郭威主征伐❷，歸德節度使、侍衛親軍都指揮使兼中書令史弘肇典宿衛❸，三司使、同平章事王章掌財賦❹。邠頗公忠，退朝，門無私謁❺，雖不卻四方饋遺❻，有餘輒獻之❼。弘肇督察京城，道不拾遺。是時承契丹蕩覆之餘，公私困竭，章捃摭遺利❽，吝於出納，以實府庫。屬三叛連衡❾，宿兵累年而供饋不乏。及事平，賜予之外，尚有餘積，以是國家粗安。

章聚斂刻急。舊制，田稅每斛更輸二升，謂之「雀鼠耗❿」。章始令更輸二斗，謂之「省耗⓫」。舊錢出入皆以八十為陌，章始令入者八十，出者七十七，謂之「省陌⓬」。有犯鹽、礬、酒麴之禁者⓭，錙銖涓滴⓮，罪皆死。由是百姓愁怨。章尤不喜文臣，嘗曰：「此輩授之握筭⓯，不知縱橫⓰，何益於用！」俸祿皆以不堪資軍者給之，吏已高其估，章更增之⓱。

帝左右嬖倖⓲浸用事⓳，太后親戚亦干預朝政，邠等屢裁抑之。太后有故人子求補軍職，弘肇怒而斬之。武德使李業，太后之弟也，高祖使掌內帑[20]，帝即位，尤蒙寵任。會宣徽使闕[21]，業意欲之，帝及太后亦諷執政。邠、弘肇以為內使遷補有次，不可以外戚超居[22]，乃止。內客省使閻晉卿次當為宣徽使，久而不補，樞密承旨[23]聶文進、飛龍使後匡贊、翰林茶酒使郭允明皆有寵於帝，久不遷官，共怨執政。文進，并州人也。劉銖罷青州歸，久奉朝請[24]，未除官，常戟手於執政。

帝初除三年喪[25]，聽樂，賜伶人錦袍、玉帶。伶人詣弘肇謝，弘肇怒曰：「士卒守邊苦戰，猶未有以賜之，汝曹何功而得此！」皆奪以還官[26]。帝欲立所幸耿夫人為后，邠以為太速。夫人卒，帝欲以后禮葬之，邠復以為不可。帝年益壯，厭為大臣所制。邠、弘肇嘗議事於帝前，帝曰：「審圖之，勿令人有言[27]！」邠曰：「陛下但禁聲[28]，有臣等在。」帝積不能平，左右因乘間譖之於帝云：「邠等專恣，終當為亂。」帝信之。嘗夜聞作坊鍛聲，疑有急兵[29]，達旦不寐。司空、同平章事蘇逢吉既與弘肇有隙，知李業等怨弘肇，屢以言激之。帝遂與業、文進、匡贊、允明謀誅邠等，議既定，入白太后。太后曰：「茲事何可輕發！更宜與宰相議之。」業時在旁，曰：「先帝嘗言，朝廷大事不可謀及書生，懦怯誤人。」

太后復以為言，帝忿曰：「國家之事，非閨閤[1]所知！」拂衣而出。乙亥㉚，業等以其謀告閻晉卿，晉卿恐事不成，詣弘肇第欲告之，弘肇以它故辭不見。

丙子旦㉛，邠等入朝，有甲士數十自廣政殿㉜出，殺邠、弘肇、章於東廡㉝下。文進亟召宰相、朝臣班於崇元殿，宣云：「邠等謀反，已伏誅，與卿等同慶。」又召諸軍將校至萬歲殿㉞庭，帝親諭之，且曰：「邠等以稺子視朕㉟，朕今始得為汝主，汝輩免橫憂矣！」皆拜謝而退。又召前節度使、刺史等升殿諭之，分遣使者帥騎收捕邠等親戚、黨與、傔從㊱，盡殺之。

弘肇待侍衛步軍都指揮使王殷尤厚，邠等死，帝遣供奉官孟業齎密詔詣澶州及鄴都，令鎮寧節度使李洪義㊲殺殷，又令鄴都行營馬軍都指揮使郭崇威㊳、步軍都指揮使真定㊴曹威殺郭威及監軍、宣徽使王峻。洪義，太后之弟也。又急詔徵天平節度使高行周、平盧節度使符彥卿、永興節度使郭從義、泰寧節度使慕容彥超、匡國節度使薛懷讓、鄭州防禦使吳虔裕、陳州刺史李穀入朝。以蘇逢吉權知樞密院事，前平盧節度使劉銖權知開封府，侍衛馬軍都指揮使李洪建㊵權判侍衛司事，內客[2]省使閻晉卿權侍衛馬軍都指揮使。洪建，業之兄也。

時中外人情憂駭，蘇逢吉雖惡弘肇，而不預李業等謀，聞變驚愕，私謂人曰：

「事太忽忽，主上儻以一言見問，不至於此！」業等命劉銖誅郭威、王峻之家，銖極其慘毒，嬰孺無免者。命李洪建誅王殷之家，洪建但使人守視，仍飲食之。

【章　旨】以上為第四段，寫後漢隱帝行事乖張，誅殺大臣。

【注　釋】❶總機政　總理機要政務。❷主征伐　主掌征討作戰。❸典宿衛　負責京城保衛。❹掌財賦　掌管全國財政。❺門無私謁　門上沒有私人請託。❻饋遺　贈送禮物。❼有餘輒獻之　禮物贈送多了就獻給國家。❽捃摭遺利　收取遺漏小利。❾屬三叛連衡　適值三個叛臣聯合叛亂。三叛指李守貞、王景崇、趙思綰。❿雀鼠耗　指官府收田稅，除交足本稅外，每斛還另加二升，以頂損耗，叫雀鼠耗。⓫省耗　王章下令再交二斗，稱省耗。⓬省陌　從前舊錢流通使用，無論出入都以八十錢為一陌，王章則下令繳入公庫以八十錢為一陌，從公庫發放給百姓，則以七十七錢為一陌，這叫省陌。⓭有犯鹽句　當時禁止私人販鹽、礬、酒麴，由國家專賣。⓮錙銖涓滴　形容量極少。錙，古代重量單位，六銖為一錙。銖，一百黍為一銖。也有說九十六黍為一銖，說法不一。⓯握筭　計算的籌碼。筭，同「算」。⓰不知縱橫　不懂得籌算。縱橫，指擺弄籌碼進行計算。⓱俸祿皆以不堪資軍者給之三句　意為把不能供應給軍隊食用的祿米發給文臣，官吏已經把價格估得很高，王章又提了價。⓲嬖倖　帝王所寵愛狎昵的人。⓳寖用事　漸漸掌權。⓴內帑　皇宮的府庫。㉑宣徽使闕　吳虔裕原為宣徽北院使，後出為鄭州防禦使，故闕。㉒超居　越級任職。此謂內使遞補升遷，有一定次序，不能因為是外戚便越級任職。㉓樞密承旨　官名，五代設樞密院承旨，以諸衛將軍充任。㉔奉朝請　朝廷給予退職大臣或宗室外戚的一種特殊政治待遇。退職者雖然無職無權，但可以參加朝會。㉕除三年喪　服完三年的喪期。㉖還官　還給官府。㉗勿令人有言　不要讓人有話說。㉘禁聲　噤口不出聲。㉙聞作坊鍛聲二句　聽到作坊有鑄造兵器的聲音，懷疑有緊急兵事發生。㉚乙亥　十一月十二日。㉛丙子旦　十一月十三日早晨。㉜廣政殿　晉天福四年（西元九三九年）二月辛卯改東京玉華殿為永福殿，周顯德四年（西元九五七年）新修永福殿改為廣政殿，這裡是以後來殿名書之。㉝東廡　東廂房。㉞萬歲殿　梁開平元年（西元九〇七年）改萬歲堂為萬歲殿。㉟以穉子視朕　拿我當做幼兒看待。穉，幼。㊱傔從　侍從。㊲李洪義　本名洪威，避周太祖郭威諱改。傳見《宋史》卷二百五十二。㊳郭崇威　初名崇威，避周太祖諱後只稱崇。傳見《宋史》卷二百五十五。㊴真定　府名，治所在今河北正定。㊵李洪建　李太后母弟，被郭威殺。傳見《舊五代史》卷一百七。

【校　記】①閤　原作「門」。據張敦仁《通鑑刊本識誤》云：「『門』作『閤』。」《通鑑紀事本末》同，今據改。②客　原作「侍」。胡三省注云：「『內侍省』當作『內客省』。」嚴衍《通鑑補》改作「客」，當是，今據改。按，本卷前文、上卷、《舊五代史》皆作「客」。

【語　譯】漢隱帝自從即位以來，樞密使、右僕射、同平章事楊邠總理機要政務，樞密使兼侍中郭威主管征討，歸德節度使、侍衛親軍都指揮使兼中書令史弘肇負責京師的防衛，三司使、同平章事王章掌管財賦。楊邠非常公正忠誠，退朝後，門上沒有私人請託，雖然不推辭四方的饋贈，但是有多餘的就進獻上去。史弘肇督察京城，路不拾遺。這時承繼契丹蕩毀中原之後，公私困竭，王章收取遺漏的小利，節省開支，用來充實府庫。適值三個叛臣聯合叛亂，用兵多年，而軍隊供應卻沒有缺乏。等到事態平息後，賞賜之外，還有剩餘，因此國家大致安定。

王章徵集賦稅，苛刻急促。舊制，田稅每斛另外再交二升，叫做「雀鼠耗」。王章開始命令再交二斗，叫做「省耗」。以前舊錢的付出、收入都以八十錢為一陌，王章開始命令收入時以八十錢為一陌，付出時以七十七錢為一陌，叫做「省陌」。有違犯鹽、礬和酒麴禁令的，只有點滴，也都處以死罪。因此百姓憂愁怨恨。王章尤其不喜歡文臣，曾經說：「給這些人一些籌碼，也不知道擺弄計算，有什麼用處！」文官的俸祿全是拿那些不能供軍隊食用的粟米給他們，官員已經把價格估得很高，王章又提了價。

漢隱帝左右寵愛狎昵的人逐漸掌權，太后的親戚也干預朝政，楊邠等人對他們一再抑損。太后有一個舊友的兒子請求補任軍職，史弘肇很生氣，把他斬首。武德使李業是太后的弟弟，高祖讓他掌管宮內的府庫，漢隱帝即位後，李業特別受到寵愛、任用。適逢宣徽使空缺，李業的意思是想要補缺，皇帝和太后也暗示執政大臣。楊邠、史弘肇認為宮廷內使職的升遷遞補是有次序的，不能因為是外戚而越級任職，這件事才作罷。內客省使閻晉卿按升遷次序應當擔任宣徽使，長時間沒有得到委任，樞密承旨聶文進、飛龍使後匡贊、翰林茶酒使郭允明都受到皇帝的寵信，長期沒有升官，都怨恨執政大臣。聶文進，是并州人。劉銖免職從青州回來，久奉朝請，沒有拜官，常常用手指著執政大臣罵。

漢隱帝剛解除了三年的喪服，聽音樂，賜給樂官錦袍、玉帶。樂官到史弘肇那裡致謝，史弘肇生氣地說：「士兵們守邊苦戰，還沒有拿東西賞賜他們，你們這些人有什麼功勞得到這些！」全都奪過來，還給官府。漢隱帝想立他所寵愛的耿夫人為皇后，楊邠認為太快。耿夫人死了，漢隱帝想用皇后的禮儀來安葬她，楊邠又認為不可以。漢隱帝的年紀越來越大了，討厭被大臣控制。楊邠、史弘肇曾經在漢隱帝的面前討論政事，漢隱帝說：「仔細地考慮，不要讓別人有話說！」楊邠說：「陛下只管不做聲，凡事有臣等在。」漢隱帝積鬱而心不平，身邊的人就趁機在皇帝面前誣陷他們說：「楊邠等人專橫，終將作亂。」漢隱帝相信了這些話。漢隱帝曾經在夜晚聽到作坊裡有打鐵的聲音，懷疑有緊急的兵事，一直到天亮都沒有睡著。司空、同平章事蘇逢吉以前就和史弘肇有矛盾，知道李業等人怨恨史弘肇，就多次用言語來激他們。漢隱帝於是和李業、聶文進、後匡贊、郭允明謀劃誅殺楊邠等人，商議已定，進宮去稟告太后。太后說：「這件事怎麼可以輕易舉動！還應該和宰相商議。」李業當時在旁邊，說：「先帝曾經說過，朝廷大事不能同書生商議，書生懦弱膽小誤人。」太后又說此事，漢隱帝忿怒地說：「國家的事情，不是閨房女人所能知道的！」拂衣而出。十一月十二日乙亥，李業等人把他們的謀劃告訴了閻晉卿，閻晉卿恐怕事情不成，就前往史弘肇家裡，想把這件事告訴史弘肇，史弘肇因為其他的事情推辭不見。

十一月十三日丙子早晨，楊邠等人入朝，有幾十名披甲士兵從廣政殿出來，把楊邠、史弘肇、王章殺死在東廂房。聶文進趕快召請宰相、朝臣在崇元殿排列好，宣布說：「楊邠等人謀反，已經伏罪處死，與各位共同慶賀。」又召集各軍將校到萬歲殿庭中，皇帝親自說明了這件事，並且說：「楊邠等人把朕當幼兒看待，朕現在才能夠為你們作主，你們免遭橫禍了！」大家都下拜稱謝退下。又召請前任各節度使、刺史等人上殿，說明這件事，分別派遣使者率領騎兵收捕楊邠等人的親戚、黨羽、侍從人員，全部殺掉了他們。

史弘肇對待侍衛步軍都指揮使王殷特別優厚，楊邠等人死後，漢隱帝派遣供奉官孟業攜帶密詔前往澶州和鄴都，命令鎮寧節度使李洪義殺死王殷，又命令鄴都行營馬軍都指揮使郭崇威、步軍都指揮使真定人曹威殺死郭威和監軍・宣徽使王峻。李洪義是李太后的弟弟。又緊急下詔徵召天平節度使高行周、平盧節度使符彥卿、永興節度使郭從義、泰寧節度使慕容彥超、匡國節度使薛懷讓、鄭州防禦使吳虔裕、陳州刺史李穀入朝。任命蘇逢吉主管樞密院事務，前任平盧節度使劉銖代理開封府事務，侍衛馬軍都指揮使李洪建代理侍衛司事務，內客省使閻晉卿代理侍衛馬軍都指揮使。李洪建，是李業的哥哥。

當時，朝廷內外人心憂恐，蘇逢吉雖然憎恨史弘肇，但是沒有參與李業等人的謀劃，聽到事變很震驚，私下對人說：「事情太急促，皇上如果拿一句話問我，不至於到這種地步！」李業等人命令劉銖殺郭威、王峻的家屬，劉銖極其殘酷狠毒，嬰兒小孩沒有幸免的。命令李洪建誅殺王殷的家屬，李洪建只是派人把守監視，仍然讓他們飲食。

丁丑❶，使者至澶州，李洪義畏懦，慮王殷已知其事，不敢發，乃引孟業見殷。殷囚業，遣副使陳光穗以密詔示郭威。威召樞密吏魏仁浦，示以詔書曰：「奈何？」仁浦曰：「公，國之大臣，功名素著，加之握彊兵、據重鎮，一旦為羣小所構❷，禍出非意，此非辭說之所能解❸。時事如此，不可坐而待死[1]。」威乃召郭崇威、曹威及諸將，告以楊邠等冤死及有密詔之狀，且曰：「吾與諸公，披荊棘，從先帝取天下，受託孤之任，竭力以衛國家。今諸公已死，吾何心獨生！君輩當奉行詔書，取吾首以報天子，庶不相累。」郭崇威等皆泣曰：「天子幼沖，此必左右羣小所為，若使此輩得志，國家其得安乎！崇威願從公入朝自訴，盪滌鼠輩以清朝廷，不可為單使④所殺，受千載惡名。」翰林天文趙修己謂郭威曰：「公徒死何益！不若順眾心，擁兵而南，此天啓⑤也！」郭威乃留其養子榮鎮鄴都，命郭崇威將騎兵前驅。戊寅⑥，自將大軍繼之。

慕容彥超方食，得詔，捨匕筯入朝。帝悉以軍事委之。己卯⑦，吳虔裕入朝。帝聞郭威舉兵南向，議發兵拒之。前開封尹侯益曰：「鄴都戍兵家屬皆在京師，官軍不可輕出。不若閉城以挫其鋒，使其母妻登城招之，可不戰而下也。」慕容彥超曰：「侯益衰老，為懦夫計耳。」帝乃遣益及閻晉卿、吳虔裕、前保大節度使張彥超將禁軍趣澶州。

是日，郭威已至澶州，李洪義納之。王殷迎謁慟哭，以所部兵從郭威涉河。帝遣內養⑧鸗脫覘⑨郭威，威獲之，以表置鸗脫衣領中，使歸白帝曰：「臣昨得詔書，延頸俟死。郭崇威等不忍殺臣，云此皆陛下左右貪權無厭者譖臣耳，逼臣南行，詣闕請罪。臣求死不獲，力不能制。臣數日當至闕庭，陛下若以臣為有罪，安敢逃刑！若實有譖臣者，願執付軍前以快眾心，臣敢不撫諭諸軍，退歸鄴都！」庚辰⑩，郭威趣滑州。辛巳⑪，義成節度使宋延渥⑫迎降。延渥，洛陽人，其妻晉高祖女永寧公主也。郭威取滑州庫物以勞將士，且諭之曰：「聞侯令公⑬已督諸軍自南來，今遇之，交戰則非入朝之義，不戰則為其所屠。吾欲全汝曹功名，不若奉行前詔，吾死不恨！」皆曰：「國家負公，公不負國，所以萬人爭奮，如報私讎。侯益輩何能為乎！」王峻徇⑭於眾曰：「我得公處分⑮，俟克京城，聽旬日剽掠。」眾皆踊躍。

【章旨】以上為第五段，寫後漢隱帝濫殺，逼反郭威。

【注釋】❶丁丑 十一月十四日。❷構 羅織罪名陷害。❸解 解釋清楚。❹單使 一個使者。❺天啓 上天的啟示。❻戊寅 十一月十五日。❼己卯 十一月十六日。❽內養 太監。❾覘 窺看；刺探。❿庚辰 十一月十七日。⓫辛巳 十一月十八日。⓬宋延渥 洛陽（今河南洛陽）人，本名延渥，因其父名廷浩，為「水」旁，故改名偓。本書下文稱「其妻晉高祖女永寧公主」，《宋史》則稱「偓，漢祖之婿」，未知孰是。傳見《宋史》卷二百五十五。⓭侯令公 即侯益。侯益兼中書令，故稱令公。⓮徇 對眾宣示。⓯處分 吩咐；囑咐。

【校記】①死 原作「之」。據章鈺校，十二行本、乙十一行本皆作「死」，今據改。按，《通鑑紀事本末》作「死」。

【語譯】十一月十四日丁丑，使者到達澶州，李洪義膽小懦弱，擔心王殷已經知道這件事，不敢動手，於是帶著孟業去見王殷。王殷囚禁孟業，派遣副使陳光穗把密詔拿給郭威看。郭威叫來樞密院吏魏仁浦，把詔書拿給他看，說：「怎麼辦？」魏仁浦說：「您是國家的大臣，功勳名聲一向顯赫，加上掌握強兵、據守重鎮，一旦被小人們所構陷，禍患出於意料之外，這不是用言語所能解釋的。現在事已如此，不能坐著等死。」郭威於是召集郭崇威、曹威以及各位將領，告訴他們楊邠等人冤屈而死以及有祕密詔書的情況，並且說：「我和楊邠等人，披荊斬棘，跟隨先帝取得天下，接受託孤重任，盡力保衛今上。現在楊邠等人已死，我還有什麼心思獨自活著！你們應該奉行詔書，取了我的頭回報天子，這樣大概可以不受連累。」郭崇威等人都哭著說：「天子年幼，這一定是天子身邊的小人們幹的，如果讓這一幫人得志，國家還能夠安寧嗎！崇威願跟隨您入朝親自申訴，掃清那些鼠輩來肅清朝廷，不可被一個使者殺死，蒙受千載惡名。」翰林天文趙修己對郭威說：「您白白的死掉有什麼好處！不如順從大家的心願，領兵南進，這是上天的啟示啊！」郭威於是留下他的養子郭榮鎮守鄴都，命令郭崇威率領騎兵為先鋒。十五日戊寅，自己率領大軍繼踵其後。

慕容彥超正在吃飯，得到詔書，放下湯匙和筷子就入朝。漢隱帝把軍事全部委託給他。十一月十六日己卯，吳虔裕入朝。漢隱帝聽說郭威舉兵南下，商議出兵抵抗他。前任開封尹侯益說：「鄴都守兵的家屬都在京師，官軍不可輕率出兵。不如關閉城門來挫傷他們的鋒芒，讓他們的母親、妻子登上城樓招呼他們，可以不戰而使他們降服。」慕容彥超說：「侯益衰老，做出的是懦夫之計罷了。」漢隱帝於是派遣侯益和閻晉卿、吳虔裕、前任保大節度使張彥超率領禁衛軍奔赴澶州。

這一天，郭威已經到達澶州，李洪義接納了他。王殷在迎拜郭威時痛哭，帶領所統轄的士兵跟隨郭威渡過黃河。皇帝派遣太監鸗脫窺探郭威，郭威抓住了他，把表章放在鸗脫的衣領裡，讓他回去報告漢隱帝說：「臣昨天得到詔書，伸著脖子等死。郭崇威等人不忍心殺臣，說這些都是陛下身邊貪圖權勢、不知滿足的人誣陷臣罷了，逼臣南進，到朝廷請罪。臣求死不得，無力制止他們。臣幾天當可到達朝廷，陛下如果認為臣有罪，臣怎麼敢逃避刑罰！如果確實有誣陷臣的人，希望把他抓起來交給軍前，以使人心大快，臣豈敢不安撫曉諭各軍，退回鄴都！」

十一月十七日庚辰，郭威奔赴滑州。十八日辛巳，義成節度使宋延渥迎降。宋延渥是洛陽人，他的妻子是後晉高祖的女兒永寧公主。郭威取出滑州府庫的財物犒勞將士，並且告知他們說：「聽說侯令公已經督率各軍從南面而來，如果現在遇到他，與他交戰就不是入朝的本意，不戰就會被他所屠殺。我想成全你們的功名，不如奉行先前的詔書，我死而沒有遺恨！」大家都說：「國家辜負了您，您沒有辜負國家，所以才萬眾奮勇，就像報私仇一樣。侯益這些人能夠有什麼作為呢！」王峻對眾人宣示說：「我已經得到郭公的吩咐，等到攻克京城，聽任你們搶劫十天。」大家都高興得跳躍。

辛巳❶，鸗脫至大梁。前此帝議欲自往澶州，聞郭威已至河上而止。帝甚有悔懼之色，私謂竇貞固曰：「屬者❷亦太草草。」李業等請空府庫以賜諸軍，蘇禹珪以為未可。業拜禹珪於帝前，曰：「相公且為天子勿惜府庫！」乃賜禁軍人二十緡，下軍❸半之，將士在北者❹給其家，仍[1]使通家信以誘之。

壬午❺，郭威軍至封丘❻，人情恟懼。太后泣曰：「不用李濤之言，宜其亡也！」慕容彥超恃其驍勇，言於帝曰：「臣視北軍猶蠛蠓❼耳，當為陛下生致其魁！」退，見聶文進，問北來兵數及將校姓名，頗懼，曰：「是亦劇賊❽，未易輕也！」帝復遣左神武統軍袁嶬、前威勝節度使劉重進❾等帥禁軍與侯益等會屯赤岡。嶬，象先❿之子也。彥超以大軍屯七里店⓫。

癸未⓬，南、北軍遇於劉子陂⓭。帝欲自出勞軍，太后曰：「郭威吾家故舊，非死亡切身，何以至此！但按兵守城，飛詔諭之，觀其志趣，必有辭理，則君臣之禮尚全。慎勿輕出。」帝不從。時扈從軍甚盛，太后遣使戒聶文進曰：「大須在意⓮！」對曰：「有臣在，雖郭威百人，可擒也！」至暮，兩軍不戰，帝還宮。

慕容彥超大言曰：「陛下來日宮中無事，幸再出觀臣破賊。臣不必與之戰，但叱散⑮使歸營耳！」

甲申⑯，帝欲再出，太后力止之，不可。既陳，郭威戒其眾曰：「吾來誅羣小，非敢敵天子也，慎勿先動。」久之，慕容彥超引輕騎直前奮擊，郭崇威與前博州刺史李榮帥騎兵拒之。彥超馬倒，幾獲之。彥超引兵退，麾下死者百餘人，於是諸軍奪氣⑰，稍稍降於北軍。侯益、吳虔裕、張彥超、袁義、劉重進皆潛往見郭威，威各遣還營。又謂宋延渥曰：「天子方危，公近親，宜以牙兵⑱往衛乘輿。且附奏陛下，願乘間早幸臣營。」延渥未至御營，亂兵雲擾，不敢進而還。比暮，南軍多歸於北。慕容彥超與麾下十餘騎奔還兗州⑲。

是夕，帝獨與三相及從官數十人宿於七里寨⑳，餘皆逃潰。乙酉旦㉑，郭威望見天子旌旗在高阪上，下馬免冑往從之，至則帝已去矣。帝策馬將還宮，至玄化門㉒，劉銖在門上，問帝左右：「兵馬何在？」因射左右。帝回轡，西北至趙村㉓，追兵已至，帝下馬入民家，為亂兵所弒。蘇逢吉、閻晉卿、郭允明皆自殺。聶文進挺身㉔走，軍士追斬之。李業奔陝州，後匡贊奔兗州。郭威聞帝遇弒，號慟曰：「老夫之罪也！」

威至玄化門，劉銖雨射城外。威自迎春門[25]入，歸私第，遣前曹州防禦使何福進將兵守明德門。諸軍大掠，通夕煙火四發。軍士入前義成節度使白再榮之第，執再榮，盡掠其財。既而進曰：「某等昔嘗趨走麾下，一旦無禮至此，何面目復見公！」遂刎其首而去。吏部侍郎張允[26]，家貲以萬計，而性吝，雖妻亦不之委，常自繫眾鑰於衣下，行如環珮。是夕，匿於佛殿藻井之上[27]，登者浸多，板壞而墜，軍士掠其衣，遂以凍卒。

初，作坊使賈延徽有寵於帝，與魏仁浦為鄰，欲併仁浦所居以自廣，屢譖仁浦於帝，幾至不測[28]。至是，有擒延徽以授仁浦者，仁浦謝曰：「因亂而報怨，吾所不為也！」郭威聞之，待仁浦益厚。右千牛衛大將軍棗彊趙鳳[29]曰：「郭侍中舉兵，欲誅君側之惡以安國家耳。而鼠輩敢爾，乃賊也，豈侍中意邪！」執弓矢，踞胡床[30]，坐於巷首。掠者至，輒射殺之，里中皆賴以全。

丙戌[31]，獲劉銖、李洪建，囚之。銖謂其妻曰：「我死，汝且為人婢乎？」妻曰：「以公所為，雅[32]當然耳！」王殷、郭崇威言於郭威曰：「不止剽掠，今夕止有空城耳。」威乃命諸將分部禁止掠者[33]，不從則斬之。至晡[34]，乃定。

【章旨】以上為第六段，寫郭威犯闕，後漢隱帝為亂軍所殺。

【注釋】❶辛巳　十一月十八日。❷屬者　近時；近日以來。❸下軍　指禁軍以外其他各軍。❹將士在北者　指將士在郭威部隊中的。❺壬午　十一月十九日。❻封丘　縣名，縣治在今河南封丘。❼蛾蠓　蟲名，體小，喜亂飛，能叮咬人。❽劇賊　勢力強大的盜賊。❾劉重進　本名晏僧，幽州（今北京市城西南）人，習契丹語。入宋，官左領軍衛上將軍。傳見《宋史》卷二百六十一。❿象先　宋州下邑（今河南夏邑）人，梁太祖朱溫妹夫，後唐莊宗賜姓名李紹安。官至歸德軍節度使。傳見《舊五代史》卷五十九、《新五代史》卷四十五。⓫七里店　地名，在今河南開封北。⓬癸未　十一月二十日。⓭劉子陂　地名，在今河南封丘南。⓮大須在意　特別需要留心。⓯叱散　大聲呵斥使之散去。⓰甲申　十一月二十一日。⓱奪氣　因恐懼而喪失鬥志。⓲牙兵　此指宋延渥所領義成牙兵。⓳兗州　州名，治所在今山東兗州。⓴七里寨　即七里店寨。㉑乙酉旦　十一月二十二日早晨。㉒玄化門　在大梁城北偏東第一門。本為酸棗門，後梁改稱興和門，後晉改稱玄化門。㉓趙村　在今河南開封西南。㉔挺身　脫身；引身。㉕迎春門　在大梁城東偏北第一門。本名曹門，後梁開平元年改稱建陽門，後晉天福三年改稱迎春門。㉖張允　鎮州（今河北正定）人，仕後漢，官吏部侍郎。著〈駁赦論〉。傳見《舊五代史》卷一百八、《新五代史》卷五十七。㉗匿於佛殿藻井之上　謂張允藏身於佛殿屋頂上。藻井，我國傳統建築中頂棚上的一種裝飾處理。一般做成方形、多邊形或圓形的凹面，上有各種花紋、雕刻和彩畫。㉘幾至不測　幾乎至於死去。㉙趙鳳　冀州棗彊（今河北棗強）人，初從契丹，漢主立，仕後漢、後周，官單州刺史。傳見《舊五代史》卷一百二十九。㉚胡床　又稱「交床」、「交椅」、「繩床」，是一種可以折疊的輕便坐具。㉛丙戌　十一月二十三日。㉜雅　甚；很。㉝乃命諸將分部禁止掠者　便命令各將領部署禁止部下搶掠。㉞晡　申時，即下午三點到五點。

【校記】[1]仍　原無此字。據章鈺校，十二行本、乙十一行本皆有此字，今據補。

【語譯】十一月十八日辛巳，鸞脫到達大梁。此前，漢隱帝建議想親自前往澶州，聽說郭威已經到了黃河邊上才停止。漢隱帝很有些後悔懼怕的神色，私下對竇貞固說：「近日以來做事也太草率！」李業等人請求竭盡府庫財物用來賞賜各軍，蘇禹珪認為不可。李業在皇帝的面前向蘇禹珪下拜，說：「相公暫且為了天子不要吝惜府庫財物！」於是賞賜禁軍每人二十緡錢，禁軍以外的其他軍隊減半，將士在北方的賞賜給他們的家屬，並且讓家屬通家信來誘導他們。

十一月十九日壬午，郭威軍隊到達封丘，人心恐懼。太后哭著說：「不採納李濤的話，理該要滅亡啊！」慕容彥超倚仗自己勇猛，對皇帝說：「臣視北軍猶如一群小蟲罷了，定當替陛下活著抓來他們的首領！」退下時見到聶文進，問他從北邊來的軍隊數量和將校的姓名，頗為恐懼，說：「這些人也是強大的盜賊，不可輕視！」皇帝又派遣左神武統軍袁嶬、前任威勝節度使劉重進等人率領禁軍與侯益等人會合屯駐赤岡。袁嶬，是袁象先的兒子。慕容彥超帶領大軍屯駐七里店。

十一月二十日癸未，南軍、北軍在劉子陂相遇。漢隱帝想親自出來慰勞軍隊，太后說：「郭威是我們家的舊臣，如果不是死亡逼迫在身，怎麼會到這種地步！只要按兵守城，飛速傳詔曉諭他，觀察他的想法，一定有他的理由，那麼君臣之禮還可以保全。千萬不要輕易出去。」漢隱帝不聽。當時護衛漢隱帝的軍隊士氣旺盛，太后派遣使者告誡聶文進說：「特別需要留心！」聶文進回答說：「有臣在，即使一百個郭威，也可以活捉！」到了傍晚，兩軍沒有交戰，漢隱帝返回宮中。慕容彥超誇口說：「陛下明天宮中無事，希望再出來觀看臣打敗賊兵。臣不必和他們交戰，只須大聲呵斥令其散去，讓他們返回營地！」

十一月二十一日甲申，漢隱帝想再次出城，太后極力阻止他，漢隱帝不答應。擺好軍陣後，郭威訓誡他的部眾說：「我是來誅殺那幫小人的，不敢對抗天子，千萬不要先動手。」過了好一會，慕容彥超率領輕騎兵直接向前奮擊，郭崇威與前任博州刺史李榮率領騎兵抵擋。慕容彥超的戰馬倒了，差一點被活捉。慕容彥超領兵撤退，部下死亡一百多人，於是各軍喪失鬥志，漸漸投降北軍。侯益、吳虔裕、張彥超、袁嶬、劉重進都暗中前往拜見郭威，郭威分別遣送他們返回軍營。又對宋延渥說：「天子正面臨危急，您是天子的近親，應該用牙帳衛兵前去保衛天子。並且附帶啟奏陛下，希望陛下趁空早日親臨臣下的軍營。」宋延渥還沒有走到皇帝的營帳，亂兵紛亂如雲，不敢前進而退回。到了傍晚，南方軍隊大多歸順北方軍隊。慕容彥超和他部下的十幾名騎兵跑回兗州。

當晚，漢隱帝獨自和三位宰相以及隨從的幾十名官員住宿在七里寨，其餘的全部逃潰。十一月二十二日乙酉早晨，郭威望見天子的旌旗在高坡上，便下馬脫下頭盔，前往跟隨，到了那裡，漢隱帝已經離去了。漢隱帝策馬將要回宮，到了玄化門，劉銖在城門上，問漢隱帝左右的人說：「兵馬都在哪裡？」接著射殺漢隱帝身邊的人。漢隱帝回轉馬頭，往西北到達趙村，追兵已經趕上，漢隱帝下馬進入百姓家裡，被亂兵所殺。蘇逢吉、閻晉卿、郭允明全都自殺。聶文進脫身逃跑，軍士追上，把他殺了。李業跑往陝州，後匡贊跑往兗州。郭威聽說漢隱帝遇害，悲痛地號哭說：「這是老夫的罪過啊！」

郭威到了玄化門，劉銖向城外箭射如雨。郭威從迎春門進城，回到自己的家，派遣前任曹州防禦使何福進率兵守衛明德門。各軍大肆搶掠，通宵煙火四起。軍士進入前任義成節度使白再榮的住宅，抓住白再榮，搶走了他的全部財物。然後上前對他說：「我們過去曾經奔走在您的帳下，一旦無禮到這種地步，有什麼面目再見到您！」於是砍下白再榮的頭離去。吏部侍郎張允家財以萬計，而生性吝嗇，即使他的妻子也不信任，常常把很多鑰匙繫在自己的衣服下面，走起路來像佩玉丁當作響。這天晚上，躲藏在佛殿的藻井上，上去的人越來越多，木板毀壞墜落下來，軍士搶走他的衣服，便凍死了。

當初，作坊使賈延徽受到漢隱帝的寵信，他和魏仁浦是鄰居，想吞併魏仁浦的房屋來擴充自家住宅，多次在漢隱帝面前譖毀魏仁浦，幾乎使魏仁浦死去。到了這時，有人抓到賈延徽，把他交給魏仁浦，魏仁浦謝絕說：「趁著變亂而報仇，是我所不做的！」郭威聽說這件事，更加厚待魏仁浦。右千牛衛大將軍棗彊人趙鳳說：「郭侍中起兵，只是想誅殺天子身邊的惡人，以此來安定國家罷了。而鼠輩竟然這樣做，就是強盜，哪裡是郭侍中的本意呢！」手持弓箭，坐在胡床上，守在里巷門口。搶劫的士兵到來，就射殺他們，里巷全是依賴趙鳳而得以保全。

十一月二十三日丙戌，抓到劉銖、李洪建，囚禁了他們。劉銖對他的妻子說：「我死了以後，你將會做別人的奴婢嗎？」妻子回答說：「憑你的所作所為，很是應當這樣的！」王殷、郭崇威對郭威說：「不禁止搶劫，今天晚上僅有一座空城了。」郭威於是命令各將領部署禁止部下搶劫，不聽從就斬首。到了黃昏，才安定下來。

竇貞固、蘇禹珪自七里寨逃歸，郭威使人訪求得之，尋復其位。貞固為相，值楊、史弄權，李業等作亂，但以凝重❶處其間，自全而已。

郭威命有司遷隱帝梓宮於西宮。或請如魏高貴鄉公故事❷，葬以公禮。威不許，曰：「倉猝之際，吾不能保衛乘輿，罪已大矣，況敢貶君乎！」太師馮道帥百官謁見郭威，威見，猶拜之。道受拜如平時❸，徐曰：「侍中此行不易！」

丁亥❹，郭威帥百官詣明德門起居❺太后，且奏稱：「軍國事殷❻，請早立嗣君。」太后誥稱：「郭允明弒逆，神器❼不可無主。河東節度使崇、忠武節度使信，皆高祖之弟。武寧節度使贇❽、開封尹勳，高祖之子。其令百官議擇所宜。」贇，崇之子也，高祖愛之，養視如子。郭威、王峻入見太后於萬歲宮❾，請以勳為嗣。太后曰：「勳久羸疾不能起。」威出諭諸將，諸將請見之。太后令左右以臥榻舉之示諸將，諸將乃信之。於是郭威與峻議立贇。己丑❿，郭威帥百官表請以贇承大統。太后誥所司，擇日，備法駕迎贇即皇帝位。郭威奏遣太師馮道及樞密直學士王度、祕書監趙上交詣徐州奉迎。

郭威之討三叛⓫也，每見朝廷詔書，處分軍事皆合機宜，問使者：「誰為此詔？」使者以翰林學士范質⓬對。威曰：「宰相器也。」入城，訪求得之，甚喜。

時大雪，威解所服紫袍衣之，令草太后誥令，迎新君儀注⑬。蒼黃⑭之中，討論撰定，皆得其宜。

初，隱帝遣供奉官押班⑮陽曲張永德賜昭義節度使常思生辰物⑯。永德，郭威之壻也，會楊邠等誅，密詔思殺永德。思素聞郭威多奇異，因永德以觀變，及威克大梁，思乃釋永德而謝之。

庚寅⑰，郭威帥百官上言：「比皇帝到闕，動涉浹旬⑱，請太后臨朝聽政。」

【章旨】以上為第七段，寫郭威奏請太后臨朝。

【注釋】①凝重　莊重；嚴謹持重。②如魏高貴鄉公故事　三國魏高貴鄉公曹髦（魏文帝曹丕孫）不滿於司馬氏集團專斷朝政，不顧勢單力微，率領幾百僮僕前往問罪，被司馬昭親信成濟刺死，後以公禮埋葬。隱帝死，有人建議也照此處理。③道受拜如平時　馮道仍擺出宰相架子像平常一樣接受郭威禮拜。郭威拜馮道，希望馮道率百官勸進；馮道端架子，目的抬高自己身價，又因當時漢高祖劉知遠弟劉信在許州、劉崇在河東、崇子劉贇在徐州，三鎮尚強，故馮道亦示意郭威不要輕舉妄動。此一禮拜極有政治深意，故史特書之。④丁亥　十一月二十四日。⑤起居　問起居，即請安問好。⑥殷　重大。⑦神器　帝位。⑧贇　劉贇，劉知遠弟劉崇子，深受知遠喜愛，授徐州節度使。郭威起兵，被擁立為帝，不久又廢為湘陰公，幽死於住所。傳見《舊五代史》卷一百五、《新五代史》卷十八。⑨萬歲宮　後唐以太后宮為長壽宮，後晉、後漢稱萬歲宮。⑩己丑　十一月二十六日。⑪郭威之討三叛　事詳上卷乾祐元年、二年。⑫范質　字文素，大名宗城（今河北威縣東）人，官至侍中。通禮儀，善著文，以廉介自持。傳見《宋史》卷二百四十九。⑬儀注　禮儀制度。⑭蒼黃　同「倉皇」。匆忙。⑮供奉官押班　供奉官之長。供奉，在皇帝身邊供職者的稱呼。⑯生辰物　回贈給大臣的皇上生日的禮品。⑰庚寅　十一月二十七日。⑱浹旬　古代以干支紀日，自甲至癸一周十天為浹旬。從徐州至大梁七百里，皇帝劉贇在路上大約走十天。

【語　譯】竇貞固、蘇禹珪從七里寨逃回來，郭威派人尋求，找到了他們，不久恢復了他們的職位。竇貞固當宰相時，正逢楊邠、史弘肇玩弄權勢，李業等人作亂，他只是以持重的態度處於兩者之間，保全自己而已。

郭威命令有關部門把隱帝的靈柩移到西宮。有人請求如同魏高貴鄉公的先例，以公禮安葬。郭威不同意，說：「倉猝之際，我不能保衛天子，罪孽已經很大了，怎麼敢貶低國君呢！」太師馮道率領百官進見郭威，郭威見到馮道，仍然向他下拜。馮道像平時一樣接受他的拜禮，慢慢地說：「侍中這一路不容易！」

十一月二十四日丁亥，郭威率領百官前往明德門向太后問候請安，並且上奏說：「軍國事重大，請早立嗣位的君主。」太后下詔說：「郭允明殺君叛逆，君位不可沒有君主。河東節度使劉崇、忠武節度使劉信，都是高祖的弟弟。武寧節度使劉贇、開封尹劉勳，是高祖的兒子。讓百官討論選擇合適的人選。」劉贇是劉崇的兒子，高祖喜愛他，把他看作是自己的兒子來養育。郭威、王峻到萬歲宮進見太后，請求立劉勳為君主。太后說：「劉勳長期虛弱生病，不能起床。」郭威出來向各位將領說明，各位將領請求見到劉勳。太后讓身邊的人把臥榻抬出來讓各位將領看，各位將領這才相信。於是郭威和王峻商議擁立劉贇。二十六日己丑，郭威帶領百官上表，請求讓劉贇繼承帝位。太后詔令有關部門選擇日期，準備天子的車駕，迎接劉贇即皇帝位。郭威奏請派遣太師馮道和樞密直學士王度、祕書監趙上交前往徐州奉迎劉贇。

郭威在討伐三鎮叛亂時，每次看到朝廷的詔書，部署軍事事務切合實際，就問使者：「是誰草擬這些詔書？」使者回答說是翰林學士范質。郭威說：「這是當宰相的材料。」進城以後，尋求到了范質，非常高興。當時下著大雪，郭威脫下自己穿著的紫色袍服給他穿上，讓他草擬太后的詔令和迎立新君的禮儀制度。在匆忙之中，討論寫定，都很合適。

當初，漢隱帝派遣供奉官押班陽曲人張永德賜給昭義節度使常思皇帝生日回賜的禮物。張永德，是郭威的女婿。適逢楊邠等人被殺，漢隱帝祕密詔令常思殺掉張永德。常思一向聽說郭威有很多奇異的才能，就囚禁了張永德，以觀望事態的變化。等到郭威攻克大梁，於是常思釋放了張永德，並向張永德謝罪。

十一月二十七日庚寅，郭威率領百官向太后進言：「等到皇帝到達京城，行程需要十天，在這期間，請太后臨朝聽政。」

先是，馬希萼遣蠻兵圍玉潭，朱進忠引兵會之。崔洪璉兵敗，奔還長沙。希萼引兵繼進，攻岳州，刺史王贇拒之，五日不克。希萼使人謂贇曰：「公非馬氏之臣乎？不事我，欲事異國乎？為人臣而懷貳心，豈不辱其先人！」贇曰：「亡父環[1]為先王將，六破淮南兵❶。今大王兄弟不相容，贇常恐淮南坐收其弊，一旦以遺體臣淮南，誠辱先人耳！大王苟能釋憾罷兵，兄弟雍睦❷如初，贇敢不盡死以事大王兄弟，豈有二心乎！」希萼慚，引兵去。辛卯❸，至湘陰❹，焚掠而過。至長沙，軍于湘西❺，步兵及蠻兵軍于嶽麓❻，朱進忠自玉潭引兵會之。

馬希廣遣劉彥瑫召水軍指揮使許可瓊❼帥戰艦五百艘屯城北津，屬❽于南津，以馬希崇為監軍。又遣馬軍指揮使李彥溫將騎兵屯駝口❾，扼湘陰路，步軍指揮使韓禮將二千人屯楊柳橋❿，扼柵路。可瓊，德勳之子也。

王辰⓫，太后始臨朝，以王峻為樞密使，袁義為宣徽南院使，王殷為侍衛馬步軍都指揮使，郭崇威為侍衛馬軍都指揮使，曹威為侍衛步軍都指揮使，陳州⓬刺史李穀權判三司。

劉銖、李洪建及其黨皆梟首於市，而赦其家。郭威謂公卿曰：「劉銖屠吾家，吾復屠其家，怨讎反覆，庸⑬有極乎！」由是數家獲免。王殷屢為洪建請免死，郭威不許。後匡贊至兗州，慕容彥超執而獻之。李業至陝州，其兄保義節度使洪信不敢匿於家。業懷金將奔晉陽⑭，至絳州，盜殺之而取其金。

蜀施州⑮刺史田行皋奔荊南。高保融⑯曰：「彼貳於蜀，安肯盡忠于我！」執之，歸于蜀，伏誅。

鎮州、邢州奏：「契丹主將數萬騎入寇，攻內丘⑰，五日不克，死傷甚眾。有戍兵五百叛應契丹，引契丹入城，屠之。又陷饒陽⑱。」太后敕郭威將大軍擊之，國事權委竇貞固、蘇禹珪、王峻，軍事委王殷。十二月甲午朔⑲，郭威發大梁。丁酉⑳，以翰林學士、戶部侍郎范質為樞密副使。

初，蠻酋彭師暠降於楚㉑，楚人惡其獷直。楚王希廣獨憐之，以為強弩指揮使，領辰州㉒刺史，師暠常欲為希廣死。及朱進忠與蠻兵合七千餘人至長沙，營於江西㉓。師暠登城望之，言於希廣曰：「朗人驟勝而驕，雜以蠻兵，攻之易破也。願假臣步卒三千，自巴溪度江，出嶽麓之後，至水西。今許可瓊以戰艦度江，腹背合擊，必破之。前軍敗，則其大軍自不敢輕進矣。」希廣將從之。時馬希萼已遣間使以厚利啖許可瓊，許分湖南而治。可瓊有貳心，乃謂希廣曰：「師暠與梅山㉔諸蠻皆族類，安可信也！可瓊世為楚將，必不負大王，希萼竟何能為！」希廣乃止。

希萼尋以戰艦四百餘艘泊江西。希廣命諸將皆受可瓊節度，日賜可瓊銀五百兩，希廣屢造其營計事。可瓊常閉壘，不使士卒知朗軍進退，希廣歎曰：「真將軍也，吾何憂哉！」可瓊或夜乘單舸㉕詐稱巡江，與希萼會水西，約為內應。一旦，彭師暠見可瓊，瞋目叱之，拂衣入見希廣曰：「可瓊將叛國，人皆知之，請速除之，無貽㉖後患。」希廣曰：「可瓊，許侍中之子，豈有是邪！」師暠退，歎曰：「王仁而不斷，敗亡可翹足㉗俟也！」

潭州大雪，平地四尺，潭、朗兩軍久不得戰。希廣信巫覡㉘及僧語，塑鬼於江上，舉手以卻朗兵。又作大像于高樓，手指水西，怒目視之。命眾僧日夜誦經，希廣自衣僧服膜拜㉙求福。

甲辰㉚，朗州步軍指揮使武陵何敬真㉛等，以蠻兵三千陳于楊柳橋。敬真望韓禮營旌旗紛錯，曰：「彼眾已懼，擊之易破也。」朗人雷暉衣潭卒之服潛入禮寨，手劍擊禮，不中，軍中驚擾。敬真等乘其亂擊之，禮軍大潰，禮被創走，至家而卒。於是朗兵水陸急攻長沙，步軍指揮使吳宏㉜、小門使楊滌相謂曰：「以死報國，此其時矣！」各引兵出戰。宏出清泰門，戰不利。滌出長樂㉝，戰自辰至午㉞，朗兵小卻。許可瓊、劉彥瑫按兵不救。滌士卒飢疲，退就食。彭師暠戰於城東北隅。蠻兵自城東縱火，城上人招許可瓊軍使救城，可瓊舉全軍降希萼，長沙遂陷。朗兵及蠻兵大掠三日，殺吏民，焚廬舍。自武穆王㉟以來所營宮室，皆為灰燼，所積寶貨，皆入蠻落。李彥溫望見城中火起，自駝口引兵救之，朗人已據城拒戰。彥溫攻清泰門，不克，與劉彥瑫各將千餘人奉文昭王㊱及希廣諸子趣袁州㊲，遂奔唐。張暉降於希萼。左司馬希崇帥將吏詣希萼勸進。吳宏戰血滿袖，見希萼曰：「不幸為許可瓊所誤，今日死，不愧先王矣！」彭師暠投槊於地，大呼請死。希萼歎曰：「鐵石人也！」皆不殺。

乙巳㊳，希崇迎希萼入府視事，閉城，分捕希廣及掌書記李弘皋㊴、弟弘節㊵，都軍判官唐昭胤，及鄧懿文㊶、楊滌等，皆獲之。希萼謂希廣曰：「承父兄之業，豈無長幼乎？」希廣曰：「將吏見推，朝廷見命耳。」希萼皆囚之。丙午㊷，希萼命內外巡檢侍衛指揮使劉賓禁止焚掠。

丁未㊸，希萼自稱天策上將軍、武安·武平·靜江·寧遠㊹等軍節度使、楚王。以希崇為節度副使，判軍府事。湖南要職，悉以朗人為之。臠食李弘皐、弘節、唐昭胤、楊滌，斬鄧懿文於市。戊申㊺，希萼謂將吏曰：「希廣懦夫，為左右所制耳，吾欲生之，可乎？」諸將皆不對。朱進忠嘗為希廣所笞，對曰：「大王三年血戰㊻，始得長沙。一國不容二主，它日必悔之。」戊申，賜希廣死。希廣臨刑，猶誦佛書。彭師暠葬之於瀏陽門㊼外。

【章旨】以上為第八段，寫馬希萼破長沙，殺楚主馬希廣而自立。

【注釋】❶六破淮南兵 《十國春秋》卷七十二〈王環傳〉稱：「環前後凡六破吳兵，再破荊南兵，聲震一時。」《新五代史》卷六十六〈馬希廣傳〉亦載王贇事，未言「六破淮南兵」。❷雍睦 和睦。❸辛卯 十一月二十八日。❹湘陰 縣名，縣治在今湖南湘陰。❺湘西 古縣名，縣治在今湖南株洲南。❻嶽麓 嶽麓山。在湖南長沙、湘江西岸。當衡山（南嶽）之足，故以麓名。❼許可瓊 楚侍中許德勳子。馬希廣將，卻暗通馬希萼，後歸附希萼，出為蒙州刺史，後又遷全州刺史。❽屬 連接。❾駝口 在今湖南長沙北，湘水東岸。❿楊柳橋 在今湖南長沙西。⓫壬辰 十一月二十九日。⓬陳州 州名，治所宛丘，在今河南淮陽。⓭庸 豈；難道。⓮晉陽 古縣名，縣治在今山西太原西南。⓯施州 州名，治所沙渠，在今湖北恩施。⓰高保融 字德長，南平文獻王高從誨第三子。從誨死，襲南平王，多次向後漢、後周進貢。周主伐南唐、後蜀，出兵相助，深得嘉獎。死後諡貞懿王。西元九四八—九六〇年在位。傳見《舊五代史》卷一百三十三、《新五代史》卷六十九、《宋史》卷四百八十三。⓱內丘 縣名，縣治在今河北內丘。漢名中丘縣，隋避武元帝諱改。⓲饒陽 縣名，縣治在今河北饒陽。⓳甲午朔 十二月初一日。⓴丁酉 十二月初四日。㉑蠻酋彭師暠降於楚 事載本書卷二百八十二天福五年。彭師暠，黔南溪州刺史仕然子，受馬希廣恩寵，誓死效命。後又感激馬希萼不殺之恩，與廖偃擁立希萼為衡山王。後投南唐，官殿直都虞候。㉒辰州 州名，治所沅陵，在今湖南沅陵。㉓江西 湘江之西。㉔梅山 在今湖南安化西南，接新化界。新化為上梅山，安化為下梅山。㉕單舸 一艘小船。㉖貽 留下。㉗翹足 舉足；抬起腳來。形容時間短暫。㉘巫覡 女巫和男巫。覡，男巫。㉙膜拜　舉手加額，長跪而拜。是極端恭敬或畏服的禮節。㉚甲辰　十二月十一日。㉛何敬真　據《考異》，《湖湘故事》作「何景真」。武陵（今湖南常德）人，事恭孝王馬希萼有功，除靜江節度副使。因貪戀享樂，被部將殺。㉜吳宏　廢王馬希廣將，英勇善戰，誓以死報國。因許可瓊按兵不救，失利被俘。㉝長樂　據胡三省注，二字下當有「門」字。㉞自辰至午　從早晨七點到中午一點。㉟武穆王　楚王馬殷謚武穆。㊱文昭王　楚王馬希範謚文昭。㊲袁州　州名，治所宜春，在今江西宜春。㊳乙巳　十二月十二日。㊴李弘皋　文昭王馬希範時為天策府十八學士，善著文。擁馬希廣為王，長沙失守，被殺。㊵弘節　弘皋弟，少有文學，天策府十八學士。長沙失守，被殺。㊶鄧懿文　以文學聞名楚中，天策府十八學士。擁立馬希廣為王，長沙失守，被殺。㊷丙午　十二月十三日。㊸丁未　十二月十四日。㊹寧遠　方鎮名，唐乾寧中置。治所容縣，在今廣西容縣。寧遠與武安、武平、靜江四鎮舊屬馬氏所有，此時寧遠軍已屬南漢。以上官爵是馬希萼繼承父兄的官爵，並未稟命於中國。㊺戊申　十二月十五日。㊻三年血戰　天福十二年（西元九四七年）馬氏兄弟始爭國，第二年交兵，到此時整三年。㊼瀏陽門　潭州城東門。

【校記】[1]亡父環　原作「贇父環」。據章鈺校，十二行本、乙十一行本「贇父」皆作「亡父」，無「環」字，張敦仁《通鑑刊本識誤》作「亡父環」，《十國春秋》王贇本傳云「都指揮環之子也」。作「亡父環」義長，今據改。

【語譯】先前，馬希萼派遣蠻族軍隊包圍玉潭，朱進忠領兵和他會合。崔洪璉兵敗，跑回長沙。馬希萼領兵繼續前進，攻打岳州，岳州刺史王贇抵抗，五日不能攻下。馬希萼派人對王贇說：「你不是馬氏的臣子嗎？不侍奉我，想要侍奉別的國家嗎？做人家的臣子而胸懷二心，豈不有辱自己的先人！」王贇說：「先父王環做先王的將領，六次打敗淮南的軍隊。現在大王兄弟互不相容，我常常擔心淮南坐收你們兩敗俱傷的好處。一旦我自己臣事淮南，那實在有辱先人了！大王如果能夠放棄怨恨，停止用兵，兄弟和睦如初，我敢不盡忠侍奉大王兄弟！怎麼會有二心呢！」馬希萼很慚愧，帶兵離去。十一月二十八日辛卯，馬希萼到達湘陰，放火搶劫而過。到了長沙，駐紮在湘西，步兵和蠻兵駐紮在嶽麓，朱進忠從玉潭領兵和他會合。

馬希廣派遣劉彥瑫召令水軍指揮使許可瓊率領五百艘戰艦屯駐城北渡口，連接到城南渡口，任命馬希崇為監軍。又派遣馬軍指揮使李彥溫率領騎兵屯駐駝口，控制通往湘陰的道路；步軍指揮使韓禮率領二千人屯駐楊柳橋，控制並阻攔道路。許可瓊，是許德勳的兒子。

十一月二十九日王辰，太后開始臨朝聽政，任命王峻為樞密使，袁𧹞為宣徽南院使，王殷為侍衛馬步軍都指揮使，郭崇威為侍衛馬軍都指揮使，曹威為侍衛步軍都指揮使，陳州刺史李穀暫時兼管三司。

劉銖、李洪建和他們的黨羽都在街市上被斬首，而赦免他們的家屬。郭威對公卿們說：「劉銖屠殺我的家屬，我又屠殺他的家屬，怨仇反覆，豈有終結的時候呢！」因此幾家都得到免死。王殷多次替李洪建請求免死，郭威不同意。後匡贊到達兗州，慕容彥超把他抓起來獻給朝廷。李業到達陝州，他的哥哥保義節度使李洪信不敢把他藏匿在家裡。李業帶著金錢將跑往晉陽，到了絳州，盜賊殺了李業，拿走他的金錢。

後蜀施州刺史田行皋跑往荊南。高保融說：「他背叛蜀國，怎麼肯盡忠於我們！」把他抓起來，歸還後蜀，被處以死刑。

鎮州、邢州奏言：「契丹主率領幾萬騎兵入侵，攻打內丘；五天沒有攻下，死傷極多。有五百名守兵叛變策應契丹，帶領契丹入城，屠殺居民。又攻陷饒陽。」太后敕令郭威率領大軍攻打契丹，國事暫時委託給竇貞固、蘇禹珪、王峻，軍事委託給王殷。十二月初一日甲午，郭威從大梁出發。初四日丁酉，任命翰林學士、戶部侍郎范質為樞密副使。

當初，蠻族的酋長彭師暠投降楚國，楚國人討厭他粗獷率直。楚王馬希廣獨自憐愛他，任命他為強弩指揮使，兼領辰州刺史。彭師暠常常想要為馬希廣效忠而死。等到朱進忠與蠻兵會合共七千多人到達長沙，在湘江西紮營。彭師暠登城瞭望敵軍，對馬希廣說：「朗州人突然獲勝，驕傲起來，又同蠻兵混雜在一起，攻打他們，容易攻破。希望給我三千步兵，從巴溪渡過湘江，從嶽麓後面過去，到湘江以西。讓許可瓊用戰艦渡江，前後夾攻，一定打敗敵軍。前鋒部隊失敗，那麼他的大隊人馬自然不敢輕率進軍了。」馬希廣將要聽從他的建議。當時馬希萼已經派遣密使以厚利引誘許可瓊，答應和他瓜分湖南進行治理。許可瓊有了叛變之心，就對馬希廣說：「彭師暠和梅山諸蠻都是同一族類，怎麼可以相信呢！我許可瓊世代為楚國的將領，一定不會辜負大王，馬希萼最終能有什麼作為！」馬希廣於是停止採用彭師暠的計策。

不久馬希萼用戰艦四百艘停泊在湘江西岸。馬希廣命令各位將領都受許可瓊的指揮，每天賞賜許可瓊五百兩銀子，馬希廣多次到他的營帳去商議軍事。許可瓊經常關閉營壘，不讓士兵知道朗州軍隊的進退情況，馬希廣讚歎說：「真正的將軍啊！我還擔憂什麼呢！」許可瓊有時夜裡乘坐一艘小船假稱巡視江面，與馬希萼在湘江西岸會面，相約做他的內應。一天早晨，彭師暠遇見許可瓊，怒目呵斥他，拂衣進見馬希廣說：「許可瓊即將叛國，人人都知道此事，請趕快除掉他，不要留下後患。」馬希廣說：「許可瓊是許侍中的兒子，怎麼會有這種事呢！」彭師暠退出，歎息說：「大王仁慈而不果斷，敗亡舉足可待！」

潭州下大雪，平地深四尺，潭州、朗州兩軍長期不能交戰。馬希廣相信巫師與和尚的話，在江面上塑造鬼像，舉著手來使朗州軍退卻。又在高樓上製作了一個大鬼像，手指著湘江西岸，怒目而視。命令和尚們日夜誦經。馬希廣自己穿上和尚的服裝，向鬼像膜拜求福。

十二月十一日甲辰，朗州步軍指揮使武陵人何敬真等人率領蠻兵三千人在楊柳橋布陣。何敬真望見韓禮的軍營旌旗雜亂，說：「他們的部眾已經害怕，攻打他們，容易打敗。」朗州人雷暉穿著潭州士兵的服裝暗中進入韓禮的營寨，拿劍刺殺韓禮，沒有刺中，軍中驚擾。何敬真等人趁他們混亂時進擊，韓禮的軍隊大敗，韓禮受傷逃走，回到家就死了。於是朗州軍隊從水陸兩路急攻長沙，步軍指揮使吳宏、小門使楊滌互相說：「以死報國，這是時候了！」各自領兵出城作戰。吳宏從清泰門出，戰事不利。楊滌從長樂門出，從辰時戰到午時，朗州軍隊稍稍退後。許可瓊、劉彥瑫按兵不救。楊滌的士兵飢餓疲憊，撤退回來吃飯。彭師暠在城東北角作戰。蠻兵從城東面放火，城上的人招呼許可瓊的軍隊，讓他們支援城上。許可瓊率領全軍投降了馬希萼，於是長沙陷落。朗州兵和蠻兵大肆搶掠三天，殺害官吏百姓，焚燒房舍。從武穆王以來所修建的宮殿房室，全部化為灰燼，所存積的寶物財貨，都落入蠻人部族。李彥溫望見長沙城中起火，從駝口領兵救援，朗州人已經佔領城池抵抗作戰。李彥溫攻打清泰門，沒有攻下，和劉彥瑫各自率領一千多人護衛著文昭王和馬希廣的幾個兒子奔赴袁州，於是投奔南唐。張暉投降了馬希萼。左司馬馬希崇率將領和官吏去見馬希萼，勸馬希萼即王位。吳宏戰血滿袖，見到馬希萼說：「不幸被許可瓊所貽誤，今日死了，也不會愧對先王了！」

彭師暠把長矛扔到地上，大聲叫著請殺死他。馬希萼感歎地說：「真是鐵石一樣的人啊！」都沒有殺。

十二月十二日乙巳，馬希崇迎接馬希萼入府辦理公務，關閉城門，分頭搜捕馬希廣和掌書記李弘皋、他的弟弟李弘節，都軍判官唐昭胤，以及鄧懿文、楊滌等人，全都抓獲他們。馬希萼對馬希廣說：「繼承父兄的大業，難道沒有長幼順序嗎？」馬希廣說：「我是被將領們推舉，被朝廷任命罷了。」馬希萼把他們都囚禁起來。十三日丙午，馬希萼命令內外巡檢侍衛指揮使劉賓禁止士兵縱火搶劫。

十二月十四日丁未，馬希萼自稱天策上將軍、武安・武平・靜江・寧遠等軍節度使、楚王。任命馬希崇為節度副使，兼管軍府事務。湖南的重要職位，全部用朗州人擔任。把李弘皋、李弘節、唐昭胤、楊滌等人剁成碎塊吃掉，在街市上把鄧懿文斬首。十五日戊申，馬希萼對將領和官吏們說：「馬希廣是個懦夫，只是被左右的人所控制罷了，我想讓他活命，可以嗎？」各位將領都不回答。朱進忠曾經被馬希廣鞭打，回答說：「大王血戰三年，才得到長沙。一國不容兩主，您以後一定後悔的。」十五日戊申，賜馬希廣自殺。馬希廣臨刑時，還誦讀佛經。彭師暠把他安葬在瀏陽門外。

武寧節度使贇留右都押牙❶鞏延美、元從[1]教練使❷楊溫守徐州，與馮道等西來。在道仗衛❸，皆如王者，左右呼萬歲。郭威至滑州，留數日，贇遣使慰勞。諸將受命之際，相顧不拜，私相謂曰：「我輩屠陷京城，其罪大矣。若劉氏復立，我輩尚有種乎❹！」己酉❺，威聞之，即引兵行，趣澶州。辛亥❻，遣蘇禹珪如宋州迎嗣君。

楚王希萼以子光贊為武平留後，以何敬真為朗州牙內都指揮使，將兵戍之。

希萼召拓跋恆，欲用之，恆稱疾不起。壬子⑦，郭威度河，館于澶州。癸丑旦⑧，將發，將士數千人忽大譟。威命閉門，將士踰垣登屋而入曰：「天子須侍中自為之，將士已與劉氏為仇，不可立也！」或裂黃旗以被威體，共扶抱之，呼萬歲震地，因擁威南行。威乃上太后牋⑨，請奉漢[2]宗廟，事太后為母。丙辰⑩，至韋城⑪，下書撫諭大梁士民，以昨離河上，在道秋毫不犯，勿有憂疑。戊午⑫，威至七里店，竇貞固帥百官出迎拜謁，因勸進。威營於皋門村⑬。

武寧節度使贇已至宋州，王峻、王殷聞澶州軍變，遣侍衛馬軍都指揮使郭崇威將七百騎往拒之，又遣前申州⑭刺史馬鐸將兵詣許州巡檢。崇威忽至宋州，陳于府門外，贇大驚，闔門登樓詰之。對曰：「澶州軍變，郭公慮陛下未察，故遣崇威來宿衛，無它也。」贇召崇威，崇威不敢進。馮道出與崇威語，崇威乃登樓。贇執崇威手而泣，崇威以郭威意安諭之。

少頃，崇威出，時護聖指揮使張令超帥部兵為贇宿衛，徐州判官董裔說贇曰：「觀崇威視瞻舉措⑮，必有異謀。道路皆言郭威已為帝，而陛下深入不止，禍其至哉！請急召張令超，諭以禍福，使夜以兵劫崇威，奪其兵。明日，掠睢陽⑯

金帛，募士卒，北走晉陽。彼新定京邑，未暇追我，此策之上也！」贇猶豫未決。是夕，崇威密誘令超，令超帥眾歸之。贇大懼。

郭威遺贇書，云為諸軍所迫。召馮道先歸，留趙上交、王度奉侍。道辭行，贇曰：「寡人此來所恃者，以公三十年舊相⑰，故無疑耳。今崇威奪吾衛兵，事危矣，公何以為計？」道默然。客將賈貞數目道，欲殺之。贇曰：「汝輩勿草草，此無預馮公事。」崇威遷贇於外館，殺其腹心董裔、賈貞等數人。己未⑱，太后誥，廢贇為湘陰公。

馬鐸引兵入許州，劉信惶惑自殺。

庚申⑲，太后誥，以侍中⑳監國㉑。百官藩鎮相繼上表勸進。壬戌㉒夜，監國營有步兵將校醉，揚言曏者澶州騎兵扶立，今步兵亦欲扶立，監國斬之。

南漢主㉓以宮人盧瓊仙、黃瓊芝為女侍中，朝服冠帶，參決政事。宗室勳舊，誅戮殆盡，惟宦官林延遇㉔等用事。

【章　旨】以上為第九段，寫郭威製造兵變，擁立自己稱帝。

【注　釋】❶右都押牙　官名，唐代藩鎮均置押牙，為衙屬內部的親信武職。主官稱都押牙，五代沿用。❷元從教練使　官名，禁軍的教練官。元從，意為自始就相隨從的人員。❸仗衛　儀仗和侍衛。❹我輩尚有種乎　我們還能有子孫後代嗎。即謂被劉氏族滅。❺己酉　十二月十六日。❻辛亥　十二月十八日。❼壬子　十二月十九日。❽癸丑旦　十二月二十日晨。❾餞文體名，書札、奏記一類。奏餞多用以上皇后、太子、諸王。❿丙辰　十二月二十三日。⓫韋城　縣名，縣治在今河南滑縣東南。⓬戊午　十二月二十五日。⓭皋門村　皋門，城郭之門。村在汴城郭門之外，遂名皋門村。⓮中州　州名，治所在今河南信陽南。⓯視瞻舉措　眼神、舉止。⓰睢陽　郡名，治所宋城，在今河南商丘南。⓱三十年舊相　馮道於後唐明宗天成二年（西元九二七年）為相，到此時僅二十四年。⓲己未　十二月二十六日。⓳庚申　十二月二十七日。⓴侍中　稱郭威官職，指代其人。㉑監國　古代君王外出，太子或諸王留守，代行處理國政，稱監國。或皇帝年幼，由父、叔攝政，也稱監國。㉒壬戌　十二月二十九日。㉓南漢主　即南漢中宗劉晟。㉔林延遇　閩清（今福建閩清）人，原為閩惠宗王鏻的宦官，陰險多謀。惠宗娶南漢高祖劉龑女清遠公主，派延遇置邸於番禺，專掌國信。後惠宗被弒，遂留南漢，任甘泉宮使。劉晟誅諸弟，延遇多參與其事。

【校　記】①從　「從」下原有「都」字。據章鈺校，十二行本、乙十一行本皆無「都」字，今據刪。按，《舊五代史》、《十國春秋》皆無「都」字。②漢　原無此字。據章鈺校，十二行本、乙十一行本皆有此字，今據補。

【語　譯】武寧節度使劉贇留下右都押牙鞏延美、元從教練使楊溫守衛徐州，與馮道等人一同從西而來。在路上的儀仗和侍衛，都如同為王的，左右的人高喊萬歲。郭威到達滑州，停留數日，劉贇派遣使者慰勞。眾將在接受命令時，彼此環視不下拜，私下相互說：「我們攻陷京城，屠殺官吏、百姓，罪過太大了。如果劉氏又被立為皇帝，我們還會有子孫後代嗎！」十二月十六日己酉，郭威聽說這件事，立刻領兵前進，奔赴澶州。十八日辛亥，派遣蘇禹珪前往宋州迎接繼位的君主。

楚王馬希萼任命自己的兒子馬光贊為武平留後，任命何敬真為朗州牙內都指揮使，領兵戍守。馬希萼叫來拓跋恆，打算任用他，拓跋恆說有病，不肯起身為官。

十二月十九日壬子，郭威渡過黃河，住在澶州。二十日癸丑早晨，將要出發，將士幾千人忽然大聲喧譁。郭威命令關上房門，將士翻牆登上房頂進入房內說：「天子須由侍中自己來做，將士們已經與劉氏為仇，不可立為君主！」有人撕裂黃旗，拿來披在郭威身上，一起扶抱著他，呼喊萬歲，聲震大地，接著簇擁郭威向南走。郭威於是向太后上箋表，請求敬奉劉氏的宗廟，侍奉太后為母親。二十三日丙辰，到達韋城，頒布文告安撫曉諭大梁士民：於昨天離開黃河岸邊，在路上秋毫無犯，不要有擔憂疑慮。二十五日戊午，郭威到達七里店，竇貞固率領百官出城迎接拜見，趁機勸郭威即皇帝位。郭威在皋門村紮營。

武寧節度使劉贇已經到了宋州，王峻、王殷聽說澶州軍變，派遣侍衛馬軍都指揮使郭崇威率領七百名騎兵前往阻擋劉贇，又派遣前任申州刺史馬鐸率兵前去許州巡察。郭崇威忽然抵達宋州，列陣在府門外，劉贇大驚，關上府門，登樓責問郭崇威。郭崇威說：「澶州軍變，郭公怕陛下不明白，所以派遣崇威保衛陛下，沒有其他的意思。」劉贇召見郭崇威，郭崇威不敢進去。馮道出來同郭崇威談話，郭崇威這才上樓。劉贇拉住郭崇威的手哭泣。郭崇威用郭威的意思來安慰劉贇。

不一會兒，郭崇威出來。當時護聖指揮使張令超率領所轄士兵替劉贇擔任保衛，徐州判官董裔勸劉贇說：「觀察郭崇威的眼神、舉止，必有反叛之謀。路上都說郭威已經作了皇帝，而陛下深入不止，禍難恐怕就要到來了！請求緊急召見張令超，曉諭禍福，讓他晚上用兵劫持郭崇威，奪取他的軍隊。次日，掠奪睢陽的金錢布帛，招募士兵，北赴晉陽。他們剛剛平定京城，沒有時間追趕我們，這是上策啊！」劉贇猶豫不決。當天晚上，郭崇威祕密引誘張令超，張令超率領部眾歸降。劉贇大為恐懼。

郭威寫信給劉贇，說自己是被各軍所逼迫。召請馮道先回京師，留下趙上交、王度服侍。馮道辭行，劉贇說：「寡人這次前來所依靠的，在於您是三十年的老宰相，所以沒有疑慮罷了。現在郭崇威奪走了我的衛兵，事情危險了，您有什麼計策？」馮道默然不語。客將賈貞多次注視馮道，想要殺死他。劉贇說：「你們不要草率，這不關馮公的事。」郭崇威把劉贇遷到府外館舍，殺了他的心腹董裔、賈貞等幾人。十二月二十六日己未，太后下詔，廢劉贇為湘陰公。

馬鐸帶兵進入許州，劉信慌恐自殺。

十二月二十七日庚申，太后下詔以侍中郭威監理國事。百官藩鎮相繼上表勸郭威即帝位。二十九日壬戌夜裡，郭威營中有步兵將校喝醉了，揚言說以前澶州騎兵扶立郭威為帝，現在步兵也打算扶立天子，郭威把他斬首。

南漢主任命宮人盧瓊仙、黃瓊芝為女侍中，穿戴朝服冠帶，參與決策政事。朝廷的宗室和功勳舊臣，誅殺殆盡，只有宦官林延遇等人當權。

【研　析】本卷研析楚國內訌、漢隱帝濫殺大臣、郭威代漢三件史事。

楚國內訌。楚國，指湖南地，都長沙，為馬殷所建。馬殷，字霸圖，許州鄢陵人。馬殷原為孫儒裨將。孫儒、劉建峯均是蔡州秦宗權部屬。唐末，秦宗權割據淮西，一度稱帝。秦宗權遣孫儒、劉建峯入淮南與楊行密征戰，孫儒兵敗死。劉建峯、馬殷領殘部流動作戰，進入湖南，殺潭州刺史鄧處訥，唐僖宗授劉建峯為湖南節度使，授馬殷為馬步軍都指揮使。後劉建峯為部屬所殺，眾將推馬殷為主，唐昭宗授馬殷為潭州刺史，時在乾寧三年（西元八九六年）。馬殷四出略地，佔有湖南全境。乾寧四年，唐昭宗授馬殷武安軍節度使。入梁，梁太祖朱溫拜馬殷為侍中兼中書令，封楚王。

馬殷建立楚國，自鑄鐵錢，開發地方特產茶葉與周邊貿易，獲利十倍。由是，馬殷兵強馬壯，多次打敗淮南楊行密進犯之軍，與北邊的荊南割據者高季興、南邊嶺南割據者劉龑保持和睦關係。入後唐，明宗封馬殷為楚國王。馬殷承制，自署官屬。長興元年（西元九三〇年）卒，享年七十九歲。唐明宗下詔，謚為武穆王。馬殷自唐昭宗乾寧四年據有湖南，到後唐明宗長興元年，雄據一方三十三年。

馬殷諸夫人所生有子十餘人，嫡子馬希振長而賢，母不受寵未得立。次子馬希聲母袁夫人有美色專寵，希聲得立為嗣。馬殷遺囑命兄終弟及。第三子馬希範與馬希聲同日生，在諸子中為長，馬希聲卒後馬希範立。希範死後，同母弟馬希廣立。朗州節度使馬希萼，年長於馬希廣，不服馬希廣，在西元九四九年起兵爭位，與馬希廣爭戰三年，破長沙，殺吏民，焚廬舍，馬殷立國以來所建造的宮室，盡為灰燼。馬希萼誅殺馬希廣，希廣諸子及殘部一千餘人投奔南唐。馬希萼血戰從弟手中奪取政權，沒有安睡幾天，另一弟馬希崇起而與馬希萼爭位，援引南唐兵入楚。唐將邊鎬在西元九五一年十月入長沙。十一月初三日，邊鎬迫令馬希崇及其族人一千餘口登舟赴金陵，離別者、送行者，全都號啕大哭，響震川谷。馬希崇向邊鎬乞求留在長沙為民，邊鎬奚落說：「我南唐與馬氏為世仇近六十年，從來沒想到滅亡你的國家。是你們兄弟不爭氣，相互仇殺，才落得這樣的下場。是你走投無路自願歸服，如果不趕快上路，恐怕沒機會上路了。」權力之爭，寧亡於仇，不容於兄弟。權勢扭曲人性，利益使人智昏，馬氏兄弟的內訌，是又一生動的案例。

漢隱帝濫殺大臣。漢隱帝劉承祐，漢高祖劉知遠次子。劉知遠有三子：長子劉承訓，早年夭折，第三子劉承勳，患病癱臥在床。劉知遠病死，繼承人在兒子中只有劉承祐了，年十七歲。劉知遠遺命郭威、楊邠、史弘肇、蘇逢吉、王章諸大臣輔政。郭威為樞密使，首輔大臣，其餘輔臣皆為同中書門下平章事。郭威權勢最高，其次史弘肇，其次蘇逢吉、楊邠，王章又次之，個個各顯其能，都是輔孤大臣，互不相讓。武將史弘肇為代表，文官蘇逢吉為代表，兩人水火不容。漢隱帝劉承祐，年小心氣高，頑劣無比，目無尊長，連生母太后都敢頂撞。小皇帝的權力欲一天天膨脹，忿怨輔臣的情緒一天天高漲。周圍四大奸佞小人李業、聶文進、後匡贊、郭允明在漢隱帝耳邊整日吹邪風，小皇帝對輔臣的積怨日益加重。李業，漢隱帝之舅，是皇親國戚，關係本就特殊。聶文進是一個仗勢欺人、獻媚取寵的小人，軍卒出身，官至樞密院承旨，是郭威的親信。郭威出鎮鄴都，安插聶文進在宮中為耳目，聶文進卻背叛郭威，一頭栽到漢隱帝小皇帝懷中，一切邪謀詔書，皆聶文進所為。後匡贊，漢高祖劉知遠牙將，官至飛龍使，不滿楊邠等執政裁制，久久沒有升官而怨恨。郭允明，劉知遠的役童，官至飛龍使。四人輪番伴隨漢隱帝，不讓其他人靠近，以免自己的醜行暴露。諸執政大臣既固執又狂傲，辦事沒有靈活性，連太后的面子也不給，也是取禍的一個原因。漢隱帝初除三年喪服，好不容易聽一次音樂，一高興，賞賜伶人錦袍、玉帶，史弘肇奪回，還惡狠狠的說：「士卒守邊苦戰，還沒有得到賞賜，你們這班人安得這些賜物！」俗話說，打狗還看主人面，史弘肇置皇帝顏面於何地。太后朋友的一個兒子想在軍中謀一個職位，史弘肇不聽就是了，竟一怒之下殺了這個請託的人，實屬過分。宣徽使空位，李業想謀求這個職位，太后與隱帝都出面說情，史弘肇認為按資歷還輪不到李業，又駁了太后、隱帝的顏面。有一天，漢隱帝與諸執政議論一件事情，漢隱帝說：「這件事要慎重的辦，不要留下受人挑剔的把柄。」

楊邠接著說：「陛下不要發表意見，有我們大臣在。」漢隱帝忍無可忍了。蘇逢吉從中煽火，四小丑誣告諸執政要謀反。漢隱帝決心起大獄，誅大臣。商定以後，漢隱帝向太后報告，太后說：「這事要慎重。」漢隱帝發怒說：「國家大事，女人有什麼見識！」拂袖而出。漢隱帝對太后出言不遜，神智已經發瘋。

漢隱帝乾祐三年（西元九五〇年）十一月十三日丙子早晨，大臣入朝，漢隱帝埋伏甲士在宮中，殺史弘肇、楊邠、王章在宮殿廂廡，駭人聽聞。諸大臣的親屬、黨與、侍從盡行誅殺。漢隱帝又下詔要誅殺手握重兵在外的郭威等人，逼反郭威，稱兵犯闕。漢隱帝出都勞軍，官軍大潰。隱帝還宮，至玄化門，守門將不納，隱帝策馬逃入民居，為亂兵所殺。一說為郭允明所弒。

漢隱帝濫誅大臣，是各種矛盾的總爆發：將相矛盾，權臣與帝權的矛盾，執政與奸佞的矛盾。漢隱帝年二十，輕率舉事，以卵擊石，簡直就是一場鬧劇。這場鬧劇，既要了命，又葬送了國家。

郭威代漢。郭威帥眾入都，太師馮道率百官謁見郭威。郭威見太師，按常禮拜之，馮道公然接受，言於郭威曰：「郭侍中這次來京很是勞苦吧。」郭威想像的百官勸進的場面沒有出現，直接稱帝的條件尚不成熟。郭威上表，太后臨朝，議立嗣君。漢高祖劉知遠有兩弟，劉崇、劉信。劉崇，親弟，為河東節度使，鎮守太原，對郭威早有防範，守大鎮，兵強馬壯。劉信，劉知遠堂弟，無才無識，為許州刺史。劉崇子劉贇，劉知遠愛之，養以為子，時任徐州節度使，有相當實力。郭威請立劉贇為嗣，贇實為劉崇之子，立贇，穩定劉崇，又調虎離山，使劉贇北上就位，離開徐州，真是一箭雙雕。果然奏效，劉崇在太原按兵不動，劉贇北上，郭威派出高規格使團，由太師馮道率領百官迎接劉贇，而派親將郭崇威以兵相隨。接著傳來北方警報，契丹入寇，以太后詔，郭威率領大軍征討。郭威行軍至澶州，十二月二十日癸丑，軍士譁變，數千將士高聲吶喊，說：「皇帝要由郭侍中親自來當，將士們已經與劉家結下仇怨，不可以立劉家的人當皇帝。」有的士兵扯下黃旗披在郭威身上權作黃袍。這時萬歲之聲，震響大地。郭威率軍南返，上表太后，請事為母親。隨後郭崇威在宋州殺了劉贇，又派人到許州殺了劉信。於是郭威稱帝，建立後周，取代後漢。郭威的導演十分卓絕。但後周的天下也不長久。郭威的部將趙匡胤看在眼裡，僅僅十年後，趙匡胤如法炮製，發動陳橋驛兵變，奪了後周的政權。

郭威代漢在西元九五一年，趙匡胤代周在西元九六〇年。

卷第二百九十

後周紀一

起重光大淵獻（辛亥　西元九五一年），盡玄黓困敦（壬子　西元九五二年）八月，凡一年有奇。

【題解】本卷記事起於西元九五一年，迄於西元九五二年八月，凡一年又八個月。當後周太祖廣順元年至二年八月。郭威受禪代漢建立後周，史稱太祖。周太祖識人任賢，禮葬隱帝，和好南唐，不禁兩國邊民往來。泰寧節度使慕容彥超反叛，御駕親征，立即撲滅，兩敗契丹南犯，鞏固了後周政權。劉崇即位於晉陽，史稱北漢。劉崇效石敬瑭之所為，向契丹主稱兒皇帝，乞冊命，引援契丹，一年之內兩度南犯。因投靠契丹，不得人心，皆大敗而逃。北漢之民，內供軍國，外奉契丹，民甚苦之。楚國馬希萼得志，荒淫暴虐，失士眾心，遭遇南唐與南漢夾擊，舉國淪喪。南唐盡有湖南，楚嶺南之地為南漢所有。南唐主李璟好文學，重用文學之士，馮延巳等輕浮文人用事，賢人隱，小人進，諸將不武。南唐僥倖得湖南，不知恤民，大肆擄掠楚國財物，加重賦役，湖南民眾大失所望。

太祖聖神恭肅文孝皇帝❶上

廣順元年（辛亥　西元九五一年）

春，正月丁卯❷，漢太后下誥，授監國符寶，即皇帝位。監國自皋門入宮，即位於崇元殿，制曰：「朕周室之裔，虢叔之後，國號宜曰周。」改元，大赦。楊邠、史弘肇、王章等皆贈官，官為斂葬❸，仍訪其子孫敘用❹之。凡倉場、庫務掌納官吏❺，無得收斗餘❻、稱耗❼，舊所進羨餘物❽，悉罷之❾。犯竊盜及姦者，並依晉天福元年以前刑名。罪人非反逆，無得誅及親族，籍沒家貲。唐莊宗、明宗、晉高祖各置守陵十戶，漢高祖陵職員、宮人、時月薦享❿及守陵戶並如故。初，唐衰，多盜，不用律文，更定峻法，竊盜贓三匹者死。晉天福中，加至五匹。姦有夫婦人，無問強、和⓫，男女並死。漢法，竊盜一錢以上皆死，又罪非反逆，往往族誅、籍沒。故帝即位，首革其弊。

初，楊邠以功臣、國戚為方鎮者多不閑吏事，乃以三司軍將補都押牙、孔目官、內知客⓬。其人自恃敕補，多專橫，節度使不能制。至是悉罷之。

帝命史弘肇親吏上黨李崇矩⓭訪弘肇親族，崇矩言：「弘肇弟弘福⓮今存。」初，弘肇使崇矩掌其家貲之籍，由是盡得其產，皆以授弘福。帝賢之，使隸皇子榮帳下。

戊辰⑮，以前復州⑯防禦使王彥超⑰權武寧節度使。○漢李太后遷居西宮⑱，己巳⑲，上尊號曰昭聖皇太后。○開封尹兼中書令劉勳卒。○癸酉⑳，加王峻同平章事。○以衛尉卿劉皞㉑主漢隱帝之喪。

初，河東節度使兼中書令劉崇聞隱帝遇害，欲舉兵南向。聞迎立湘陰公，乃止，曰：「吾兒為帝，吾又何求！」太原少尹㉒李驤㉓陰說崇曰：「觀郭公之心，終欲自取。公不如疾引兵踰太行㉔，據孟津㉕，俟徐州相公㉖即位，然後還鎮，則郭公不敢動矣。不然，且㉗為所賣。」崇怒曰：「腐儒，欲離間吾父子！」命左右曳出斬之。驤呼曰：「吾負經濟㉘之才而為愚人謀事，死固甘心！家有老妻，願與之同死。」崇并其妻殺之，且奏於朝廷，示無二心。及贇廢，崇乃遣使請贇歸晉陽。詔報以「湘陰公比在宋州，今方取歸京師，必令得所，公勿以為憂。公能同力相輔，當加王爵，永鎮河東。」

鞏廷美、楊溫聞湘陰公贇[1]失位，奉贇妃董氏據徐州拒守，以俟河東援兵㉙。帝使贇以書諭之，廷美、溫欲降而懼死。帝復遺贇書曰：「爰念斯人盡心於主，足以賞其忠義，何由責以悔尤㉚。俟新節度使㉛入城，當各除刺史，公可更以委曲㉜示之。」

契丹之攻內丘也，死傷頗多，又值月食，軍中多妖異。契丹主懼，不敢深入，引兵還，遣使請和於漢。會漢亡，安國節度使劉詞送其使者詣大梁，帝遣左千牛衛將軍朱憲報聘㉝，且敘革命㉞之由，以金器、玉帶贈之。

帝以鄴都鎮撫河北，控制契丹，欲以腹心處之。乙亥㉟，以寧江節度使、侍衛親軍都指揮使王殷為鄴都留守、天雄節度使、同平章事，領軍如故㊱，仍以侍衛司從赴鎮。○丙子㊲，帝帥百官詣西宮，為漢隱帝舉哀成服㊳，皆如天子禮。

慕容彥超遣使入貢，帝慮其疑懼，賜詔慰安之，曰：「今兄㊴事已至此，言不欲繁，望弟扶持，同安億兆㊵。」

【章旨】以上為第一段，寫郭威受禪代漢建立後周，史稱太祖。

【注釋】❶太祖聖神恭肅文孝皇帝　諱郭名威，邢州堯山（今河北隆堯西）人，後周創立者。西元九五一—九五四年在位，廟號太祖。郭威自敘宗譜為西周文王之弟虢叔之後，故建國稱周，史稱後周。❷丁卯　正月初五日。❸官為斂葬　楊邠、史弘肇、王章等滿門被誅，郭威贈官，舉行國葬。❹敘用　分級進用。❺倉場庫務掌納官吏　糧倉、府庫主管稅收的官吏。❻斗餘　稱量之後，又收取額外部分。❼稱耗　舊時徵糧，在規定數量外，藉口損耗多收之數。❽進羨餘物　正賦之外的無名稅收。中唐以後多有巧取豪奪的雜稅。❾悉罷之　將斗餘、王章所立稱耗、中唐以來雜稅，全部罷除，只收正稅。❿時月薦享　祭祀的時間。薦享，祭祀、進獻祭品。⓫強和　強，指強姦。和，指通姦。⓬內知客　俗稱管家。⓭李崇矩　字守則，潞州上黨（今山西長治）人，宋初，官至右千牛衛上將軍。傳見《宋史》卷二百五十七。⓮弘福　史弘肇弟，後周官至諸衛將軍。傳見《舊五代史》卷一百七。⓯戊辰　正月初六日。⓰復州　州名，治所景陵，在今湖北天門。⓱王彥超　大名臨清（今山東臨清）人，入宋，封邠國公，加太子太師。傳見《宋史》卷二百五十五。⑱西宮　即後漢太平宮。⑲己巳　正月初七日。⑳癸酉　正月十一日。㉑劉皞　後晉劉昫弟，死於酗酒。傳見《舊五代史》卷一百二十一。㉒少尹　官名，唐制，州升為府，其刺史稱府尹，下設少尹二人，協助府尹處理府中事務。五代沿用。㉓李驤　真定（今河北正定）人，河東幕僚，輔佐劉崇，死後，劉崇為其立祠，以示悔悟與懷念。㉔太行　山名，在山西高原與河北平原之間。東北至西南走向，北起拒馬河谷，南至晉、豫邊境黃河沿岸。㉕孟津　古黃河渡口名，在今河南孟津東北、孟州西南。㉖徐州相公　劉贇原為徐州節度使，故稱徐州相公。㉗且　則。㉘經濟　經世濟民。㉙河東援兵　此指太原尹劉崇軍隊，因居河東，故稱。㉚悔尤　猶「尤悔」。過錯。㉛新節度使　指王彥超。新授武寧節度使，治所為徐州。㉜委曲　唐末主帥以手書諭示將佐，謂之委曲，猶如批示。㉝報聘　他國來聘，遣使酬答。㉞革命　革故鼎新。古代以為王者受命於天，故稱王者易姓、改朝換代為革命。㉟乙亥　正月十三日。㊱領軍如故　依舊兼領侍衛親軍。㊲丙子　正月十四日。㊳成服　喪制，人死三日入殯，殯之明日，親屬按照與死者關係的親疏穿上不同的喪服，謂之「成服」。成服後，始歠粥，朝夕哭。㊴今兄　郭威對慕容彥超自稱「今兄」，以示親近。㊵億兆　指百姓。

【校　記】[1]贇　原無此字。據章鈺校，十二行本、乙十一行本、孔天胤本皆有此字，今據補。按，《通鑑紀事本末》有「贇」字。

【語　譯】太祖聖神恭肅文孝皇帝上

廣順元年（辛亥　西元九五一年）

春，正月初五日丁卯，漢太后下詔，授給監國符印寶璽，即皇帝位。監國從皋門進入皇宮，在崇元殿即位，頒布制書說：「朕是周室的後裔，虢叔的後代，國號應該叫周。」改年號，大赦天下。楊邠、史弘肇、王章等人都追贈官職，國家為他們安葬，並且尋訪他們的子孫分級進用。所有糧倉、府庫掌管稅收的官吏，不得收取斗餘、稱耗，以前所規定要繳納的賦稅以外的物資，全部罷除。犯了偷盜罪和姦淫罪的人，都依照後晉天福元年以前的刑法條文處理。犯罪的人不是反叛為逆，不得株連親族，沒收家產。後唐莊宗、明宗、後晉高祖的陵墓各置十戶守陵，後漢高祖陵墓的官吏、宮人，一年四季的祭祀以及守陵的戶數，一併照舊。

當初，唐室衰敗，多盜賊，不用法律條文，另外制定嚴厲的刑法，偷盜贓物達三匹絹帛的處死。後晉天福年間，增加到五匹。姦淫有夫的婦人，不論是強姦、通姦，男女都處以死刑。後漢的法律，竊盜一錢以上的都處死，還有罪行不是謀反叛逆的，往往誅滅全族，沒收家產。所以周太祖即位，首先革除這些弊端。

當初，楊邠因為功臣、國戚擔任藩鎮長官大多不熟悉吏事，於是用三司軍將補任都押牙、孔目官、內知客。這些人自恃是由皇帝任命的，大多專橫，節度使不能掌控。到這時全部廢止。

周太祖命令史弘肇的親信官吏上黨人李崇矩尋訪史弘肇的親族，李崇矩說：「史弘肇的弟弟史弘福現在在世。」當初，史弘肇讓李崇矩掌管他家產的帳簿，因此李崇矩得到他家全部財產，都交給了史弘福。周太祖認為李崇矩賢德，讓他隸屬在皇子郭榮的部下。

正月初六日戊辰，任命前任復州防禦使王彥超代理武寧節度使。○後漢李太后遷徙到西宮居住。初七日己巳，上尊號稱昭聖皇太后。○開封尹兼中書令劉勳去世。○十一日癸酉，王峻加授同平章事。○命令衛尉卿劉皞主持後漢隱帝的喪事。

當初，河東節度使兼中書令劉崇聽說漢隱帝遇害，打算起兵南下。聽說迎立湘陰公劉贇，這才停止，說：「我的兒子做皇帝，我還求什麼呢！」太原少尹李驤暗中勸劉崇說：「觀察郭威的心思，最終還是想自己當皇帝。您不如快速領兵越過太行山，佔據孟津，等到徐州相公即位，然後返回鎮所，這樣郭公就不敢動了。不然的話，則會被人出賣。」劉崇生氣地說：「腐儒！想離間我們父子！」命令身邊的人把他拉出去斬首。李驤呼喊說：「我懷有經世濟民的才能，而為愚昧的人謀劃事情，死了固然心甘情願！家裡有年老的妻子，希望跟她一起死。」劉崇連同他的妻子一起殺掉，並且奏報朝廷，表示沒有二心。等到劉贇被廢黜，劉崇這才派遣使者請求讓劉贇回晉陽。周太祖下詔回答「湘陰公近在宋州，現在正取道回京師，一定讓他得到一個適當的位置，您不要為此事擔憂。您能同心協力輔佐朝廷，應當加封王爵，永遠鎮守河東。」

鞏廷美、楊溫聽到湘陰公劉贇失去帝位，尊奉劉贇的妃子董氏佔據徐州堅守抵抗，以等待河東的援兵。周太祖讓劉贇寫信勸諭他們，鞏廷美、楊溫想要投降而又怕死。周太祖又寫信給劉贇說：「想到這些人盡心主人，就值得獎賞他們的忠義，有什麼理由責備他們的過錯。等到新節度使進城，應當各自授官刺史，您可以再用親筆手書諭示他們。」

契丹進攻內丘時，死傷頗多，又遇上發生月蝕，軍中出現很多怪異現象。契丹主恐懼，不敢深入，領兵返回，派遣使者向後漢求和。適逢後漢滅亡，安國節度使劉詞送契丹使者到大梁，周太祖派遣左千牛衛將軍朱憲回訪契丹，並且說明改朝換代的緣由，拿金器、玉帶贈送他們。

周太祖因為鄴都鎮撫黃河以北，控制契丹，打算把心腹安排在那裡。正月十三日乙亥，任命寧江節度使、侍衛親軍都指揮使王殷為鄴都留守、天雄節度使、同平章事，依舊兼領侍衛親軍，仍然帶著侍衛司的隨從去鎮所就任。○十四日丙子，皇帝率領百官前往西宮，為漢隱帝發喪、穿喪服，完全和天子的禮儀一樣。

慕容彥超派遣使者入朝進貢，周太祖擔心他會疑慮恐懼，賜詔書安慰他，說：「現在老哥我的事，已經到了這個地步，不打算多說；希望老弟扶持，共同安撫億萬百姓。」

戊寅❶，殺湘陰公於宋州。

是日，劉崇即皇帝位於晉陽，仍用乾祐年號，所有者并、汾、忻、代、嵐、憲、隆、蔚、沁、遼、麟、石十二州之地❷。以節度判官鄭珙❸為中書侍郎，觀察判官滎陽趙華❹為戶部侍郎，並同平章事。以次子承鈞❺為侍衛親軍都指揮使、太原尹。以節度副使李存瓌❻為代州防禦使，裨將武安張元徽❼為馬步軍都指揮使，陳光裕為宣徽使。

北漢主謂李存瓌、張元徽曰：「朕以高祖之業一朝墜地，今日位號，不得已而稱之。顧⑧我是何天子，汝曹是何節度使邪！」由是不建宗廟，祭祀如家人，宰相俸錢月[1]止百緡，節度使止三十緡，自餘⑨薄有資給⑩而已，故其國中少廉吏。○客省使⑪河南李光美⑫嘗為直省官⑬，頗諳故事，北漢朝廷制度，皆出於光美。○北漢主聞湘陰公死，哭曰：「吾不用忠臣之言，以至於此！」為李驤立祠，歲時祭之。

己卯⑭，以太師馮道為中書令，加竇貞固侍中，蘇禹珪司空。○王彥超奏遣使齎敕詣徐州，鞏廷美等猶豫不肯啟關，詔進兵攻之。

帝謂王峻曰：「朕起於寒微，備嘗艱苦，遭時喪亂，一旦為帝王，豈敢厚自奉養以病下民乎！」命峻疏四方貢獻珍美食物，庚辰⑮，下詔悉罷之。其詔略曰：「所奉止於朕躬，所損被於甿庶⑯。」又曰：「積於有司之中，甚為無用之物。」又詔曰：「朕生長軍旅，不親學問，未知治天下之道。文武官有益國利民之術，各具封事⑰以聞。咸宜直書其事，勿事辭藻。」帝以蘇逢吉之第賜王峻，峻曰：「是逢吉所以族李崧也⑱！」辭而不處。

初，契丹主北歸，橫海⑲節度使潘聿撚棄鎮隨之，契丹主以聿撚為西南路招討使。及北漢主立，契丹主使聿撚遺劉承鈞書。北漢主使承鈞復書，稱：「本朝淪亡，紹襲帝位，欲循晉室故事⑳，求援北朝。」契丹主大喜。北漢主發兵屯陰地㉑、黃澤㉒、團柏㉓。丁亥㉔，以承鈞為招討使，與副招討使白從暉㉕、都監李存瓌將步騎萬人寇晉州㉖。從暉，吐谷渾人也。

郭崇威更名崇，曹威更名英㉗。

二月丁酉㉘，以皇子天雄牙內都指揮使榮為鎮寧節度使。選朝士㉙為之僚佐，以侍御史㉚王敏㉛為節度判官㉜，右補闕㉝崔頌㉞為觀察判官㉟，校書郎㊱王朴㊲為掌書記㊳。頌，協之子。朴，東平人也。

戊戌㊴，北漢兵五道攻晉州，節度使王晏閉城不出。劉承鈞以為怯，蟻附登城。晏伏兵奮擊，北漢兵死傷者千餘人。承鈞遣副兵馬使安元寶焚晉州西城，元寶來降，承鈞乃移軍攻隰州㊵。癸卯㊶，隰州刺史許遷㊷遣步軍都指揮使孫繼業迎擊北漢兵於長壽村㊸，執其將程筠等，殺之。未幾，北漢兵攻州城，數日不克，死傷甚眾，乃引去。遷，鄆州人也。

【章　旨】以上為第二段，寫郭威殺湘陰公劉贇於宋州，劉崇即位於晉陽，史稱北漢。劉崇連引契丹，發兵五道南下攻晉州，不勝而還。

【注　釋】❶戊寅　正月十六日。❷十二州之地　後漢河東節度使劉崇巡屬并、汾等十二州之地，當今山西北部、中部及河北西部、陝北沿黃河西岸地。後周建國，劉崇據十二州之地建國北漢，都并州，即太原府，在今山西太原。❸鄭珙　青州（今山東青州）人，劉崇稱帝，任中書侍郎。北漢援引契丹，鄭珙奉命出使，死於遼。❹趙華　滎陽（今河南滎陽）人，劉崇稱帝，官戶部侍郎、同平章事、加僕射。善進諫，卻不被採納。❺承鈞　（西元九二六—九六八年）初名承鈞，後名鈞，劉崇次子。二十九歲即帝位，向契丹述律稱兒皇帝，以換取支持。西元九五五—九六八年在位，廟號睿宗。傳見《舊五代史》卷一百三十五、《新五代史》卷七十。❻李存瓌　唐莊宗從弟，後蜀孟知祥甥。劉崇稱帝，官忠武節度使，曾帶兵伐周，無所得而還。❼張元徽　武安（今山西武安）人，北漢大將。劉崇稱帝，官武寧節度使。郭威死，率兵伐周，屢獲勝。後因氣驕輕敵，被周兵殺死，軍遂不振。❽顧　但。❾自餘　此外。這裡指中央丞相之外的百官、地方節度使之外的眾多官吏。❿薄有資給　微薄的俸祿。⓫客省使　掌外國使節的招待供應，實即前代鴻臚寺的職務。⓬李光美　河南（今河南洛陽）人，熟悉歷代典故，時人比之東晉王彪之、唐裴冕。⓭直省官　中書、門下、尚書三省都設有直省官，負責引接百官拜謁宰相等事。⓮己卯　正月十七日。⓯庚辰　正月十八日。⓰甿庶　平民百姓。甿，古指農村居民。⓱封事　古代臣下上書奏事，防止洩漏，用袋密封，稱封事。⓲是逢吉所以族李崧也　後漢高祖平汴、洛，以李崧宅第賜蘇逢吉，宅中寶貨皆被逢吉佔有，兩家產生矛盾。後來逢吉藉故陷害李崧，崧自誣伏罪死，舉家遇害。兩《五代史》李崧本傳詳載其事。本書卷二百八十八後漢乾祐元年記述簡略。⓳橫海　方鎮名，唐貞元中置。後梁乾化二年（西元九一二年）改為順化軍節度；後唐同光二年（西元九二四年）復改為橫海軍節度。治所滄州，在今河北滄縣東南。⓴晉室故事　指晉高祖石敬瑭向契丹稱兒皇帝，以求援助的事。㉑陰地　陰地關，在山西靈石西南，俗稱南關，因其北有冷泉關。㉒黃澤　黃澤嶺，在山西左權東南一百二十里，嶺上有關。㉓團柏　團柏鎮，在今山西祁縣東南，又稱團柏谷。㉔丁亥　正月二十五日。㉕白從暉　吐谷渾人，與後周大同節度使白承福、遼雲州觀察使白可久皆同宗。仕後周官至義成節度使，高平大戰後病卒。㉖晉州　州名，治所在今山西臨汾。㉗更名英郭崇威與曹威更名，皆避後周太祖名諱。㉘丁酉　二月初五日。㉙朝士　朝中官吏。㉚侍御史　官名，在御史大夫之下，掌舉劾非法、督察郡縣或奉使執行指定任務，屬御史臺。㉛王敏　單州金鄉（今山東金鄉）人。傳見《舊五代史》卷一百二十八。㉜節度判官　節度使屬吏之一，員二人，職掌兵馬錢糧事務。㉝右補闕　官名，負責對皇帝進行規諫，並薦舉人才，屬中書省。㉞崔頌　字敦美，河南偃師（今河南偃師）人，父為後唐門下侍郎、平章事崔協。通經義，入宋，判國子監。傳見《舊五代史》卷五十八、《宋史》卷四百三十一。㉟觀察判官　為觀察使屬吏，職位略低於節度判官。㊱校書郎　掌校勘書籍，訂正訛誤，屬祕書省。㊲王朴　（西元九〇五—九五九年）字文伯，東平（今山東東平）人，周世宗即位，獻〈平邊策〉，深受信任，擢至樞密使、兼東京留守。精通曆法，著《大周欽天曆》。傳見《舊五代史》卷一百二十八、《新五代史》卷三十一。㊳掌書記　唐代節度使屬官，位在判官之下，相當於六朝時的記室參軍，負責章表書記文檄。㊴戊戌　二月初六日。㊵隰州　州名，治所隰川，在今山西隰縣。㊶癸卯　二月十一日。㊷許遷　鄆州（今山東東平西北）人，後漢末權知隰州。郭威即位，因守隰州有功，正授隰州刺史。傳見《舊五代史》卷一百二十九。㊸長壽村　在今山西石樓東，唐長壽縣故址。

【校　記】①俸錢月　原作「月俸」。據章鈺校，十二行本、乙十一行本、孔天胤本皆作「俸錢月」，今據補。按，《通鑑紀事本末》作「俸錢月」。

【語　譯】正月十六日戊寅，在宋州殺掉湘陰公劉贇。

這一天，劉崇在晉陽即皇帝位，仍然使用乾祐年號，擁有并州、汾州、忻州、代州、嵐州、憲州、隆州、蔚州、沁州、遼州、麟州、石州共十二州之地。任命節度判官鄭珙為中書侍郎，觀察判官滎陽人趙華為戶部侍郎，都為同平章事。任命次子劉承鈞為侍衛親軍都指揮使、太原尹。任命節度副使李存瓌為代州防禦使，副將武安人張元徽為馬步軍都指揮使，陳光裕為宣徽使。

北漢主對李存瓌、張元徽說：「朕因為高祖的基業一朝墜毀，所以今天的帝位號，是不得已才稱的。但是我是什麼天子，你們是什麼節度使呢！」因此不建立宗廟，祭祀猶如平常百姓家，宰相俸祿每月僅一百緡，節度使僅三十緡，其他的官吏只有微薄的俸祿而已，所以他的國內很少有廉潔的官吏。○客省使河南人李光美曾經擔任直省官，很熟悉朝廷舊事，北漢的朝廷制度，都出自李光美。○北漢主聽說湘陰公劉贇死了，哭著說：「我不採納忠臣之言，以至於這個樣子！」為李驤建立祠堂，每年按時祭祀。

正月十七日己卯，任命太師馮道為中書令，加授竇貞固侍中，蘇禹珪司空。○王彥超上奏請派遣使者攜帶敕書前往徐州，鞏廷美等人猶豫不肯打開城門。周太祖下詔進兵攻打他。

周太祖對王峻說：「朕起於寒微，飽嘗艱辛，遭遇時世的喪亂，一時間做了帝王，豈敢自己有豐厚的供養來傷害百姓呢！」命令王峻清理四方所進貢的珍美食物，正月十八日庚辰，下詔全部停止。詔書大略說：「所奉養的只是朕一人，所損害的遍及百姓。」又說：「貢品儲存在有關部門，確實是無用之物。」又下詔說：「朕生長軍旅，不接近學問，不懂得治理天下的道理。文武官員如果有利國利民的方法，各自用密封的奏章告訴我。都應該直書其事，不要講究辭藻。」周太祖把蘇逢吉的宅第賜給王峻，王峻說：「這座宅第是蘇逢吉之所以族滅李崧的原因啊！」推辭不肯居住。

當初，契丹主返回北方，橫海節度使潘聿撚丟棄鎮所跟隨契丹主，契丹主任命潘聿撚為西南路招討使。等到北漢主稱帝，契丹主命潘聿撚給劉承鈞寫信。北漢主讓劉承鈞回信，說：「本朝淪亡，我繼承帝位，打算遵循晉室先例，向北朝求援。」契丹主大為高興。北漢主發兵屯駐陰地、黃澤、團柏。正月二十五日丁亥，任命劉承鈞為招討使，與副招討使白從暉、都監李存瓌率領步兵和騎兵一萬人侵掠晉州。白從暉，是吐谷渾人。

郭崇威改名郭崇，曹威改名曹英。

二月初五日丁酉，任命皇子天雄牙內都指揮使郭榮為鎮寧節度使。挑選朝中官吏做他的幕僚佐吏，任命侍御史王敏為節度判官，右補闕崔頌為觀察判官，校書郎王朴為掌書記。崔頌，是崔協的兒子。王朴，是東平人。

二月初六日戊戌，北漢軍隊分五路攻打晉州，節度使王晏關閉城門不出戰。劉承鈞認為他膽怯，便讓士兵像螞蟻一樣群集攀登城牆。王晏埋伏的士兵奮勇迎擊，北漢兵死傷一千多人。劉承鈞派遣副兵馬使安元寶焚燒晉州西城，安元寶前來投降，劉承鈞於是調兵攻打隰州。十一日癸卯，隰州刺史許遷派遣步軍都指揮使孫繼業在長壽村迎擊北漢兵，抓住了他們的將領程筠等人，殺了他們。不久，北漢兵攻打隰州城，幾天攻不下，死傷很多，於是帶兵離去。許遷，是鄆州人。

甲辰❶，楚王希萼遣掌書記劉光輔❷入貢于唐。

帝悉出漢宮中寶玉器數十，碎之於庭，曰：「凡為帝王，安用此物！聞漢隱帝日與嬖寵於禁中嬉戲，珍玩不離側。茲事不遠，宜以為鑑。」仍❸戒左右，自今珍華悅目之物，無得入宮。

丁未❹，契丹主遣其臣裊骨支與朱憲偕來，賀即位。○戊申❺，敕前資官各聽自便居外州❻。○陳思讓❼未至湖南，馬希萼已克長沙。思讓留屯郢州❽，敕召令還。○丁巳❾，遣尚書左丞田敏❿使契丹。北漢主遣通事舍人李䛒⓫使于契丹，乞兵為援。

詔加泰寧節度使慕容彥超中書令，遣翰林學士魚崇諒⓬詣兗州諭指。崇諒，即崇遠也。彥超上表謝。三月壬戌朔⓭，詔報之曰：「向以前朝失德，少主用讒，倉猝之間，召卿赴闕。卿即奔馳應命，信宿至京⓮。救國難而不顧身，聞君召而不俟駕。以至天亡漢祚，兵散梁郊，降將敗軍，相繼而至，卿即便回馬首，徑反⓯龜陰⓰。為主為時⓱，有終有始。所謂危亂見忠臣之節，疾風知勁草之心，若使為臣者皆能如茲，則有國者誰不欲用！所言朕潛龍河朔之際⓲，平難浚郊之時⓳，緣不奉示喻之言，亦不得差人至行闕⓴。且事主之道，何必如斯！若或二三於漢朝，又安肯忠信於周室！以此為懼，不亦過乎！卿但悉力推心，安民體國，事朕之節，如事故君，不惟黎庶獲安，抑亦社稷足賴。但堅表率㉑，未議替移㉒。由衷之誠，言盡於此。」

【章　旨】以上為第三段，寫周太祖下特旨安撫泰寧節度使慕容彥超。

【注　釋】❶甲辰　二月十二日。❷劉光輔　《考異》引《湖湘故事》「光輔」作「光瀚」。《通鑑》從《十國紀年》。❸仍　與「乃」通。❹丁未　二月十五日。❺戊申　二月十六日。❻敕前資官各聽自便居外州　周太祖頒賜特別命令，凡前朝所授的官可以自由選擇居住地。後漢隱帝乾祐二年（西元九四九年）冬楊邠曾下令「前資官宜分居兩京」，郭威一改此令。❼陳思讓　字後己，幽州盧龍（今河北盧龍）人，累歷方鎮，家無餘財。酷信佛，人稱「陳佛子」。傳見《宋史》卷二百六十一。❽郢州　州名，治所長壽，在今湖北鍾祥。❾丁巳　二月二十五日。❿田敏　淄州鄒平（今山東鄒平）人，通《春秋》之學。官至工部尚書。傳見《宋史》卷四百三十一。⓫詈　俗「辯」字。⓬魚崇諒　楚州山陽（今江蘇淮安）人，初名崇遠，避劉知遠諱改。傳見《宋史》卷二百六十九。⓭壬戌朔　三月初一日。⓮信宿至京　指慕容彥超奉漢隱帝詔，兩天兩夜就從兗州趕到了京城。再宿為信。⓯反　通「返」。⓰龜陰　龜山之北。龜山在山東新泰西南四十里，兗州在龜山之北，此指兗州。⓱為主為時　為了國君，為了時局。⓲潛龍河朔之際　比喻郭威寄身河北的時候。⓳平難浚郊之時　指郭威在大梁北郊平定禍亂的時候。大梁有浚水，故名浚郊。⓴行闕　郭威的行軍駐地。㉑但堅表率　只要你（慕容彥超）堅定忠心，為眾人做表率。㉒未議替移　朝廷從未議論過撤換你的職務。替，更換。

【語　譯】二月十二日甲辰，楚王馬希萼派遣掌書記劉光輔向南唐進貢。

周太祖把後漢宮中的幾十件珍寶玉器全部拿出來，在庭院裡砸碎，說：「凡是做帝王的，哪裡用得著這些東西！聽說漢隱帝天天和他所寵愛的人在宮禁中玩樂，珍玩不離身邊。這些事情離我們不遠，應該作為鑑戒。」於是告誡左右的人，從今以後，凡是珍貴華美、賞心悅目的東西，不得進入宮禁。

二月十五日丁未，契丹主派遣他的臣子裊骨支與朱憲一起前來，祝賀周太祖即位。〇十六日戊申，敕令前朝所任命的官吏，允許每人根據自己的方便，居住兩京以外的州縣。〇陳思讓還沒有到達湖南，馬希萼已經攻克長沙。陳思讓停下來屯駐郢州，朝廷下敕書讓他返回。〇二十五日丁巳，朝廷派遣尚書左丞田敏出使契丹。北漢主派遣通事舍人李砉出使契丹，請求出兵援助。

周太祖下詔加授泰寧節度使慕容彥超中書令，派遣翰林學士魚崇諒前往兗州宣布詔旨。魚崇諒，就是魚崇遠。慕容彥超上表謝恩。三月初一日壬戌，周太祖下詔答覆他說：「不久前由於前朝喪失德政，年少的君主聽信讒言，匆忙之中，徵召你前往朝廷。你就飛馳接受命令，兩天到了京城。拯救國家的危難而不顧自身，聽到君主的召喚而不等駕車就動身。等到上天滅亡漢室的國運，軍隊在大梁郊外逃散，投降的將領，敗北的軍隊，相繼到來，你立即調轉馬頭，直接返回兗州。為了國君，為了時局，有始有終。正所謂在危難時看到了忠臣的節操，在暴風中知道了勁草的心性，如果做臣子的人都能如此，那麼擁有國家的人，誰不想任用！你所說的朕寄身河北之際，在大梁郊外平定禍亂之時，因為沒有接到指示，你也就沒有派人到我的行軍駐地。再說，侍奉君主的方法，何必要這樣！如果對漢朝三心二意，又怎麼肯對周室忠心誠信呢！因此而產生恐懼，不也過分了嗎！你只要竭盡全力，全心全意，安撫民眾，體恤國家，侍奉我的節操，像侍奉以前的君主一樣，不但黎民百姓獲得平安，而且國家也依賴於此。朝廷只要你堅定地做群臣的表率，沒有議論要撤換你的職務。這些都是發自內心的真誠，話就說到這裡。」

唐以楚王希萼為天策上將軍、武安‧武平‧靜江‧寧遠節度使兼中書令、楚王，以右僕射孫忌❶、客省使姚鳳為冊禮使❷。○丙寅❸，遣前淄州刺史陳思讓將兵戍磁州，扼黃澤路❹。

楚王希萼既得志，多思舊怨，殺戮無度。晝夜縱酒荒淫，悉以軍府事委馬希崇。希崇復多私曲，政刑紊亂。府庫既盡於亂兵，籍民財❺以賞賚士卒，或封其門而取之，士卒猶以不均怨望。雖朗州舊將佐從希萼來者，亦皆不悅，有離心。劉光輔之入貢于唐也，唐主待之厚。光輔密言：「湖南民疲主驕，可取也。」唐主乃以營屯都虞候邊鎬❻為信州刺史，將兵屯袁州❼，潛圖[1]進取。

小門使謝彥顒❽，本希萼家奴，以首面❾有寵於希萼，至與妻妾雜坐，恃恩專橫。常肩隨❿希崇，或拊[2]其背⓫，希崇銜之⓬。故事，府宴，小門使執兵在門外。希萼使彥顒預坐⓭，或居諸將之上，諸將皆恥之。

希萼以府舍焚蕩，命朗州靜江指揮使王逵⓮、副使周行逢⓯帥所部兵千餘人治之。執役甚勞，又無犒賜，士卒皆怨，竊言曰：「囚免死則役作之。我輩從大王出萬死取湖南，何罪而囚役之！且大王終日酣歌，豈知我輩之勞苦乎！」逵、行逢聞之，相謂曰：「眾怨深矣，不早為計，禍及吾曹。」壬申旦⓰，帥其眾各執長柯⓱斧、白梃⓲，逃歸朗州。時希萼醉未醒，左右不敢白。癸酉⓳，始白之。希萼遣湖南指揮使唐師翥將千餘人追之，不及，直抵朗州。逵等乘其疲乏，伏兵縱擊，士卒死傷殆盡，師翥脫歸。

逵等黜留後馬光贊⓴，更以希萼兄子光惠㉑知州事。光惠，希振㉒之子也。尋奉光惠為節度使，逵等與何敬真及諸軍指揮使張倣㉓參決軍府事。希萼具以狀言於唐，唐主遣使以厚賞招諭之。逵等納其賞、縱其使、不答其詔，唐亦不敢詰也。王彥超奏克徐州，殺鞏廷美等。○北漢李䛒至契丹，契丹主使拽剌梅里報之。○丙子㉔，敕：「朝廷與唐本無仇怨，緣淮軍鎮，各守疆域，無得擅入唐境。商旅往來，無得禁止。」

【章旨】以上為第四段，寫楚主馬希萼得志，荒淫暴虐，殺戮無度，大失士眾心。後周平定徐州。

【注釋】❶孫忌　即孫晟，初名鳳，高密（今山東高密）人，南唐宰相。出使後周，觸怒世宗，不屈而死。❷冊禮使　行使冊封禮儀的使臣。❸丙寅　三月初五日。❹扼黃澤路　控制通往黃澤關的路口。周太祖以陳思讓守磁州（在今河北磁縣），阻擋北漢從黃澤關東出。黃澤關，在磁州西北黃澤嶺上。❺籍民財　登記百姓財產。籍，登記。❻邊鎬　昇州（今江蘇南京）人，伐閩、楚有功，官武安軍節度使。後因輕敵，復喪楚地。削官，流放饒州。周師犯南唐，被元宗起用為大將。失利被俘，後放歸，元宗置而不用。❼袁州　州名，治所在今江西宜春。❽謝彥顒　《考異》引《湖湘故事》作「謝彥敘」，引《三楚新錄》作「謝延澤」，《通鑑》從《十國紀年》。❾首面　美男子。首，髮美。面，貌美。❿肩隨　與人並行而略後，以示敬意。據《禮記・曲禮》：「年長以倍，則父事之；十年以長，則兄事之；五年以長，則肩隨之。」⓫拊其背　輕拍他的肩背。表示輩分相同，關係十分親近。⓬銜之　對謝彥顒懷恨在心。⓭預坐　坐在一起。預，參與。⓮王逵　武陵（今湖南常德）人，楚將。因不滿馬氏繁重勞役，反，據朗州，奉馬殷孫馬光惠為節度使。不久投後周，授武平軍節度使，兼中書令。終為潘叔嗣殺。⓯周行逢　武陵（今湖南常德）人，楚將。殺潘叔嗣，任武平軍節度使。約束簡，執法嚴，收賦稅，雖家人不免。⓰壬申旦　三月十一日早晨。⓱柯　斧柄。⓲梃　棍棒。⓳癸酉　三月十二日。⓴逵等黜留後馬光贊　上年馬希萼以子光贊鎮朗州。㉑光惠　即馬光惠，馬希萼兄希振子。性愚懦，嗜酒廢事。不久被罷黜，同皇族一起送往金陵。㉒希振　即馬希振，武穆王嫡長子。官武順節度使。工詩句，耽吟詠。庶弟馬希聲因母寵被立後，棄官為道士。㉓張倣　楚將。王逵擁立馬光惠，倣任武平節度副使。與何敬真為姻戚，何被殺，王逵疑倣，乘其醉殺之。㉔丙子　三月十五日。

【校記】①圖　原作「謀」。據章鈺校，十二行本、乙十一行本、孔天胤本皆作「圖」，今據改。按，《通鑑紀事本末》作「圖」。②拊　原作「撫」。據章鈺校，十二行本、乙十一行本、孔天胤本皆作「拊」，胡三省注亦云「若拊背，則押之矣」，今據改。

【語譯】南唐任命楚王馬希萼為天策上將軍、武安・武平・靜江・寧遠節度使兼中書令、楚王，任命右僕射孫忌、客省使姚鳳為冊禮使。〇三月初五日丙寅，派遣前任淄州刺史陳思讓率兵戍衛磁州，扼守黃澤關的路口。

楚王馬希萼既然已經得志，想起很多舊時的仇怨，殺戮毫無節制。日夜縱酒荒淫，把軍府的事務全部交給馬希崇。馬希崇又多私心，政刑混亂。官府倉庫已被亂兵搶奪一空，只好登記收取百姓財產來賞賜士兵，有時封閉百姓家門而拿走財物，士兵還因為賞賜不均而怨恨。即使是朗州以前的將領和佐吏跟隨馬希萼一起來的，也都不高興，有背離的想法。劉光輔前往南唐進貢時，南唐主待他優厚。劉光輔祕密地告訴南唐主說：「湖南百姓疲憊，君主驕傲，可以奪取。」南唐主於是任命營屯都虞候邊鎬為信州刺史，率軍屯駐袁州，暗中謀劃進兵奪取湖南。

小門使謝彥顒，本是馬希萼的家奴，靠貌美有寵於馬希萼，以至於跟馬希萼的妻妾混坐，依仗恩寵而專橫。他常常並肩隨從馬希崇，有時還拍馬希崇的背，馬希崇對他懷恨在心。舊例，軍府飲宴，小門使拿著兵器站在門外。馬希萼讓謝彥顒坐在一起，有時候還坐在各位將領的上位，各位將領都感到恥辱。

馬希萼因為軍府的房舍焚毀一空，命令朗州靜江指揮使王逵、副指揮使周行逢率領所轄士兵一千多人進行修建。服役很苦，又沒有犒賞，士兵們都怨恨，私下說：「只有罪囚免除死刑才罰做苦工。我們跟隨大王九死一生奪取湖南，有什麼罪而被當做罪囚來役使我們！況且大王整天酣飲歌舞，哪裡知道我們的勞苦呢！」王逵、周行逢聽到了這些話，相互說：「大家的怨恨深了，不早作打算，災禍就會落到我們頭上。」三月十一日壬申早晨，王逵、周行逢率領他們的部眾，每人拿著長柄斧頭、白木棒，逃回朗州。當時馬希萼醉酒未醒，左右的人不敢報告。十二日癸酉，才向他報告。馬希萼派遣湖南指揮使唐師翥率領一千多人追趕他們，沒有追上，一直到達朗州。王逵等人趁他們疲乏，埋伏士兵，縱兵出擊，追兵死傷殆盡，唐師翥脫身逃回。

王逵等人廢黜朗州留後馬光贊，改用馬希萼哥哥的兒子馬光惠掌管朗州事務。馬光惠是馬希振的兒子。不久，擁奉馬光惠為節度使。王逵等人與何敬真以及諸軍指揮使張倣參與處理軍府政務。馬希萼把詳情報告給南唐，南唐主派遣使者利用豐厚的賞賜招撫勸諭王逵。王逵等人收下賞賜、放回他的使者、不回覆南唐主的詔令，南唐也不敢追問。

王彥超奏報攻克徐州，殺了鞏廷美等人。○北漢李詧到了契丹，契丹主派遣拽刺梅里回訪北漢。○三月十五日丙子，周太祖敕令：「朝廷與唐國本來沒有仇怨，挨著淮河的軍鎮，各自守衛疆域，不得放縱士兵、百姓擅自進入南唐境內。商旅往來，不得禁止。」

己卯❶，潞州送涉縣❷所獲北漢將卒二百六十餘人，各賜衫袴巾履遣還。○加吳越王弘俶諸道兵馬都元帥。

夏，四月壬辰朔❸，濱淮州鎮上言：「淮南飢民過淮糴穀，未敢禁止。」詔曰：「彼之生民，與此何異，宜令州縣津鋪❹無得禁止。」

蜀通奏使高延昭固辭知樞密院，丁未❺，以前雲安❻榷鹽使太原伊審徵❼為通奏使，知樞密院事。審徵，蜀高祖妹褒國公主之子也，少與蜀主相親狎，及知樞密，政之大小悉以咨之。審徵亦以經濟為己任，而貪侈回邪，與王昭遠相表裏，蜀政由是浸衰。

吳越王弘俶徙廢王弘倧居東府❽，為築宮室，治園圃，娛悅之，歲時供饋甚厚。

契丹主遣使如北漢，告以周使田敏來，約歲輸錢十萬緡。北漢主使鄭珙以厚賂謝契丹，自稱「姪皇帝致書於叔天授皇帝」，請行冊禮。

五月己巳❾，遣左金吾將軍姚漢英❿等使于契丹，契丹留之⓫。○辛未⓬，北漢禮部侍郎、同平章事鄭珙卒于契丹。○甲戌⓭，義武節度使孫方簡避皇考諱，更名方諫⓮。○定難節度⓯李彝殷遣使奉表于北漢。

【章旨】以上為第五段，寫後周和好南唐，不禁兩國邊民來往，蜀主荒怠政事，吳越王錢弘俶厚待前廢主錢弘倧。

【注釋】❶己卯　三月十八日。❷涉縣　縣名，縣治在今河北涉縣。❸壬辰朔　四月初一。❹津鋪　渡口和店鋪。❺丁未　四月十六日。❻雲安　舊縣名，縣治在今四川雲陽。縣東北三十里有雲陽場，產鹽，唐置雲安監。❼伊審徵　字中圖，太原（今山西太原）人，母為後蜀高祖孟知祥女崇華公主（一云褒國公主）。官寧江軍節度使，自以經略為己任，宋師入境，卻首奉降表，時人多竊笑。❽東府　吳越以越州為東府。❾己巳　五月初八日。❿姚漢英　後周將。出使契丹，用敵國禮，契丹主怒，將其扣留。直到孫姚景行顯貴，始出籍，世居興中（今遼寧朝陽）。⓫契丹留之　姚漢英出使契丹，契丹本應遣回。但因契丹與北漢關係深厚，所以扣留後周使者。⓬辛未　五月初十日。⓭甲戌　五月十三日。⓮孫方簡避皇考諱二句　周太祖郭威父郭簡，故孫方簡避其諱改名為方諫。皇考，宋代以前，一般尊稱亡父為皇考；元代以後，用為皇帝亡父的專稱。普通人亡父則只稱考。⓯定難節度　胡三省注云「節度」之下應有「使」字。按，節度使史籍中偶或略稱「節度」。

【語　譯】三月十八日己卯，潞州送來涉縣所抓獲的北漢將領以及士兵二百六十多人，朝廷送給每人衣衫、褲子、頭巾、鞋子，遣送回去。○加授吳越王錢弘俶為諸道兵馬都元帥。

夏，四月初一日壬辰，濱臨淮河的州鎮上奏說：「淮南的飢民渡過淮河買米，沒有敢禁止。」周太祖下詔說：「他們那邊的百姓，與我們這邊的有什麼區別，應該下令州縣的渡口、商家店鋪不得禁止。」

後蜀通奏使高延昭堅決推辭主持樞密院。四月十六日丁未，任命前任雲安榷鹽使太原人伊審徵為通奏使，主持樞密院事務。伊審徵是後蜀高祖的妹妹褒國公主的兒子，小時與後蜀主親近，等到他主持樞密院，大小政事後蜀主都諮詢他。伊審徵也以經國濟民為己任。但他貪婪奢侈，奸詐邪惡，與王昭遠互為表裡，後蜀政權因此逐漸衰敗。

吳越王錢弘俶把被廢黜的前王錢弘倧徙居東府，為他建造宮室，修治花園，使他快樂，四季供應饋贈很豐厚。

契丹主派遣使者前往北漢，告訴北漢後周使者田敏前來，約定每年送給契丹錢十萬緡。北漢主派遣鄭珙用豐厚的錢財答謝契丹，自稱「姪皇帝致書於叔父天授皇帝」，請求舉行冊封典禮。

五月初八日己巳，周太祖派遣左金吾將軍姚漢英等人出使契丹，契丹留下了他們。○初十日辛未，北漢禮部侍郎、同平章事鄭珙死在契丹。○十三日甲戌，義武節度使孫方簡避皇帝之父的名諱，改名為方諫。○定難節度使李彝殷派遣使者奉表於北漢。

六月辛亥❶，以樞密使、同平章事王峻為左僕射兼門下侍郎，樞密副使・兵部侍郎范質、戶部侍郎[1]・判三司李穀為中書侍郎，並同平章事，穀仍判三司。司徒兼侍中竇貞固、司空兼中書侍郎・同平章事蘇禹珪並罷守本官❷。癸丑❸，范質參知樞密院事。丁巳❹，以宣徽北院使翟光鄴兼樞密副使。

初，帝討河中，已為人望所屬。李穀時為轉運使，帝數以微言諷[2]之，穀但以人臣盡節為對，帝以是賢之。即位，首用為相。時國家新造，四方多故，王峻夙夜盡心，知無不為，軍旅之謀，多所裨益。范質明敏強記，謹守法度。李穀沈毅有器略，在帝前議論，辭氣忼慨，善譬諭以開主意。

武平節度使馬光惠，愚懦嗜酒，不能服諸將。王逵、周行逢、何敬真謀以辰州刺史盧陵❺劉言驍勇得蠻夷心，欲迎以為副使。言知逵等難制，曰：「不往，將攻我。」乃單騎赴之。既至，眾廢光惠，送于唐。推言權武平留後，表求旌節❻於唐，唐人未許。亦稱藩于周。

吳越王弘俶以前內外馬步都統軍使仁俊無罪❼，復其官爵。

契丹遣燕王述軋等冊命北漢主為大漢神武皇帝，妃為皇后。北漢主更名旻。

秋，七月，北漢主遣翰林學士博興衛融❽等詣契丹謝冊禮，且請兵❾。

八月壬戌❿，葬漢隱帝于潁陵⓫[3]。○義武節度使孫方諫入朝，壬子⓬，徙鎮國節度使，以其弟易州刺史行友⓭為義武留後。又徙建雄節度使王晏鎮徐州，以武寧節度使王彥超代之。○戊午⓮，追立故夫人柴氏為皇后。

九月，北漢主遣招討使李存瓌將兵自團柏入寇。契丹⑮欲引兵會之，與酋長議於九十九泉⑯。諸部皆不欲南寇，契丹主強之。癸亥⑰，行至新州之西[4]火神淀⑱，燕王述軋及偉王之子太寧王漚僧作亂，弒契丹主而立述軋。契丹主德光之子齊王[5]述律⑲逃入南山，諸部奉述律以攻述軋、漚僧，殺之，并其族黨。立述律為帝，改元應曆。自火神淀入幽州，遣使告于北漢。北漢主遣樞密直學士上黨王得中⑳如契丹，賀即位，復以叔父事之，請兵以擊晉州。

契丹主年少，好遊戲，不親國事。每夜酣飲，達旦乃寐，日中方起，國人謂之睡王。後更名明。

【章旨】以上為第六段，寫周太祖識人任賢，政治粗安，禮葬後漢隱帝。契丹主冊命劉崇為北漢皇帝，違眾南侵，為部屬所殺，述律繼任，是為遼國穆宗皇帝。

【注釋】❶辛亥　六月二十一日。❷並罷守本官　即解除竇貞固、蘇禹珪的宰相職務，竇貞固仍守司徒，蘇禹珪仍守司空等。❸癸丑　六月二十三日。❹丁巳　六月二十七日。❺廬陵　舊縣名，治所在今江西吉安。❻求旌節　請求節度使之職。旌節，即旌節，旌旗和符節，朝廷賜與節度使象徵權力的信物。❼仁俊無罪　吳越王弘佐聽信寵臣程昭悅誣告錢仁俊與闞璠、杜昭達謀反作亂，將他幽於東府，至此冤案始得昭雪。事見本書卷二百八十五齊王開運二年。❽衛融　字明遠，博興（今山東博興）人，仕北漢，官至中書侍郎、同平章事。為使盧贊與李筠和解，赴潞州，會筠失敗，被宋太祖擒。受辱不屈，後久留汴京，官司農卿。傳見《宋史》卷四百八十二。❾請兵　請兵用以攻打後周。❿壬戌　八月庚寅朔，無壬戌。壬戌，九月初三日。⓫潁陵　在許州陽翟縣，即今河南禹州。⓬壬子　八月二十二日。⓭行友　莫州清苑（今河北清苑）人，與其兄共尊奉狼山尼姑孫深意，收徒聚眾。又仕後漢、後周，官定州節度使。入宋，宋太祖焚尼師之屍，行友被削官歸私第。不久，起用為右監門衛大將軍。傳見《宋史》卷二百五十三。⑭戊午　八月二十九日。⑮契丹　據胡三省注，「契丹」之下應有「主」字。⑯九十九泉　據胡三省注引《魏土地記》，沮陽城（在今北京市昌平東南四十里）東八十里有牧牛山，山下有九十九泉。⑰癸亥　九月初四日。⑱新州之西火神淀　新州，州名，治所在今河北涿鹿。火神淀，新州西郊地名。⑲德光之子齊王述律　述律，遼太宗耶律德光長子耶律璟。即位後嗜酒無度，濫用刑罰，朝政荒廢，被近侍所殺。西元九五一—九六九年在位。廟號穆宗。傳見《新五代史》卷七十三、《遼史》卷六。⑳王得中　上黨（今山西長治）人，仕北漢劉崇，官樞密直學士。後出使遼求救兵，被周世宗俘獲殺死。

【校　記】①戶部侍郎　原無此四字。據章鈺校，十二行本、乙十一行本、孔天胤本皆有此四字，張敦仁《通鑑刊本識誤》、張瑛《通鑑校勘記》同，今據補。②諷　原作「動」。據章鈺校，十二行本、乙十一行本、孔天胤本皆作「諷」，張敦仁《通鑑刊本識誤》同，今據改。③潁陵　原作「穎陵」。據章鈺校，乙十一行本、孔天胤本皆作「潁陵」，今據改。按，《舊五代史・漢書・隱帝紀》作「潁陵」。④西　原無此字。據章鈺校，十二行本、乙十一行本、孔天胤本皆有此字，張敦仁《通鑑刊本識誤》同，今據補。⑤齊王　原無此二字。據章鈺校，十二行本、乙十一行本、孔天胤本皆有此二字，張敦仁《通鑑刊本識誤》同，今據補。

【語　譯】六月二十一日辛亥，皇帝任命樞密使、同平章事王峻為左僕射兼門下侍郎，樞密副使・兵部侍郎范質、戶部侍郎・判三司李穀為中書侍郎，都為同平章事，李穀仍兼領三司。司徒兼侍中竇貞固、司空兼中書侍郎・同平章事蘇禹珪，都罷免宰相職務，只擔任原來的職務。二十三日癸丑，范質參與主持樞密院的事務。二十七日丁巳，任命宣徽北院使翟光鄴兼任樞密副使。

當初，周太祖征討河中，已為眾望所歸。李穀當時為轉運使，周太祖一再利用委婉的言語勸告他，李穀只是用人臣應該盡節作答，周太祖因此認為他賢德。即位後，首先任用他為宰相。當時國家初建，四方多事，王峻日夜盡心，知道的事沒有不去做的，軍事上的謀劃，多所補益。范質精明敏捷，記憶力很強，謹守法度。李穀沉著堅毅，有度量，有膽略，在周太祖面前討論政事，言辭慷慨，善於譬喻，藉以啟發周太祖的思想。

武平節度使馬光惠，愚昧懦弱，嗜好飲酒，不能折服眾將。王逵、周行逢、何敬真商議，認為辰州刺史廬陵人劉言勇猛，很得蠻夷的人心，打算迎接他擔任節度副使。劉言知道王逵等人難以控制，說：「不前往，他們將會攻打我。」於是單人獨騎前去朗州。到了朗州後，眾將廢黜馬光惠，把他送給南唐。推舉劉言代理武平留後，上表向南唐請求頒賜旌旗和符節，南唐沒有同意。劉言也稱臣於後周。

吳越王錢弘俶因為前任內外馬步都統軍使錢仁俊無罪，恢復他的官爵。

契丹派遣燕王述軋等人冊封北漢主為大漢神武皇帝，妃子為皇后。北漢主改名為劉旻。

秋，七月，北漢主派遣翰林學士博興人衛融等人前往契丹，答謝冊封禮，並且請求出兵。

八月壬戌日，把後漢隱帝安葬在潁陵。○義武節度使孫方諫入朝。二十三日壬子，徙任孫方諫為鎮國節度使，任命他的弟弟易州刺史孫行友擔任義武留後。又徙任建雄節度使王晏鎮守徐州，任命武寧節度使王彥超代替他。○二十九日戊午，周太祖追立已故的夫人柴氏為皇后。

九月，北漢主派遣招討使李存瓌領兵從團柏入侵。契丹主打算帶兵同他會合，與酋長們在九十九泉商議。各部都不想南侵，契丹主強迫他們。初四日癸亥，契丹軍隊行至新州西部的火神淀，燕王述軋和偉王的兒子太寧王漚僧作亂，殺了契丹主而擁立述軋。契丹主德光的兒子齊王述律逃進南山，各部擁戴述律來進攻述軋、漚僧，殺死了他們，吞併他們的宗族和黨羽。擁立述律為帝，改元應曆。從火神淀進入幽州，派遣使者告訴北漢。北漢主派遣樞密直學士上黨人王得中前往契丹，祝賀述律即位，又把契丹主當叔父來侍奉，請求契丹出兵攻打晉州。

契丹主年少，喜歡遊戲，不親身國事。每夜暢飲，到天亮才睡，中午才起床，國人稱他為睡王。後來改名為明。

壬申❶，蜀以吏部尚書、御史中丞范仁恕❷為中書侍郎兼吏部尚書、同平章事。

楚王希萼既克長沙，不賞許可瓊，疑可瓊怨望，出為蒙州❸刺史。遣馬步都指揮使徐威、左右軍馬步使陳敬遷、水軍都指揮使魯公綰、牙內侍衛指揮使陸孟俊帥部兵立寨于城西北隅，以備朗兵，不存撫役者，將卒皆怨怒，謀作亂。希崇知其謀，戊寅❹，希萼宴將吏，徐威等不預，希崇亦辭疾不至。威等使人先驅踶齧馬❺十餘入府，自帥其徒執斧斤、白梃，聲言縶馬❻，奄❼至座上，縱橫擊人，顛踣❽滿地。希萼踰垣走，威等執囚之。執謝彥顒，自頂及踵剉❾之。立希崇為武安留後，縱兵大掠。幽希萼於衡山縣❿。

劉言聞希崇立，遣兵趣潭州，聲言討其篡奪之罪。壬午⓫，軍于益陽⓬之西。希崇懼，癸未⓭，發兵二千拒之。又遣使如朗州求和，請為鄰藩。掌書記桂林李觀象⓮說言曰：「希萼舊將佐猶在長沙，此必不欲與公為鄰。不若先檄希崇取其首，然後圖湖南，可兼有也。」言從之。希崇畏言，即斷都軍判官楊仲敏、掌書記劉光輔、牙內指揮使魏師進、都押牙黃勍等十餘人首，遣前辰陽縣⓯令李翊齎送朗州。至則腐敗，言與王逵等皆以為非仲敏等首，怒責翊，翊惶恐自殺。希崇既襲位，亦縱酒荒淫，為政不公，語多矯妄，國人不附。

初，馬希萼入長沙，彭師暠雖免死，猶杖背黜為民。希崇以為師暠必怨之，使送希萼于衡山，實欲師暠殺之。師暠曰：「欲使我為弒君之人乎！」奉事逾謹。丙戌⑯，至衡山，衡山指揮使廖偃⑰，匡圖⑱之子也，與其季父節度巡官⑲匡凝謀曰：「吾家世受馬氏恩，今希萼長而被黜，必不免禍，盍相與輔之！」於是帥莊戶⑳及鄉人悉為兵，與師暠共立希萼為衡山王，以縣為行府㉑。斷江㉒為柵，編竹為戰艦，以師暠為武清節度使㉓，召募徒眾，數日，至萬餘人，州縣多應之。遣判官劉虛己求援于唐。

徐威等見希崇所為，知必無成，又畏朗州、衡山之逼，恐一朝喪敗，俱及禍，欲殺希崇以自解。希崇微覺之，大懼，密遣客將范守牧奉表請兵于唐，唐主命邊鎬自袁州將兵萬人西趣長沙。

冬，十月辛卯㉔，潞州巡檢陳思讓敗北漢兵於虒亭㉕。

唐邊鎬引兵入醴陵㉖。癸巳㉗，楚王希崇遣使犒軍。壬寅㉘，遣天策府學士拓跋恆奉牋詣鎬請降。恆歎曰：「吾久不死，乃為小兒送降狀！」癸卯㉙，希崇帥弟姪迎鎬，望塵而拜，鎬下馬稱詔勞之。甲辰㉚，希崇等從鎬入城，鎬舍於瀏陽門樓，湖南將吏畢賀，鎬皆厚賜之。時湖南饑饉，鎬大發馬氏倉粟賑之，楚人大悅。

【章旨】以上為第七段，寫楚國內亂未已，南唐乘勢奪取。

【注釋】❶壬申 九月十三日。❷范仁恕 後蜀宰相。時逢成都水災，禱於青羊觀，卒。❸蒙州 州名，治所蒙山縣，在今廣西蒙山縣。❹戊寅 九月十九日。❺踶齧馬 踢人咬人的馬。❻縶馬 繫馬。❼奄 急遽；突然。❽顛踣 跌倒；仆倒。❾剉 鍘碎。❿衡山縣 縣名，縣治在今湖南衡山縣。⓫壬午 九月二十三日。⓬益陽 縣名，縣治在今湖南益陽。⓭癸未 九月二十四日。⓮李觀象 桂州臨桂（今廣西臨桂）人，初仕劉言，後仕周行逢。行逢死，勸其子保權降宋，深受宋太祖嘉獎，擢為左補闕。傳見《宋史》卷四百八十三。⓯辰陽縣 舊縣名，縣治在今湖南辰溪縣西南。⓰丙戌 九月二十七日。⓱廖偃 一名仁勇。仕馬氏，官至裨將，戍衡山縣。與彭師暠擁立馬希萼為衡山王，並護送至金陵，唐主授為萊州刺史。後部下叛亂被殺。⓲匡圖 即廖匡圖，廖偃父。仕楚為江南觀察判官、天策府學士。⓳節度巡官 節度使屬官，位在判官、推官之下。觀察使、團練使、防禦使之下亦設巡官。⓴莊戶 唐代以來地主田莊中的佃農和雇農稱莊客，其家庭稱莊戶。除耕種外，還要服勞役，保衛田莊。㉑行府 臨時的軍府。㉒江 謂湘江。㉓武清節度使 為廖偃等人所自設。㉔辛卯 十月初三日。㉕虒亭 即今山西襄垣西虒亭。㉖醴陵 縣名，縣治在今湖南醴陵。㉗癸巳 十月初五日。㉘壬寅 十月十四日。㉙癸卯 十月十五日。㉚甲辰 十月十六日。

【語譯】九月十三日壬申，後蜀任命吏部尚書、御史中丞范仁恕為中書侍郎兼吏部尚書、同平章事。

楚王馬希萼攻下長沙以後，不賞賜許可瓊，懷疑許可瓊會怨恨，把他調出擔任蒙州刺史。派遣馬步都指揮使徐威、左右軍馬步使陳敬遷、水軍都指揮使魯公綰、牙內侍衛指揮使陸孟俊率領所轄軍隊在城西北設立營寨，用來防備朗州軍隊。馬希萼不體恤安撫這些服役的將士，將士們都生氣埋怨，謀劃作亂。馬希崇知道了他們的謀劃，九月十九日戊寅，馬希萼宴請將領和官吏，徐威等人沒有參加，馬希崇也說有病推辭，沒有到來。徐威等派人先驅趕十幾匹踢人咬人的馬進入府內，自己率領部眾手拿斧頭、白木棒，聲稱繫馬，突然來到席位上，四處打人，跌倒的人滿地都是。馬希萼翻牆逃跑，徐威等人把他抓住囚禁起來。抓到謝彥顒，從頭到腳把他鍘成碎塊。立馬希崇為武安留後，放任士兵大肆搶劫。把馬希萼幽禁在衡山縣。

劉言聽說馬希崇立為武安留後，派兵奔赴潭州，聲言討伐馬希崇篡位奪權的罪行。九月二十三日壬午，駐紮在益陽的西面。馬希崇懼怕，二十四日癸未，派兵二千人抵抗劉言。又派遣使者前往朗州求和，請求做劉言的友好鄰鎮。掌書記桂林人李觀象勸劉言說：「馬希萼的原來的將領和僚屬還在長沙，這些人一定不願與您為鄰。不如先傳送文告給馬希崇，取了這些人的首級，然後謀取湖南，可以兼併佔有它。」劉言聽從了他的建議。馬希崇畏懼劉言，立即砍了都軍判官楊仲敏、掌書記劉光輔、牙內指揮使魏師進、都押牙黃勍等十幾個人的頭，派遣前任辰陽縣令李翊帶著送到朗州。到朗州時人頭已經腐爛，劉言與王逵等人都認為不是楊仲敏等人的首級，憤怒地斥責李翊，李翊惶恐自殺。馬希崇繼位後，也是縱酒荒淫，處理政事不公正，言語大多虛假狂妄，國人不附。

當初，馬希萼進入長沙，彭師暠雖然免於一死，還是背上受杖刑，廢黜為民。馬希崇認為彭師暠一定怨恨馬希萼，派彭師暠把馬希萼送到衡山，實際上打算讓彭師暠殺掉他。彭師暠說：「想要讓我做弒國君的人嗎！」他侍奉馬希萼更加恭謹。九月二十七日丙戌，馬希萼到達衡山，衡山指揮使廖偃是廖匡圖的兒子，和他的叔父節度巡官廖匡凝商議說：「我們家世代蒙受馬氏的恩德，現在馬希萼年長而被廢黜，一定免不了災禍，我們何不一起輔佐他！」於是率領莊戶以及鄉里百姓，把他們全部組織成軍隊，和彭師暠共同擁立馬希萼為衡山王，以縣衙為臨時王府。設置柵欄，阻斷湘江，用竹子編造戰艦，任命彭師暠擔任武清節度使，召募部眾，數日之間，部眾達一萬多人，很多州縣響應他們。派遣判官劉虛己向南唐求救。

徐威等人看到馬希崇的所作所為，知道一定不會成功，又畏懼朗州、衡山的壓力，擔心一旦馬希崇敗亡，一起遭受禍亂，打算殺掉馬希崇來自我解脫。馬希崇稍有覺察，大為恐懼，祕密派遣將領范守牧奉表向南唐請求援兵。南唐主命令邊鎬率領一萬名士兵從袁州西赴長沙。

冬，十月初三日辛卯，潞州巡檢陳思讓在虒亭打敗北漢軍隊。

南唐邊鎬率軍進入醴陵。十月初五日癸巳，楚王馬希崇派遣使者犒勞軍隊。十四日壬寅，派遣天策府學士拓跋恆奉表前往邊鎬那裡請求投降。拓跋恆歎息說：「我長期不死，竟為這個小子送投降書！」十五日癸卯，馬希崇率領弟弟姪兒們迎接邊鎬，望著大軍風塵下拜。邊鎬下馬宣讀詔書，慰勞他們。十六日甲辰，馬希崇等人隨從邊鎬進城。邊鎬住在瀏陽門樓，湖南的將領和官吏全部來道賀，邊鎬全都重賞他們。當時湖南鬧饑荒，邊鎬大量散發馬氏倉庫裡的粟米賑濟百姓，楚人大為高興。

契丹遣彰國節度使蕭禹厥將奚、契丹五萬會北漢兵入寇。北漢主自將兵二萬自陰地關寇晉州，丁未❶，軍于城北，三面置寨，晝夜攻之，遊兵至絳州。時王晏已離鎮，王彥超未至，巡檢使王萬敢權知晉州，與龍捷都指揮使❷史彥超❸、虎捷指揮使何徽共拒之。史彥超，雲州人也。

癸丑❹，唐武昌❺節度使劉仁贍❻帥戰艦二百取岳州，撫納降附，人忘其亡。仁贍，金❼之子也。唐百官共賀湖南平，起居郎❽高遠曰：「我乘楚亂，取之甚易。觀諸將之才，但恐守之難耳！」遠，幽州人也。司徒致仕李建勳曰：「禍其始於此乎！」

唐主自即位以來，未嘗親祠郊廟，禮官以為請。唐主曰：「俟天下一家，然後告謝。」及一舉取楚，謂諸國指麾❾可定。魏岑侍宴言：「臣少遊元城❿，樂其風土，俟陛下定中原，乞魏博⓫節度使。」唐主許之，岑趨下拜謝。其主驕臣佞如此。

馬希萼望唐人立己為潭帥，而潭人惡希萼，共請邊鎬為帥，唐主乃以鎬為武安節度使。

王峻有故人曰申師厚，嘗為兗州牙將，失職飢寒，望峻馬拜謁於道。會涼州[12]留後折逋[13]嘉施上表請帥於朝廷，帝以絕域非人所欲，募率府供奉官[14]願行者。月餘，無人應募，峻薦師厚於帝。丁巳[15]，以師厚為河西[16]節度使。

唐邊鎬趣馬希崇帥其族入朝，馬氏聚族相泣，欲重賂鎬，奏乞留居長沙。鎬微哂曰：「國家[17]與公家世為仇敵，殆六十年[18]，然未嘗敢有意窺公之國。今公兄弟鬬鬩[19]，困窮自歸，若復二三[20]，恐有不測之憂。」希崇無以應，十一月辛酉[21]，與宗族及將佐千餘人號慟登舟，送者皆哭，響振川谷。

帝以北漢、契丹之兵猶在晉州，甲子[22]，以王峻為行營都部署[23]，將兵救之。詔諸軍皆受峻節度，聽以便宜從事，得自選擇將吏。乙丑[24]，峻行，帝自至城西[25]餞之。

楚靜江節度副使、知桂州馬希隱[26]，武穆王殷之少子也。楚王希廣、希萼兄弟爭國，南漢主以內侍吳懷恩為西北招討使，將兵屯境上，伺間密謀進取，希廣遣指揮使彭彥暉將兵屯龍峒㉗以備之。希萼自衡山遣使以彥暉為桂州都監、在城外內巡檢使、判軍府事，希隱惡之，潛遣人告蒙州刺史許可瓊。可瓊方畏南漢之逼，即棄蒙州，引兵趣桂州，與彥暉戰於城中。彥暉敗，奔衡山，可瓊留屯桂州。吳懷恩據蒙州，進兵侵掠，桂管㉘大擾，希隱、可瓊不知所為，但相與飲酒對泣。

南漢主遺希隱書，言：「武穆王奄有全楚，富彊安靖五十餘年㉙。正由三十五舅、三十舅㉚兄弟尋戈㉛，自相魚肉，舉先人基業，北面仇讎㉜。今聞唐兵已據長沙，竊計桂林繼為所取。當朝世為與國，重以婚姻，覩茲傾危，忍不赴救！已發大軍水陸俱進，當令相公舅永擁節旄，常居方面㉝。」希隱得書，與僚佐議降之，支使㉞潘玄珪以為不可。丙寅㉟，吳懷恩引兵奄至城下，希隱、可瓊帥其眾夜斬關奔全州㊱，桂州遂潰。懷恩因以兵略定宜、連、梧、嚴、富、昭、柳、象、龔[1]等州㊲，南漢始盡有嶺南㊳之地。

辛未㊴，唐邊鎬遣先鋒指揮使李承戩將兵如衡山，趣馬希萼入朝。庚辰㊵，希萼與將佐士卒萬餘人自潭州東下。

【章旨】以上為第八段，寫北漢主引援契丹，再次南下攻後周晉州。南漢乘勢奪取楚國嶺南之地。

【注　釋】❶丁未　十月十九日。❷龍捷都指揮使　廣順元年（西元九五一年）改侍衛馬步軍名稱，馬軍舊稱護聖，改為龍捷；步軍舊稱奉國，改為虎捷。❸史彥超　雲州（治所定襄，在今山西大同）人，勇敢驍捷。仕後周，官至感德軍節度使。後與契丹戰，陣亡。傳見《舊五代史》卷一百二十四、《新五代史》卷三十三。❹癸丑　十月二十五日。❺武昌　方鎮名，唐元和元年（西元八〇六年）置（後多次罷、立），治所鄂州，在今湖北武漢。❻劉仁贍　字守惠，彭城（今江蘇徐州）人，官至南唐清淮軍節度使，鎮壽州。周世宗伐南唐，堅守壽州，雖病重扛不投降，其子請降，立斬。傳見《舊五代史》卷一百二十九、《新五代史》卷三十二。❼金　劉仁贍父，事吳楊行密，任濠、滁二州刺史。傳同上。❽起居郎　官名，門下省設起居郎、起居舍人，分記皇帝的言行，修起居注。❾指麾　同「指揮」。本指手的動作，引申為發令調遣。❿元城　縣名，縣治在今河北大名。⓫魏博　方鎮名，唐廣德元年（西元七六三年）置，為河北三鎮之一。治所魏州，在今河北大名東北。⓬涼州　州名，治所在今甘肅武威。⓭折逋　本為羌族名，因以為姓。⓮率府供奉官　即在率府供職的官吏。率府，官署名，唐代有十率府，即左右衛率、左右司御率、左右清道率、左右監門率、左右內率，均為太子屬官，掌東宮兵仗、儀衛及門禁、徼巡、斥候等事。⓯丁巳　十月二十九日。⓰河西　方鎮名，唐景雲元年（西元七一〇年）置。治所涼州，在今甘肅武威。⓱國家　指南唐君主。⓲殆六十年　幾乎六十年。唐僖宗中和三年（西元八八三年），馬殷從孫儒攻楊行密，昭宗乾寧三年（西元八九六年）得湖南，自此與江淮為敵國。到後周廣順元年為五十六年，故云殆六十年。⓳鬭鬩　兄弟爭鬥。鬩，相爭。⓴若復二三　如果再三心二意。㉑辛酉　十一月初三日。㉒甲子　十一月初六日。㉓行營都部署　大軍出征時設置的最高行營統帥。㉔乙丑　十一月初七日。㉕城西　大梁城西。㉖馬希隱　武穆王馬殷少子。南漢中宗劉晟乘馬氏兄弟內鬩，發兵佔蒙州，侵管桂，希隱遂奔全州。後入南唐，不久又歸周，授節度行軍司馬。㉗龍峒　地名，在廣西桂林南南溪山西南的半山上。㉘桂管　方鎮名，唐景雲元年（西元七一〇年）置桂管經略使，治所桂州，在今廣西桂林。㉙富疆安靖五十餘年　自光化元年（西元八九八年）馬殷任武安軍節度使領有潭、衡等七州，至開運四年（西元九四七年）馬希範卒，楚約安定整五十年。㉚三十五舅三十舅　三十五舅，指馬希廣。三十舅，指馬希萼。南漢主劉龑曾娶馬殷女馬氏為皇后，故稱希廣等為舅。㉛尋戈　日尋干戈。尋，用。㉜北面仇讎　向仇人（指南唐）稱臣。北面，面朝北，臣子拜君面朝北。㉝方面　一方；一方的軍政事務。後稱總督、巡撫等為方面官。㉞支使　官名，唐代節度使、采訪使、觀察使屬官皆有支使，位在副判官之下。掌分使出入、表箋書翰。㉟丙寅　十一月初八日。㊱全州　州名，治所清湘縣，在今廣西全州。㊲宜連梧嚴富昭柳象龔等州　諸州均在今廣西境內，南漢領地。宜州治所龍水，在今廣西宜州。連州治所桂陽，在今廣東連州。梧州治所蒼梧，在今廣西梧州。嚴州治所嚴州，在今廣西來賓。富州治所富州，在今廣西昭平。昭州治所昭州，在今廣西平樂。柳州治所馬平，在今廣西柳州。象州治所陽壽，在今廣西象州。龔州治所在今廣西平南縣。㊳嶺南　地區名，即嶺表、嶺外，指五嶺以南地區。㊴辛未　十一月十三日。㊵庚辰　十一月二十二日。

【校　記】①象龔　原作「龔象」。據章鈺校，乙十一行本、孔天胤本兩字皆互乙，今據改。按，《十國春秋・吳懷恩傳》列敘各州，亦作「象龔」。

【語　譯】契丹派遣彰國節度使蕭禹厥率領奚族和契丹兵五萬人，會合北漢軍隊入侵。北漢主親自率領兩萬人從陰地關侵犯晉州。十月十九日丁未，駐軍城北，在城的三面設置營寨，日夜攻城，遊兵到達絳州。當時王晏已經離開藩鎮，王彥超又還沒有到來，巡檢使王萬敢暫時代理晉州政務，與龍捷都指揮使史彥超、虎捷指揮使何徽共同抵抗北漢軍隊。史彥超，是雲州人。

十月二十五日癸丑，南唐武昌節度使劉仁贍率領二百艘戰艦攻取了岳州，接納並安撫投降歸順的人，楚人竟然忘記了他們的國家滅亡了。劉仁贍，是劉金的兒子。南唐百官共同慶賀平定湖南，起居郎高遠說：「我們乘楚國內亂，很容易奪取它。觀察各位將領的才能，只怕難以守住！」高遠，是幽州人。以司徒官銜退休的李建勳說：「災禍大概就要從這裡開始了吧！」

南唐主從即位以來，未曾親自祭祀過天地宗廟，禮官就此事向他請示。南唐主說：「等到天下成為一家，然後感謝天地祖宗。」等到這次一舉奪取楚國之後，南唐主認為其他各國指揮可定。魏岑陪侍南唐主飲宴時說：「臣小時候遊覽元城，喜歡那裡的風土人情。等到陛下平定中原，請讓我做魏博節度使。」南唐主答應了他，魏岑趕快下拜稱謝。南唐君主的驕傲，臣子的諂佞就是這樣。

馬希萼希望南唐人立自己為潭州的主帥，而潭州人厭惡馬希萼，共同請求邊鎬擔任主帥，南唐主於是任命邊鎬為武安節度使。

王峻有個舊相識叫申師厚，曾經做過兗州牙將，失去了職務，飢寒交迫，看見王峻的馬，在道路上下拜謁見。適逢涼州留後折逋嘉施上表朝廷請求任命主帥，周太祖認為那個地方太偏遠，沒有人願意去，便在東宮率府的供奉官中招募願意去的人。一個多月，無人應募，王峻就向周太祖推薦申師厚。十月二十九日丁巳，任命申師厚為河西節度使。

南唐邊鎬催促馬希崇率領他的族人入朝，馬氏族人聚在一起相對哭泣，打算重重地賄賂邊鎬，上奏請求留在長沙居住。邊鎬微微地笑了笑說：「國家跟你們家世代為仇敵，幾乎六十年了，然而未曾有意窺視你們的國家。現在你們兄弟互相爭鬥，沒有出路了自動歸降，如果又三心二意，恐怕有無法預測的憂患。」馬希崇無話可答。十一月初三日辛酉，馬希崇與宗族以及將帥佐吏一千多人號啕痛哭，上了船，送行的人全都哭泣，哭聲震動江河山谷。

周太祖因為北漢、契丹的軍隊還在晉州，十一月初六日甲子，任命王峻為行營都部署，率兵救援晉州。詔命各軍都受王峻調度，聽任他隨機處理事情，可以自行選擇將領和官吏。初七日乙丑，王峻上路，周太祖親自到大梁城西為他餞行。

楚國靜江節度副使、知桂州馬希隱，是武穆王馬殷的小兒子。楚王馬希廣、馬希萼兄弟爭奪王位時，南漢主任命內侍吳懷恩為西北招討使，率軍屯駐邊境，密謀伺機進兵攻取楚國，馬希廣派遣指揮使彭彥暉率兵駐守龍峒來防備他。馬希萼從衡山派使者任命彭彥暉為桂州都監、在城外內巡檢使、判軍府事，馬希隱痛恨彭彥暉，暗中派人告訴蒙州刺史許可瓊。許可瓊正怕南漢相逼，立刻放棄蒙州，帶兵奔赴桂州，與彭彥暉在城中交戰。彭彥暉戰敗，逃往衡山，許可瓊留駐桂州。吳懷恩佔據蒙州，進兵侵掠，大肆騷擾桂管。馬希隱、許可瓊不知道怎麼辦，只是在一起喝酒，相對哭泣。

南漢主給馬希隱寫信，說：「武穆王擁有整個楚國，富強安寧五十多年。正是由於三十五舅馬希廣和三十舅馬希萼兄弟日尋干戈，自相殘殺，利用先人的基業，向仇人北面稱臣。如今聽說南唐的軍隊已經據有長沙，我私下估計桂林也會相繼被南唐奪取。本朝與你們世代都是友好的國家，加上婚姻關係，看到這種傾危的局面，豈能忍心不去救援！已經調發大軍水陸並進，當讓你永遠擁有實權，長久佔據一方。」馬希隱得到書信，與僚屬商議投降南漢。支使潘玄珪認為不可。十一月初八日丙寅，吳懷恩率軍突然到達城下，馬希隱、許可瓊率領他們的部眾，晚上破關口奔赴全州，桂州便崩潰了。吳懷恩乘機率兵平定宜州、連州、梧州、嚴州、富州、昭州、柳州、象州、龔州等地，南漢才全部佔有了嶺南之地。

十一月十三日辛未，南唐邊鎬派遣先鋒指揮使李承戩率軍前往衡山，催促馬希萼入朝。二十二日庚辰，馬希萼和將帥僚屬士兵一萬多人從潭州東下。

王峻留陝州旬日❶，帝以北漢攻晉州急，憂其不守，議自將由澤州路與峻會兵救之，且遣使諭峻。十二月戊子朔❷，下詔以三日西征。使者至陝，峻因使者言於帝曰：「晉州城堅，未易可拔，劉崇兵鋒方銳，不可力爭。所以駐兵，待其氣衰耳，非臣怯也。陛下新即位，不宜輕動。若車駕出汜水❸，則慕容彥超引兵入汴，大事去矣！」帝聞之，自以手提耳曰：「幾敗吾事！」庚寅❹，敕罷親征。

初，泰寧節度使兼中書令慕容彥超聞徐州平，疑懼愈甚。乃招納亡命，畜聚薪糧，潛以書結北漢，吏獲其書以聞。又遣人詐為商人求援於唐。帝遣通事舍人鄭好謙就申慰諭，與之為誓。彥超益不自安，屢遣都押牙鄭麟詣闕，偽輸誠款❺，實覘機事❻。又獻天平節度使高行周書，其言皆謗毀朝廷與彥超相結之意，帝笑曰：「此彥超之詐也！」以書示行周，行周上表謝恩。既而彥超反跡益露，丙申❼，遣閤門使張凝將兵赴鄆州巡檢以備之。

庚子❽，王峻至絳州。乙巳❾，引兵趣晉州。晉州南有蒙阬❿，最為險要，峻憂北漢兵據之。是日，聞前鋒已度蒙阬，喜曰：「吾事濟矣！」○慕容彥超奏請入朝，帝知其詐，即許之。既而復稱境內多盜，未敢離鎮。

北漢主攻晉州，久不克⓫。會大雪，民相聚保山寨，野無所掠，軍乏食。契丹思歸，聞王峻至蒙阬，燒營夜遁。峻入晉州，諸將請亟追之，峻猶豫未決。明日，乃遣行營馬軍都指揮使仇弘超、都排陳使藥元福⓬、左廂排陳使陳思讓、康延沼⓭將騎兵追之。及於霍邑⓮，縱兵奮擊，北漢兵墜崖谷死者甚眾。霍邑道隘，延沼畏懦不急追，由是北漢兵得度。藥元福曰：「劉崇悉發其眾，挾胡騎而來，志吞晉、絳。今氣衰力憊，狼狽而遁，不乘此翦撲⓯，必為後患。」諸將不欲進，王峻復遣使止之，遂還。契丹比至晉陽，士馬什喪三四。蕭禹厥恥無功，釘大酋長一人於市，旬餘而斬之。北漢主始息意於進取。北漢土瘠民貧，內供軍國，外奉契丹，賦繁役重，民不聊生，逃入周境者甚眾。

【章旨】以上為第九段，寫泰寧節度使慕容彥超蓄謀反叛，北漢主與契丹兵敗晉州。北漢人民內供軍國，外奉契丹，苦不堪言。

【注釋】❶旬日　十天。十日為旬。❷戊子朔　十二月初一日。❸汜水　舊縣名，縣治在今河南滎陽。❹庚寅　十二月初三日。❺偽輸誠款　假裝傳達誠意。❻實覘機事　實際是探察機密事。❼丙申　十二月初九日。❽庚子　十二月十三日。❾乙巳　十二月十八日。❿蒙阬　在今山西襄汾、曲沃二縣之間汾河以東。當時蒙阬東西三百餘里，路逕不通，頗為險要。⓫久不克　北漢主本年十月庚子攻打晉州，至此已有五十多天，所以說「久不克」。⓬藥元福　并州晉陽（今山西太原西南）人，五代驍將。曾大敗契丹、王景崇、慕容彥超、劉崇等，歷數鎮節度使。宋初，加檢校太師。傳見《宋史》卷二百五十四。⓭康延沼　歷仕後晉、後周。入宋，官懷州防禦使。傳見《宋史》卷二百五十五。⓮霍邑　縣名，縣治在今山西霍州。⓯翦撲　全部消滅。翦，盡；全。

【語　譯】王峻在陝州停留十天，周太祖因為北漢攻打晉州緊急，擔心晉州失守，商議親自率軍從澤州路與王峻會師救援晉州，並且派遣使者向王峻說明。十二月初一日戊子，周太祖下詔在三日西征。使者到達陝州，王峻通過使者告訴周太祖說：「晉州城池堅固，不容易攻下，劉崇正兵鋒銳利，不能和他以力相爭。臣之所以駐兵不進，是等待他們士氣衰落罷了，不是臣膽怯。陛下剛剛即位，不宜輕易行動。如果陛下從汜水出兵，那麼慕容彥超率軍進入大梁，大事就完了！」周太祖聽了這話，自己用手拉著耳朵說：「差點敗壞了我的大事！」初三日庚寅，敕命停止親征。

當初，泰寧節度使兼中書令慕容彥超聽說徐州被平定，疑慮恐懼更加厲害了。於是招收亡命之徒，積聚糧草，暗地用書信勾結北漢，官吏獲取他的書信後上報朝廷。慕容彥超又派人假扮成商人求援於南唐。周太祖派遣通事舍人鄭好謙前去表達勸諭的意思，和他立下誓約。慕容彥超內心更加不安，多次派遣都押牙鄭麟到京城，假裝傳達誠意，實際上是來打探機密。又獻上天平節度使高行周的書信，其中說的都是毀謗朝廷以及和慕容彥超相互勾結的話，周太祖笑著說：「這是慕容彥超的欺詐！」拿那些信給高行周看，高行周上表謝恩。不久慕容彥超反叛的跡象更加暴露，十二月初九日丙申，皇帝派遣閤門使張凝率兵前往鄆州巡視，藉以防備慕容彥超。

十二月十三日庚子，王峻到達絳州。十八日乙巳，帶兵奔赴晉州。晉州南面有蒙阬，最為險要，王峻擔心北漢兵佔據它。這天，聽說先鋒部隊已經過了蒙阬，高興地說：「我的事情成功了！」〇慕容彥超上奏請求入朝，周太祖知道是欺詐，當即答應了他。不久慕容彥超又說境內盜賊多，不敢離開鎮所。

北漢主攻打晉州，很長時間不能攻克。適逢下大雪，百姓聚在一起保護山寨，野外沒有可掠奪的，軍中缺乏糧食。契丹軍隊想回去，聽說王峻到達蒙阬，就焚燒營寨，夜裡逃走了。王峻進入晉州，眾將請求趕快追擊契丹軍隊，王峻猶豫不決。第二天，才派遣行營馬軍都指揮使仇弘超，都排陳使藥元福，左廂排陳使陳思讓、康延沼率領騎兵追趕契丹軍隊。在霍邑追上了，縱兵奮擊，北漢兵墜落懸崖深谷死去的很多。霍邑道路狹窄，康延沼怯懦不敢緊追，因此北漢軍隊得以渡河。藥元福說：「劉崇全部調發他的部隊，挾持胡人騎兵前來，志在吞併晉州和絳州。現在氣衰力疲，狼狽逃走，不趁此時消滅他，一定會成為後患。」眾將不想進軍，王峻又派使者去阻止，於是返回。等到契丹快到晉陽，士卒、戰馬損失十分之三四。蕭禹厥恥於沒有功勞，把一名大酋長釘在街市上，十多天後斬殺了他。北漢主開始打消南下進攻的念頭。北漢土地貧瘠，民眾貧窮，對內要供應軍隊和國家，對外要供奉契丹，賦稅繁多，徭役沉重，民不聊生，很多人逃入後周境內。

唐主以鎮南節度使兼中書令宋齊丘為太傅，以馬希萼為江南西道❶觀察使，守中書令[1]，鎮洪州，仍賜爵楚王，以馬希崇為永泰❷節度使兼侍中[2]，鎮舒州。湖南將吏，位高者拜刺史、將軍、卿監，卑者以次拜官。唐主嘉廖偃、彭師暠之忠，以偃為左殿直軍使、萊州❸刺史，師暠為殿直都虞候，賜予甚厚。湖南刺史皆入朝于唐，永州刺史王贇獨後至，唐主毒殺之。

南漢主遣內侍省丞❹潘崇徹❺、將軍謝貫❻將兵攻郴州❼，唐邊鎬發兵救之。崇徹敗唐兵於義章❽，遂取郴州。邊鎬請除全、道二州刺史❾以備南漢。丙辰❿，唐主以廖偃為道州刺史，以黑雲指揮使張巒知全州。

是歲，唐主以安化節度使鄱陽王王延政為山南西道節度使，更賜爵光山王⓫。

初，蒙城鎮將咸師朗將部兵降唐⓬，唐主以其兵為奉節都⓭，從邊鎬平湖南。唐悉收湖南金帛、珍玩、倉粟乃至舟艦、亭館、花果之美者，皆徙於金陵，遣都官郎中⓮楊繼勳等收湖南租賦以贍戍兵。繼勳等務為苛刻，湖南人失望。行營糧料使⓯王紹顏減士卒糧賜，奉節指揮使孫朗、曹進怒曰：「昔吾從咸公⓰降唐，唐待我豈如今日湖南將士之厚哉！今有功不增祿賜，又減之，不如殺紹顏及鎬，據湖南，歸中原，富貴可圖也！」

【章　旨】以上為第十段，寫南唐主擄掠楚國財物，又加重賦役，湖南人大失所望。

【注　釋】❶江南西道　方鎮名，唐開元中以江南道分置東、西兩道。西道治所洪州，在今江西南昌。❷永泰　方鎮名，五代十國南唐置。治所舒州，在今安徽潛山縣。❸萊州　州名，治所掖縣，在今山東煙臺。萊州時在周境，彭師暠只是遙領。❹內侍省丞　內侍省為官署名，專由宦官充任，供侍殿中，備灑掃雜役。有監、少監，未嘗有丞。丞為南漢首置。❺潘崇徹　咸寧（今湖北咸寧）人，南漢大將。後降宋，官汝州別駕。❻謝貫　南漢將領，素有膽略，郴州一戰，擴大了南漢土地。❼郴州　州名，治所郴縣，在今湖南郴縣。❽義章　縣名，縣治在今湖南宜章北。❾除全道二州刺史　設置全、道兩州刺史。兩州為南唐所控，與南漢賀、昭、桂三州連界。道州治所營道，在今湖南道縣。❿丙辰　十二月二十九日。⓫光山王　王延政本光山（在今河南光山縣西北）人，故以光山做爵位名。時山南西道在蜀，王延政遙領，所加節度使及王位，都是虛銜。⓬蒙城鎮將句　事見本書卷二百八十八後漢乾祐二年。蒙城，縣名，縣治在今安徽蒙城縣。⓭奉節都　這是以節操作為部隊編制名稱。都，部隊編制名稱。⑭都官郎中　隸屬刑部，掌徒、流、配、隸等事。⑮行營糧料使　在軍中管糧草供應的官吏。⑯咸公　對咸師朗的尊稱。

【校　記】①守中書令　原無此四字。據章鈺校，十二行本、乙十一行本、孔天胤本皆有此四字，張敦仁《通鑑刊本識誤》同，今據補。②兼侍中　原無此三字。據章鈺校，十二行本、乙十一行本、孔天胤本皆有此三字，張敦仁《通鑑刊本識誤》同，今據補。

【語　譯】南唐主任命鎮南節度使兼中書令宋齊丘為太傅，任命馬希萼為江南西道觀察使・守中書令、駐節洪州、仍舊賜爵位為楚王，任命馬希崇為永泰節度使兼侍中、駐節舒州。湖南的將領和官吏，職位高的拜官刺史、將軍、卿監，職位低下的依次拜官。南唐主稱讚廖偃、彭師暠的忠誠，任命廖偃為左殿直軍使、萊州刺史，彭師暠為殿直都虞候，賞賜極為豐厚。湖南刺史全都入朝南唐，只有永州刺史王贇最後到，南唐主用毒藥殺死了他。

南漢主派遣內侍省丞潘崇徹、將軍謝貫率兵攻打郴州，南唐邊鎬發兵救援郴州。潘崇徹在義章打敗南唐軍隊，於是奪取了郴州。邊鎬請求任命全州、道州兩州刺史以防備南漢。十二月二十九日丙辰，南唐主任命廖偃為道州刺史，任命黑雲指揮使張巒主管全州的事務。

這一年，南唐主任命安化節度使鄱陽王王延政擔任山南西道節度使，又賜爵光山王。

當初，蒙城守將咸師朗率領所轄士卒投降南唐，南唐主把他的軍隊設置為奉節都，隨從邊鎬平定湖南。南唐全部收取湖南的金銀絹帛、珍寶古玩、倉庫糧食，以及船艦、亭臺館所、花草果木質量優異的，都轉移到金陵；又派遣都官郎中楊繼勳等人徵收湖南的租賦來供養守軍。楊繼勳等人力求苛刻，湖南人大失所望。行營糧料使王紹顏減少士兵的糧食和賞賜，奉節指揮使孫朗、曹進憤怒地說：「過去我們跟隨咸公投降唐國，唐國對待我們哪裡像今天對湖南將士這樣優厚呢！現在有功勞不增加俸祿和賞賜，又還減少，不如殺了王紹顏和邊鎬，佔據湖南，回歸中原，可以求得富貴！」

二年（壬子　西元九五二年）

春，正月庚申❶，夜，孫朗、曹進帥其徒作亂，東藁潛燒府門，火不然❷。邊鎬覺之，出兵格鬭，且命鳴鼓角。朗、進等以為將曉，斬關奔朗州。王逵問朗曰：「吾昔從武穆王，與淮南戰屢捷，淮南兵易與耳。今欲以朗州之眾復取湖南，可乎？」朗曰：「朗在金陵數年，備見其政事，朝無賢臣，軍無良將，忠佞無別，賞罰不當。如此，得國存幸矣，何暇兼人❸！朗請為公前驅，取湖南如拾芥耳！」逵悅，厚遇之。

壬戌❹，發開封府民夫五萬修大梁城，旬日而罷。

慕容彥超發鄉兵入城，引泗水❺注壕中，為戰守之備。又多以旗幟授諸鎮將，令募羣盜，剽掠鄰境，所在奏其反狀。甲子❻，敕沂、密二州不復隸泰寧軍。以侍衛步軍都指揮使、昭武節度使曹英❼為都部署，討彥超，齊州❽防禦使史延超為副部署，皇城使❾河內❿向訓為都監，陳州⓫防禦使藥元福為行營馬步都虞候。帝以元福宿將，命英、訓無得以軍禮見之，二人皆父事之。

唐主發兵五千，軍于下邳⓬，以援彥超。聞周兵將至，退屯沭陽⓭。徐州巡檢使張令彬擊之，大破唐兵，殺、溺死者千餘人，獲其將燕敬權。初，彥超以周室新造，謂其易搖，故北召北漢及契丹，南誘唐人，使侵邊鄙，冀朝廷奔命不暇，然後乘間而動。及北漢、契丹自晉州北走，唐兵敗於沭陽，彥超之勢遂沮。

永興節度使李洪信⑭，自以漢室近親，心不自安。城中兵不滿千人，王峻在陝，以救晉州為名，發其數百。及北漢兵遁去，遣禁兵千餘人戍長安。洪信懼，遂入朝。○壬申⑮，王峻自晉州還，入見。

曹英等至兗州，設長圍⑯。慕容彥超屢出戰，藥元福皆擊敗之，彥超不敢出。十餘日，長圍合，遂進攻之[1]。

初，彥超將反，判官崔周度⑰諫曰：「魯，詩書之國，自伯禽⑱以來不能霸諸侯，然以禮義守之，可以長世⑲。公於國家非有私憾，胡為自疑！況主上開諭勤至，苟撤備歸誠，則坐享太山之安矣。獨不見杜中令⑳、安襄陽㉑、李河中㉒竟何所成乎㉓！」彥超怒。及官軍圍城，彥超括士民之財以贍軍，坐匿財死者甚眾。前陝州司馬閻弘魯㉔，寶㉕之子也，畏彥超之暴，傾家為獻，彥超猶以為有所匿，命周度索其家。周度謂弘魯曰：「君之死生，繫財之豐約，宜無所愛。」弘魯泣拜其妻妾曰：「悉出所有以救吾死。」皆曰：「竭矣！」周度以白彥超，彥超不信，收弘魯夫妻繫獄。有乳母於泥中掊㉖得金纏臂㉗，獻之，冀以贖其主。彥超曰：「果然[2]，所匿必猶多。」榜掠弘魯夫妻，肉潰而死。以周度為阿庇㉘，斬於市。

北漢遣兵寇府州，防禦使折德扆敗之，殺二千餘人。二月庚子㉙，德扆奏攻拔北漢岢嵐軍㉚，以兵戍之。

【章　旨】以上為第十一段，寫泰寧節度使慕容彥超反叛，引南唐為援，周太祖發兵征討，圍困兗州。

【注　釋】❶庚申　正月初三日。❷然　「燃」的本字。❸得國存幸矣二句　能維持政權的生存已經很幸運了，哪有餘力兼併別人之國。指南唐兼併楚國無力保有。暇，空閒，此指餘力。❹壬戌　正月初五日。❺泗水　在今山東中部，源出山東泗水縣東蒙山南麓，四源並發，故名。❻甲子　正月初七日。❼曹英　字德秀，歷仕後晉、後漢、後周，官至成德軍節度使。傳見《舊五代史》卷一百二十九。❽齊州　方鎮名，唐至德元載（西元七五六年）置。治所齊州，在今山東濟南市。❾皇城使　官名，唐昭宗天祐三年（西元九〇六年）置，五代因襲，為皇城司的主官。多用君主親信擔任，掌皇城啟閉警衛。❿河內　縣名，縣治在今河南沁陽。⓫陳州　方鎮名，晉開運二年（西元九四五年）十月升為鎮安軍節度，後漢天福十二年（西元九四七年）六月降為刺史州，周廣順元年（西元九五一年）正月升為防禦州。治所淮陽，在今河南淮陽。⓬下邳　郡名，治所下邳，在今江蘇睢寧西北。⓭沭陽　縣名，縣治在今江蘇沭陽。⓮李洪信　後漢李太后弟。無才術，徒以外戚致位將相，為永興軍節度使，駐節長安。傳見《宋史》卷二百五十二。⓯壬申　正月十五日。⓰設長圍　布置合圍。⓱崔周度　後周泰寧節度判官，性剛烈。郭威平滅慕容彥超，追贈他為祕書少監。傳見《舊五代史》卷一百三十。⓲伯禽　周代魯國的始祖。姬姓，字伯禽，周公旦長子。周公東征勝利後，成王把殷民六族和舊奄國地連同奄民分封給他，國號魯。傳見《史記》卷三十三。⓳長世　國運長久。⓴杜中令　即杜重威。漢高祖在杜重威投降後，任命為檢校太師、守太傅、兼中書令。此所云「中令」，即中書令。㉑安襄陽　即安從進。安從進曾鎮襄陽，反叛漢高祖時，先引兵攻鄧州，不克，進兵湖陽，軍大敗，率數十騎奔還襄陽，漢高祖遣軍圍之，逾年糧盡自焚死。㉒李河中　即李守貞。漢高祖入京師，李守貞來朝，拜太保、河中節度使。

此云「河中」，即指河中節度使。㉓竟何所成乎　終究沒有一個人能成事。指杜重威、安從進、李守貞三人皆以反叛失敗而死。㉔閻弘魯　死後被郭威追贈為左驍衛大將軍。傳見《舊五代史》卷一百三十。㉕寶　弘魯父。歷仕後梁、後唐，官至天平軍節度使。傳見《舊五代史》卷五十九、《新五代史》卷四十四。㉖掊　挖掘。㉗金纏臂　金飾器。形制不詳。㉘阿庇　偏袒、庇護。㉙庚子　二月十四日。㉚岢嵐軍　北漢所置軍鎮名，治所嵐谷縣，在今山西嵐縣。

【校　記】①之　原無此字。據章鈺校，十二行本、乙十一行本、孔天胤本皆有此字，今據補。②果然　原無此二字。據章鈺校，十二行本、乙十一行本、孔天胤本皆有此二字，張敦仁《通鑑刊本識誤》同，今據補。

【語　譯】二年（壬子　西元九五二年）

春，正月初三日庚申，夜晚，孫朗、曹進率領他們的部眾作亂，捆乾草暗地焚燒軍府大門，火沒有燃著。邊鎬察覺了此事，出兵格鬥，並且命令鼓角齊鳴。孫朗、曹進等人以為天就要亮了，衝殺出關跑往朗州。王逵問孫朗說：「我從前跟隨武穆王，與淮南作戰一再取勝，淮南兵容易對付。現在想用朗州的軍隊再次奪取湖南，可以嗎？」孫朗說：「我在金陵多年，看到了唐國的全部政事情況，朝廷沒有賢臣，軍隊沒有良將，忠貞和奸佞沒有區別，賞罰不合理。像這樣，能夠國家存在就是幸運了，哪裡還有餘力兼併別人！我孫朗請求做你的前鋒，奪取湖南就像撿拾小草一樣！」王逵很高興，優厚地對待他。

正月初五日壬戌，朝廷調發開封府民夫五萬人修繕大梁城，十天就停止了。

慕容彥超徵發地方兵進城，引泗水注入壕溝中，做攻戰防守的準備。又把很多旗幟送給各鎮的將領，命令他們招募群集的盜賊，搶掠鄰近地域，被搶劫的地方奏報慕容彥超反叛的情況。正月初七日甲子，周太祖敕令沂州和密州兩州不再隸屬泰寧軍。任命侍衛步軍都指揮使、昭武節度使曹英為都部署，討伐慕容彥超，齊州防禦使史延超為副部署，皇城使河內人向訓為都監，陳州防禦使藥元福為行營馬步都虞候。周太祖因為藥元福是老將，命令曹英、向訓不得用軍禮來見他，兩人都像對待父親那樣奉侍他。

南唐主調發五千士兵，駐紮在下邳，用來增援慕容彥超。聽說後周軍隊即將到來，後退屯駐沭陽。徐州巡檢使張令彬攻打南唐軍隊，把南唐軍隊打得大敗，殺死和淹死的有一千多人，抓獲他們的將領燕敬權。當初，慕容彥超因為後周剛建立，認為容易撼動，所以從北邊招引北漢和契丹，南邊引誘南唐人，讓他們侵擾邊境，希望朝廷疲於奔命，無暇他顧，然後乘隙動手。等到北漢和契丹從晉州北去，南唐軍隊敗於沭陽，慕容彥超的勢力便衰敗了。

永興節度使李洪信，自以為是北漢皇室的近親，自己心裡不安。城中的士兵不滿一千人，王峻在陝州以救援晉州為名，徵調了其中幾百名士兵。等到北漢軍隊逃走，朝廷派遣一千多名禁兵戍守長安。李洪信恐懼，於是入朝。〇正月十五日壬申，王峻從晉州返回，入見周太祖。

曹英等人到達兗州，部署包圍圈。慕容彥超多次出戰，藥元福都打敗了他，慕容彥超不敢出戰。十多天，包圍圈合圍，於是進攻。

當初，慕容彥超將要反叛時，判官崔周度勸諫說：「魯地是詩書之國，自從伯禽以來，不能稱霸諸侯，然而用禮義守護此地，可以國運長久，您對國家沒有私恨，為什麼自己多疑！況且皇上開導勸諭非常盡力，如果撤除守備，誠心歸附，就可以坐享太山一般的安定生活了。難道沒有看見杜重威、安從進、李守貞最終有什麼成事的！」慕容彥超很生氣。等到官軍圍城，慕容彥超搜刮士民的錢財來供給軍隊，因為隱藏財物而被處死的人很多。前任陝州司馬閻弘魯，是閻寶的兒子，畏懼慕容彥超的殘暴，傾家財產獻了出來，慕容彥超還是認為他有所藏匿，命令崔周度搜索其家。崔周度對閻弘魯說：「您的死生，關鍵在於財物的多少，應該不要有所愛惜。」閻弘魯哭著給他的妻妾下拜說：「把所有的東西拿出來救我之死。」大家都說：「全拿光了！」崔周度把情形告訴了慕容彥超，慕容彥超不相信，逮捕閻弘魯夫婦，囚禁在牢裡。有一個奶媽在泥土中挖到金纏臂，獻給慕容彥超，希望用來贖回她的主人。慕容彥超說：「果然啊，所匿藏的一定還很多。」拷打閻弘魯夫婦，肌肉潰爛而死。慕容彥超認為崔周度庇護閻弘魯，把他在街市上斬首。

北漢派軍隊入侵府州，防禦使折德扆打敗了他們，殺死二千多人。二月十四日庚子，折德扆奏報攻取北漢岢嵐軍，派兵戍守它。

甲辰❶，帝釋燕敬權等使歸唐，謂唐主曰：「叛臣，天下所共疾也，不意❷唐主助之，得無非計❸乎！」唐主大慙，先所得中國人，皆禮而歸之。唐之言事者猶獻取中原之策，中書舍人韓熙載曰：「郭氏有國雖淺，為治已固，我兵輕動，必有害無益。」唐自烈祖❹以來，常遣使泛海與契丹相結，欲與之共制中國，更相饋遺，約為兄弟。然契丹利其貨，徒以虛語往來，實不為唐用也。

唐主好文學，故熙載與馮延巳、延魯、江文蔚、潘佑❺、徐鉉之徒皆至美官❻。佑，幽州人也。當時唐之文雅於諸國為盛，然未嘗設科舉，多因上書言事拜官。至是，始命翰林學士江文蔚知貢舉❼，進士廬陵王克貞等三人及第。唐主問文蔚：「卿取士何如前朝？」對曰：「前朝公舉、私謁相半，臣專任至公耳！」唐主悅。中書舍人張緯，前朝登第，聞而銜之。時執政皆不由科第，相與沮毀，竟罷貢舉。

三月戊辰❽，以內客省使、恩州團練使晉陽鄭仁誨為樞密副使。◯甲戌❾，改威勝軍曰武勝軍❿。

唐主以太弟太保、昭義節度使馮延巳為左僕射，前鎮海節度使徐景運為中書侍郎，及右僕射孫晟皆同平章事。既宣制，戶部尚書常夢錫眾中大言曰：「白麻⓫甚佳，但不及江文蔚疏⓬耳！」晟素輕延巳，謂人曰：「金盃玉盌，乃貯狗矢⓭

乎！」延巳言於唐主曰：「陛下躬親庶務，故宰相不得盡其才，此治道所以未成也！」唐主乃悉以政事委之，奏可而已。既而延巳不能勤事，文書皆仰成胥史[14]，軍旅則委之邊將。頃之，事益不治，唐主乃復自覽之。

大理卿[15]蕭儼[16]惡延巳為人，數上疏攻之。會儼坐失入人死罪[17]，鍾謨、李德明輩必欲殺之，延巳曰：「儼誤殺一婦人，諸君以為當死。儼九卿[18]也，可誤殺乎？」獨上言：「儼素有直聲[19]，今所坐已會赦，宜從寬宥。」儼由是得免。人亦以此多[20]之。○景運尋罷為太子少傅[21]。

夏，四月丙戌朔[22]，日有食之。○帝以曹英等攻兗州久未克，乙卯[23]，下詔親征。以李穀權東京留守兼判開封府，鄭仁誨權大內都點[1]檢[24]，又以侍衛馬軍都指揮使郭崇充在京都巡檢[25]。

唐主既克湖南，遣其將李建期屯益陽[26]以圖朗州，以知全州張巒兼桂州招討使以圖桂州，久之，未有功。唐主謂馮延巳、孫晟曰：「楚人求息肩[27]於我，我未有以[2]撫其瘡痍而虐用其力，非所以副來蘇[28]之望。吾欲罷桂林之役，斂益陽之戍，以旌節授劉言，何如？」晟以為宜然[29]。延巳曰：「吾出偏將舉湖南，遠近震驚。一旦三分喪二[30]，人將輕我。請委邊將察其形勢。」唐主乃遣統軍使侯訓將兵五千自吉州㉛路趣全州，與張巒合兵攻桂州。南漢伏兵於山谷，巒等始至城下，罷㉜乏，伏兵四起，城中出兵夾擊之，唐兵大敗，訓死，巒收散卒數百奔歸全州。

【章旨】以上為第十二段，寫南唐主好文學，多用如馮延巳等文士為大臣，互相輕視。南唐爭桂州，為南漢所敗。

【注釋】❶甲辰　二月十八日。❷不意　不料；沒想到。❸非計　失策。❹烈祖　南唐李昪，廟號烈祖。❺潘佑　仕南唐，官知制誥、內史舍人。好神仙，與道士李平相善。多次上疏指陳奸惡，不被後主採納，憤然自縊。❻美官　好的官職。❼知貢舉　主持科舉考試。❽戊辰　三月十二日。❾甲戌　三月十八日。❿改威勝軍曰武勝軍　舊以鄧州為威勝軍，避郭威諱改。⓫白麻　唐代詔書用麻紙謄寫，有黃、白麻之分。凡赦書、德音、立后、建儲、大誅討及拜免將相等均用白麻；制、敕用黃麻。⓬江文蔚疏　此指江文蔚彈劾馮延巳、魏岑。此疏略載於本書後漢高祖天福十二年（西元九四七年）四月。⓭矢　通「屎」。⓮胥史　舊時在官府辦理文書的小吏。⓯大理卿　官名，掌刑獄訴訟。⓰蕭儼　廬陵（今江西吉安）人，仕南唐，官至大理卿。辨案秉公執法，彈奏不阿，雖元宗、後主也不得不聽從、採納。⓱失入人死罪　誤判人死罪。⓲九卿　泛指朝廷大臣。秦漢通常以奉常（太常）、郎中令（光祿勳）、衛尉、太僕、廷尉、典客（大鴻臚）、宗正、治粟內史（大司農）、少府為九卿。後世九卿的範圍、職權屢有變化，但大同小異。蕭儼為大理卿，當秦、漢之廷尉，為九卿之一。⓳直聲　正直的名聲。⓴多　推重；讚美。㉑景運尋罷為太子少傅　胡三省注：「唐既置太弟官屬，不應復有太子少傅，當考。」㉒丙戌朔　四月初一日。㉓乙卯　四月三十日。㉔大內都點檢　官名，守衛皇宮的將領。㉕在京都巡檢　守衛京城的將領。㉖益陽　縣名，縣治在今湖南益陽。㉗息肩　湖南之人苦其主暴斂，而求南唐主免除勞役，休養生息。㉘來穌　因其來而獲得休養生息。穌，蘇息。《書・仲虺之誥》：「徯予后，后來其蘇。」孔傳：「湯所往之民皆喜曰：『待我君來，其可蘇息。』」㉙宜然　宜如此；應該這樣。㉚三分喪二　指得潭州而失掉朗州、桂州。㉛吉州　州名，治所廬陵，在今江西吉安。㉜罷　通「疲」。

【校記】①點 原作「巡」。據章鈺校，十二行本、乙十一行本、孔天胤本皆作「點」，張敦仁《通鑑刊本識誤》同，今據改。②以 原無此字。據章鈺校，十二行本、乙十一行本、孔天胤本皆有此字，張敦仁《通鑑刊本識誤》、張瑛《通鑑校勘記》同，今據補。

【語譯】二月十八日甲辰，周太祖釋放燕敬權等人，讓他們回歸南唐，對南唐主說：「叛臣，是天下所共同痛恨的，沒想到唐主扶助他們，該不會是失策吧！」南唐主大為慚愧，把從前所得到的中原人，都禮貌地送了回去。南唐議論政事的人仍然進獻攻取中原的計策，中書舍人韓熙載說：「郭氏立國雖短，但統治已經穩固，我們的軍隊輕易出動，一定有害無益。」南唐從烈祖以來，經常派遣使者渡海與契丹勾結，想和契丹一起控制中原，又互相贈送禮物，相約為兄弟。然而契丹貪圖南唐的財物，僅用空話往來，實際上不被南唐所用。

南唐主喜好文學，所以韓熙載和馮延巳、馮延魯、江文蔚、潘佑、徐鉉之輩都致位美官。潘佑是幽州人。當時，南唐的藝文禮樂比起其他國家來最為興盛，然而未曾設置科舉考試，大多是因為上書言事除授官職。到了這時，才命令翰林學士江文蔚主持科舉考試，進士有廬陵人王克貞等三人考中。南唐主問江文蔚：「卿選拔士人比起前朝來怎麼樣？」回答說：「前朝公開的選拔和私下的請託各佔一半，臣專任此事極為公正！」南唐主很高興。中書舍人張緯，是前朝進士，聽到江文蔚所言而懷恨在心。當時執政大臣都不是經過科舉考試，他們一起阻撓詆毀，最後廢止了科舉選士。

三月十二日戊辰，任命內客省使、恩州團練使晉陽人鄭仁誨擔任樞密副使。〇十八日甲戌，改威勝軍稱武勝軍。

南唐主任命太弟太保、昭義節度使馮延巳為左僕射，前任鎮海節度使徐景運為中書侍郎，和右僕射孫晟都為同平章事。宣讀制書後，戶部尚書常夢錫在眾人之中大聲說：「白麻制書很好，只是比不上江文蔚的奏疏罷了！」孫晟一向看不起馮延巳，對人說：「金杯玉碗，竟然裝了狗屎啊！」馮延巳進言南唐主說：「陛下親自處理眾多的事務，所以宰相不能盡用他們的才能，這是治國之道所以沒有成功的原因啊！」南唐主於是把全部政事都委託給他，南唐主對上奏劃可而已。不久馮延巳不能勤理政事，文書都依賴小吏寫成，軍事則委託給邊境的將帥。沒多長時間，政事更加得不到治理，南唐主才又親自閱處。

大理卿蕭儼討厭馮延巳的為人，多次上疏攻擊他。適逢蕭儼犯了錯判人死罪的過錯，鍾謨、李德明一幫人一定要殺掉蕭儼，馮延巳說：「蕭儼誤殺一個婦人，諸君就認為應當處死。蕭儼是九卿，可以誤殺嗎？」他獨自上言說：「蕭儼一向有正直的名聲，現在他所判的犯人正好已經遇到赦免，應當從寬饒恕他的過失。」蕭儼因此得以免死。人們也因此稱道馮延巳。○徐景運不久罷免了職務而任太子少傅。

夏，四月初一日丙戌，發生日蝕。○周太祖因為曹英等人進攻兗州很長時間沒有攻下，三十日乙卯，下詔親征。命李穀代理東京留守兼判開封府，鄭仁誨代理大內都點檢，又任命侍衛馬軍都指揮使郭崇充任在京都巡檢。

南唐主攻下湖南後，派他的將領李建期屯駐益陽，藉此謀取朗州；任命主持全州事務的張巒兼任桂州招討使，用來謀取桂州，很長時間，沒有功績。南唐主對馮延巳和孫晟說：「楚人指望我可以讓他們休養生息，我沒有撫慰他們的創傷，反而虐用民力，這不符合他們期待復蘇的願望。我打算停止桂林的戰役，收回益陽的守兵，把權力交給劉言，怎麼樣？」孫晟認為應該如此。馮延巳說：「我們派出偏將平定湖南，遠近震驚。一旦喪失所得到地方的三分之二，人們將輕視我們。請委派邊將觀察形勢後再說。」南唐主於是派遣統軍使侯訓率領士兵五千人從吉州那條路奔赴全州，與張巒軍隊會合攻打桂州。南漢在山谷中埋伏軍隊，張巒等人剛到城下，很疲乏，伏兵四起，城裡又出兵，夾擊南唐軍隊，南唐軍隊大敗，侯訓戰死，張巒收拾散兵幾百人逃回全州。

五月庚申❶，帝發大梁。戊辰❷，至兗州。己巳❸，帝使人招諭慕容彥超，城上人語不遜。庚午❹，命諸軍進攻。

先是，術者⑤紿彥超云：「鎮星⑥行至角⑦、亢⑧，角、亢兗州之分，其下有福。」彥超乃立祠而禱之，令民家[1]皆立黃旛⑨。彥超性貪吝，官軍攻城急，猶瘞⑩藏珍寶，由是人無鬭志，將卒相繼有出降者。乙亥⑪，官軍克城，彥超方禱鎮星祠，帥眾力戰，不勝，乃焚鎮星祠，與妻赴井死。子繼勳出走，追獲，殺之。官軍大掠，城中死者近萬人。初，彥超將反，募羣盜置帳下，至者二千餘人，皆山林獷悍⑫，竟不為用。

帝欲悉誅兗州將吏，翰林學士竇儀⑬見馮道、范質，與之共白帝曰：「彼皆脅從耳。」乃赦之。丁丑⑭，以端明殿學士顏衎⑮權知兗州事。壬午⑯[2]，赦兗州管內，彥超黨與[3]逃匿者期一月聽自首，前已伏誅者赦其親戚。癸未⑰，降泰寧軍為防禦州⑱。

唐司徒致仕李建勳卒。且死，戒其家人曰：「時事如此，吾得良死幸矣！勿封土立碑，聽人耕種於其上，免為他日開發之標。」及江南之亡⑲也，諸貴人高大之家無不發者，惟建勳冢莫知其處。

六月乙酉朔⑳，帝如曲阜㉑，謁孔子祠。既奠，將拜，左右曰：「孔子，陪臣㉒也，不當以天子拜之。」帝曰：「孔子百世帝王之師，敢不敬乎！」遂拜之。

又拜孔子墓，命葺孔子祠，禁孔林樵採。訪孔子、顏淵之後，以為曲阜令及主簿。

丙戌㉓，帝發兗州。

乙未㉔，吳越順德太夫人㉕吳氏卒。

【章旨】以上為第十三段，寫周太祖親征，平定慕容彥超之亂。祠祀孔子。

【注釋】❶庚申　五月初五日。❷戊辰　五月十三日。❸己巳　五月十四日。❹庚午　五月十五日。❺術者　指占卜星相等操迷信職業的人。❻鎮星　即土星。我國古代認為土星每二十八年運行一周天，好像每年坐鎮二十八宿中的一宿，故名。❼角　星官名，二十八宿之一。即角宿，蒼龍七宿的第一宿。❽亢　亢宿。二十八宿之一，蒼龍七宿的第二宿。❾黃幡　黃色的旗幡。土色黃，立黃幡以從土的顏色，象徵得土地為王。❿瘞　埋藏。⓫乙亥　五月二十日。⓬獷悍　粗獷兇悍。⓭竇儀　字可象，薊州漁陽（今天津薊縣）人，後晉天福進士。官至翰林學士、禮部尚書。通禮儀，所提建議多被採納。傳見《宋史》卷二百六十三。⓮丁丑　五月二十二日。⓯顏衎　字祖德，兗州曲阜（今山東曲阜）人，自言為兗國公四十五世孫。後周官權知開封。傳見《宋史》卷二百七十。⓰壬午　五月二十七日。⓱癸未　五月二十八日。⓲降泰寧軍為防禦州　因為慕容彥超據守兗州拒絕朝命，所以把節鎮降格為防禦州。五代時常有這種情況，是朝廷的一種防備後患的措施。⓳江南之亡　指北宋平滅南唐。⓴乙酉朔　六月初一日。㉑曲阜　縣名，縣治在今山東曲阜。孔子故里，有魯國故城遺址、孔廟、孔府、孔林等古跡。㉒陪臣　古時指諸侯之臣。大夫之家臣亦可稱陪臣。㉓丙戌　六月初二日。㉔乙未　六月十一日。㉕順德太夫人　吳越文穆王妃吳氏，名漢月，忠懿王錢俶生母。性慈惠節儉，尚黃老之學。諡恭懿。

【校記】①家　原作「間」。據章鈺校，十二行本、乙十一行本、孔天胤本皆作「家」，其義長，今據改。②壬午　原無此二字。據章鈺校，十二行本、乙十一行本、孔天胤本皆有此二字，張敦仁《通鑑刊本識誤》、張瑛《通鑑校勘記》同，今據補。③與　原無此字。據章鈺校，十二行本、乙十一行本、孔天胤本皆有此字，今據補。

【語譯】五月初五日庚申，周太祖從大梁出發。十三日戊辰，到達兗州。十四日己巳，周太祖派人招撫勸諭慕容彥超，城上的人出言不遜。十五日庚午，命令各軍進軍攻城。

此前，方士欺騙慕容彥超說：「土星運行到角、亢二星宿。角、亢二星宿的分野就是兗州，二星宿下面的地域有福氣。」慕容彥超於是立祠祈禱，命令民家都要樹立黃顏色的旗幟。慕容彥超生性貪婪吝嗇，官軍攻城緊急，他還在埋藏珍寶，因此人們沒有鬥志，將領和士兵相繼有出城投降的。五月二十日乙亥，官軍攻下了兗州城，慕容彥超正在土星祠堂祈禱，他率領部眾奮力戰鬥，沒有取勝，就燒掉了土星祠堂，和妻子投井而死。他的兒子慕容繼勳出逃，後周軍隊追上抓獲了慕容繼勳，殺死了他。官軍大肆搶掠，城中死亡的將近一萬人。當初，慕容彥超即將謀反，招募聚集成群的盜賊安置在自己的帳下，到來的有兩千多人，都是山林粗獷強悍之人，最後也沒有被他所用。

周太祖想全部殺掉兗州的將領和官吏，翰林學士竇儀去見馮道、范質，和他們一起稟告周太祖說：「那些人都是脅從罷了。」於是赦免了他們。五月二十二日丁丑，任命端明殿學士顏衎暫時主持兗州的事務。二十七日壬午，在兗州管轄區內實行大赦，慕容彥超的同黨逃跑藏匿的，在一個月期限內聽任自首，以前已經被處死的人，赦免他們的親戚。二十八日癸未，把泰寧軍降為防禦州。

南唐以司徒退休的李建勳去世。即將死去時，告誡他的家人說：「時局這個樣子，我能善終很幸運了！不要築墳立碑，任由別人在上面耕種，免得以後成為挖掘的目標。」等到江南滅亡時，各個貴人高大的墳墓沒有不被挖掘的，只有李建勳的墳墓沒有人知道在什麼地方。

六月初一日乙酉，周太祖前往曲阜，拜謁孔子廟。獻上祭品以後，將要下拜，身邊的人說：「孔子只是一個陪臣，不應當以天子的身分向他下拜。」周太祖說：「孔子是百代帝王的老師，怎敢不尊敬他呢！」於是向他下拜。又拜孔子墓，命令修繕孔子祠，禁止在孔林打柴草。尋訪孔子、顏淵的後代，任命為曲阜縣令、主簿。初二日丙戌，周太祖從兗州出發。

六月十一日乙未，吳越順德太夫人吳氏去世。

丁酉❶，蜀大水入成都，漂沒千餘家，溺死五千餘人，壞太廟四室。戊戌❷，蜀大赦，賑水災之家。○己亥❸，帝至大梁❹。○朔方節度使兼中書令陳留王馮暉卒，其子牙內都虞候❺繼業❻殺其兄繼勳，自知軍府事。

太子賓客李濤之弟澣❼，在契丹為勤政殿學士，與幽州❽節度使蕭海真善。海真，契丹主兀欲之妻弟也。澣說海真內附，海真欣然許之。澣因定州諜者田重霸齎絹表以聞，且與濤書，言：「契丹主童騃❾，專事宴遊，無遠志，非前人❿之比。朝廷若能用兵，必克。不然，與和，必得。二者皆利於速，度其情勢，它日終不能力助河東⓫者也。」壬寅⓬，重霸至大梁，會中國多事，不果從⓭。

辛亥⓮，以馮繼業為朔方留後。

樞密使王峻，性輕躁，多計數⓯，好權利，喜人附己，自以天下為己任。每言事，帝從之則喜，或時未允，輒慍懟⓰，往往發不遜語⓱。帝以其故舊，且有佐命功⓲，又素知其為人，每優容⓳之。峻年長於帝，帝即位，猶以兄呼之，或稱其字，峻以是益驕。副使⓴鄭仁誨、皇城使向訓、恩州團練使李重進㉑，皆帝在藩鎮時腹心將佐也，帝即位，稍稍進用。峻心嫉之，累表稱疾，求解機務，以詗㉒帝意。帝屢遣左右敦諭，峻對使者辭氣亢厲㉓，又遺諸道節度使書求保證㉔。

諸道各獻其書，帝驚駭久之，復遣左右慰勉，令視事㉕，且曰：「卿儻不來，朕且自往。」猶不至。帝知樞密直學士陳觀與峻親善，令往諭指，觀曰：「陛下但聲言臨幸其第，嚴駕以待之[1]，峻必不敢不來。」從之[2]。秋，七月戊子㉖，峻入朝，帝慰勞令視事。重進，滄州人，其母即帝妹福慶長公主也。

李穀足跌，傷右臂，在告月餘㉗。帝以穀職業繁劇，趣令入朝，辭以未任趨拜㉘。癸巳㉙，詔免朝參㉚，但令視事。

蜀工部尚書、判武德軍郭延鈞不禮於監押王承丕，承丕謀作亂。辛丑㉛，左奉聖都指揮使安次孫欽㉜當以部兵㉝戍邊，往辭承丕。承丕邀與俱見府公㉞，欽不知其謀，從之。承丕至，則令左右擊殺延鈞，屠其家，稱奉詔處置軍府㉟，即開府庫賞士卒，出繫囚，發屯戍㊱。將吏畢集，欽謂承丕曰：「今延鈞已伏辜，公宜出詔書以示眾。」承丕曰：「我能致公富貴，勿問詔書。」欽始知承丕反，因紿曰：「今內外未安，我請以部兵為公巡察。」即躍馬而出，承丕連呼之，不止。欽至營，曉諭其眾，帥以入府，攻承丕。承丕左右欲拒戰，欽叱之，皆棄兵走。遂執承丕，斬之，并其親黨，傳首成都。

天平節度使、守中書令高行周卒。行周有勇而知義，功高而不矜，策馬臨敵，叱咤風生，平居與賓僚宴集㊲，侃侃和易㊳，人以是重之。

癸卯㊴，蜀主遣客省使趙季札如梓州㊵，慰撫吏民。

漢法，犯私鹽、麴，無問多少抵死。鄭州民有以屋稅㊶受鹽於官，過州城，吏以為私鹽，執而殺之，其妻訟冤。癸丑㊷，始詔犯鹽、麴者以斤兩定刑有差㊸。

【章 旨】以上為第十四段，寫後周樞密使王峻恃功跋扈。後蜀武德軍監押王承丕用詐計殺節鎮，為左奉聖都指揮使孫欽所誅。

【注 釋】❶丁酉 六月十三日。❷戊戌 六月十四日。❸己亥 六月十五日。❹帝至大梁 謂周太祖從兗州返回大梁。❺牙內都虞候 節度使屬官，權位極重。❻繼業 馮繼業，字嗣宗，大名（今河北大名東）人，殺兄自領節鎮。入宋，為同州節度使，封梁國公。傳見《舊五代史》卷一百二十五、《宋史》卷二百五十三。❼澣 即李澣，字口新，京兆萬年（今陝西西安）人，善著文，後晉翰林學士。契丹入汴，沒入塞北。傳見《宋史》卷二百六十二、《遼史》卷一百三。❽幽州 方鎮名，唐先天二年（西元七一三年）置，天寶元年（西元七四二年）改名范陽節度使，為唐玄宗時邊防十節度使之一。寶應元年（西元七六二年）復改為幽州節度使。治所幽州，在今北京市西南。❾童騃 年少無知。騃，遲鈍；不靈敏。❿前人 指耶律阿保機、耶律德光等。⓫河東 此指北漢。⓬壬寅 六月十八日。⓭不果從 終於沒有實現李澣的計畫。⓮辛亥 六月二十七日。⓯多計數 計謀多。⓰慍懟 惱怒怨恨。⓱不遜語 不恭敬的話。⓲有佐命功 周太祖從鄴都入汴以至即帝位，其間王峻功勞居多。⓳優容 寬容。⓴副使 調樞密副使。㉑李重進 郭威妹福慶長公主之子。歷數鎮節度使、加檢校太尉。宋太祖立，謀反失敗，自焚。傳見《宋史》卷四百八十四。㉒詗 偵察；試探。㉓辭氣亢厲 語氣高亢、嚴厲。㉔又遺句 意謂王峻又寫書信給各道節度使求得保舉。㉕令視事 命他任職治事。㉖七月戊子 七月乙卯朔，無戊子。七月，疑為「八月」之誤。按，以下之戊子、癸巳、辛丑、癸卯、癸丑皆在八月。又王峻入朝事，《冊府元龜》卷一百七十九作「周太祖廣順二年八月……峻入朝」，正作「八月」，知「七月」應即「八月」之誤。戊子，應為八月初五日。㉗在告月餘 告假一個多月。告，古時官吏休假。㉘趨拜　趨走跪拜。趨，小步快走，表示恭敬。㉙癸巳　七月乙卯朔，無癸巳。癸巳，應為八月初十日。㉚朝參　古代指臣下朝見皇帝。㉛辛丑　七月乙卯朔，無辛丑。辛丑，應為八月十八日。㉜孫欽　幽州安次（今河北安次）人，為人果敢，多權謀。事高祖與後主，官左奉聖都指揮使。㉝部兵　所統轄的軍隊。㉞府公　一府之尊者。公，尊稱。郭延鈞為武德軍府最高長官，位尊，故謂之「府公」。㉟稱奉詔處置軍府　說奉皇上詔令來處置軍府。㊱發屯戍　調發駐紮當地的戍卒。㊲宴集　宴飲聚會。㊳侃侃和易　從容不迫，平易近人。㊴癸卯　七月乙卯朔，無癸卯。癸卯，應為八月二十日。㊵梓州　州名，治所昌城，在今四川三臺。梓州為武德軍節度使駐鎮，蜀主派趙季札前往，目的在於撫慰遭遇王承丕之亂的官民。㊶屋稅　房屋稅。㊷癸丑　七月乙卯朔，無癸丑。癸丑，應為八月三十日。㊸以斤兩定刑有差　按犯鹽、麴多少確定輕重不同的刑罰。按，當時規定，所犯一斤以下至一兩，杖八十，配役；五斤以下，一斤以上，徒三年；五斤以上，重杖一頓，處死。

【校　記】[1]嚴駕以待之　原無此五字。據章鈺校，十二行本、乙十一行本、孔天胤本皆有此五字，今據補。[2]從之　原無此二字。據章鈺校，十二行本、乙十一行本、孔天胤本皆有此二字，今據補。

【語　譯】六月十三日丁酉，後蜀發大水進入成都，淹沒一千多家，淹死五千多人，毀壞太廟四室。十四日戊戌，後蜀實行大赦，賑濟遭受水災的人家。〇十五日己亥，周太祖到達大梁。〇朔方節度使兼中書令陳留王馮暉去世，他的兒子牙內都虞候馮繼業殺掉他的哥哥馮繼勳，自己主持軍府的事務。

太子賓客李濤的弟弟李澣，在契丹任勤政殿學士，與幽州節度使蕭海真關係好。蕭海真是契丹主兀欲妻子的弟弟。李澣勸說蕭海真歸附周室，蕭海真欣然同意了。李澣通過定州間諜田重霸攜帶送絹表奏報朝廷，並且寫信給李濤，說：「契丹主年少無知，專門從事飲宴遊玩，沒有遠大志向，不能與他的前人相比。朝廷如果能夠用兵，一定取勝。不然的話，與他講和，一定成功。這兩種方法都行動迅速才有利，估計契丹的形勢，異日終究不能出力援助河東的漢國。」六月十八日壬寅，田重霸到達大梁，適逢中原多事，結果沒有採取李澣的計策。

六月二十七日辛亥，任命馮繼業為朔方留後。

樞密使王峻，性情輕浮急躁，多計謀，喜好權力，高興別人附和他，自己把治理天下作為自身的責任。

每次論議政事，周太祖聽從他就高興，有時不同意，就惱怒怨恨，往往說出不恭敬的話。周太祖因為他是舊臣，並且有輔佐自己即帝位之功，又向來知道他的為人，所以常常寬容他。王峻年長於周太祖，周太祖即位，仍然以兄長來稱呼他，或者稱他的字，王峻因此更加驕橫。樞密副使鄭仁誨、皇城使向訓、恩州團練使李重進，都是周太祖在藩鎮時的心腹將佐，周太祖即位後，漸漸提拔任用。王峻心裡嫉妒他們，多次上表稱病，請求解除樞密使之職，以此來試探周太祖的想法。周太祖多次派遣左右的人諄諄勸慰，王峻回答使者語氣高亢嚴厲，又寫信給各道節度使求得保舉。諸道節度使各自向周太祖獻上保舉王峻的書信，周太祖驚駭了很久，又派遣身邊的人去慰撫勸勉，讓王峻任職治事，並且說：「卿倘若不來，朕將親自前往。」王峻還是不來。周太祖知道樞密直學士陳觀與王峻友善，命令他前去說明旨意，陳觀說：「陛下只要聲稱說要親臨他的宅第，備好車馬來等他，王峻一定不敢不來。」周太祖聽從了。秋，七月戊子日，王峻入朝，周太祖慰勞他，讓他任職處理政事。李重進是滄州人，他的母親就是周太祖的妹妹福慶長公主。

李穀失足跌倒，傷了右臂，休假一個多月。周太祖因為李穀的工作繁重，催促他入朝，李穀以不能趨走跪拜而推辭。癸巳日，詔命免去李穀上朝參拜，只讓他處理公務。

後蜀工部尚書、判武德軍郭延鈞對監押王承丕無禮，王承丕圖謀作亂。辛丑日，左奉聖都指揮使安次人孫欽應當率領所轄士兵戍守邊境，前往向王承丕辭行。王承丕邀請他一起去見軍府長官郭延鈞，孫欽不知道他的陰謀，便跟隨著他。王承丕到了以後，就下令左右的人擊殺郭延鈞，屠殺他的全家，聲稱奉詔命處理軍府的事情，隨即打開府庫賞賜士兵，放出關押的囚犯，調發他們去戍守。將領和官吏全都聚集起來，孫欽對王承丕說：「現在郭延鈞已經伏罪，您應當出示詔書給大家看。」王承丕說：「我能夠使您富貴，不必問詔書了。」孫欽這才知道王承丕謀反，因而欺騙他說：「現在內外沒有安定，我請求用我所轄的士兵為您巡察。」隨即躍馬而出，王承丕連聲呼喊他，孫欽不停下來。孫欽回到軍營，告訴他的部眾，率領他們進入府中，攻擊王承丕。王承丕左右的人想抵抗，孫欽大聲呵斥他們，他們都丟棄武器逃走。於是抓住王承丕，殺掉他和他的親黨，把首級傳送成都。

天平節度使、守中書令高行周去世。高行周勇猛而知曉大義，功高而不驕傲，驅馬臨敵，叱咤風雲；平常居家與賓客幕僚飲宴聚會，從容不迫，平易近人，人們因此而敬重他。

癸卯日，後蜀主派遣客省使趙季札前往梓州，撫慰官吏民。

後漢的法律，犯法販賣私鹽、私造酒麴的人，不論數量多少，一律處死。鄭州百姓有一人因為交納屋稅而向官府領取食鹽，經過州城，官吏以為是私鹽，把他抓起來殺了，他的妻子替他申訴冤情。癸丑日，開始發布詔命，犯法走私食鹽、酒麴的人，用斤兩多少確定刑罰輕重不同的等級。

【研　析】本卷研析周太祖識人任賢、李崇矩仁厚、北漢民苦楚三件史事。

周太祖識人任賢。郭威代漢，禮葬漢隱帝，平反被害漢大臣，國葬史弘肇、楊邠、王章等，又尋訪各家倖存子孫錄用之。寬待仇家，不洩私憤。劉銖貪婪酷虐，非漢室忠臣，殺滅郭威全家。劉銖被捕，郭威責問，劉銖答曰：「我劉銖為漢家誅殺叛逆的家族，沒有計較後果。」郭威怒殺劉銖，但不問其妻子，說：「劉銖殺我全家，我再殺劉銖的全家，冤冤相報，何時是盡頭。」表現了郭威的帝王器度。識人與任賢，郭威在五代之君中更是高人一籌。當郭威在討滅李守貞等三鎮之叛時，看到朝廷的詔書以及處分軍事方略都十分得體。郭威詢問使者，得知出自翰林學士范質之手，郭威說：「這個人是當宰相的人才。」郭威入京，找到了范質，非常高興，當時漫天大雪，郭威立即解下自身的紫袍披到范質身上。郭威即位後，任用王峻為樞密使、同平章事兼左僕射、門下侍郎；范質為兵部侍郎，參知樞密院事；李穀判三司為中書侍郎，參知樞密院事，並同平章事；竇貞固為司徒兼侍中；蘇禹珪為司空兼中書侍郎，並同平章事，諸人傑皆一時之選。當時國家新造，四方多故，後周君臣協力，很快步入正軌。慕容彥超反叛，郭威親征，及時平滅，又兩敗劉崇連引的契丹南犯。郭威和好南唐，不禁兩國邊民來往，集中全力打擊北漢及契丹，鞏固國家，後周在五代中是治理得最有條理的朝代，郭威算得上是亂世中的明君。

李崇矩仁厚。李崇矩，上黨人，史弘肇故人親吏，掌管史弘肇的家產和帳簿。史弘肇死後，李崇矩得到了史弘肇的全部家產。郭威稱帝，平反史弘肇等人的冤案，並派李崇矩尋訪史弘肇的親族。李崇矩說：「史弘肇的弟弟史弘福還活著。」史弘福得以重見天日。李崇矩把他得到的史弘肇的全部家產完璧歸趙，全都移交給了史弘福。周太祖郭威十分稱讚李崇矩的高貴品德，特地把李崇矩安排在皇太子柴榮府中為皇太子的賓客和導師，讓李崇矩的仁厚品德影響皇太子。五代亂世，弱肉強食成為普遍的現象，人與人之間道德底線衰頹，無官不貪，在這種社會生態中，李崇矩的仁厚品德無比崇高，不僅贏得了一國之君周太祖的尊重，而且還贏得了大史學家司馬光的大書一筆。

北漢民苦楚。西元九五一年，劉崇即帝位於晉陽，建立了北漢國，擁有河東十二州之地。劉崇不建宗廟，祭祀祖先用平民禮，宰相月俸僅百緡，節度使才三十緡，君臣節儉，表示出臥薪嘗膽、報仇雪恥的決心。劉崇效法石敬瑭，向契丹稱姪皇帝，連引契丹兵南犯。西元九五一年，劉崇兩次與契丹人大舉進攻後周，而結納契丹，不得人心，兩次都大敗而回。北漢每年向契丹輸錢十萬緡，厚賂打點契丹權貴未計在內。北漢土地，本來就貧瘠，民眾艱辛，內供軍國，外奉契丹，所以賦役煩重。北漢官俸過低，十官九貪，加重民眾的負擔。北漢民苦楚，陷於水深火熱之中，史稱「民不聊生，逃入周境者甚眾」。

卷第二百九十一

後周紀二

起玄黓困敦（壬子 西元九五二年）九月，盡閼逢攝提格（甲寅 西元九五四年）四月，凡一年有奇。

【題解】本卷記事起於西元九五二年九月，迄於西元九五四年四月，凡一年又八個月。當後周太祖廣順二年九月至顯德元年四月。周太祖減輕賦役，廢軍屯，以地賜民，貶逐跋扈之臣王峻，抱病祀南郊，臨終遺命薄葬，不失明主風采。養子柴榮嗣位，史稱周世宗。北漢主劉崇趁周國喪而南侵，周世宗御眾親征。高平之戰，周世宗大破北漢兵，劉崇狼狽逃竄，周世宗乘勝兵圍晉陽。是役也，趙匡胤作戰，一馬當先，初露頭角。楚國舊將劉言、王逵逐走南唐兵，盡復楚國之舊，只有郴、連兩州落入南漢。湖南局勢恢復，王逵殺劉言，稱藩於後周。

太祖聖神恭肅文武孝皇帝中

廣順二年（壬子 西元九五二年）

九月甲寅朔❶，吳越丞相裴堅❷卒，以台州❸刺史吳延福同參相府事。○庚午❹，敕北邊吏民毋得入契丹境俘掠。

契丹將高謨翰以葦栰❺度胡盧河❻入寇，至冀州❼。成德節度使何福進遣龍捷都指揮使劉誠誨等屯貝州❽以拒之。契丹聞之，遽引兵北度。所掠冀州丁壯數百人，望見官軍，爭鼓譟，欲攻契丹。官軍不敢應，契丹盡殺之。

蜀山南西道節度使李廷珪奏周人聚兵關中❾，請益兵為備。蜀主遣奉鑾肅衛都虞候趙進將兵趣利州❿。既而聞周人聚兵以備北漢，乃引還。

唐武安節度使邊鎬昏懦無斷，在湖南，政出多門，不合眾心。吉水人歐陽廣⓫上書，言鎬非將帥才，必喪湖南，宜別擇良帥，益兵以救其敗。不報。唐主使鎬經略朗州。有自朗州來者，多言劉言忠順，鎬由是不為備。

唐主召劉言入朝，言不行，謂王逵曰：「唐必伐我，柰何？」逵曰：「武陵⓬負江湖之險，帶甲數萬，安能拱手受制於人！邊鎬撫御無方，士民不附，可一戰擒也。」言猶豫未決，周行逢曰：「機事貴速，緩則彼為之備，不可圖也。」言乃以逵、行逢及牙將何敬真、張倣、蒲公益、朱全琇、宇文瓊、彭萬和、潘叔嗣、張文表⓭十人皆為指揮使，部分發兵⓮。叔嗣、文表，皆朗州人也。行逢能謀、文表善戰、叔嗣果敢，三人多相須成功⓯，情款甚昵⓰。

諸將欲召溆州[17]酋長苻彥通[18]為援，行逢曰：「蠻貪而無義，前年從馬希萼入潭州，焚掠無遺[19]。吾兵以義舉，往無不克。烏用此物，使暴殄百姓哉！」乃止。然亦畏彥通為後患，以蠻酋土團都指揮使劉瑫為羣蠻所憚，補西境鎮遏使以備之。

冬，十月，逵等將兵分道趣長沙，以孫朗、曹進為先鋒使。邊鎬遣指揮使郭再誠等將兵屯益陽以拒之。戊子[20]，逵等克沅江[21]，執都監劉承遇，裨將李師德帥眾五百降之。壬辰[22]，逵等命軍士舉小舟自蔽，直造[23]益陽，四面斧寨[24]而入，遂克之，殺戍兵二千人。邊鎬告急於唐。甲午[25]，逵等克橋口[20]及湘陰[27]。乙未[28]，至潭州，邊鎬嬰城自守。救兵未至，城中兵少，丙申[29]夜，鎬棄城走，吏民俱潰。醴陵門[30]橋折，死者萬餘人。道州[31]刺史廖偃為亂兵所殺。丁酉[32]旦，王逵入城，自稱武平[1]節度副使、權知軍府[33]事，以何敬真為行軍司馬。遣敬真等追鎬，不及，斬首五百級。蒲公益攻岳州，唐岳州刺史宋德權走，劉言以公益權知岳州。唐將守湖南諸州者，聞長沙陷，相繼遁去。劉言盡復馬氏嶺北故地，惟郴、連入于南漢。

契丹瀛、莫、幽州大水，流民入塞散居河北者數十萬口，契丹州縣亦不之禁。

詔所在賑給存處之，中國民先為所掠，得歸者什五六。

【章　旨】以上為第一段，寫楚舊將劉言、王逵逐走南唐兵，盡復楚國之舊，唯有郴、連兩州落入南漢。

【注　釋】❶甲寅朔　九月初一日。❷裴堅　字廷實，湖州（治所在今浙江吳興）人，善屬文，任吳越丞相，有善政。❸台州　州名，治所臨海，在今浙江臨海。❹庚午　九月十七日。❺葦栰　用蘆葦編成的渡水工具，呈平面形，以竿撐水底前行。❻胡盧河　又名寧晉泊，在今河北寧晉東南，現已成窪地。❼冀州　州名，治所在今河北冀州。❽貝州　州名，治所在今河北清河縣。❾關中　地區名，相當於今陝西中部，舊說在東函谷關、南武關、西散關、北蕭關等四關之中。❿利州　州名，治所興安，在今四川廣元。⓫歐陽廣　吉州吉水（今江西吉水縣）人，善於洞察時局，有遠見。南唐元宗李璟曾想召試他，擬授予官職，他卻不肯就試。後出任吉水縣令。⓬武陵　郡名，唐天寶、至德時改朗州為武陵郡，治所在今湖南常德。⓭張文表　朗州人，周行逢死，據長沙發動叛亂，後被楊師璠平滅。⓮部分發兵　部署發兵事宜。⓯相須成功　相互配合，取得成功。⓰情款甚昵　感情十分親密。⓱溆州　州名，治所在今湖南懷化。⓲苻彥通　溆州部族首領，自謂苻秦後代，稱王於溪峒間。曾助馬希萼攻入長沙，焚掠無遺。後投王逵，授黔中節度使。⓳前年二句　事見本書卷二百八十九漢隱帝乾祐三年。⓴戊子　十月初五日。㉑沅江　縣名，縣治在今湖南沅江縣。㉒壬辰　十月初九日。㉓造　抵；到。㉔斧寨　砍破營寨。㉕甲午　十月十一日。㉖橋口　橋口鎮，在今湖南長沙西北。㉗湘陰　縣名，治所在今湖南湘陰。㉘乙未　十月十二日。㉙丙申　十月十三日。㉚醴陵門　潭州城東門。㉛道州　州名，治所營道，在今湖南道縣。㉜丁酉　十月十四日。㉝軍府　謂潭州軍府。

【校　記】①武平　胡三省注云：「『武平』當作『武安』。」嚴衍《通鑑補》改作「武安」。然《十國春秋・何敬真傳》作「武平」，未知孰是。

【語　譯】太祖聖神恭肅文武孝皇帝中

廣順二年（壬子　西元九五二年）

九月初一日甲寅，吳越丞相裴堅去世，命台州刺史吳延福共同參與丞相府事務。〇十七日庚午，周太祖敕令北方邊境的官吏、百姓不得進入契丹境內搶掠人口、財物。

契丹將領高謨翰利用蘆葦筏子渡過胡盧河入侵，到達冀州。成德節度使何福進派遣龍捷都指揮使劉誠誨等人屯駐貝州抵抗契丹軍隊。契丹聽到這個消息，急忙率軍向北渡過胡盧河。所掠冀州丁壯幾百人，望見官軍，爭相鼓譟，想攻擊契丹。官軍不敢響應，契丹把他們全部殺掉了。

後蜀山南西道節度使李廷珪上奏說後周人在關中集結軍隊，請求增兵防備。後蜀主派遣奉鑾肅衛都虞候趙進率兵趕往利州。不久聽說後周人集結軍隊是用來防備北漢，於是率兵返回。

南唐武安節度使邊鎬昏庸懦弱，不能決斷，在湖南，政出多門，不合民眾的心願。吉水人歐陽廣上書，稱邊鎬不是將帥之才，必定會失掉湖南，應該另外選擇優秀的主帥，增加軍隊，用以挽救他的敗局。未予批覆。南唐主命讓邊鎬籌謀朗州。有從朗州來的人，大多說劉言忠順朝廷，邊鎬因此不作防備。

南唐主徵召劉言入朝，劉言不去，對王逵說：「唐國一定討伐我，怎麼辦？」王逵說：「武陵依仗長江、洞庭湖的險要，甲士數萬，怎麼能拱手受別人控制！邊鎬安撫治理無方，士民不願意歸附，可以一戰就擒獲他。」劉言猶豫不決，周行逢說：「關鍵之事貴在迅速，遲緩了對方有了防備，就不可謀取了。」劉言於是任命王逵、周行逢以及牙將何敬真、張倣、蒲公益、朱全琇、宇文瓊、彭萬和、潘叔嗣、張文表十個人都為指揮使，部署發兵。潘叔嗣、張文表都是朗州人。周行逢擅長謀劃、張文表善於作戰、潘叔嗣果斷勇敢，三個人多相輔建功，感情非常親密。

眾將想召請溆州酋長苻彥通作為援助，周行逢說：「蠻人貪婪而不講信義，前年隨從馬希萼進入潭州，放火搶劫，不留一物。我們的軍隊是以義起兵，攻無不克。何必用這些人，讓他們殘暴百姓呢！」於是此事作罷。然而也害怕苻彥通成為後患，因為蠻人酋長土團都指揮使劉瑫為眾蠻人所畏懼，便補授他為西境鎮遏使，用來防備苻彥通。

冬，十月，王逵等人率兵分路奔赴長沙，任命孫朗、曹進為先鋒使。邊鎬派遣指揮使郭再誠等人率兵屯駐益陽來抵抗敵軍。初五日戊子，王逵等人攻下沅江，抓住了都監劉承遇，副將李師德率領部眾五百人投降。

初九日壬辰，王逵等人命令軍士用小船隱蔽自己，直抵益陽，從四面砍破營寨而入，於是攻克益陽，殺死守兵兩千人。邊鎬向南唐告急。十一日甲午，王逵等人攻下橋口和湘陰。十二日乙未，到達潭州，邊鎬環城自守。救兵沒有到來，城裡兵少，十三日丙申晚上，邊鎬棄城逃走，官吏、百姓全部潰散。醴陵門的橋斷裂，死的有一萬多人，道州刺史廖偃被亂兵所殺。十四日丁酉早晨，王逵進入城內，自稱武平節度副使、權知軍府事，任命何敬真為行軍司馬。派遣何敬真等人追趕邊鎬，沒有追上，斬了五百首級。蒲公益攻打岳州，南唐岳州刺史宋德權跑了，劉言任命蒲公益代理主持岳州事務。南唐駐守湖南各州的將領，聽說長沙陷落，相繼逃走。劉言全部收復馬氏嶺北的舊地，只有郴、連兩州入於南漢。

契丹瀛州、莫州、幽州發生大水，流民進入邊塞散居河北的有幾十萬，契丹的州縣也不禁止流民。皇帝下詔命令各地救濟安頓流民。中原的百姓以前被掠去的，得以回來的有十分之五六。

丁未❶，李穀[1]以病臂久未愈❷，三表辭位。帝遣中使諭指曰：「卿所掌至重，朕難其人❸。苟事功克集，何必朝禮！朕今於便殿待卿，可暫入相見。」穀入見于金祥殿，面陳悃款❹，帝不許。穀不得已，復視事。穀未能執筆，詔以三司務繁❺，令刻名印❻用之。

辛亥❼，敕：「民有訴訟，必先歷縣州及觀察使處決。不直，乃聽詣[2]臺省❽。或自不能書牒❾，倩人❿書者，必書所倩姓名、居處⓫。若無可倩，聽執素紙⓬。所訴必須己事，毋得挾私客訴⓭。」

慶州⑭刺史郭彥欽性貪，野雞族⑮多羊馬，彥欽故擾之以求賂，野雞族遂反，剽掠綱商⑯。帝命寧、環二州⑰合兵討之。

劉言遣使奉表[3]來告，稱：「湖南世事朝廷，不幸為鄰寇⑱所陷。臣雖不奉詔，輒⑲糾合義兵，削平舊國⑳。」

唐主削邊鎬官爵，流饒州㉑。初，鎬以都虞侯從查文徽克建州㉒，凡所俘獲皆全之，建人謂之「邊佛子」。及克潭州，市不易肆㉓，潭人謂之「邊菩薩」。既而為節度使，政無綱紀，惟日設齋供㉔，盛修佛事，潭人失望，謂之「邊和尚」矣。

左僕射同平章事馮延巳、右僕射同平章事孫晟上表請罪，皆釋之。晟陳請不已，乃與延巳皆罷守本官。唐主以比年㉕出師無功，乃議休兵息民。或曰：「願陛下數十年不用兵，可小康矣！」唐主曰：「將終身不用，何數十年之有！」唐主思歐陽廣之言㉖，拜本縣令。

【章旨】以上為第二段，寫南唐邊鎬非將帥才，丟失湖南，馮延巳等引咎辭相位。

【注釋】❶丁未　十月二十四日。❷穀以病臂久未愈　《宋史・李穀傳》載：「晨起仆階下，傷右臂。」❸朕難其人　我很難找到合適的人選。❹悃款　至誠的心意。❺三司務繁　李穀此時的職務是中書侍郎、平章事、判三司。❻刻名印　刻圖章。指以蓋印章代簽字。❼辛亥　十月二十八日。❽不直二句　地方判案不公正，才允許向朝廷臺省上訴。臺省，指御史臺和尚書省刑部。❾牒　公文；憑證。此指上訴的狀子。❿倩人　請人；託人。⓫必書所倩姓名居處　狀上一定寫明代寫狀子人的姓名、住處。⓬若無可倩二句　指不識字又請不到代寫狀子的人，可手執一張白紙代替狀子。素紙，白紙。⓭挾私客訴　不得挾持私情替人訴訟。⓮慶州　州名，治所安化，在今甘肅慶陽。⓯野雞族　党項族的一支，居慶州北。⓰綱商　往沿邊從事貿易的集團商販。綱，商人結夥發運大宗商品，分批起運，每一批編號稱為一綱。⓱寧環二州　寧州治所定安，在今甘肅寧縣。環州治所通遠，在今甘肅環縣。⓲鄰寇　指南唐。⓳輒　則。⓴舊國　指湖南舊楚之地。㉑饒州　州名，治所鄱陽，在今江西鄱陽。㉒從查文徽克建州　事見本書卷二百八十五後晉出帝開運二年、南唐李璟保大三年（西元四九五年）。㉓市不易肆　街上的店鋪照常做買賣（未受騷擾）。㉔設齋供　擺設供佛的物品。㉕比年　連年。㉖歐陽廣之言　歐陽廣言邊鎬必敗。

【校　記】①李穀　原無「李」字。胡三省注云：「『穀』上須有『李』字。」據章鈺校，十二行本、孔天胤本皆有「李」字，今據補。②詣　原作「訟於」。據章鈺校，十二行本、乙十一行本、孔天胤本皆作「詣」，張敦仁《通鑑刊本識誤》同，今據改。③奉表　原無此二字。據章鈺校，十二行本、乙十一行本皆有此二字，今據補。

【語　譯】十月二十四日丁未，李穀因為手臂有病長久沒有治好，三次上表辭職。周太祖派遣中使向他言明旨意說：「卿所執掌的事務至為重要，朕難於找到合適的人。倘若事情能夠辦好，何必要上朝禮拜！朕現在在便殿等待你，你可以馬上進宮進見。」李穀入見於金祥殿，當面陳述自己的至誠心意，周太祖不答應。李穀不得已，又處理公務。李穀不能拿筆，周太祖下詔說，因為三司事務繁忙，命刻圖章來使用。

十月二十八日辛亥，周太祖敕令：「百姓有訴訟，一定先經過縣、州及觀察使處理決斷。如果不公正，才允許向臺省上訴。有的人自己不能寫訴狀，請人書寫的，一定寫明代寫訴狀人的姓名、住處，如果找不到人代寫，允許只拿白紙起訴。所訴訟的必須是自己的事，不得挾帶私情替人訴訟。」

慶州刺史郭彥欽生性貪婪，党項野雞族有很多羊、馬，郭彥欽故意騷擾他們，以此索取賄賂。野雞族於是反叛，搶劫集團商販。周太祖命令寧、環二州聯合兵力討伐他們。

劉言派遣使者前來上表，說：「湖南世代侍奉朝廷，不幸被鄰敵攻陷。臣雖然沒有接奉詔命，但已集合義兵，削平舊楚之地。」

南唐主免除邊鎬的官爵，流放饒州。當初，邊鎬以都虞候的職位跟隨查文徽攻下建州，所有俘獲的人全都保全了性命，建州人稱他為「邊佛子」。等到攻下潭州，街市上的店鋪沒有驚動改變，潭州人稱他為「邊菩薩」。不久擔任節度使，政事沒有法度，只是每天擺設供品，盛修佛事，潭州人失望，就稱他為「邊和尚」了。

左僕射同平章事馮延巳、右僕射同平章事孫晟上表請罪，南唐主都釋之不問。孫晟請罪不止，才和馮延巳都免除宰相的職務，只擔任原有的官職。南唐主因為連年出兵無功，於是討論停止用兵，讓百姓休養生息。有人說：「希望陛下幾十年不用兵，就可以小康了！」南唐主說：「我將終身不用兵，何止幾十年呢！」南唐主想起歐陽廣的話，任命他為本縣縣令。

十一月辛未❶，徙保義節度使折從阮為靜難節度使，討野雞族。

癸酉❷，敕：「約每歲民間所輸牛皮，三分減二。計田十頃，稅取一皮，餘聽民自用及賣買，惟禁賣於敵國。」先是，兵興以來❸，禁民私賣買牛皮，悉令輸官受直❹。唐明宗之世，有司止償以鹽。晉天福中，并鹽不給。漢法，犯私牛皮一寸抵死，然民間日用實不可無。帝素知其弊，至是，李穀建議，均於田畝❺，公私便之。

十二月丙戌❻，河決鄭、滑，遣使行視修塞。○甲午❼，前靜難節度使侯章獻買宴⑧絹千匹，銀五百兩。帝不受，曰：「諸侯入覲⑨，天子宜有宴犒⑩，豈待買邪！自今如此比者，皆勿[1]受。」

王逵將兵及洞蠻五萬攻郴州，南漢將潘崇徹救之，遇于蠔石⑪。崇徹登高望湖南兵，曰：「疲而不整，可破也。」縱擊，大破之，伏尸八十里。

翰林學士徐台符請誅誣告李崧者⑫葛延遇及李澄，馮道以為屢更赦⑬，不許。王峻嘉台符之義，白於帝。癸卯⑭，收延遇、澄，誅之。

劉言表稱潭州殘破，乞移使府治朗州，且請貢獻、賣茶，悉如馬氏故事。許之。○唐江西觀察使楚王馬希萼入朝，唐主留之。後數年，卒於金陵，諡曰恭孝。

初，麟州⑮土豪楊信自為刺史，受命于周。信卒，子重訓⑯嗣，以州降北漢。至是，為羣羌所圍，復歸款⑰，求救於夏、府二州⑱。

【章旨】以上為第三段，寫周太祖減輕賦役，南唐遣使入朝。

【注釋】①辛未　十一月十九日。②癸酉　十一月二十一日。③兵興以來　指唐末戰亂以來。④悉令輸官受直　民間牛皮全部交納官府接受償值。直，價值。牛皮做甲冑，故禁賣敵國，官府壟斷收購。⑤均於田畝　把應繳納的牛皮平均攤到田畝中。⑥丙戌　十二月初四日。⑦甲午　十二月十二日。⑧買宴　五代時方鎮入朝以及在朝之臣參加宴會，都要買宴，交納錢物。⑨覲　古代諸侯朝見天子，春見叫朝，秋見叫覲。此泛指進見天子。⑩宴犒　設宴犒勞。⑪蠔石　地名，在今湖南宜章境。⑫徐台符請誅誣告李崧者　徐台符與李崧相善，故為請誅誣告者。誣告者指葛延遇與李澄兩僕夫，事見本書卷二百八十八。⓭屢更赦　屢次頒布赦令。⓮癸卯　十二月二十一日。⓯麟州　州名，治所在今陝西神木北。⓰重訓　據《考異》及《考異》所引《世宗實錄》，當作「崇訓」。⓱歸款　誠心歸附。⓲求救於夏府二州　指楊信向夏州鎮將李彝殷、府州鎮將折德扆二將求救。夏州治所巖綠，在今陝西靖邊紅墩界白城子。府州治所在今陝西府谷縣。

【校　記】①勿　原作「不」。據章鈺校，十二行本、乙十一行本、孔天胤本皆作「勿」，其義長，今據改。

【語　譯】十一月十九日辛未，徙任保義節度使折從阮為靜難節度使，討伐野雞族。

十一月二十一日癸酉，周太祖敕令：「規定每年民間所繳納的牛皮，減免三分之二。共計田地十頃，稅取一張牛皮，其餘的聽任百姓自用和買賣，只是禁止賣給敵國。」此前，戰亂以來，禁止百姓私自買賣牛皮，全部要交給政府接受償值。後唐明宗的時候，官府只用鹽補償。後晉天福年間，連鹽也不給予。後漢法令，犯法私賣牛皮一寸就處死，然而民間的日常使用實在不可缺少。周太祖向來知道其中的弊端，到了這時，李穀建議，把應繳納的牛皮均攤到田畝中，公私都方便。

十二月初四日丙戌，黃河在鄭州、滑州決口，周太祖派遣使者巡視，修塞河堤。〇十二日甲午，前任靜難節度使侯章進獻買宴的絹一千匹，銀五百兩。周太祖不接受，說：「諸侯入朝進見天子，天子應該設宴犒勞，豈能等人買呢！從今以後像這樣的進貢，全部不予接受。」

王逵率兵和洞蠻人共五萬攻打郴州，南漢將領潘崇徹救援郴州，兩軍在蠔石相遇。潘崇徹登高眺望湖南軍隊，說：「疲乏而不整齊，可以打敗。」縱兵攻擊，大敗湖南軍隊，伏屍八十里。

翰林學士徐台符請求誅殺誣告李崧的葛延遇和李澄。馮道認為經過了多次赦令，沒有同意。王峻讚許徐台符的大義，稟告給周太祖。十二月二十一日癸卯，逮捕葛延遇、李澄，殺了他們。

劉言上表說潭州殘破，請求把節度使的府署遷移到朗州，並且請求進貢、賣茶，全都按照馬氏的舊例。周太祖答應了他。〇南唐江西觀察使楚王馬希萼入朝，南唐主留下了他。幾年後，馬希萼死在金陵，謚號為恭孝。

當初，麟州土豪楊信自命為刺史，接受後周的命令。楊信去世，他的兒子楊重訓繼位，帶著州城投降北漢。到這時，被群羌包圍，又投誠歸附後周，向夏、府二州求救。

三年（癸丑　西元九五三年）

春，正月丙辰❶，以武平留後劉言為武平節度使，制置武安・靜江等軍事、同平章事。以王逵為武安節度使，何敬真為靜江節度使，周行逢為武安行軍司馬。詔折從阮「野雞族能改過者，拜官賜金帛，不則進兵討之。」壬戌❷，從阮奏「酋長李萬全❸等受詔立誓外，自餘猶不服，方討之。」

前世，屯田皆在邊地，使戍兵佃之。唐末，中原宿兵，所在皆置營田以耕曠土。其後，又募高貲戶❹使輸課佃之❺，戶部別置官司總領❻，不隸州縣。或丁多無役，或容庇奸盜，州縣不能詰。梁太祖擊淮南，掠得牛以千萬計，給東南諸州農民，使歲輸租。自是歷數十年，牛死而租不除，民甚苦之。帝素知其弊，會閤門使、知青州❼張凝上便宜❽，請罷營田務❾，李穀亦以為言。乙丑❿，敕悉罷戶部營田務，以其民隸州縣。其田、廬、牛、農器，並賜見佃者為永業⓫，悉除租牛課⓬。是歲，戶部增三萬餘戶。民既得為永業，始敢葺屋植木，獲地利數倍。

或言：「營田有肥饒者，不若鬻之，可得錢數十萬緡以資國。」帝曰：「利在於民，猶在國也，朕用此錢何為！」

萊州刺史葉仁魯，帝之故吏也，坐贓絹萬五千匹，錢千緡。庚午⑬，賜死。帝遣中使賜以酒食曰：「汝自抵⑭國法，吾無如之何！當存恤汝母。」仁魯感泣。

帝以河決為憂，王峻請自[1]往行視，許之。鎮寧節度使榮屢求入朝，峻忌其英烈⑮，每沮止⑯之。閏月⑰，榮復求入朝，會峻在河上⑱，帝乃許之。

契丹寇定州，圍義豐軍⑲。定和都指揮使楊弘裕夜擊其營，大獲，契丹遁去。又寇鎮州，本道兵擊走之。

丙申⑳，鎮寧節度使榮入朝。故李守貞騎士馬全乂㉑從榮入朝，帝召見，補殿前指揮使，謂左右曰：「全乂忠於所事，昔在河中，屢挫吾軍，汝輩宜效之。」王峻聞榮入朝，遽自河上歸。戊戌㉒，至大梁。

【章旨】以上為第四段，寫周太祖廢軍屯，以地賜民，鎮寧節度使柴榮入朝。

【注釋】❶丙辰 正月初五日。❷壬戌 正月十一日。❸李萬全 吐谷渾部人，善左右射，老而不衰。仕後周，官彰武軍節度使。入宋，加檢校太尉、橫海軍節度使。傳見《宋史》卷二百六十一。❹高貲戶 有錢的人家。❺使輸課佃之 讓有錢人家交納租稅，土地由他們租出去。❻戶部別置官司總領 戶部另設官署總管租佃土地的事。❼青州 州名，治所在今山東青州。❽上便宜 上奏利國利民之事。❾請罷營田務 請求廢除戶部營田（屯田）的機構。❿乙丑 正月十四日。⓫並賜見

佃者為永業　都贈給現在租佃土地的人作為永久的產業。⑫悉除租牛課　全部廢除租牛稅。⑬庚午　正月十九日。⑭抵觸犯；冒犯。⑮英烈　傑出的功績。⑯沮止　阻止。⑰閏月　閏正月。⑱會峻在河上　正趕上王峻外出巡視黃河。⑲義豐軍方鎮名，治所義豐，在今河北灤縣。⑳丙申　閏正月十五日。㉑馬全乂　幽州薊（今北京市西南）人，長於謀劃和騎射。初仕李守貞，不為所用。入周，頗受郭威賞識，屢破強敵，官至江州防禦使。傳見《宋史》卷二百七十八。㉒戊戌　閏正月十七日。

【校　記】①請自　原作「自請」。據章鈺校，十二行本、乙十一行本、孔天胤本二字皆互乙，今據改。

【語　譯】三年（癸丑　西元九五三年）

春，正月初五日丙辰，任命武平留後劉言為武平節度使，制置武安．靜江等軍事、同平章事。任命王逵為武安節度使，何敬真為靜江節度使，周行逢為武安行軍司馬。

周太祖詔令折從阮「野雞族能夠改過的，授給官職，賞賜金帛，不然就進兵討伐他們。」正月十一日壬戌，折從阮上奏「除酋長李萬全等人受詔立誓以外，其他人還不服從，正在討伐他們。」

前朝時候，屯田都在邊境，讓戍守的士兵耕種。唐朝末年，中原駐守軍隊，所在之處都設置營田來耕種空地。其後，又招募有錢人家，讓他們交納租稅，土地由他們租出去，戶部另外設置官署總管，不隸屬州縣。有的農戶成年男子多而沒有徭役，有的收容庇護奸邪盜賊，州縣不能責問。後梁太祖攻打淮南，掠奪到的牛以千萬計，給與東南各州的農民，讓他們每年繳納租稅。從這以後，經過幾十年，牛死而租稅沒有免除，百姓深受其苦。周太祖一向知道其中的弊端，適逢閣門使、知青州張凝上奏利國利民之事，請求廢除營田機構，李穀也說這件事。正月十四日乙丑，周太祖敕令全部廢除戶部的營田官署，把它所管轄的民眾隸屬州縣。那些田地、房舍、耕牛、農具，都賜給現在租佃土地的人作為永久的產業，全部廢除租牛稅。這一年，戶部登記的戶口增加了三萬多戶。百姓已經得到這些田產作為永久的產業，才敢開始修繕房屋，栽種樹木，得到的地利數倍於前。有人說：「營田中有肥沃富饒的，不如把它賣掉，可以獲得幾十萬緡的錢來資助國家。」周太祖說：「利益在於百姓，就如同在國家，朕用這些錢幹什麼！」

萊州刺史葉仁魯是周太祖的舊吏，犯了貪汙一萬五千匹絹、一千緡錢的罪。正月十九日庚午，賜死。周太祖派遣中使賜以酒食，說：「你自己觸犯國法，我沒有辦法！必當會撫恤你的母親。」葉仁魯感動得流淚。周太祖憂心黃河決口的事，王峻自己請求前往巡視，周太祖答應了。鎮寧節度使郭榮多次請求入朝，王峻嫉妒他傑出的功績，常常阻止他。閏正月，郭榮又請求入朝，正趕上王峻在黃河巡視，周太祖於是答應了郭榮。

契丹入侵定州，包圍義豐軍。定和都指揮使楊弘裕夜裡襲擊契丹的營地，大獲全勝，契丹人逃走。契丹又侵犯鎮州，鎮州軍隊打跑了他們。

閏正月十五日丙申，鎮寧節度使郭榮入朝。舊時李守貞的騎士馬全乂隨從郭榮入朝，周太祖召見他，補任為殿前指揮使，周太祖對身邊的人說：「馬全乂忠於他所侍奉的人，過去在河中時，多次挫敗我的軍隊，你們應該效仿他。」王峻聽說郭榮入朝，急忙從黃河邊趕回。十七日戊戌，到達大梁。

彰武節度使高允權卒，其子牙內指揮使紹基謀襲父位，詐稱允權疾病，表己知軍府事。觀察判官李彬切諫，紹基怒，斬之。辛巳❶，以彬謀反聞。王峻固求領藩鎮，帝不得已，壬寅❷[1]，以峻兼平盧節度使。○高紹基屢奏雜虜犯邊，冀得承襲。帝遣六宅使❸張仁謙詣延州❹巡檢，紹基不能匿，始發父喪。○戊申❺，折從阮奏降野雞二十一族。

唐草澤❻邵棠上言：「近游淮上❼，聞周主恭儉，增修德政。吾兵新破於潭、朗，恐其有南征之志，宜為之備。」

初，王逵既克[2]潭州，以指揮使何敬真為靜江節度副使、朱全琇為武安節度副使、張文表為武平節度副使、周行逢為武安行軍司馬。敬真、全琇各置牙兵，與逵分廳視事❽，吏民莫知所從。每宴集，諸將使酒，紛拏如市❾，無復上下之分，唯行逢、文表事逵盡禮，逵親愛之。敬真與逵不協，辭歸朗州，又不能事劉言，與全琇謀作亂。言素忌逵之彊，疑逵使敬真伺己，將討之。逵聞之，甚懼。行逢曰：「劉言素不與吾輩同心，何敬真、朱全琇恥在公下，公宜早圖之。」逵喜曰：「與公共除凶黨，同治潭、朗，夫復何憂！」

會南漢寇全、道、永州❿，行逢請：「身至朗州說言，遣敬真、全琇南討。俟至長沙，以計取之，如掌中物耳。」逵從之。行逢至朗州，言以敬真為南面行營招討使、全琇為先鋒使，將牙兵百餘人會潭州兵以禦南漢。二人至長沙，逵出郊迎，相見甚歡。宴飲連日，多以美妓餌之，敬真因淹留⓫不進。朗州指揮使李仲遷部兵三千人久戍潭州，敬真使之先發，趣嶺北⓬。都頭符會等因士卒思歸，劫仲遷擅還朗州。逵乘敬真醉，使人詐為言使者，責敬真以「南寇深侵，不亟捍禦而專務荒宴，太師⓭命械公歸西府⓮」，因收繫獄。全琇逃去，遣兵追捕之。二月辛亥朔⓯，斬敬真以徇。未幾，獲全琇及其黨十餘人，皆斬之。

癸丑⑯，鎮寧節度使榮歸澶州。○初，契丹主德光北還，以晉傳國寶自隨。至是，更以玉作二寶⑰。○王逵遣使以斬何敬真告劉言，言不得已，庚申⑱，斬符會等數人。

樞密使、平盧節度使、同平章事王峻，晚節益狂躁，奏請以端明殿學士顏衎、樞密直學士陳觀，代范質、李穀為相。帝曰：「進退宰輔，不可倉猝，俟朕更思之。」峻力論列，語浸不遜。日向中，帝尚未食，峻爭之不已。帝曰：「今方寒食，俟假開⑲，如卿所奏。」峻乃退。

癸亥⑳，帝亟召宰相、樞密使入，幽峻於別所。帝見馮道等，泣曰：「王峻陵㉑朕太甚，欲盡逐大臣，翦朕羽翼。朕惟一子，專務間阻㉒，暫令詣闕，已懷怨望。豈有身典樞機㉓，復兼宰相，又求重鎮㉔！觀其志趣，殊未盈厭㉕。無君如此，誰則堪之！」甲子㉖，貶峻商州㉗司馬㉘，制辭略曰「肉視羣后，孩撫朕躬㉙。」帝慮鄴都留守王殷不自安，命殷子尚食使承誨詣殷，諭以峻得罪之狀。峻至商州，得腹疾，帝猶愍之，命其妻往視之，未幾而卒。

【章旨】以上為第五段，寫武安節度使王逵清除異己。後周樞密使、同平章事王峻居功跋扈遭貶逐，憂憤而死。

【注釋】❶辛巳 正月三十日。❷壬寅 閏正月二十一日。❸六宅使 官名，唐朝於諸王府置，五代沿襲。掌諸王第宅之事。❹延州 州名，治所膚施，在今陝西延安東北。❺戊申 閏正月二十七日。❻草澤 在野之人；布衣之人。❼淮上 淮河一帶。❽分廳視事 各設一廳辦公。❾紛拏如市 互相拉扯，像鬧市一樣。拏，搏持；牽扯。❿全道永州 三州名。全州治所清湘，在今廣西全州西。道州治所營道縣，在今湖南道縣西。永州治所零陵，在今湖南零陵。⓫淹留 停留；久留。⓬嶺北 大庾嶺之北。⓭太師 此指劉言。⓮西府 朗州軍府在潭州之西，故稱西府。⓯辛亥朔 二月初一日。⓰癸丑 二月初三日。⓱二寶 指傳國寶及受命寶。據《五代會要》卷十三「符寶郎」記載，內司製國寶兩座，用白玉，方六寸，螭虎紐，詔馮道書寶文，一為「皇帝承天受命之寶」，一為「皇帝神寶」。⓲庚申 二月初十日。⓳俟假開 等到休假結束。⓴癸亥 二月十三日。㉑陵 欺陵。㉒專務間阻 專門琢磨從中加以阻撓。㉓身典樞機 身掌樞密院。樞機，謂樞密院。樞密院掌軍國機務，出納機密命令，位處樞機。㉔又求重鎮 又要求做大鎮節度使。㉕殊未盈厭 毫無滿足的意思。㉖甲子 二月十四日。㉗商州 州名，治所上洛，在今陝西商縣。㉘司馬 官名，唐、五代司馬為州刺史的佐官，多安置被貶斥之官。㉙肉視羣后二句 視朝臣如砧板上的肉塊，把天子當做年幼無知的孩子。

【校記】①壬寅 原無此二字。據章鈺校，十二行本、乙十一行本、孔天胤本皆有此二字，張敦仁《通鑑刊本識誤》、張瑛《通鑑校勘記》同，今據補。②克 原作「得」。據章鈺校，十二行本、乙十一行本、孔天胤本皆作「克」，今據改。

【語譯】彰武節度使高允權去世，他的兒子牙內指揮使高紹基圖謀承襲父親的職位，假稱高允權病重，上表自己主持軍府的事務。觀察判官李彬極力勸諫，高紹基很生氣，把他斬首。正月三十日辛巳，向朝廷報告說李彬謀反。

王峻再三地請求兼領藩鎮，周太祖不得已，閏正月二十一日壬寅，任命王峻兼任平盧節度使。〇高紹基多次奏報雜虜侵犯邊境，希望能夠承襲父職。周太祖派遣六宅使張仁謙到延州巡視檢查，高紹基不能隱瞞，才替父親發喪。〇二十七日戊申，折從阮奏報野雞二十一族投降。

南唐布衣邵棠上言：「近來遊覽淮河一帶，聽說周國的君主謙恭節儉，推行德政。我們的軍隊剛敗於潭州和朗州，恐怕周國有南征的想法，應該作好防備。」

當初，王逵攻克潭州後，任命指揮使何敬真為靜江節度副使、朱全琇為武安節度副使、張文表為武平節度副使、周行逢為武安行軍司馬。何敬真和朱全琇各自設置牙兵，與王逵分廳處理政事，官吏百姓不知道聽從誰。每當聚會宴飲，眾將酗酒任性，互相拉扯，像鬧市一樣，不再有上下之分，只有周行逢、張文表侍奉王逵禮儀周全，王逵親近喜歡他們。何敬真與王逵不和，辭別回到朗州，但又不能侍奉劉言，和朱全琇一起圖謀作亂。劉言向來顧忌王逵的強大，懷疑王逵派何敬真刺探自己，將要討伐王逵。王逵聽到這個消息，極為害怕。周行逢說：「劉言一向不和我們同心，何敬真、朱全琇恥於在您手下，您對他們應該早作打算。」王逵高興地說：「和您一起剷除兇黨，共同治理潭州、朗州，又有什麼擔憂的！」

適逢南漢入侵全州、道州、永州，周行逢請求：「我親身到朗州勸說劉言，派遣何敬真、朱全琇南伐。等他們到達長沙，利用計策捉拿他們，如同掌中取物而已。」王逵聽從他的建議。周行逢到達朗州，劉言任命何敬真為南面行營招討使、朱全琇為先鋒使，率領一百多名牙兵會合潭州兵來抵禦南漢。二人到了長沙，王逵出城郊迎，相見非常高興。連日宴飲，利用許多美貌妓女引誘他們，何敬真因此停留不再前進。朗州指揮使李仲遷所轄士兵三千人長期戍守潭州，何敬真讓他們先出發，奔赴大庾嶺以北。都頭符會等人因為士兵們想回家，劫持李仲遷擅自返回朗州。王逵趁著何敬真醉酒，讓人假裝成劉言的使者，指責何敬真「南方的敵寇深入邊境侵略，不趕快抗禦，而專心從事玩樂飲酒，太師命令把您上了械具押回朗州軍府」，接著就把他逮捕繫獄。朱全琇逃走，派遣士兵追捕他。二月初一日辛亥，把何敬真斬首示眾。不久，抓獲朱全琇和他的黨徒十多人，把他們全部斬首。

二月初三日癸丑，鎮寧節度使郭榮返回澶州。〇當初，契丹主耶律德光返回北方，把後晉的傳國寶隨身帶著。到了這時，另外用玉製作了兩個傳國寶。〇王逵派遣使者把斬殺何敬真的事告訴劉言，劉言不得已，初十日庚申，斬殺符會等幾個人。

樞密使、平盧節度使、同平章事王峻，晚年更加狂躁，上奏請求任用端明殿學士顏衎、樞密直學士陳觀，來代替范質、李穀為宰相。周太祖說：「任免宰相，不能倉促，等朕再思考一下。」王峻極力論說他的意見，言語漸漸地不恭遜。時間快到正午，周太祖還沒有吃飯，王峻仍然爭論不休。周太祖說：「現在正是寒食節，等到休假結束，就按卿上奏的去辦理。」王峻這才退下。

二月十三日癸亥，周太祖趕快召請宰相、樞密使入朝，把王峻幽禁在別的地方。周太祖見到馮道等人，流淚說：「王峻欺朕太甚，想全部驅逐大臣，翦除朕的輔佐。朕只有一個兒子，王峻專門琢磨從中阻撓，朕暫時讓他進京，王峻已經心懷怨恨。豈有身掌樞密院，又兼任宰相，還要兼領重要藩鎮！看他的心意，永遠不會滿足。如此無視君主，誰能夠忍受！」十四日甲子，貶王峻為商州司馬，制書的內容大略說「把群臣看作砧板上的肉，把天子當做年幼無知的小孩。」周太祖考慮鄴都留守王殷內心感到不安，命令王殷的兒子尚食使王承誨前往王殷那裡，說明王峻獲罪的情形。王峻到了商州，得了腹瀉病，周太祖還憐憫他，命王峻的妻子前去探望他，不久王峻去世。

帝命折從阮分兵屯延州，高紹基始懼，屢有貢獻。又命供奉官張懷貞將禁兵兩指揮屯鄜、延，紹基乃悉以軍府事授副使張匡圖。甲戌❶，以客省使向訓權知延州。

三月甲申❷，以鎮寧節度使榮為開封尹、晉王。丙戌❸，以樞密副使鄭仁誨為鎮寧節度使。

初，殺牛族❹與野雞族有隙，聞官軍討野雞，饋餉迎奉，官軍利其財畜而掠之。殺牛族反，與野雞合，敗寧州❺刺史張建武于包山❻。帝以郭彥欽擾羣胡，致其作亂，黜廢於家。

初，解州⑦刺史浚儀⑧郭元昭與榷鹽使李溫玉有隙。溫玉壻魏仁浦為樞密主事⑨，元昭疑仁浦庇之。會李守貞反，溫玉有子在河中，元昭收繫溫玉，奏言其叛，事連仁浦。帝時為樞密使，知其誣，釋不問。至是，仁浦為樞密承旨⑩，元昭代歸⑪，甚懼。過洛陽，以告仁浦弟仁滌，仁滌曰：「吾兄平生不與人為怨，況肯以私害公乎！」既至，丁亥⑫，仁浦白帝，以元昭為慶州刺史。己丑⑬，以棣州⑭團練使太原王仁鎬⑮為宣徽北院使兼樞密副使。○唐主復以左僕射馮延巳同平章事。

周行逢惡武平節度副使張倣，言於王逵曰：「何敬真，倣之親戚，臨刑以後事屬⑯倣，公宜備之。」夏，四月庚申⑰，逵召倣飲，醉而殺之。丙寅⑱，歸德節度使兼侍中常思入朝。戊辰⑲，徙平盧節度使。將行，奏曰：「臣在宋州，舉絲⑳四萬餘兩在民間，謹以上進，請徵之。」帝頷㉑之。五月丁亥㉒，敕牓宋州，凡常思所舉絲[1]，悉蠲㉓之，已輸者復歸之[2]。思亦無怍色㉔。

自唐末以來，所在學校廢絕。蜀毋昭裔出私財百萬營學館，且請刻板印九經㉕，蜀主從之。由是蜀中文學㉖復盛。

六月壬子㉗，滄州㉘奏契丹知盧臺軍事范陽張藏英㉙來降。

初，唐明宗之世，宰相馮道、李愚㉚請令判國子監田敏㉛校正九經，刻板印賣，朝廷從之。丁巳㉜，板成㉝，獻之。由是，雖亂世，九經傳布甚廣。

【章旨】以上為第六段，寫五代時《九經》雕版，大行於世。

【注釋】❶甲戌　二月二十四日。❷甲申　三月初五日。❸丙戌　三月初七日。❹殺牛族　党項族的一支。❺寧州　州名，治所在今甘肅寧縣。❻包山　地名，在寧州境。❼解州　州名，治所在今山西運城市。❽浚儀　舊縣名，縣治在今河南開封。❾樞密主事　樞密院屬官。❿樞密承旨　官名，五代置樞密院承旨、副承旨，承傳帝命，以諸衛將軍充任。⓫元昭代歸　郭元昭任職期滿調職回來。⓬丁亥　三月初八日。⓭己丑　三月初十日。⓮棣州　州名，治所厭次，在今山東惠民東南。⓯王仁鎬　邢州龍岡（今河北邢臺西南）人，歷仕後唐、後晉、後漢、後周，官至山南東道節度使。崇信佛教，所得俸祿，多奉佛飯僧。傳見《宋史》卷二百六十一。⓰屬　通「囑」。託付。⓱庚申　四月十一日。⓲丙寅　四月十七日。⓳戊辰　四月十九日。⓴舉絲　先將貨物借貸給百姓，到蠶絲熟時，再徵收其絲，稱舉絲。㉑頷　點頭。㉒丁亥　五月初九日。㉓蠲除　去；免除。㉔怍色　慚愧的神色。㉕九經　唐代科舉取士，在明經科中有「三《禮》」、「三《傳》」：《周禮》、《儀禮》、《禮記》；《左傳》、《公羊傳》、《穀梁傳》；還有《詩》、《書》、《易》，共九經。㉖文學　文獻典籍之學，此指經學。㉗壬子　六月初四。㉘滄州　州名，治所清池，在今河北滄縣東南。㉙張藏英　涿州范陽（今河北涿州）人，唐末舉族為賊所殺，後設計報仇，官府不罪，世稱「報仇張孝子」。契丹用為盧臺軍使，不久率眾航海歸周，屢破契丹。傳見《宋史》卷二百七十一。㉚李愚　渤海無棣（今山東無棣）人，好古文。後唐明宗宰相。傳見《舊五代史》卷六十七、《新五代史》卷五十四。㉛判國子監田敏　當時田敏任尚書右丞，以本官掌國子監處理權，稱之為「判國子監」。云「判某官」者，執掌某官職事，而未正式任命。國子監，國家最高教育管理機關和最高學府。㉜丁巳　六月初九日。㉝板成　《九經》雕版完成。

【校記】①絲　原無此字。據章鈺校，十二行本、乙十一行本、孔天胤本皆有此字，今據補。②已輸者復歸之　原無此六字。據章鈺校，十二行本、乙十一行本、孔天胤本皆有此六字，張瑛《通鑑校勘記》同，今據補。

【語　譯】周太祖命令折從阮分兵駐守延州，高紹基開始害怕，多次向朝廷進貢。又命令供奉官張懷貞率領禁兵兩指揮駐守鄜州、延州，高紹基於是把軍府的事全部交給副使張匡圖。二月二十四日甲戌，任命客省使向訓暫時掌管延州事務。

三月初五日甲申，以鎮寧節度使郭榮為開封尹、晉王。初七日丙戌，任命樞密副使鄭仁誨擔任鎮寧節度使。

當初，殺牛族和野雞族有矛盾，聽說官軍討伐野雞族，殺牛族輸送糧餉，迎接官軍，官軍貪圖他們的財貨牲畜而搶劫他們。殺牛族造反，與野雞族聯合，在包山打敗寧州刺史張建武。周太祖因為郭彥欽騷擾群胡，致使他們叛亂，把郭彥欽罷免在家。

當初，解州刺史浚儀人郭元昭和榷鹽使李溫玉有矛盾。李溫玉的女婿魏仁浦任樞密主事，郭元昭懷疑魏仁浦庇護李溫玉。適逢李守貞反叛，李溫玉有個兒子在河中，郭元昭拘禁了李溫玉，上奏說他反叛，事情牽連到魏仁浦。周太祖當時擔任樞密使，知道魏仁浦被誣陷，便把這事放在一邊不加追問。到這時，魏仁浦為樞密承旨，郭元昭任職期滿調職回來，非常害怕。經過洛陽，把這件事告訴魏仁浦的弟弟魏仁滌。魏仁滌說：「我哥哥平生不和人結仇，怎麼肯利用私人恩怨而害您呢！」郭元昭回到京師後，三月初八日丁亥，魏仁浦報告周太祖，任命郭元昭為慶州刺史。

三月初十日己丑，任命棣州團練使太原人王仁鎬擔任宣徽北院使兼樞密副使。〇南唐主又任命左僕射馮延巳為同平章事。

周行逢憎惡武平節度副使張倣，對王逵說：「何敬真是張倣的親戚，臨刑時把後事託付給張倣，您應該防備他。」夏，四月十一日庚申，王逵叫來張倣飲酒，喝醉了，把他殺掉。

四月十七日丙寅，歸德節度使兼侍中常思入朝。十九日戊辰，徙任平盧節度使。常思即將上路，上奏說：「臣在宋州，在民間貸有四萬多兩絲的債，謹把這些獻給皇上，請到時候徵收。」周太祖點頭答應了他。五月初九日丁亥，敕令宋州公布文告，凡是常思所貸放的絲債全部免除，已上繳的全部退還。常思也沒有慚愧神色。

自從唐朝末年以來，各地的學校廢棄了。後蜀毌昭裔拿出私人財產一百萬營辦學館，並且請求刻板印刷《九經》，後蜀主聽從了他的建議。因此蜀地的文獻之學又興盛起來。

六月初四日壬子，滄州奏報契丹知盧臺軍事范陽人張藏英前來投降。

當初，後唐明宗時，宰相馮道、李愚請求命判國子監田敏校正《九經》，刻板印刷出售，朝廷聽從了這一建議。六月初九日丁巳，雕版完成，獻給朝廷。因此，雖然是亂世，《九經》流傳很廣。

王逵以周行逢知潭州，自將兵襲朗州，克之。殺指揮使鄭玹，執武平[1]節度使、同平章事劉言，幽于別館。

秋，七月，王殷三表請入朝，帝疑其不誠，遣使止之。

唐大旱，井泉涸，淮水可涉，飢民度淮而北者相繼。濠❶、壽發兵禦之，民與兵鬬而北來。帝聞之曰：「彼我之民一也，聽糴米過淮❷。」唐人遂築倉，多糴以供軍。八月己未❸，詔唐民以人畜負米者聽❹之，以舟車運載者勿予。

王逵遣使上表，誣「劉言謀以朗州降唐，又欲攻潭州，其眾不從，廢而囚之。臣已至朗州撫安軍府訖❺。」且請復移使府治潭州❻。甲戌❼，遣通事舍人翟光裔詣湖南宣撫，從其所請。逵還長沙，以周行逢知朗州事，又遣潘叔嗣殺劉言於朗州。

九月己亥❽，義成[2]節度使白重贊❾奏塞決河。

契丹寇樂壽，齊州戍兵右保寧都頭劉彥章[3]殺都監杜延熙，謀應契丹。不克，并其黨伏誅。

南漢主立其子繼興❿為衛王，璇興⓫為桂王，慶興⓬為荊王，保興⓭為禎王[4]，崇興⓮為梅王。

【章旨】以上為第七段，寫武安節度使王逵攻殺武平軍節度使劉言。南漢主封諸子為王。

【注釋】❶濠 州名，治所鍾離，在今安徽鳳陽東。❷聽糴米過淮 任憑其自由買米，渡過淮河。❸己未 八月十二日。❹聽 聽憑；允許。❺撫安軍府訖 把軍府安撫完畢。❻且請復移使府治潭州 前一年劉言曾上表把節度使府移至朗州，現在王逵又請求把節度使府移至潭州，意在避開劉言的勢力範圍。❼甲戌 八月二十七日。❽己亥 九月二十二日。❾白重贊 憲州樓煩（今山西婁煩）人，其先為沙陀部族。仕後周、宋，官至左千牛衛上將軍。傳見《宋史》卷二百六十一。❿繼興 南漢後主，名鋹，初名繼興，封衛王，中宗劉晟長子。十六歲襲位，年號大寶。即位後，委政事於宦官、女巫，淫戲無度，國勢日衰。宋太祖出師南征，舉族出降。西元九五八—九七一年在位。傳見《舊五代史》卷一百三十五、《新五代史》卷六十五。⓫璇興 南漢中宗次子，被後主殺。⓬慶興 南漢中宗第三子。⓭保興 南漢中宗第四子，宋師至城下，作戰失敗，逃至民家，被俘。⓮崇興 南漢中宗少子。

【校記】[1]武平 原作「武安」。胡三省注云：「劉言為武平節度使……『安』當作『平』。」嚴衍《通鑑補》改作「武平」，今據以校正。[2]義成 原作「武成」。胡三省注云：「滑州自唐以來置義成節度使，宋朝太平興國元年，以太宗舊名始改為武成軍，於此時『武』當作『義』。」嚴衍《通鑑補》改作「義成」，今從改。[3]劉彥章 原作「劉漢章」。據章鈺校，乙十一行本、孔天胤本皆作「劉彥章」，今據改。按，《舊五代史》卷一百十三作「劉彥章」。④楨王　原作「禎王」。張敦仁《通鑑刊本識誤》云當作「楨王」，《十國春秋》卷六十正作「楨」，今據改。

【語　譯】 王逵任命周行逢執掌潭州事務，自己率兵襲擊朗州，攻下朗州。殺死了指揮使鄭玫，抓獲武平節度使、同平章事劉言，囚禁在別的館所。

秋，七月，王殷再三上表請求入朝，周太祖懷疑他沒有誠心，派使者阻止他。

南唐大旱，井水、泉水乾涸，淮河可以涉水走過，飢民渡過淮河而到北方去的前後相繼。濠州、壽州發兵阻攔他們，百姓和士兵爭鬥，向北而來。周太祖聽到這件事，說：「他們和我們的百姓是一樣的，任由他們過淮河買米。」南唐人便修築倉庫，多買米來供應軍隊。八月十二日己未，周太祖詔令南唐百姓用人力和牲畜來拉米的，允許他們，用車船運載糧食的，不要賣給。

王逵派遣使者上表，誣告說「劉言圖謀以朗州投降唐國，又打算攻打潭州，他的部眾不聽從，把他廢黜而囚禁起來。臣下已經到朗州把軍府安撫完畢。」並且請求把節度使府移治潭州。八月二十七日甲戌，周太祖派遣通事舍人翟光裔前往湖南宣諭安撫，答應王逵的請求。王逵返回長沙，任命周行逢執掌朗州事務，又派遣潘叔嗣在朗州殺了劉言。

九月二十二日己亥，義成節度使白重贊奏言堵塞了黃河決口。

契丹寇掠樂壽。齊州守兵右保寧都頭劉彥章殺死都監杜延熙，圖謀響應契丹。沒有成功，連同他的黨羽被處死。

南漢主立他的兒子劉繼興為衛王，劉璇興為桂王，劉慶興為荊王，劉保興為楨王，劉崇興為梅王。

東自青、徐❶，南至安、復❷，西至丹、慈❸，北至貝、鎮❹，皆大水。

帝自入秋得風痹疾❺，害於食飲及步趨，術者言宜散財以禳❻之。帝欲祀南郊，又以自梁以來，郊祀常在洛陽，疑之。執政曰：「天子所都則可以祀百神，何必洛陽！」於是，始築圜丘[7]、社稷壇[8]，作太廟於大梁。癸亥[9]，遣馮道迎太廟社稷神主[10]于洛陽。

南漢大赦。

冬，十一月己丑[11]，太常[12]請準洛陽築四郊諸壇，從之。十二月丁未朔[13]，神主至大梁，帝迎于西郊，祔[14]享于太廟。

鄴都留守、天雄節度使兼侍衛親軍都指揮使、同平章事王殷恃功專橫，凡河北鎮戍兵應用敕處分者[15]，殷即以帖[16]行之，又多掊斂民財。帝聞之不悅，使人諭曰：「卿與國同體，鄴都帑庾[17]甚豐，卿欲用則取之，何患無財！」成德節度使何福進素惡殷，甲子[18]，福進入朝，密以殷陰事白帝，帝由是疑之。乙丑[19]，殷入朝，詔留殷充京城內外巡檢。

戊辰[20]，府州防禦使折德扆奏北漢將喬贇入寇，擊走之。

王殷每出入，從者常數百人。殷請量給鎧仗[21]以備巡邏，帝難之。時帝體不平，將行郊祀，而殷挾震主之勢在左右，眾心忌之。壬申[22]，帝力疾御滋德殿，殷入起居，遂執之。下制誣殷謀以郊祀日作亂，流登州[23]，出城，殺之。命鎮寧節度使鄭仁誨詣鄴都安撫，仁誨利殷家財，擅殺殷子，遷其家屬於登州。

唐祠部郎中㉔、知制誥㉕徐鉉言貢舉初設，不宜遽罷，乃復行之。先是，楚州刺史田敬洙請修白水塘㉖溉田以實邊，馮延巳以為便。李德明因請大闢曠土為屯田，修復所在渠塘堙廢者。吏因緣㉗侵擾，大興力役，奪民田甚眾，民愁怨無訴。徐鉉以白唐主，唐主命鉉按視之，鉉籍民田悉歸其主㉘。或譖鉉擅作威福，唐主怒，流鉉舒州。然白水塘竟不成。唐主又命少府監㉙馮延魯巡撫諸州，右拾遺徐鍇㉚表延魯無才多罪，舉措輕淺，不宜奉使。唐主怒，貶鍇校書郎㉛、分司東都㉜。鍇，鉉之弟也。

道州盤容洞㉝蠻酋盤崇聚眾自稱盤容州都統，屢寇郴、道州。

乙亥㉞，帝朝享太廟，被袞冕㉟，左右掖以登階。纔及一室㊱，酌獻㊲，俛首不能拜而退，命晉王榮終禮㊳。是夕，宿南郊，疾尤劇㊴，幾不救。夜分，小愈㊵。

【章　旨】以上為第八段，寫鄴都留守王殷恃功專橫，以謀亂被誅。周太祖抱病祀南郊。

【注　釋】❶青徐　兩州名，青州治所在今山東青州，徐州治所在今江蘇徐州。❷安復　兩州名，安州治所在今湖北安陸，復州治所景陵，在今湖北天門。❸丹慈　兩州名，丹州治所在今陝西宜川縣，慈州治所吉鄉，在今山西吉縣。❹貝鎮　兩州名，貝州治所在今河北清河縣，鎮州治所在今河北正定。❺風痹疾　病名，多因風、寒、溼三氣侵襲而致。症狀多表現為肢體酸痛、關節疼痛、肌膚麻木等。❻禳　祭禱消災。❼圜丘　圓形的高丘，天子祭天之處。圜，同「圓」。象天之圓。丘，調土之高者。❽社稷壇　古代帝王、諸侯祭土神與穀神之處。社謂土神，稷謂穀神。❾癸亥　九月戊寅朔，無癸亥。癸亥，疑為十月十六日。❿神主　神的牌位。⓫己丑　十一月十三日。⓬太常　官名，掌祭祀禮樂。⓭丁未朔　十二月初一日。⓮祔祭名，附祭。⓯應用敕處分者　應由朝廷用敕書處置的。指應由朝廷任命。⓰帖　帖子；普通公文。句意指王殷擅自處置。⓱帑庾　國庫、糧庫。⓲甲子　十二月十八日。⓳乙丑　十二月十九日。⓴戊辰　十二月二十二日。㉑量給鎧仗　酌情供給鎧甲及兵器。㉒壬申　十二月二十六日。㉓登州　州名，治所在今山東蓬萊。㉔祠部郎中　官名，與祠部員外郎共掌祠祀、享祭、天文漏刻、國忌廟諱、卜筮、醫藥、僧尼之事。祠部，東晉始設祠部，掌祭祀之事。後變為禮部，而以祠部為所屬四司之一。㉕知制誥　官名，掌起草詔令。㉖白水塘　三國時鄧艾屯田淮南所築水庫名，在今江蘇寶應西。㉗因緣　趁機會。㉘籍民田悉歸其主　把被侵佔的民田登記下來，全部退還給它的主人。㉙少府監　官名，掌宮中百工技巧之事。㉚徐鍇　（西元九二〇—九七四年）字楚金，揚州廣陵（今江蘇揚州）人，五代末北宋初文字學家。徐鉉弟，世稱小徐，官至內史舍人。著有《說文解字繫傳》。傳見《宋史》卷四百四十一。㉛校書郎　官名，掌校勘書籍，訂正訛誤。㉜分司東都　唐宋官制，中央職官分到陪都（如唐以洛陽為陪都，或稱東都）執行任務稱分司。但除御史分司為實職外，其他分司者多為優待退閒之官，並不任實職。南唐陪都為揚州。㉝盤容洞　在湖南道縣南。㉞乙亥　十二月二十九日。㉟被袞冕　身披龍袍，頭戴皇冠。㊱纔及一室　才祭祀了一室。㊲酌獻　斟酒上獻。㊳命晉王榮終禮　命晉王柴榮代行典禮直到結束。㊴疾尤劇　病情極為沉重。㊵夜分二句　到了半夜，才略微好一些。

【語譯】東起青州、徐州，南到安州、復州，西到丹州、慈州，北到貝州、鎮州，都發生大水。

周太祖入秋後得了手足麻木病，妨害飲食和行走，術士說應該散財祭禱消災。周太祖想到南郊祭祀天地，又因為從後梁以來，祭祀天地常在洛陽，因此心中懷疑。執政官員說：「天子建都的地方可以祭祀百神，何必要在洛陽！」於是開始修建圜丘、社稷壇，在大梁建造太廟。癸亥日，派遣馮道到洛陽迎來太廟的社稷神主牌位。

南漢實行大赦。

冬，十一月十三日己丑，太常請求按照洛陽修築四郊各壇，周太祖同意了。十二月初一日丁未，太廟社稷神主牌位到了大梁，周太祖到西郊迎接，附祭於太廟。

鄴都留守、天雄節度使兼侍衛親軍都指揮使、同平章事王殷恃功專橫，凡是河北藩鎮的戍守軍隊應該由朝廷用敕書來處理的，王殷就用普通公文來處置，又大量搜刮百姓的錢財。周太祖聽了這種情況很不高興，派人對他說：「卿和國家同為一體，鄴都的庫藏很豐富，卿要用就去拿，何必擔心沒有錢財！」成德節度使何福進一向厭惡王殷，十二月十八日甲子，何福進入朝，祕密地把王殷的事情稟告周太祖，周太祖因此懷疑王殷。十九日乙丑，王殷入朝，周太祖詔令留下王殷充任京城內外巡檢。

十二月二十二日戊辰，府州防禦使折德扆奏報北漢將領喬贇入侵，把他打跑了。

王殷每次出入，隨從的人員常常幾百人。王殷請求酌量供給鎧甲、兵器作為巡邏之用，周太祖對此事很為難。當時周太祖身體不好，將要舉行祭祀天地的典禮，而王殷挾持震主之勢留在周太祖左右，大家心裡嫉恨他。十二月二十六日壬申，周太祖支撐病體駕臨滋德殿，王殷進殿問安，就此把他抓起來。頒布制書妄稱王殷謀劃在郊祀日作亂，把他流放到登州，他出了城，就把他殺了。命令鎮寧節度使鄭仁誨前往鄴都安撫，鄭仁誨貪圖王殷的財產，擅自殺了王殷的兒子，把他的家屬遷到登州。

南唐祠部郎中、知制誥徐鉉說貢舉制度剛剛設立，不應該立刻廢止，於是又恢復實行。此前，楚州刺史田敬洙請求整修白水塘灌溉田地，用來充實邊疆，馮延巳認為有利。李德明因而建議大量開墾荒地作為屯田，修復各地廢棄的水渠、池塘。官吏趁機侵擾，大量徵用民力，奪取很多民田，百姓愁怨，無處申訴。徐鉉把這種情形報告南唐主，南唐主命令徐鉉檢查巡視，徐鉉把被侵佔的民田登記下來歸還原主。有人譖毀徐鉉擅自作威作福，南唐主很生氣，把徐鉉流放舒州。這樣白水塘終究沒有能夠整修成功。南唐主又命令少府監馮延魯巡視安撫各州，右拾遺徐鍇上表說馮延魯沒有才能，犯了很多罪，舉止輕浮淺薄，不宜奉命出使。南唐主很生氣，貶徐鍇為校書郎、分司東都。徐鍇，是徐鉉的弟弟。

道州盤容洞蠻的酋長盤崇聚集徒眾，自稱盤容州都統，一再入侵郴州、道州。

十二月二十九日乙亥，周太祖祭祀太廟，穿戴袞衣、冠冕，由身邊的人扶持登上階梯。才祭祀了一室，斟酒上獻，俯首不能下拜而退下，命令晉王郭榮完成祭禮。當天晚上，周太祖住宿南郊，病情極為沉重，幾乎不能救治。夜半時候，稍微好了一點。

顯德元年（甲寅　西元九五四年）

春，正月丙子朔❶，帝祀圜丘，僅能瞻仰致敬❷而已，進爵奠幣❸皆有司代之。大赦，改元。聽蜀境通商❹。戊寅❺，罷鄴都❻，但為天雄軍。庚辰❼，加晉王榮兼侍中，判內外兵馬事。時羣臣希得見帝，中外恐懼，聞晉王典兵，人心稍安。軍士有流言郊賞薄於唐明宗時者❽，帝聞之。壬午❾，召諸將至寢殿❿，讓⓫之曰：「朕自即位以來，惡衣菲食，專以贍軍為念。府庫蓄積，四方貢獻，贍軍之外，鮮有贏餘，汝輩豈不知之！今乃縱凶徒騰口⓬，不顧人主之勤儉，察國之貧乏，又不思己有何功而受賞，惟知怨望，於汝輩安乎！」皆惶恐謝罪，退，索不逞者⓭戮之，流言乃息。

初，帝在鄴都，奇愛小吏曹翰⓮之才，使之事晉王榮。榮鎮澶州，以為牙將。榮入為開封尹，未即召翰，翰自至，榮怪之。翰請間⓯言曰：「大王國之儲嗣⓰，今主上寢疾，大王當入侍醫藥，柰何猶決事於外邪！」榮感悟，即日入止禁中。丙戌⓱，帝疾篤，停諸司細務皆勿奏，有大事，則晉王榮稟進止宣行之。

以鎮寧節度使鄭仁誨為樞密使、同平章事。戊子⑱，以義武留後孫行友、保義留後韓通⑲、朔方留後馮繼業皆為節度使。通，太原人也。

帝屢戒晉王曰：「昔吾西征，見唐十八陵⑳無不發掘者，此無他，惟多藏金玉故也。我死，當衣以紙衣，斂以瓦棺，速營葬，勿久留宮中。壙㉑中無用石，以甓㉒代之。工人役徒皆和雇㉓，勿以煩民。葬畢，募近陵民三十戶，蠲其雜傜，使之守視。勿修下宮㉔，勿置守陵宮人，勿作石羊、虎、人、馬。惟刻石置陵前云：『周天子平生好儉約，遺令用紙衣、瓦棺，嗣天子不敢違也。』汝或吾違，吾不福汝。」又曰：「李洪義當與節鉞，魏仁浦勿使離樞密院㉕。」

庚寅㉖，詔前登州刺史周訓等塞決河。先是，河決靈河㉗、魚池㉘、酸棗、陽武㉙、常樂驛、河陰㉚、六明鎮㉛[1]、原武㉜，凡八口㉝。至是，分遣使者塞之。

帝命趣草制㉞，以端明殿學士、戶部侍郎王溥為中書侍郎、同平章事。壬辰㉟，宣制畢，左右以聞，帝曰：「吾無恨矣！」以樞密副使王仁鎬為永興軍節度使，以殿前都指揮使㊱李重進領武信節度使、馬軍都指揮使樊愛能領武定節度使、步軍都指揮使何徽領昭武節度使。重進年長於晉王榮，帝召入禁中，屬以後事，仍㊲命拜榮，以定君臣之分。是日，帝殂于滋德殿，祕不發喪。乙未㊳，宣遺制。丙申㊴，晉王即皇帝位。

初，靜海㊵節度使吳權卒，子昌岌立。昌岌卒，弟昌文立。是月，始請命於南漢，南漢以昌文為靜海節度使兼安南都護㊶。

【章　旨】以上為第九段，寫周太祖駕崩，臨終調整人事，遺命薄葬。晉王柴榮即位，史稱世宗。

【注　釋】❶丙子朔　正月初一日。❷瞻仰致敬　抬頭仰望表示敬意。周太祖郊祀，因病不能跪拜天帝，只能仰望致意。❸進爵奠幣　進獻酒和繒帛等祭品。爵，本指酒器，此代酒。幣，古時以繒帛為祭祀或贈送賓客的禮物。❹聽蜀境通商　聽任後蜀民眾在邊境自由貿易。晉天福初年，蜀與中原尚通商。開運年後，出於中原多事，蜀又有吞併關西的企圖，方斷絕往來。❺戊寅　正月初三日。❻罷鄴都　五代唐同光元年（西元九二三年）改魏州為興唐府，建號東京。三年，又改東京為鄴都。後屢有更改，至此又罷都，建天雄軍。❼庚辰　正月初五日。❽軍士有流言句　當時軍士有散布流言說，皇上舉行祭天典禮，賞賜給士兵的東西比唐明宗時少。❾壬午　正月初七日。❿寢殿　帝王臥內。⓫讓　責備。⓬縱凶徒騰口　放縱兇暴之徒散布流言蜚語。⓭不逞者　為非作歹之徒。⓮曹翰　大名（今河北大名）人，陰狡多智數，屢立戰功。仕後周，為德州刺史，入宋，為右千牛衛大將軍。傳見《宋史》卷二百六十。⓯請間　請求摒退左右的人。⓰儲嗣　皇位的繼承人，指太子。⓱丙戌　正月十一日。⓲戊子　正月十三日。⓳韓通　并州太原（今山西太原西南）人，仕後漢、後周，官檢校太尉、同平章事。剛猛寡謀，號稱「韓瞠眼」。陳橋兵變時遇害。傳見《宋史》卷四百八十四。⓴唐十八陵　指唐高祖、太宗、高宗、中宗、睿宗、玄宗、肅宗、代宗、德宗、順宗、憲宗、穆宗、敬宗、文宗、武宗、宣宗、懿宗、僖宗十八個皇帝在關中的陵墓。㉑壙　墓穴。㉒甓　磚。㉓工人役徒皆和雇　調工匠和服勞役的人都由官府出錢雇傭。㉔下宮　指墓穴地下宮室。㉕李洪義當與節鉞二句　乾祐三年（西元九五〇年），後漢隱帝誅郭威、王峻之家，又命誅王殷之家而未逮。李洪義時任鎮寧軍節度使，王殷屯澶州，郭威鎮鄴。隱帝命供奉官攜密詔令李洪義殺王殷，又命護聖都指揮使郭崇等害郭威於鄴。李洪義未敢行動，把密詔出示給郭威。郭威把密詔拿給隨從郭威鎮鄴的原樞密吏魏仁浦，魏仁浦勸郭威起兵。郭威成就帝業，李洪義、魏仁浦二人功不可沒，所以周太祖臨終前遺言重用二人。當與節鉞，即任命為節度使。周太祖顯德元年（西元九五四年）七月，魏仁浦由樞密副使升任樞密使。事見本書卷二百八十九、《宋史》卷二百五十二〈李洪義傳〉、卷二百四十九〈魏仁浦傳〉。㉖庚寅　正月十五日。㉗靈河　舊縣名，原名靈昌，五代避唐李克用父國昌諱改，縣治在今河南滑縣西南。㉘魚池　舊縣名，縣治在今山東泰安。㉙陽武　舊縣名，縣治在今河南原陽東南。㉚河陰　舊縣名，縣治在今河南滎陽東北。㉛六明鎮　在今河南滑縣東北。㉜原武　舊縣名，縣治在今河南原陽。㉝凡八口　指黃河在靈河等地總計有八處缺口。㉞趣草制　趕緊起草制書。趣，速；趕快。㉟壬辰　正月十七日。㊱都指揮使　統領軍隊的總指揮使，有三使。殿前都指揮使總領禁軍，馬軍都指揮使總領京師騎兵，步軍都指揮使總領京師步兵。三使為全國最高武官。武信、武定、昭武三鎮皆屬蜀，武信治所遂州（今四川遂寧），武定治所洋州（今陝西西鄉），昭武治所利州（今四川廣元），三使皆為遙領。㊲仍　通「乃」。㊳乙未　正月二十日。㊴丙申　正月二十一日。㊵靜海　方鎮名，本為安南經略使，唐乾元初改為安南節度使，咸通中改為靜海節度使。治所交州，在今越南河內附近。㊶安南都護　是設在安南的最高長官。都護，官名，意為總監。

【校　記】①六明鎮　據章鈺校，十二行本、乙十一行本、孔天胤本皆作「六名鎮」，《冊府元龜》卷四百九十七同，然《舊五代史》、《通鑑紀事本末》皆作「六明鎮」，未知孰是。

【語　譯】顯德元年（甲寅　西元九五四年）

春，正月初一日丙子，周太祖到圜丘祭天，只能瞻仰致敬而已，進酒、奠幣都由有關官員代替。大赦天下，改年號為顯德。聽任後蜀民眾在邊境通商。初三日戊寅，撤銷鄴都，僅設置天雄軍。初五日庚辰，晉王郭榮兼侍中，判內外兵馬事。當時群臣很少能夠見到周太祖，朝廷內外恐懼，聽說晉王掌握兵權，人心逐漸安定。

軍士中有流言說祭天時的賞賜比後唐明宗時候的少，周太祖聽說了。正月初七日壬午，召集各將領到寢殿，責備他們說：「朕自從即位以來，粗衣薄食，一心想著供應軍隊。府庫的積蓄、四方的貢獻，除了供應軍隊之外，很少有剩餘，你們難道不知道這種情況！現在竟然放縱兇惡之徒散布流言蜚語，不顧惜人主的勤儉、體察國家的貧乏，又不想想自己有什麼功勞而接受賞賜，只知道抱怨，你們心裡安穩嗎！」眾將都惶恐謝罪，退出，搜尋出為非作歹之徒殺掉，流言這才平息。

當初，周太祖在鄴都時，特別喜愛小吏曹翰的才能，讓他侍奉晉王郭榮。郭榮鎮守澶州，任命他為牙將。郭榮入朝為開封尹，沒有立即召用曹翰，曹翰自己前來，郭榮奇怪這件事。曹翰請求摒退左右的人，進言說：「大王是皇位的繼承人，現在皇上臥病，大王應當入宮侍奉看病吃藥，怎麼還在外面處理事情呢！」郭榮明白了他的意思，當天進宮住宿。正月十一日丙戌，周太祖病情加重，各部門的瑣細小事都停止上奏，如有大事，則由晉王郭榮稟告周太祖，周太祖決定後再宣布施行。

任命鎮寧節度使鄭仁誨擔任樞密使、同平章事。正月十三日戊子，任命義武留後孫行友、保義留後韓通、朔方留後馮繼業都為節度使。韓通，是太原人。

周太祖多次告誡晉王郭榮說：「過去我西征時，看到唐朝十八座陵墓沒有不被挖掘的，這沒有其他原因，只是藏了很多金玉的緣故。我死了，定要給我穿紙做的衣服，用瓦棺收殮屍體，迅速安葬，不要久留宮中。墓穴裡不要用石頭，用磚來代替。工匠和服勞役的人都由官府出錢雇傭，不要煩勞百姓。安葬完了，召募靠近陵墓的百姓三十戶，免除他們的各種徭役，讓他們看守陵墓。不要修建地下宮室，不要設置守陵宮人，不要製作石羊、石虎、石人、石馬。只刻石碑立在陵墓前面，上面刻道：『周天子平生愛好儉約，遺命使用紙衣、瓦棺，繼位的天子不敢違背。』你如果違背我的話，我不福祐你。」又說：「李洪義應當授予他節鉞，不要讓魏仁浦離開樞密院。」

正月十五日庚寅，詔命前任登州刺史周訓等人堵塞黃河決口。此前，黃河在靈河、魚池、酸棗、陽武、常樂驛、河陰、六明鎮、原武決口，共八個缺口。到了這時，分別派遣使者堵塞決口。

周太祖命令趕快草擬制書，任命端明殿學士、戶部侍郎王溥為中書侍郎、同平章事。正月十七日壬辰，宣讀制書完畢，身邊的人把此事上報周太祖，周太祖說：「我沒有遺憾了！」任命樞密副使王仁鎬為永興軍節度使，任命殿前都指揮使李重進兼領武信節度使、馬軍都指揮使樊愛能兼領武定節度使、步軍都指揮使何徽兼領昭武節度使。李重進比晉王郭榮年長，周太祖把他召入宮中，將後事託付給他，於是命李重進下拜郭榮，以此確定君臣的名分。當天，周太祖在滋德殿去世，保守祕密不發喪。二十日乙未，宣布遺制。二十一日丙申，晉王郭榮即皇帝位。

當初，靜海節度使吳權去世，兒子吳昌岌繼立。吳昌岌去世，弟弟吳昌文繼立。這個月，開始向南漢請求任職的命令。南漢任命吳昌文為靜海節度使兼安南都護。

北漢主聞太祖晏駕，甚喜，謀大舉入寇，遣使請兵于契丹。二月，契丹遣其武定節度使、政事令❶楊袞將萬餘騎如晉陽。北漢主自將兵三萬，以義成節度使白從暉為行軍都部署、武寧節度使張元徽為前鋒都指揮使，與契丹自團柏南趣潞州。

蜀左匡聖馬步都指揮使、保寧節度使安思謙，譖殺張業、廢趙廷隱❷，蜀人皆惡之。蜀主使將兵救王景崇，思謙逗橈無功❸，內慚懼，不自安。自張業之誅，宮門守衛加嚴，思謙以為疑己，言多不遜。思謙典宿衛，多殺士卒以立威。蜀主閱衛士，有年尚壯而為思謙所斥者，復留隸籍❹，思謙殺之，蜀主不能平。思謙三子辰、嗣、裔，倚父勢暴橫，為國人患。翰林使❺王藻屢言思謙怨望，將反。丁巳❻，思謙入朝，蜀主命壯士擊殺之，及其三子。藻亦坐擅啓邊奏❼，并誅之。

北漢兵屯梁侯驛❽，昭義節度使李筠❾遣其將穆令均將步騎二千逆戰，筠自將大軍壁於太平驛❿。張元徽與令均戰，陽⓫不勝而北。令均逐之，伏發，殺令均，俘斬士卒千餘人。筠遁歸上黨，嬰城⑫自守。筠，即李榮也，避上名改焉。

世宗聞北漢主入寇，欲自將兵禦之。羣臣皆曰：「劉崇自平陽遁走⑬以來，勢蹙氣沮，必不敢自來。陛下新即位，山陵有日⑭，人心易搖，不宜輕動，宜命將禦之。」帝曰：「崇幸我大喪，輕朕年少新立，有吞天下之心。此必自來，朕不可不往。」馮道固爭之，帝曰：「昔唐太宗定天下，未嘗不自行，朕何敢偷安！」道曰：「未審陛下能為唐太宗否？」帝曰：「以吾兵力之彊，破劉崇如山壓卵耳！」道曰：「未審陛下能為山否？」帝不悅。惟王溥勸行，帝從之。

三月乙亥朔⑮，蜀主加捧聖、控鶴都指揮使兼中書令孫漢韶武信節度使，賜爵樂安郡王，罷軍職⑯。蜀主懲安思謙之跋扈，命山南西道節度使李廷珪等十人分典禁兵。

北漢乘勝進逼潞州。丁丑⑰，詔天雄節度使符彥卿引兵自磁州固鎮出北漢軍後，以鎮寧節度使郭崇副之。又詔河中⑱節度使王彥超引兵自晉州東北邀北漢軍[1]，以保義節度使韓通副之。又命馬軍都指揮使・寧江節度使樊愛能、步軍都指揮使・清淮節度使何徽、義成節度使白重贊、鄭州防禦使史彥超、前耀州⑲團練使符彥能將兵先趣澤州，宣徽使向訓監之。重贊，憲州人也。

辛巳⑳，大赦。癸未㉑，帝命馮道奉梓宮㉒赴山陵㉓，以鄭仁誨為東京留守。乙酉㉔，帝發大梁。庚寅㉕，至懷州。帝欲兼行速進，控鶴都指揮使真定趙晁㉖私謂通事舍人鄭好謙曰：「賊勢方盛，宜持重以挫之。」好謙言於帝，帝怒曰：「汝安得此言！必為人所使，言其人則生，不然必死。」好謙以實對，帝命并晁械於州獄。壬辰㉗，帝過澤州，宿於州東北。

【章　旨】以上為第十段，寫北漢主劉崇因周喪南侵，周世宗柴榮御眾北伐。

【注　釋】❶政事令　即中書令。遼初中書省稱政事省，中書令稱政事令。❷譖殺張業廢趙廷隱　二事均見本書卷二百八十八後漢隱帝乾祐二年，後蜀之廣政十二年（西元九四九年）。譖殺，進讒言殺死張業。❸逗橈無功　逗留觀望，沒有立功。❹復留隸籍　又留於軍中，登記在名冊上。❺翰林使　即翰林待詔。唐代除文詞經學之士外，凡有醫卜等一技之長的人也可待詔命，如畫待詔、醫待詔等，泛稱翰林使。❻丁巳　二月十二日。❼擅啓邊奏　擅自奏報邊境的事。❽梁侯驛　在山西團柏谷（位於祁縣東南六十里）南。❾李筠　并州太原（今山西太原西南）人，原名李榮，避柴榮諱改。善騎射。初隨契丹，後反，逐契丹麻荅。仕後漢、後周，官至昭義軍節度使、同平章事。趙匡胤建宋，起兵征討，失敗，赴水死。傳見《宋史》卷四百八十四。❿太平驛　在今山西長治西北。⓫陽　通「佯」。⓬嬰城　環城。⓭劉崇自平陽遁走　指廣順元年攻圍晉州之敗，事見上卷。平陽，郡名，治所在今山西臨汾西南。⓮山陵有日　安葬先帝之日在即。山陵，舊稱皇帝的墳墓。郭威山陵在河南新鄭，稱嵩陵。⓯乙亥朔　三月初一日。⓰罷軍職　免除孫漢韶掌禁軍的職務。⓱丁丑　三月初三日。⓲河中　方鎮名，唐至德二載（西元七五七年）置。治所蒲州，在今山西永濟蒲州鎮。後期號護國軍。⓳耀州　州名，治所華原，在今陝西耀州。⓴辛巳　三月初七日。㉑癸未　三月初九日。㉒梓宮　皇帝的靈棺。㉓赴山陵　前往周太祖墳墓，在今河南新鄭。㉔乙酉　三月十一日。㉕庚寅　三月十六日。㉖趙晁　真定（今河北正定）人，仕周，官至河陽三城節度使。宋初，加檢校太尉。傳見《宋史》卷二百五十四。㉗壬辰　三月十八日。

【校記】①軍 原無此字。據章鈺校，十二行本、乙十一行本、孔天胤本皆有此字，張敦仁《通鑑刊本識誤》、張瑛《通鑑校勘記》同，今據補。

【語譯】北漢主聽說後周太祖去世，非常高興，謀劃大舉入侵，派遣使者到契丹請求兵力支援。二月，契丹派遣武定節度使、政事令楊袞率領一萬多名騎兵前往晉陽。北漢主親自統兵三萬，任命義成節度使白從暉擔任行軍都部署、武寧節度使張元徽擔任前鋒都指揮使，和契丹軍隊從團柏南赴潞州。

後蜀左匡聖馬步都指揮使、保寧節度使安思謙，進讒言殺掉張業、廢黜趙廷隱，蜀人都憎恨他。後蜀主派他率兵救援王景崇，安思謙逗留無功，內心又慚愧又恐懼，自己感到不安。自從張業被殺，宮門的守衛更加嚴密，安思謙認為這是懷疑自己，言語多不恭遜。安思謙掌管京城宿衛，殺死很多士兵藉以樹立自己的威信。後蜀主查閱衛兵名冊，有年紀還輕而被安思謙所斥退的，就又留在軍中登記在名冊上，安思謙殺掉了他們，後蜀主憤憤不平。安思謙的三個兒子安辰、安嗣、安裔，靠著父親的權勢，殘暴蠻橫，成為國中人的禍患。翰林使王藻一再說安思謙心懷怨恨，將要造反。二月十二日丁巳，安思謙入朝，後蜀主命令壯士擊殺了他，以及他的三個兒子。王藻也因為犯有擅自奏報邊境事的罪，一起殺死了他。

北漢的軍隊屯駐梁侯驛，昭義節度使李筠派遣他的部將穆令均率領步兵和騎兵兩千人迎戰，李筠自己率領大軍在太平驛修建營壘。張元徽和穆令均交戰，假裝不勝而北去。穆令均追趕他，伏兵起來出擊，殺了穆令均，俘虜和斬殺士兵一千多人。李筠逃回上黨，環城自守。李筠，就是李榮，避周太祖的名諱而改名。

周世宗聽說北漢主入侵，想要親自率軍抵禦敵人。大臣們都說：「劉崇自從平陽逃走以來，勢力縮小，士氣沮喪，一定不敢親自前來，陛下剛剛即位，安葬先帝之日在即，人心容易動搖，不宜輕易出動，應該命令將領抵禦敵軍。」周世宗說：「劉崇慶幸我國大喪，輕視朕年輕，剛剛即位，有吞併天下之心。這次一定親自前來，朕不可不去。」馮道再三爭辯，周世宗說：「過去唐太宗平定天下，未嘗不親自出征，朕怎麼敢偷安！」馮道說：「不知道陛下能否成為唐太宗？」周世宗說：「以我兵力之強，打敗劉崇猶如大山壓卵而已！」馮道說：「不知道陛下能否成為大山？」周世宗不高興，只有王溥勸周世宗親征，周世宗聽從了他。

三月初一日乙亥，後蜀主加授捧聖、控鶴都指揮使兼中書令孫漢韶武信節度使，賜爵樂安郡王，免除他典掌禁軍的職務。後蜀主鑑於安思謙跋扈的教訓，命令山南西道節度使李廷珪等十人分典禁兵。

北漢乘勝進逼潞州。三月初三日丁丑，周世宗下詔命令天雄節度使符彥卿帶兵從磁州固鎮出發到北漢軍隊的背後，任命鎮寧節度使郭崇為他的副手。又詔命河中節度使王彥超帶兵從晉州東北攔擊北漢軍隊，任命保義節度使韓通為他的副手。又命令馬軍都指揮使、寧江節度使樊愛能，步軍都指揮使、清淮節度使何徽，義成節度使白重贊，鄭州防禦使史彥超，前任耀州團練使符彥能率軍先奔赴澤州，由宣徽使向訓監軍。白重贊，是憲州人。

三月初七日辛巳，實行大赦。初九日癸未，周世宗命令馮道奉送先帝的靈柩前往陵墓，任命鄭仁誨為東京留守。

三月十一日乙酉，周世宗從大梁出發。十六日庚寅，到達懷州。周世宗打算兼程速進，控鶴都指揮使真定人趙晁私下對通事舍人鄭好謙說：「賊勢正盛，應該保持穩重來挫敗他們。」鄭好謙對周世宗說了，周世宗生氣地說：「你怎麼說這些話！一定是被別人所指使，你說出那個人來就活命，不然必死。」鄭好謙如實回答，周世宗命令把他連同趙晁一起戴上刑具囚禁在懷州監獄。十八日壬辰，周世宗經過澤州，住宿在州城東北。

北漢主不知帝至，過潞州不攻，引兵而南。是夕，軍於高平❶之南。癸巳❷，前鋒與北漢兵[1]遇，擊之，北漢兵卻。帝慮其遁去，趣諸軍亟進。北漢主以中軍陳於巴公原❸，張元徽軍其東，楊袞軍其西，眾頗嚴整。時河陽節度使劉詞將後軍未至，眾心危懼。而帝志氣益銳，命白重贊❹②與侍衛馬步都虞候李重進將左軍居西，樊愛能、何徽將右軍居東，向訓、史彥超將精騎居中央，殿前都指揮使張永德❺將禁兵衛帝。帝介馬❻自臨陳督戰。

北漢主見周軍少，悔召契丹，謂諸將曰：「吾自用漢軍可破也，何必契丹！今日不惟克周，亦可使契丹心服。」諸將皆以為然。楊袞策馬前望周軍，退謂北漢主曰：「勍敵❼也，未可輕進！」北漢主奮髯❽曰：「時不可失，請公勿言，試觀我戰。」袞默然不悅。時東北風方盛，俄而忽轉南風，北漢副樞密使王延嗣使司天監李義白北漢主云：「時可戰矣！」北漢主從之。樞密直學士王得中扣馬諫❾曰：「義可斬也！風勢如此，豈助我者邪！」北漢主曰：「吾計已決，老書生勿妄言，且斬汝！」麾東軍先進，張元徽將千騎擊周右軍。

合戰❿未幾，樊愛能、何徽引騎兵先遁，右軍潰，步兵千餘人解甲呼萬歲，降于北漢。帝見軍勢危，自引親兵犯矢石督戰。太祖皇帝⓫時為宿衛將，謂同列曰：「主危如此，吾屬何得不致死！」又謂張永德曰：「賊氣驕，力戰可破也！公麾下多能左射者，請引兵乘高西③出為左翼，我引兵為右翼以擊之。國家安危，在此一舉！」永德從之，各將二千人進戰。太祖皇帝身先士卒，馳犯其鋒，士卒死戰，無不一當百，北漢兵披靡。內殿直[12]夏津馬仁瑀[13]謂眾曰：「使乘輿[14]受敵，安用我輩！」躍馬引弓大呼，連斃數十人，士氣益振。殿前右番行首[15]馬全乂言於帝曰：「賊勢極矣，將為我擒，願陛下按轡勿動，徐觀諸將破之。」即引數百騎進陷陳。

北漢主知帝自臨陳，褒賞張元徽，趣使乘勝進兵。元徽前略陳[16]，馬倒，為周兵所殺。元徽，北漢之驍將也，北軍由是奪氣。時南風益盛，周兵爭奮，北漢兵大敗，北漢主自舉赤幟[17]以收兵，不能止。楊袞畏周兵之彊，不敢救，且恨北漢主之語，全軍而退。

樊愛能、何徽引數千騎南走，控弦露刃，剽掠輜重，役徒驚走，失亡甚多。帝遣近臣及親軍校追諭止之，莫肯奉詔，使者或為軍士所殺，揚言：「契丹大至，官軍敗績，餘眾已降虜矣。」劉詞遇愛能等於塗，愛能等止之，詞不從，引兵而北。時北漢主尚有餘眾萬餘人，阻澗而陳[18]。薄暮[19]，詞至，復與諸軍擊之。北漢兵又敗，殺王延嗣，追至高平，僵尸滿山谷，委棄御物及輜重、器械、雜畜不可勝紀。

是夕，帝宿於野次，得步兵之降敵者，皆殺之。樊愛能等聞周兵大捷，與士卒稍稍復還，有達曙⑳不至者。甲午㉑，休兵于高平，選北漢降卒數千人為效順指揮，命前武勝㉒行軍司馬唐景思㉓將之，使戍淮上，餘二千餘人賜貲裝㉔縱遣之。李穀為亂兵所迫，潛竄山谷，數日乃出。丁酉㉕，帝至潞州。

北漢主自高平被褐戴笠㉖，乘契丹所贈黃騮㉗，帥百餘騎由雕窠嶺㉘遁歸。宵迷㉙，俘村民為導，誤之㉚晉州。行百餘里，乃覺之，殺導者。晝夜北走，所至，得食未舉筯㉛，或傳周兵至，輒蒼黃㉜而去。北漢主衰老力憊，伏於馬上，晝夜馳驟，殆不能支，僅得入晉陽。

帝欲誅樊愛能等以肅軍政，猶豫未決。己亥㉝，晝臥行宮帳中，張永德侍側。帝以其事訪之，對曰：「愛能等素無大功，忝冒節鉞㉞，望敵先逃，死未塞責。且陛下方欲削平四海，苟軍法不立，雖有熊羆之士、百萬之眾，安得而用之！」帝擲枕於地，大呼稱善。即收愛能、徽及所部軍使以上七十餘人，責之曰：「汝曹皆累朝宿將，非不能戰。今望風奔遁者，無他，正欲以朕為奇貨，賣與劉崇耳！」悉斬之。帝以何徽先守晉州有功，欲免之，既而以法不可廢，遂并誅之，而給槥車歸葬㉟。自是驕將惰卒始知所懼，不行姑息之政矣。

庚子㊱，賞高平之功，以李重進兼忠武節度使㊲、向訓兼義成節度使、張永德兼武信節度使、史彥超為鎮國節度使。張永德盛稱太祖皇帝之智勇，帝擢太祖皇帝為殿前都虞候㊳、領嚴州㊴刺史。以馬仁瑀為控鶴弓箭直指揮使、馬全乂為散員指揮使。自餘將校遷拜者凡數十人，士卒有自行間擢主軍廂者㊵。釋趙晁之囚。

【章　旨】以上為第十一段，寫高平之戰周世宗大敗北漢主，整肅軍紀。趙匡胤初露頭角。

【注　釋】❶高平　縣名，縣治在今山西高平。❷癸巳　三月十九日。❸巴公原　地名，在今山西晉城市北。❹白重贊　憲州樓煩（今山西婁煩）人。出自沙陀部族。作戰勇猛，周世宗親征北漢，白重贊以鄜州節度使為隨駕副部署。傳見《宋史》卷二百六十一。❺張永德　字抱一，并州陽曲（今山西陽曲）人，郭威女婿。善騎射，隨柴榮南征北戰，屢立戰功，官至忠武軍節度使。入宋，官泰寧軍節度使兼侍中。傳見《宋史》卷二百五十五。❻介馬　披甲騎馬。❼勍敵　強敵。❽䫇　同「髯」。頰上長鬚。❾扣馬諫　拉住馬韁繩進諫。❿合戰　交戰。⓫太祖皇帝　宋太祖趙匡胤（西元九二七－九七六年），涿州（今河北涿州）人，後周時任殿前都檢點，領歸德軍節度使。西元九六〇年發動陳橋兵變，即帝位，國號宋。先後平滅荊南、湖南、後蜀、南漢、南唐等國，收回諸將兵權，使中原重歸統一。西元九六〇－九七六年在位。事見《宋史》卷一。⓬內殿直　殿前司騎軍屬官。殿前司為後周統率軍隊的機構。⓭馬仁瑀　大名夏津（今山東夏津）人，善射，二百步遠皆中的。事見《宋史》卷二百七十三。⓮乘輿　帝王所用的車輿。此做帝王的代稱。⓯殿前右番行首　官名，居殿前右番班行之首。馬全乂初被郭威召見，補殿前指揮使。柴榮即位，遷殿前右番行首。高平之戰後，因功又遷散員指揮使。可見殿前右番行首還在散員指揮使之下。⓰略陳　巡陣；督戰。⓱赤幟　漢高祖劉邦斬白蛇，蛇為白帝子，劉邦為赤帝子，祠黃帝，祭蚩尤，旗幟尚赤。北漢自認為是漢高帝劉氏之後，故旗幟亦尚赤。⓲阻澗而陳　依靠澗水之險布陣。⓳薄暮　臨近黃昏。⓴達曙　通夜，直到天亮。㉑甲午　三月二十日。㉒武勝　方鎮名，原為威勝，避郭威諱改。㉓唐景思　秦州（治所在今甘肅秦安）人，從周世宗戰高平，伐淮南，以功領饒州刺史。傳見《舊五代史》卷一百二十四、《新五代史》卷四十九。㉔賜貲裝　賜給路費及服裝。

㉕丁酉　三月二十三日。㉖被褐戴笠　身穿粗布衣，頭戴斗笠。被，通「披」。褐，褐衣，粗毛或粗麻織成的短衣，質地粗劣，貧苦人所穿。㉗黃騮　黃色近於赤色的戰馬。㉘雕窠嶺　在今山西長子西南。㉙宵迷　夜行迷路。㉚之　往。㉛未舉筯　沒有拿起筷子。㉜蒼黃　通「倉皇」。狼狽。㉝己亥　三月二十五日。㉞忝冒節鉞　有愧於充當節度使。㉟給轜車歸葬　送一輛靈車拉回去安葬。轜車，運載棺柩的車子。㊱庚子　三月二十六日。㊲兼忠武節度使　以本職兼節鎮，祿賜優於遙領者。㊳殿前都虞候　官名，位在殿前都指揮使和副指揮使之下，同掌殿前班值，分領禁軍。㊴嚴州　州名，治所在今廣西來賓。㊵士卒句　意為士兵有從行伍中提拔為軍廂主帥的。當時諸軍皆分左、右廂，廂各有主帥。擢，提拔。

【校　記】①兵　原作「軍」。據章鈺校，十二行本、乙十一行本、孔天胤本皆作「兵」，今據改。②白重贊　原作「白重進」。胡三省注云：「『白重進』當作『白重贊』。」據章鈺校，十二行本、乙十一行本、孔天胤本皆作「白重贊」，張敦仁《通鑑刊本識誤》、張瑛《通鑑校勘記》同，今據改。③西　原無此字。據章鈺校，十二行本、乙十一行本、孔天胤本皆有此字，張敦仁《通鑑刊本識誤》同，今據補。

【語　譯】北漢主不知道周世宗到來，經過潞州沒有進攻，帶兵南去。當天晚上，駐紮在高平的南面。三月十九日癸巳，後周前鋒和北漢軍隊遭遇，攻擊北漢軍隊，北漢軍隊後退。周世宗擔心他們逃走，督促各軍急速前進。北漢主率以中軍在巴公原列陣，張元徽駐紮在他的東邊，楊袞駐紮在他的西邊，部眾頗為嚴整。當時河陽節度使劉詞率領後軍還沒有到達，大家心裡很恐懼。而周世宗的口氣越發旺盛，命令白重贊與侍衛馬步都虞候李重進率領左軍處在西面，樊愛能、何徽率領右軍處在東面，向訓、史彥超率領精銳騎兵處在中央，殿前都指揮使張永德率領禁兵保衛周世宗。周世宗披甲騎馬親自臨陣督戰。

北漢主看到後周軍隊人數少，後悔叫來契丹，對眾將說：「我自己利用漢兵就可打敗他們，何必要契丹！今天不只是戰勝後周，也可以使契丹心服。」眾將都認為是這樣。楊袞策馬前去眺望後周軍隊，退回來後對北漢主說：「這是勁敵啊！不可輕率進兵！」北漢主長鬚震動，說：「機不可失，請你不要說了，試看我交戰。」楊袞默然不高興。當時東北風正大，一會兒忽然轉成南風，北漢副樞密使王延嗣派司天監李義稟告北漢主說：「時機可以作戰了！」北漢主聽從了他的話。樞密直學士王得中拉住北漢主的馬韁繩勸諫說：「李義該斬首！風勢這個樣子，哪裡是幫助我們的呢！」北漢主說：「我的計策已定，老書生不要胡說，再說就殺了你！」北漢主指揮東軍首先進兵，張元徽率領一千名騎兵攻打後周右軍。

交戰不久，樊愛能、何徽帶領騎兵首先逃走，右軍潰敗，步兵一千多人脫下鎧甲呼喊萬歲，向北漢投降。周世宗看到軍隊形勢危急，親自率領親兵冒著箭矢、飛石督戰。太祖皇帝趙匡胤當時為宿衛兵的將領，對同伴們說：「主上如此危急，我們怎麼敢不拼死命！」又對張永德說：「賊兵士氣驕傲，拼力作戰可以打敗敵軍！您部下有很多能左手射箭的，請領兵向西登上高地作為左翼，我領兵作為右翼來攻擊敵軍。國家安危，在此一舉！」張永德聽從了他的話，各率兩千人進軍交戰。太祖皇帝趙匡胤身先士卒，驅馬衝擊北漢軍隊的鋒線，士卒死戰，無不以一當百，北漢軍隊潰敗。內殿直夏津人馬仁瑀對大家說：「讓天子遭受敵人攻擊，還要我們這些人有什麼用！」躍馬拉弓大呼，一連射死幾十個人，士氣更加振奮。殿前右番行首馬全乂對周世宗說：「賊兵的氣勢到極限了，將要被我們擒獲，希望陛下勒住韁繩不動，慢慢地觀看眾將打敗他們。」馬全乂立即率領幾百名騎兵前進，深入敵陣。

北漢主知道周世宗親自臨陣，就獎賞張元徽，催促他乘勝進軍。張元徽前往巡視軍陣，馬倒了，被後周士兵殺死。張元徽是北漢的勇將，北軍因此而喪失了士氣。當時南風越來越大，後周士兵爭相奮戰，北漢軍隊大敗，北漢主親自舉起紅旗來合攏軍隊，但不能制止士兵的潰散。楊袞懼怕後周軍隊的強大，不敢救援，並且痛恨北漢主所說的話，全軍完整地撤退了。

樊愛能、何徽帶領幾千名騎兵南逃，拉著弓弦，外露刀鋒，搶劫軍用物資，運送的人驚慌逃走，跑失死亡的人很多。周世宗派遣近臣和軍校追上去，勸告他們停止，沒有人肯接受周世宗的詔令，使者有的被軍士殺死，揚言說：「契丹軍隊大批來到，官軍戰敗，餘下的士兵已經投降胡虜了。」劉詞在路上遇上樊愛能等人，樊愛能等人要他停下來，劉詞不聽，帶兵北去。當時北漢主還有殘餘的士兵一萬多人，依靠澗水之險布陣。臨近黃昏，劉詞到達，又和各軍攻擊北漢軍隊。北漢軍隊又失敗，後周軍隊殺死王延嗣，追到高平，僵屍滿山谷，丟棄的御用物品和輜重、器械、各種牲畜數都數不盡。

當天晚上，周世宗在野外住宿，抓到投降敵人的步兵，全部殺掉。樊愛能等人聽說後周軍隊大捷，和士兵又漸漸地返回，有的直到天亮還沒有到。三月二十日甲午，後周在高平整休軍隊，挑選北漢降卒數千人組成效順指揮，命令前任武勝行軍司馬唐景思率領他們，讓他們戍守淮上，餘下的兩千多人賜給路費、衣服，把他們放掉遣送回北漢。李穀被亂兵逼迫，潛逃山谷，幾天後才出來。二十三日丁酉，周世宗到達潞州。

北漢主從高平起，穿著粗布衣服，戴著斗笠，騎著契丹贈送的黃騮馬，率領一百多名騎兵由雕窠嶺逃回。夜行迷路，抓住村民作為嚮導，誤往晉州。走了一百多里路才發覺，殺死了引路的人。日夜向北走，每到一個地方，得到食物還沒有拿起筷子，有人傳說後周軍隊到了，就狼狽而去。北漢主衰老力疲，伏在馬上，日夜不停地奔馳，幾乎不能支撐，勉勉強強得以回到晉陽。

周世宗想要殺掉樊愛能等人來整肅軍中政令，猶豫不決。三月二十五日己亥，白天躺在行宮的帳篷中，張永德侍立身邊。周世宗拿這件事來徵詢他的意見，張永德回答說：「樊愛能等人向來沒有重大功勞，忝任節度使，望見敵人首先逃走，處死也不能抵償責任。況且陛下正想平定天下，如果不能樹立軍法，雖然有勇猛的士兵、百萬的部眾，怎麼能夠使用他們！」周世宗把枕頭扔到地上，大聲說好，立即收捕樊愛能、何徽以及所轄軍使以上七十多人，斥責他們說：「你們都是幾朝的老將，不是不能作戰。現在所以望風而逃，沒有其他的原因，只是想把朕當做稀有的貨物賣給劉崇罷了！」把他們全部斬首。周世宗因為何徽以前守衛晉州有功，想讓他免死，後來又認為軍法不可廢棄，於是連同他一起殺掉，而賜給運載棺柩的車子把他的屍首送回安葬。從此，驕傲的將領、懶惰的士兵開始知道有所畏懼，不再實行遷就姑息的政令了。

三月二十六日庚子，周世宗獎賞高平之戰的功勞，任命李重進兼任忠武節度使、向訓兼任義成節度使、張永德兼任武信節度使、史彥超為鎮國節度使。張永德大為稱讚太祖皇帝趙匡胤的機智勇敢，周世宗提升太祖皇帝趙匡胤為殿前都虞候、兼任嚴州刺史。任命馬仁瑀為控鶴弓箭直指揮使、馬全乂為散員指揮使。其餘的將校遷升的共有幾十人，士兵有從行伍中提升為軍廂主帥的。解除對趙晁的囚禁。

北漢主收散卒、繕甲兵、完城塹，以備周。楊袞將其眾北屯代州，北漢主遣王得中送袞，因求救於契丹。契丹主遣得中還報，許發兵救晉陽。

壬寅❶，以符彥卿為河東行營都部署兼知太原行府事❷，以郭崇副之、向訓為都監、李重進為馬步都虞侯、史彥超為先鋒都指揮使，將步騎二萬發潞州。仍詔王彥超、韓通自陰地關入，與彥卿合軍而進。又以劉詞為隨駕部署❸，保大節度使白重贊副之。

漢昭聖皇太后李氏殂于西宮。

夏，四月，北漢盂縣❹降，符彥卿軍晉陽城下。王彥超攻汾州，北漢防禦使董希顏降。帝遣萊州防禦使康延沼❺攻遼州、密州防禦使田瓊攻沁州，皆不下。供備庫副使太原李謙溥❻單騎說遼州刺史張漢超，漢超即降。

乙卯❼，葬聖神恭肅文武孝皇帝于嵩陵❽，廟號太祖。

南漢主以高王弘邈❾為雄武節度使，鎮邕州❿。弘邈以齊、鎮二王相繼死於邕州，固辭，求宿衛，不許。至鎮，委政僚佐，日飲酒、禱鬼神。或上書誣弘邈謀作亂，戊午⓫，南漢主遣甘泉宮使林延遇賜酖殺之。

初，帝遣符彥卿等北征，但欲耀兵於晉陽城下，未議攻取。既入北漢境，其民爭以食物迎周師，泣訴劉氏賦役之重，願供軍須，助攻晉陽，北漢州縣繼有降者。帝聞之，始有兼并之意，遣使往與諸將議之。諸將皆言芻糧⑫不足，請且班師以俟再舉，帝不聽。既而諸軍數十萬聚於太原城下，軍士不免剽掠，北漢民失望，稍稍保山谷自固。帝聞之，馳詔禁止剽掠，安撫農民，止徵今歲租稅，及募民入粟拜官有差⑬，仍發澤、潞、晉、絳、慈、隰及山東近便諸州民運糧以饋軍。己未⑭，遣李穀詣太原計度⑮芻糧。

【章旨】以上為第十二段，寫周世宗乘勝大舉北伐，圍攻晉陽。

【注釋】❶壬寅　三月二十八日。❷以符彥卿句　周世宗對符彥卿諸人的任命，都是在部署攻取晉陽。❸劉詞為隨駕部署　胡三省注：「『隨駕』之下當有『都』字。」據《舊五代史》卷一百二十四、《新五代史》卷五十劉詞本傳，「隨駕」下皆有「都」字。❹盂縣　縣名，縣治大盂城，在今山西陽曲東北。❺康延沼　少從軍，後從郭威、柴榮出征有功，歷任蔡、齊、鄭、楚四州防禦使。傳見《宋史》卷二百五十五。❻李謙溥　并州盂（今山西大盂鎮）人，性慷慨，重然諾，從柴榮出征，多立功。入宋，官濟州團練使。傳見《宋史》卷二百七十三。❼乙卯　四月十二日。❽嵩陵　在河南新鄭境內。❾弘邈　南漢高祖劉龑第十二子，封高王。❿邕州　州名，治所宣化，在今廣西南寧南。⓫戊午　四月十五日。⓬芻糧　糧草。芻，餵牲口的草。⓭入粟拜官有差　根據捐獻糧食的多少，授予高低不等的官職。⓮己未　四月十六日。⓯計度　核算。

【語譯】北漢主收拾潰散的士兵、修治鎧甲兵器、加固城牆壕溝，來防備後周。楊袞率領他的部眾向北屯駐代州，北漢主派遣王得中護送楊袞，乘機向契丹求救。契丹主派遣王得中回來答覆，允諾發兵救援晉陽。

　　三月二十八日壬寅，任命符彥卿為河東行營都部署兼知太原行府事，以郭崇做他的副手、向訓為都監、李重進為馬步都虞候、史彥超為先鋒都指揮使，率領步兵和騎兵兩萬人從潞州出發。於是下詔命令王彥超、韓通從陰地關進入，與符彥卿會師前進。又任命劉詞為隨駕部署，保大節度使白重贊做他的副手。

後漢昭聖皇太后李氏在西宮去世。

夏，四月，北漢盂縣投降，符彥卿駐紮在晉陽城下。王彥超攻打汾州，北漢防禦使董希顏投降。周世宗派遣萊州防禦使康延沼攻打遼州、密州防禦使田瓊攻打沁州，都沒有攻下。供備庫副使太原人李謙溥單人匹馬去勸說遼州刺史張漢超，張漢超立刻投降。

四月十二日乙卯，把聖神恭肅文武孝皇帝安葬在嵩陵，廟號太祖。

南漢主任命高王劉弘邈為雄武節度使，鎮守邕州。劉弘邈因為齊王和鎮王相繼死在邕州，堅決推辭，要求宿衛京城，南漢主沒有同意。劉弘邈到了鎮所，委政僚佐，自己每天飲酒、祈禱鬼神。有人上書誣告劉弘邈圖謀作亂。四月十五日戊午，南漢主派遣甘泉宮使林延遇賜給毒酒，毒死了劉弘邈。

當初，周世宗派遣符彥卿等人北征，只是打算在晉陽城下炫耀兵力，沒有商議攻取。進入北漢境內以後，當地的民眾爭相拿著食物迎接後周軍隊，哭訴劉氏賦稅和徭役繁重，願意供給軍隊所需，幫助攻打晉陽，北漢的州縣相繼有投降的。周世宗聽到這一情況，開始有了兼併北漢的想法，派遣使者前去與眾將商議。眾將都說糧草不足，請暫且回師，等待時機再行動，周世宗沒有聽從。不久各路軍隊幾十萬人集中在太原城下，軍士不免搶劫，北漢百姓失望，漸漸地退守山谷，自我保護。周世宗聽說了此事，飛速傳送詔書，禁止搶掠，安撫農民，停止徵收今年的租稅，又招募百姓繳納糧食，授予不同等級的官職。於是徵發澤州、潞州、晉州、絳州、慈州、隰州以及山東路近方便的各州百姓運送糧食供應軍隊。四月十六日己未，派遣李穀到太原核算各地輸送的糧草。

庚申[1]，太師、中書令瀛文懿王馮道卒。道少以孝謹知名，唐莊宗世始貴顯，自是累朝不離將、相、三公、三師[2]之位。為人清儉寬弘，人莫測其喜慍，滑稽多智，浮沈取容❸。嘗著長樂老敘，自述累朝榮遇之狀，時人往往以德量推❹之。

歐陽脩論曰：『禮義廉恥，國之四維❺。四維不張，國乃滅亡。』禮義，治人之大法。廉恥，立人之大節。況為大臣而無廉恥，天下其有不亂，國家其有不亡者乎！予讀馮道長樂老敘，見其自述以為榮，其可謂無廉恥者矣，則天下國家可從而知也。

「予於五代得全節之士三❻，死事之人十有五❼，皆武夫戰卒，豈於儒者果無其人哉❽？得非❾高節之士惡時之亂，薄其世❿而不肯出歟？抑君天下者不足顧，而莫能致之歟⓫？

「予嘗聞五代時有王凝者，家青、齊之間，為虢州司戶參軍，以疾卒于官。凝家素貧，一子尚幼。妻李氏，攜其子，負其遺骸以歸。東過開封，止於旅舍，主人不納。李氏顧天已暮，不肯去，主人牽其臂而出之。李氏仰天慟曰：『我為婦人，不能守節，而此手為人所執邪！』即引斧自斷其臂，見者為之嗟泣。開封尹聞之，白其事於朝，厚卹李氏而笞其主人。嗚呼！士不自愛其身而忍恥以偷生⓬者，聞李氏之風，宜少知愧哉！」

臣光曰：「天地設位，聖人則之，以制禮立法⓭，內有夫婦，外有君臣。婦之從夫，終身不改，臣之事君，有死無貳。此人道之大倫也，苟或廢之，亂莫大焉！范質稱馮道厚德稽古[14]、宏才偉量，雖朝代遷貿[15]，人無間言[16]，屹若巨山[17]，不可轉也。臣愚以為正女[18]不從二夫，忠臣不事二君。為女不正，雖復華色[19]之美、織絍[20]之巧，不足賢矣。為臣不忠，雖復材智之多、治行之優，不足貴矣。何則？大節已虧故也。道之為相，歷五朝、八姓[21]，若逆旅之視過客[22]，朝為仇敵、暮為君臣，易面變辭[23]，曾無愧怍。大節如此，雖有小善，庸足稱乎！

「或以為自唐室之亡，羣雄力爭。帝王興廢，遠者十餘年，近者四三年，雖有忠智，將若之何！當是之時，失臣節者非道一人，豈得獨罪道哉！臣愚以為忠臣憂公如家，見危致命[24]，君有過則彊諫力爭，國敗亡則竭節致死。智士邦有道則見，邦無道則隱[25]，或滅迹山林，或優游下僚[26]。今道尊寵則冠三師、權任則首諸相，國存則依違拱嘿[27]、竊位素餐[28]，國亡則圖全苟免、迎謁勸進。君則興亡接踵，道則富貴自如，茲乃奸臣之尤[29]，安得與他人為比哉！或謂道能全身遠害於亂世，斯亦賢已。臣謂君子有殺身成仁、無求生害仁，豈專以全身遠害為賢哉！然則盜跖病終而子路醢[30]，果誰賢乎？

「抑此非特道之愆也[31]，時君亦有責焉。何則？不正之女，中士羞以為家。

不忠之人，中君羞以為臣。彼相前朝，語其忠則反君事讎，語其智則社稷為墟。後來之君，不誅不棄，乃復用以為相，彼又安肯盡忠於我而能獲其用乎！故曰，非特道之愆，亦時君之責也。」

【章　旨】以上為第十三段，寫歐陽脩、司馬光論人臣之節。

【注　釋】❶庚申　四月十七日。❷三公三師　唐制，太尉、司徒、司空為三公，太師、太傅、太保為三師。三公、三師均為虛銜，無實際職務。❸浮沈取容　俯仰隨俗，取容於世。沈，同「沉」。❹推　推崇。❺四維　舊指治理國家的四大綱維，即禮、義、廉、恥。維，本指繫物的大繩，以喻治理國家的重要法紀。❻全節之士三　保全節操的有三人，即後梁王彥章、後唐裴約、南唐劉仁贍。❼死事之人十有五　殉國、殉職的有十五人，即後梁張源德、後唐夏魯奇、後唐姚洪、後唐王思同、後唐張敬達、後晉翟進宗、後晉沈斌、後晉王清、後周史彥超、南唐孫晟、後唐宋令珣、後晉李遐、南唐張彥卿、南唐鄭昭業、後唐馬彥超。❽豈於儒者果無其人哉　難道在儒士中果真沒有死事的人嗎。❾得非　莫不是。設論之辭。❿薄其世　看輕當世。⓫抑君天下者不足顧二句　意謂或者是君臨天下的人沒有充分顧及，而沒有招致他們來呢。抑，選擇連詞，表示還是、或是。⓬忍恥以偷生　如馮道輩，忍受恥辱而苟活於世。⓭天地設位二句　天尊地卑，各設其位，聖人作為準則，制定禮儀，建立法度。⓮厚德稽古　道德深厚，研習古道。⓯遷貿　變易。⓰間言　責難的話。⓱岂若巨山　像大山一樣屹立。岂，通「屹」。⓲正女　正派女人；守正的女子。⓳華色　花色。指貌美如花。華，通「花」。⓴織紝　紡織。㉑歷五朝八姓　五朝，後唐、後晉、遼、後漢、後周。八姓，指歷仕八姓帝王，為唐莊宗、明宗、潞王、後晉、耶律、劉漢、郭威、柴榮。後唐莊宗、明宗、潞王，各為一姓，加仕唐閔帝、晉出帝，共八姓十帝。㉒若逆旅之視過客　像在旅館裡看來往的旅客。㉓易面變辭　更換面孔，改變辭語，侍奉新主人。㉔見危致命　見到危難，就獻出生命。㉕邦有道則見邦無道則隱　語出《論語·衛靈公》孔子之言。見，通「現」。㉖優游下僚　悠然地做職務低微的屬吏。㉗依違拱嘿　隨意依違，拱手沉默。㉘竊位素餐　竊居高位，白拿俸祿。素餐，本意為不勞而食。㉙奸臣之尤　奸臣中最壞的。尤，突出的。㉚盜跖病終而子路醢　盜跖生病而死，終其天年；子路被人殺害，剁成了肉醬。跖，一作蹠，相傳生活在春秋末期，柳下屯（今山東西部）人，曾聚眾為盜。子路，孔子學生，仲氏，名由，又字季路。孔子任魯國司寇時，他任季孫氏家臣。後任衛大夫孔悝的家臣，在貴族內訌中被殺。㉛抑此非特道之愆也　意謂話又說回來，這不是馮道單方面的過錯。愆，過失。

【語　譯】四月十七日庚申，太師、中書令瀛文懿王馮道去世。馮道少年時以孝順恭謹聞名，後唐莊宗時期開始位高顯達，從此數朝不離將帥、宰相、三公、三師的職位。為人清靜儉約，寬容大度，別人不能推測他的喜怒，滑稽多智，隨世沉浮，求容於世。他曾經寫了〈長樂老敘〉，自述數朝受到榮寵禮遇的情形，當時的人往往用有德行雅量來推崇他。

歐陽脩評論說：「『禮、義、廉、恥，是國家的四大綱要。四大綱要不伸張，國家就要滅亡。』禮義，是治理民眾的重大法則。廉恥，是樹立人格的重大節操。況且擔任大臣而沒有廉恥，天下哪有不亂，國家哪有不亡的呢！我讀馮道的〈長樂老敘〉，看他自述以為自己很榮耀，真可說是沒有廉恥的人了，那麼天下國家的狀況也就從而可知了。

「我在五代這段歷史中找到三位保全節操的人，十五位殉職的人，全是武夫戰卒，難道在文人中間果真沒有那樣的人嗎？莫不是節操高尚的士人痛恨時世的混亂，看輕當世而不肯出仕嗎？或者是君臨天下的人沒有充分顧及，而沒有招致他們前來呢？

「我曾經聽說五代時有個叫王凝的人，家在青州、齊州之間，擔任虢州司戶參軍，因病死在任上。王凝家裡一向貧窮，一個孩子還小。他的妻子李氏，帶著孩子、背著他的遺骸返鄉。東行經過開封，要在旅館停宿，主人不接納。李氏看天色已晚，不肯離去，主人拉她的手臂讓她出去。李氏仰天痛哭說：『我作為婦人，不能守節，這隻手臂被人抓了！』當即持斧自己砍掉了手臂，見到的人都為她歎息流淚。開封尹聽說此事，把事情報告朝廷，優厚地撫恤李氏，鞭打那個店主人。啊呀！士人不珍惜自身而忍受恥辱苟且偷生的，聽到李氏的風節，應當稍稍知道慚愧了吧！」

司馬光說：「天地各設其位，聖人作為準則，制定禮儀，建立法度，內有夫婦，外有君臣。婦人隨從丈夫，終身不變，臣子侍奉君主，至死沒有二心。這是做人之道的最大倫常，如果廢棄了倫常，禍亂就沒有比這更大的！范質稱讚馮道道德深厚、研習古道、才識廣博、度量宏大，雖然朝代變更，別人沒有責備之言，猶如一座大山屹立，不可移動。臣的愚見認為，守正的女子不跟從兩個丈夫，忠誠的臣子不侍奉兩個君主。女子不正派，雖然花色一樣的美麗、紡織的手工靈巧，也不值得認為是賢惠的了。為臣不忠，雖然才智很高、政績很好，也不值得看重了。為什麼呢？是大節已經虧損了的緣故。馮道任宰相，經歷過五個朝代、八姓君主，就像在旅館裡觀看來往的旅客，早晨還是仇敵，傍晚就成為君臣，更換面孔，改變辭語，一點也不覺得慚愧。大節像這個樣子，雖然有一點小優點，哪裡值得稱道呢！

「有人認為自從唐室滅亡後，群雄以力相爭。帝王的興亡，長的十幾年，短的三、四年，即使有忠誠多智的人，又能怎麼樣呢！在那時，喪失臣子節操的不是馮道一個人，怎麼可以單獨指責馮道呢！臣的愚見認為忠臣憂心公事如同家事，見到危難就獻出生命，國君有過失就強爭力諫，國家敗亡就盡節效死。明智之士，國家有道就出來、國家無道就隱居，或者隱跡山林，或者悠然地做下級小吏。現在馮道尊貴榮寵在三師之上、權力職位則為諸宰相之首，國家存在就隨意依違、拱手沉默、竊據高位、白拿俸祿，國家滅亡就圖謀保全性命、苟且免死、迎謁新君、勸主即帝位。君主興亡接踵，馮道則富貴依舊，這乃是奸臣之最，怎麼可以和其他的人相提並論呢！有人說馮道能夠在亂世中保全自身，遠離禍害，這也是賢能了。臣認為君子只有犧牲生命以成全仁義、不能為了求得生存而危害仁德，怎麼能只以保全自身遠離禍害為賢能呢！那麼盜跖病死，而子路被剁成肉醬，到底誰才是賢能呢？

「然而這不只是馮道的過錯，當時的君主也有責任。為什麼呢？不正派的女了，中等的士人都羞於娶她為妻。不忠誠的人，中等的君主都羞於用以為臣。馮道為相前朝，說他忠誠，但背叛君主侍奉仇敵，說他智慧，但國家變成廢墟。後來的君主，對他不誅殺不遺棄，仍然又用以為相，他又怎麼肯向我盡忠，而能為我所用呢！所以說，這不只是馮道的過錯，當時的君主也有責任。」

辛酉❶，符彥卿奏北漢憲州刺史太原韓光愿、嵐州❷刺史郭言皆舉城降。

初，符彥卿有女適李守貞之子崇訓，相者言其貴當為天下母。守貞喜曰：「吾婦猶母天下，況我乎！」反意遂決。及敗，崇訓先自[1]刃其弟妹，次及符氏。符氏匿幃下，崇訓倉猝求之不獲，遂自剄。亂兵既入，符氏安坐堂上，叱亂兵曰：「吾父與郭公為昆弟，汝曹勿無禮！」太祖遣使歸之於彥卿。及帝鎮澶州，太祖為帝娶之。壬戌❸，立為皇后。后性和惠而明決，帝甚重之。

王彥超、韓通攻石州❹，克之，執刺史安彥進。癸亥❺，沁州刺史李廷誨降。

庚午❻，帝發潞州，趣晉陽。癸酉❼，北漢忻州監軍李勍殺刺史趙皋及契丹通事楊耨姑，舉城降。以勍為忻州刺史。

王逵表請復徙使府治朗州。

【章旨】以上為第十四段，寫周世宗符皇后的人生經歷。

【注釋】❶辛酉　四月十八日。❷嵐州　州名，治所在今山西嵐縣。❸壬戌　四月十九日。❹石州　州名，治所在今山西離石。❺癸亥　四月二十日。❻庚午　四月二十七日。❼癸酉　四月三十日。

【校記】[1]自　原無此字。據章鈺校，十二行本、乙十一行本、孔天胤本皆有此字，今據補。

【語譯】四月十八日辛酉，符彥卿奏言北漢憲州刺史太原人韓光愿、嵐州刺史郭言都率州城投降。

當初，符彥卿有一個女兒嫁給李守貞的兒子李崇訓，看相的人說她尊貴，將成為天下的國母。李守貞高興地說：「我的兒媳婦都能當天下的國母，何況是我！」於是反叛的主意決定下來。等到李守貞失敗，李崇訓先用刀殺了他的弟弟和妹妹，下一個輪到符氏。符氏藏匿在帷帳下，李崇訓倉促之間找不到她，就自殺了。亂兵進來以後，符氏安坐在堂上，斥責亂兵說：「我的父親和郭公為兄弟，你們不要無禮！」太祖皇帝趙匡胤派遣使者把她送歸符彥卿。等到周世宗鎮守澶州，太祖皇帝為周世宗娶符氏為妻。四月十九日壬戌，立為皇后。皇后性情溫和賢惠，而又聰明果斷，周世宗很看重她。

王彥超、韓通攻打石州，攻了下來，抓住了刺史安彥進。四月二十日癸亥，沁州刺史李廷誨投降。二十七日庚午，周世宗從潞州出發，奔赴晉陽。三十日癸酉，北漢忻州監軍李勍殺死刺史趙皐和契丹通事楊耨姑，率州城投降。朝廷任命李勍為忻州刺史。

王逵上表請求再把節度使的治所遷到朗州。

【研析】本卷研析周太祖廢屯田、版刻《九經》行於世、不倒翁馮道三件史事。

周太祖廢屯田。東漢末戰亂，破壞了生產力，魏、蜀、吳三國都實行屯田恢復生產，積聚國力，取得了很大的成功。曹魏屯田最早，規模最大。曹操屯田令說：「夫定國之術，在於強兵足食，秦人以急農兼天下，孝武以屯田定西域，此先代之良式也。」自漢武屯田以來，各代大都在邊境地區實行軍屯，士兵戰時打仗，平時耕地。曹操大規模屯田在內部腹地，最早屯田在許下，主要形式為民屯。屯民按軍事編制，土地、牛、耕具、種子，由政府供給，管理機構為典農中郎將和屯田都尉，不隸屬地方。收穫物過半交納國家。屯民沒有自由，如同農奴。當時戰亂製造的流民一無所有，他們在死亡線上掙扎，能夠獲得一塊土地進行生產，得以生存，是很高興的。因此屯田之初，產量很高，因為屯民有生產積極性。屯田解決軍糧，支持戰爭，可以稱之為古代的戰時經濟。隨著生產的恢復，國家政治穩定，戰爭減少，或沒有了戰爭，出現和平環境，處於農奴地位的屯民就沒有了生產積極性。屯民集中營式的勞作不符人情，不符歷史進步，必然要瓦解，西元二六四年，司馬氏篡魏，為了爭取民心，解散了屯田。

唐朝末年，長年累月的戰亂，製造了大批流民和荒地。中原駐守的軍隊，所在之處都設置營田來耕種，屬軍屯。其後招募高門大戶來承包營田，農民租種，向國家納租賦，已是民屯形式。戶部另設管理機構管理營田，不屬地方。營田大戶收容庇護奸邪盜賊，州縣不能過問，租地的農戶男子沒有徭役，加重了戶籍民的負擔。梁太祖攻淮南，搶掠淮南民耕牛以萬計，供給營田民租用，幾十年後，牛死了而牛租不免，百姓深受其害。周太祖郭威征戰四方，一向知道其中弊端。周太祖廣順三年（西元九五三年），宣布廢除營田，把耕種營田的人重新編入戶籍，由地方管理。田地、房舍、耕牛、農具，全部賜給耕作人為永久的產業，廢除全部租牛稅。這一年，周境戶口增加了三萬戶。耕戶民得到了永業田，於是修整房屋，栽種樹木，精耕細作，畝產量增加了好幾倍。有人建議，把肥沃的營田出賣，可以獲得幾十萬緡的錢來充實國庫。周太祖說：「利益歸百姓，如同藏在國家。」懂得藏富於民，民富而國強的帝王，是政治境界最高的帝王。周太祖廢屯田，懲貪官，薄民賦，是五代時難得的一位開明之君。

版刻《九經》行於世。我國雕版印刷術發明於唐初，雕版圖書始於五代馮道主持的版刻《五經》，又稱版刻《九經》。五經為《易》、《禮》、《詩》、《書》、《春秋》。《禮》有《周禮》、《儀禮》、《禮記》，又稱三《禮》，《春秋》有《左氏傳》、《公羊傳》、《穀梁傳》，又稱《春秋》三傳，是以合而為五經，分而為九經。後唐明宗長興三年（西元九三二年），馮道任宰相，倡議在國子監校定《九經》，版刻印刷傳於世。這項學術大工程，歷經後唐、後晉、後漢、後周四朝，至後周廣順三年完成，歷時二十三年，學術界稱為五代監本。從此，雕版書大行於世，官印書在此後的歷朝歷代大規模展開。馮道歷任五朝唐、晉、漢、周及契丹宰相、太師，能在頻繁改朝換代的亂世，完成這一學術工程，是一個奇跡，在學術上，推動雕版圖書的發展與普及，意義重大。馮道對於學術文化事業的貢獻，在歷史上留下了光輝的一頁。

不倒翁馮道。馮道，字可道，五代時大臣，瀛州景城（在今河北交河鎮東北）人。少好學，奉親至孝。馮道初事劉守光為參軍，守光敗，事晉王李存勗河東監軍張承業為巡官。張承業以馮道長於文學推薦於晉王，為河東掌書記。從此，馮道飛黃騰達，歷仕後唐、後晉、後漢、後周，以及契丹主耶律德光，歷經五朝、八姓、十皇帝，成為亂世之中的一位不倒翁。所事十皇帝為：後唐莊宗、明宗、愍帝、末帝；後晉高祖、出帝；戎王耶律德光；後漢高祖；後周太祖、世宗。十帝共有八姓。馮道在後唐歷任集賢殿、弘文館大學士、司空等職，歸晉任司徒、中書令，契丹滅晉，任戎主太傅，後漢時仕太師，入周任太師兼中書令，終官周太祖山陵使。西元九五四年卒，享年七十三歲。當時人都尊仰馮道為元老，歎其與孔子同壽，喜為之延譽。馮道自號長樂老。

人生亂世或處於昏暴之朝，往往朝不保夕，而馮道處亂世，歷五朝八姓事十君，為相二十餘年不倒而安如泰山，在中國古代史上是一個奇跡。馮道明哲保身的處世之道有過人之處，亦有不為人齒之處。其過人者有三。其一，生性寬厚，馮道不與任何人結怨，他沒有損人害人的記錄，力所能及，以救人為己任。諸將擄掠美女奉獻給馮道，馮道陽受之，而陰遣送還回家。其二，馮道大富大貴，而生活儉約，不事張揚。其三，持重，遇事臨危不懼，往往化險為夷。史臣曰：「道之履行，鬱有古人之風；道之宇量，深得大臣之體。」（《舊五代史》馮道本傳史臣曰）其不為人齒者，謂馮道不忠。一女事二夫，人之不幸，何況馮道事五朝、相十帝。王夫之《讀通鑑論》誅其心曰：「李存勗之滅梁而驕，狎倡優、吝糧賜也，而道不言；忌郭崇韜，激蜀兵以反，而道不言；李從珂挑石敬瑭以速禍，而道不言；石重貴不量力固本以亟與虜爭，而道不言；劉承祐狎群小、殺大臣，而道不言；數十年民之憔悴於虐政，流離死亡以瀕盡，而道不言；其或言也，則摘小疵以示直，聽則居功，不聽而終免於斥逐，視人國之存亡，若浮雲之聚散，真所謂讒諂面諛之臣也。」從盡忠盡節立場看，王夫之的評論十分中肯。馮道從不犯顏直諫，對昏君暴主，只說一些不痛不癢的話，以盡臣直，事關國家安危，黎民疾苦，昏暴之主不聽，馮道則不言。試問，桀紂之主，自己不愛江山，有十比干，無如之何。劉守光、唐廢帝、晉出帝、劉承祐之流，是扶不起的阿斗，馮道委曲求全，以求自保，無可厚非。王夫之認為馮道是一個偽君子，「真所謂讒諂面諛之臣」似過也。馮道沒有讒諂之行，而盡力做一些善事。例如馮道建言雕版《五經》，說契丹主耶律德光為當今救民活佛，史稱「人皆以謂契丹不夷滅中國之人者，賴道一言之善也。」（《新五代史》馮道本傳）馮道處亂世，以他不倒翁的持重大臣身分，做了一些好事，還是值得稱道的。

卷第二百九十二

後周紀三

起閼逢攝提格（甲寅 西元九五四年）五月，盡柔兆執徐（丙辰 西元九五六年）二月，凡一年有奇。

【題解】本卷記事起於西元九五四年五月，迄於西元九五六年二月，凡一年又十個月。當後周世宗顯德元年五月至顯德三年二月。契丹主發兵救北漢，周世宗不勝退軍。周世宗銳意興革，實行多項強國政治。其一，整訓禁軍，沙汰羸弱；其二，清盜賊，重民生；其三，塞黃河決口，使民安居；其四，下詔薦賢、求言，比部郎中王朴獻統一之策，被升職為左諫議大夫；其五，裁撤佛寺三萬餘所，只留二千餘所，十之八九被裁撤；其六，毀銅佛像，以之製錢，廢無用為有用。司馬光稱讚周世宗是五代時最有民望的仁明之君。後周兵西征，奪取後蜀秦、鳳、階、成四州。周世宗對新區民眾，只收正稅，一切苛細全部廢除。北方穩固，周世宗立即揮師南指，兵伐南唐，第一次親征淮南。湖南、吳越奉命夾擊南唐，周師進展順利；突然間湖南兵變，王逵被殺，後周失去了攻唐的側翼。

太祖聖神恭肅文武孝皇帝下

顯德元年（甲寅　西元九五四年）

五月甲戌朔❶，王逵自潭州遷于朗州，以周行逢知潭州事，以潘叔嗣為岳州團練使❷。

丙子❸，帝至晉陽城下，旗幟環城四十里。楊袞疑北漢代州防禦使鄭處謙貳于周❹，召與計事，欲圖之。處謙知之，不往。袞使胡騎數十守其城門，處謙殺之，因閉門拒袞。袞奔歸契丹，契丹主怒其無功，囚之。處謙舉城來降。丁丑❺，置靜塞軍❻於代州，以鄭處謙為節度使。

契丹數千騎屯忻、代之間，為北漢之援。庚辰❼，遣符彥卿等將步騎萬餘擊之。彥卿入忻州，契丹退保忻口❽。丁亥❾，置寧化軍❿於汾州，以石、沁二州隸之。代州將桑珪、解文遇殺鄭處謙，誣奏云潛通契丹。

符彥卿奏請益兵，癸巳⓫，遣李筠、張永德將兵三千赴之。契丹游騎時至忻州城下，丙申⓬，彥卿與諸將陳⓭以待之。史彥超將二十騎為前鋒⓮，遇契丹，與戰，李筠引兵繼之，殺契丹二千人。彥超恃勇輕進，去大軍浸遠，眾寡不敵，為契丹所殺，筠僅以身免，周兵死傷甚眾。彥卿退保忻州，尋引兵還晉陽。

府州防禦使折德扆將州兵來朝。辛丑⓯，復置永安軍⓰於府州，以德扆為節度使。

時大發兵夫，東自懷、孟，西及蒲⑰、陝，以攻晉陽，不克。會久雨，士卒疲病，及史彥超死[1]，乃議引還。

初，王得中返自契丹⑱，值周兵圍晉陽，留止代州。及桑珪殺鄭處謙，囚得中，送于周軍。帝釋之，賜以帶、馬，問：「虜兵何時當至？」得中曰：「臣受命送楊袞，他無所求。」或謂得中曰：「契丹許公發兵，公不以實告，契丹兵即至，公得無危乎？」得中太息曰：「吾食劉氏祿，有老母在圍中，若以實告，周人必發兵據險以拒之，如此，家國兩亡，吾獨生何益！不若殺身以全家國，所得多矣！」甲辰⑲，帝以得中欺罔，縊殺之。

乙巳⑳，帝發晉陽。匡國節度使藥元福言於帝曰：「進軍易，退軍難。」帝曰：「朕一以委卿。」元福乃勒兵成列而殿㉑。北漢果出兵追躡，元福擊走之。然軍還忽遽㉒，芻糧數十萬在城下者[2]，悉焚棄之。軍中訛言相驚，或相剽掠，軍須㉓失亡不可勝計。所得北漢州縣，周所置刺史等皆棄城走。惟代州桑珪既叛北漢，又不敢歸周，嬰城自守，北漢遣兵攻拔之。

【章　旨】以上為第一段，寫契丹救北漢，周世宗從晉陽敗歸。

【注　釋】❶甲戌朔　五月初一日。❷團練使　不設節度使之州，則以團練使總領軍務。❸丙子　五月初三日。❹貳于周　明屬北漢，暗通北周。❺丁丑　五月初四日。❻靜塞軍　方鎮名，後周顯德元年五月置。治所代州，在今山西代縣。❼庚辰　五月初七日。❽忻口　地名，在今山西忻州北，兩山相夾，滹沱水流經其中。❾丁亥　五月十四日。❿寧化軍　方鎮名，後周顯德元年（西元九五四年）五月置。治所汾州，在今山西汾陽。⓫癸巳　五月二十日。⓬丙申　五月二十三日。⓭陳　同「陣」。⓮二十騎為前鋒　胡三省注：「二十太少，恐當作『二千』。」⓯辛丑　五月二十八日。⓰永安軍　方鎮名，漢天福十二年（西元九四七年）置永安軍，乾祐三年（西元九五〇年）降為團練州，周顯德元年（西元九五四年）五月復置永安軍。治所府州，在今陝西府谷縣。⓱蒲　州名，治所河中府，在今山西永濟西蒲州鎮。⓲王得中返自契丹　北漢主曾派遣王得中向契丹求援，事畢返回北漢。⓳甲辰　五月甲戌朔，無甲辰。甲辰，應為六月初二日。⓴乙巳　五月甲戌朔，無乙巳。乙巳，應為六月初三日。㉑殿　行軍走在最後。㉒軍還怱遽　軍隊撤退過於匆忙倉促。㉓軍須　即軍需，軍用物資。

【校　記】①及史彥超死　原無此五字。據章鈺校，十二行本、乙十一行本、孔天胤本皆有此五字，張敦仁《通鑑刊本識誤》、張瑛《通鑑校勘記》同，今據補。②者　原無此字。據章鈺校，十二行本、乙十一行本、孔天胤本皆有此字，今據補。按，《通鑑紀事本末》有「者」字。

【語　譯】太祖聖神恭肅文武孝皇帝下

顯德元年（甲寅　西元九五四年）

五月初一日甲戌，王逵從潭州遷到朗州，任命周行逢主持潭州事務，任命潘叔嗣為岳州團練使。

五月初三日丙子，周世宗到達晉陽城下，旗幟環繞晉陽城四十里。楊袞懷疑北漢代州防禦使鄭處謙暗地勾結後周，召請鄭處謙和他商量軍事，打算殺死鄭處謙。鄭處謙知道楊袞的企圖，沒有前去。楊袞派遣幾十名胡人騎兵看守城門，鄭處謙殺掉胡兵，接著關閉城門抵抗楊袞。楊袞逃回契丹，契丹主惱怒他沒有功勞，囚禁了他。鄭處謙率州城前來投降。初四日丁丑，後周在代州設置靜塞軍，任命鄭處謙為節度使。

契丹幾千名騎兵屯駐忻州、代州之間，作為北漢的援軍。五月初七日庚辰，派遣符彥卿等人率領步兵和騎兵一萬多人攻打契丹。符彥卿進入忻州，契丹退守忻口。十四日丁亥，後周在汾州設置寧化軍，把石、沁兩州隸屬於寧化軍。代州將領桑珪、解文遇殺死鄭處謙，誣奏說他暗通契丹。

符彥卿上奏請求增兵。五月二十日癸巳，周世宗派遣李筠、張永德率兵三千前往。契丹的遊動騎兵時常到忻州城下。二十三日丙申，符彥卿和眾將列陣來等待他們。史彥超率領二十名騎兵為前鋒，遭遇契丹，和他交戰，李筠領兵增援，殺死契丹兩千人。史彥超靠著勇猛，輕率前進，距離大軍漸漸地遠了，寡不敵眾，被契丹軍所殺，李筠僅幸免一死，後周軍隊死傷很多。符彥卿退守忻州，不久帶兵返回晉陽。

府州防禦使折德扆率領州兵前來朝見周世宗。五月二十八日辛丑，後周又在府州設置永安軍，任命折德扆為節度使。

當時大量徵發士兵和民夫，東自懷州、孟州，西到蒲州、陝州，用來攻打晉陽，沒有攻下。適逢久雨，士卒疲勞生病，等到史彥超過世，於是商議率軍返回。

當初，王得中從契丹回來，正值後周軍隊包圍晉陽，便停下留在代州。等到桑珪殺了鄭處謙，就囚禁了王得中，把他送到後周軍中。周世宗釋放了他，賜給玉帶、馬匹，問他說：「胡人軍隊什麼時候會到？」王得中說：「臣受命送楊袞，沒有提其他要求。」有人對王得中說：「契丹答應您發兵，您不以實告知，契丹軍隊立即到來，您能夠沒有危險嗎？」王得中歎息說：「我吃劉氏的俸祿，有老母在包圍之中，如果以實相告，周人一定發兵據險來抵抗契丹。這樣，家國兩亡，我獨自活著有什麼用！不如殺身來保全家和國，所得到的多了！」甲辰日，周世宗因為王得中欺騙蒙蔽，絞殺了他。

乙巳日，周世宗從晉陽出發。匡國節度使藥元福對周世宗說：「進軍容易，退軍困難。」周世宗說：「朕全部委託給你。」藥元福於是布軍成陣斷後。北漢果然出兵追蹤，藥元福把他們打跑了。然而軍隊返回匆促，幾十萬的糧草在晉陽城下，全焚毀丟棄。軍中謠言驚擾，或相搶劫，軍用物資損失無法計算。所得到的北漢州縣，後周設置的刺史等全都棄城逃走。只有代州桑珪既已背叛北漢，又不敢歸附後周，便環城自守，北漢派遣軍隊攻取了代州。

乙酉[1]，帝至潞州。甲子[2]，至鄭州。丙寅[3]，謁嵩陵。庚午[4]，至大梁。

帝違眾議破北漢，自是政事無大小皆親決，百官受成於上而已。河南府[5]推官[6]高錫[7]上書諫，以為：「四海之廣、萬機之眾，雖堯、舜不能獨治，必擇人而任之。今陛下一以身親之，天下不謂陛下聰明睿智、足以兼百官之任，皆言陛下褊迫疑忌、舉不信羣臣[8]也！不若選能知人公正者以為宰相，能愛民聽訟者以為守令，能豐財足食者使掌金穀，能原情守法者使掌刑獄。陛下但垂拱明堂[9]，視其功過而賞罰之，天下何憂不治！何必降君尊而代臣職，屈貴位而親賤事，無乃失為政之本乎！」帝不從。錫，河中人也。

北漢主憂憤成疾，悉以國事委其子侍衛都指揮使承鈞。

河西[10]節度使申師厚不俟詔，擅棄鎮入朝，署其子為留後。秋，七月癸酉朔[11]，責授[12]率府副率[13]。○丁丑[14]，加吳越王錢弘俶天下兵馬都元帥。

癸巳[15]，加門下侍郎、同平章事范質守司徒，以樞密直學士、工部侍郎長山景範[16]為中書侍郎、同平章事、判三司，加樞密使、同平章事鄭仁誨兼侍中。乙未[17]，以樞密副使魏仁浦為樞密使。范質既為司徒，司徒竇貞固歸洛陽，府縣[18]以民視之[19]，課役皆不免。貞固訴於留守向訓，訓不聽。

初，帝與北漢主相拒於高平，命前澤州刺史李彥崇將兵守江豬嶺⑳，過北漢主歸路。彥崇聞樊愛能等南遁，引兵退，北漢主果自其路遁去。八月己酉㉑，貶彥崇率府副率。○己巳㉒，廢鎮國軍㉓。

初，太祖以建雄節度使王晏有拒北漢之功，其鄉里在滕縣㉔，徙晏為武寧節度使。晏少時嘗為羣盜，至鎮，悉召故黨，贈之金帛、鞍馬。謂曰：「吾鄉素名多盜，昔吾與諸君皆嘗為之，想後來者無能居諸君之右㉕。諸君幸為我語之，使勿復為，為者吾必族之！」於是一境清肅。九月，徐州人請為之立衣錦碑㉖，許之。

冬，十月甲辰㉗，左羽林大將軍孟漢卿坐納藁稅㉘，場官㉙擾民，多取耗餘㉚，賜死。有司奏漢卿罪不至死，上曰：「朕知之，欲以懲眾耳。」○己酉㉛，廢安遠、永清軍㉜。

【章旨】以上為第二段，寫周世宗精明強幹，事無巨細，大權獨攬，獎懲鮮明。

【注釋】❶乙酉　胡三省注：「以乙巳發晉陽，甲子至鄭州考之，中間不應以乙酉至潞州，恐是乙卯。」乙卯，六月十三日。❷甲子　五月甲戌朔，無甲子。甲子，應為六月二十二日。❸丙寅　五月甲戌朔，無丙寅。丙寅，六月二十四日。❹庚午　九月甲戌朔，無庚午。庚午，六月二十八日。❺河南府　府名，治所在今河南洛陽。❻推官　官名，節度使、觀察使、團練使、防禦使下皆置，員一人，掌勘問刑獄。❼高錫　字天賜，河中虞鄉（今山西永濟）人，宋初，官至左拾遺、知制誥。

傳見《宋史》卷二百六十九。❽褊迫疑忌舉不信羣臣　心胸狹小，懷疑猜忌，完全不信任群臣。《左傳》哀公六年僖子曰「君舉不信群臣乎？」杜預注曰「舉，皆也。」❾垂拱明堂　垂拱，垂衣拱手，古代形容太平無事，無為而治。明堂，古代天子宣明政教的地方，凡朝會、祭祀、慶賞、選士、養老、教學等大典，均在其中舉行。❿河西　方鎮名，唐景雲元年（西元七一〇年）置。治所涼州，在今甘肅武威。⓫癸酉朔　七月初一日。⓬責授　授較低的官職，以示譴責。⓭率府副率　唐制，東宮有十率府，即左右衛率、左右司御率、左右清道率、左右監門率、左右內率，每率府設率各一人，副率各二人。均為太子屬官，掌東宮兵仗、儀衛及門禁、徼循、斥候等事。⓮丁丑　七月初五日。⓯癸巳　七月二十一日。⓰景範　淄州長山（今山東鄒平）人，初為東京副留守，為人厚重剛正。傳見《舊五代史》卷一百二十七。⓱乙未　七月二十三日。⓲府縣　指河南府和洛陽縣。⓳以民視之　把致仕的司徒竇貞固當普通民眾一樣對待。⓴江豬嶺　在今山西長子西南四十里，近長平關。㉑己酉　八月初八日。㉒己巳　八月二十八日。㉓廢鎮國軍　後梁以華州為感化軍，後唐同光元年（西元九二三年）改為鎮國軍，至後周顯德元年（西元九五四年）八月，降為刺史州。㉔滕縣　即今山東滕州。㉕居諸君之右　處在各位的上面。古人以右為上，居右即謂處在前位。㉖立衣錦碑　樹立衣錦還鄉碑。衣錦，穿錦繡衣服，表示富貴。㉗甲辰　十月初三日。㉘納藁稅　收受禾稈稅。㉙場官　藁場收稅官。㉚耗餘　舊時收稅，正額之外又多收取，以備耗損的部分，稱耗餘。㉛己酉　十月初八日。㉜廢安遠永清軍　後唐同光元年（西元九二三年）以安州為安遠軍節度，至後晉天福五年（西元九四〇年）七月，降為防禦州。至天福十二年六月，復為安遠軍節度。至後周顯德元年（西元九五四年）十月，又降為防禦州。晉天福三年十二月，以貝州為永清軍節度，至後周顯德元年十月，降為防禦州。

【語　譯】乙酉日，周世宗到達潞州。甲子日，到達鄭州。丙寅日，拜謁嵩陵。庚午日，到達大梁。

周世宗違反大家的建議打敗了北漢，從此政事不論大小都親自決斷，百官只是從周世宗那裡接受成命而已。河南府推官高錫上書勸諫，認為：「四海之廣、政務之多，即使是堯、舜也不能單獨治理，一定要選拔人才而任用他們。現在陛下全部親自處理，天下人不說是陛下聰明睿智、足以兼任百官的職責，都說陛下心胸狹隘、懷疑猜忌、完全不信任群臣！不如選拔能夠瞭解人、公正無私的來擔任宰相，能夠愛護百姓、善理訴訟的人來擔任太守、縣令，能夠使財富豐盈、糧食充足的人來執掌錢糧，能夠推究人情、遵守法令的人來掌管刑獄。陛下只要在明堂垂衣拱手，看他們的功過而賞罰他們，天下何愁不能治理好！何必降低君主的尊嚴而代替臣下的職責，委屈高貴的地位而親歷賤事，這豈不是失去了為政的根本嗎！」周世宗不聽從。高錫，是河中人。

北漢主憂愁憤恨而生病，把國事全部委託給他的兒子侍衛都指揮使劉承鈞。

河西節度使申師厚不等接到詔令，擅自離開鎮所進京入朝，任命他的兒子為留後。秋，七月初一日癸酉，周世宗授給他率府副率，以示譴責。○初五日丁丑，加授吳越王錢弘俶為天下兵馬都元帥。

七月二十一日癸巳，加授門下侍郎、同平章事范質守司徒，任命樞密直學士、工部侍郎長山人景範為中書侍郎、同平章事、判三司，加授樞密使、同平章事鄭仁誨兼任侍中。二十三日乙未，任命樞密副使魏仁浦為樞密使。范質既已擔任司徒，原任司徒竇貞固返回洛陽，河南府和洛陽縣把他視作平民，租稅、徭役都不免除。竇貞固向留守向訓訴說，向訓不聽他的。

當初，周世宗和北漢主在高平對抗，命令前任澤州刺史李彥崇領兵守衛江豬嶺，阻遏北漢主回去的道路。李彥崇聽說樊愛能等人南逃，便率軍撤退，北漢主果然從那條路逃走。八月初八日己酉，把李彥崇貶為率府副率。○二十八日己巳，撤銷鎮國軍。

當初，太祖因為建雄節度使王晏有抵禦北漢的功勞，他的家鄉在滕縣，便調任王晏為武寧節度使。王晏年輕時曾經做過強盜，到達鎮所，召集全部舊黨，贈送他們金帛、鞍馬。對他們說：「我們家鄉向來以強盜多而聞名，過去我和各位都曾幹過，我想後來的人沒有能超過各位的。請各位替我轉告其他的強盜，讓他們不要再做強盜，再做的人我一定族滅他！」於是整個境內清靜安寧。九月，徐州人請求為王晏樹立衣錦還鄉碑，朝廷答應了。

冬，十月初三日甲辰，左羽林大將軍孟漢卿因為交納藁稅時，藁場收稅官侵擾百姓，多取耗餘，被賜死。有關官員上奏說孟漢卿的罪不至於處死，周世宗說：「朕知道這些，是想以此懲戒大家罷了。」○初八日己酉，撤銷安遠、永清軍。

初，宿衛之士，累朝相承，務求姑息，不欲簡閱❶，恐傷人情，由是羸老者居多。但驕蹇❷不用命，實不可用，每遇大敵，不走即降，其所以失國，亦多由此。帝因高平之戰，始知其弊。癸亥❸，謂侍臣曰：「凡兵務精不務多，今以農夫百未能養甲士一，柰何浚❹民之膏澤❺，養此無用之物乎！且健懦不分，眾何所勸！」乃命大簡諸軍，精銳者升之上軍，羸者斥去之。又以驍勇之士多為諸[1]藩鎮所蓄，詔募天下壯士，咸遣詣闕，命太祖皇帝選其尤者為殿前諸班❻，其騎步諸軍，各命將帥選之。由是士卒精彊，近代無比，征伐四方，所向皆捷，選練之力也。

戊辰❼，帝謂侍臣曰：「諸道盜賊頗多，討捕終不能絕，蓋由累朝分命使臣巡檢，致藩侯、守令皆不致力。宜悉召還，專委節鎮、州縣，責其清肅❽。」

河自楊劉至于博州百二十里，連年東潰，分為二派❾，匯為大澤，彌漫數百里。又東北壞古堤而出，灌齊、棣❿、淄⓫諸州，至于海涯，漂沒民田廬不可勝計。流民採菰稗⓬、捕魚以給食，朝廷屢遣使者不能塞。十一月戊戌⓭，帝遣李穀詣澶、鄆、齊按視隄塞，役徒⓮六萬，三十日而畢。

北漢主疾病⓯，命其子承鈞監國⓰，尋殂⓱。遣使告哀于契丹。契丹遣驃騎大將軍、知內侍省事劉承訓冊命承鈞為帝，更名鈞。北漢孝和帝⑱性孝謹，既嗣位，勤於為政，愛民禮士，境內粗安。每上表於契丹主稱男，契丹主賜之詔，謂之「兒皇帝」。

【章旨】以上為第三段，寫周世宗整訓禁軍，沙汰羸弱，清盜賊，塞黃河決口，關心民生。北漢主效石敬瑭向契丹稱兒皇帝。

【注釋】❶簡閱　檢查。❷驕蹇　傲慢不順。❸癸亥　十月二十二日。❹浚　榨取。❺膏澤　猶言民脂民膏。❻殿前諸班　殿廷的侍衛兵士。據《五代會要》卷十二，周世宗鑑於高平之戰，決定改組宿衛之士，下詔選募天下豪傑，帝親自選拔其中武藝超絕者分署為殿前諸班，於是有散員、散指揮使、內殿前直、散都頭、鐵騎、控鶴之號。❼戊辰　十月二十七日。❽責其清肅　責令他們肅清自己境內的盜賊。❾二派　分成兩條水路。❿棣　州名，治所厭次，在今山東惠民東南。⓫淄　州名，治所淄川，在今山東淄博。⓬菰稗　菰米（又名雕胡米）和稗籽。⓭戊戌　十一月二十八日。⓮役徒　役使工徒。⓯疾病　病情加重。古代有病稱疾，病重為病。⓰監國　古代君主因故不能親政，由其嗣子或近親代行職務，稱監國。⓱尋殂　不久死去。⓲孝和帝　劉承鈞死後謚號孝和皇帝，廟號睿宗。

【校記】1諸　原無此字。據章鈺校，十二行本、乙十一行本、孔天胤本皆有此字，今據補。

【語譯】當初，宮禁的警衛士兵，歷朝相襲，一味地遷就姑息，不願檢查，恐怕傷害人情，因此年老體衰的佔大多數。但是這些人傲慢不順，不聽從命令，實際上不能使用，每遇大敵，不是逃走就是投降，前朝之所以亡國，也是大多由於這個原因。周世宗通過高平之戰，開始知道其中的弊端。十月二十二日癸亥，周世宗對侍從的大臣們說：「大凡軍隊求精不求多，現在一百個農夫不能養一名甲士，為什麼要榨取民脂民膏，來養活這些沒有用的東西呢！況且勇健和懦弱不加區分，用什麼去激勵大家呢！」於是命令全面檢查各軍，精銳的提升到上軍，體弱的裁掉他們。又因為勇猛的士兵大多為各藩鎮所蓄養，所以下詔招募天下壯士，全部前往京城，命令太祖皇帝趙匡胤挑選其中優秀的組成殿前各班，其他騎兵和步兵各軍，分別命令將帥挑選。從此士兵精銳強幹，近代無與倫比，征伐四方，兵鋒所向，全都獲勝，這都是挑選訓練士兵的功效。

十月二十七日戊辰，周世宗對侍從的大臣說：「各道盜賊很多，討伐抓捕，不能斷絕，這大概是由於歷朝分別派使者到各地去巡視檢查，致使藩鎮節度使、州縣官員都不盡力。應該全部召回使臣，專門委任藩鎮、州縣，責令他們肅清強盜。」

黃河從楊劉到博州一百二十里，連年東邊堤壩崩潰，分成兩條支流，匯聚成大澤，彌漫幾百里。還有東北邊沖壞舊堤，河水流出，灌沒齊、棣、淄各州，直到海濱，沖走淹沒民田房舍無法計算。流民靠採摘菰米、稗籽、捕魚來充食，朝廷多次派遣使者都不能堵塞。十一月二十八日戊戌，皇帝派遣李穀前往澶州、鄆州、齊州審查巡視堤防的堵塞情況，使用工徒六萬人，三十天堵塞完畢。

北漢主病重，命令他的兒子劉承鈞監理國事，不久去世。北漢派遣使者向契丹報喪。契丹派遣驃騎大將軍、知內侍省事劉承訓冊命劉承鈞為皇帝，改名為劉鈞。北漢孝和帝劉鈞性情孝順恭謹，繼位後，勤於治理政事，愛護民眾，禮遇士人，境內大體安定。他每次上表給契丹主都自稱「男」，契丹主賜給他詔書，稱他為「兒皇帝」。

馬希萼之帥羣蠻破長沙也，府庫累世之積，皆為溆州蠻酋苻彥通所掠。彥通由是富彊，稱王於溪洞間。王逵既得湖南，欲遣使撫之，募能往者，其將王虔朗請行。既至，彥通盛侍衛❶而見之，禮貌甚倨❷。虔朗厲聲責之曰：「足下自稱苻秦苗裔❸，宜知禮義，有以異於羣蠻。昔馬氏在湖南，足下祖父皆北面事之。

今王公盡得馬氏之地，足下不早往乞盟，致使者先來，又不接之以禮，異日得無悔乎！」彥通慚懼，起，執虔朗手謝之。虔朗知其可動，因說之曰：「溪洞之地，隋、唐之世皆為州縣❹，著在圖籍。今足下上無天子之詔，下無使府❺之命，雖自王於山谷之間，不過蠻夷一酋長耳！曷若去王號，自歸於王公，王公必以天子之命授足下節度使，與中國侯伯等夷，豈不尊榮哉！」彥通大喜，即日去王號，因虔朗獻銅鼓❻數枚於王逵。逵曰：「虔朗一言勝數萬兵，真國士也！」承制以彥通為黔中❼節度使，以虔朗為都指揮使，預聞府政。虔朗，桂州人也[1]。逵慮西界鎮遏使、錦州❽刺史劉瑫為邊患，表為鎮南節度副使，充西界都招討使。

是歲，湖南大饑，民食草木實。武清❾節度使、知潭州事周行逢開倉以賑之，全活甚眾。行逢起於微賤，知民間疾苦，勵精為治，嚴而無私。辟署僚屬❿，皆取廉介之士，約束簡要，吏民便之[2]。其自奉甚薄，或譏其太儉，行逢曰：「馬氏父子窮奢極靡，不恤百姓，今子孫乞食於人，又足效乎！」

【章旨】以上為第四段，寫湖南王逵撫定溪洞蠻夷，周行逢開倉賑濟飢民。

【注釋】❶盛侍衛　擺出盛大的侍衛場面，意在炫耀和震懾。❷禮貌甚倨　禮數十分傲慢。❸自稱苻秦苗裔　苻堅死後，其子苻宏歸東晉。桓玄篡位，以宏為梁州刺史，活動於荊、楚間，故苻彥通自稱是苻宏後代。❹隋唐之世皆為州縣　溪洞之地，隋、唐時屬黔中道。❺使府　指湖南都府。❻銅鼓　在蠻地，銅鼓極為重要。部落欲相攻殺，則擊銅鼓，至者如雲。❼黔中　方鎮名，唐大曆十二年（西元七七七年）置，大順元年（西元八九〇年）號武泰軍節度，治所在今重慶市彭水苗族土家族自治縣。❽錦州　州名，治所在今湖南麻陽西。❾武清　方鎮名，五代十國楚置，治所在今湖南衡山縣。❿辟署僚屬　徵召任用僚佐。

【校　記】①虔朗桂州人也　原無此六字。據章鈺校，十二行本、乙十一行本、孔天胤本皆有此六字，張敦仁《通鑑刊本識誤》、張瑛《通鑑校勘記》同，今據補。②吏民便之　原無此四字。據章鈺校，十二行本、乙十一行本、孔天胤本皆有此四字，張敦仁《通鑑刊本識誤》同，今據補。

【語　譯】馬希萼率領各蠻族打敗長沙時，府庫中幾代積蓄的財物，都被溆州蠻族酋長苻彥通所掠，苻彥通因此富強，在溪洞間自稱為王。王逵得到湖南以後，打算派遣使者安撫他，便招募能夠前去的人，他的部將王虔朗請求前去。王虔朗到了以後，苻彥通部署了大量的侍衛接見他，禮數十分傲慢。王虔朗大聲地斥責苻彥通說：「足下自稱是苻秦的後裔，應該知曉禮義，以區別於蠻族。從前馬氏在湖南，足下的祖父、父親都北面稱臣侍奉馬氏。現在王公得到了馬氏的全部地，足下不早些前去請求結盟，致使他的使者先來，又對使者不以禮相待，以後能夠不後悔嗎！」苻彥通又慚愧又害怕，站起身來，拉著王虔朗的手向他道歉。王虔朗知道他可以說動，乘機勸他說：「溪洞這些地方，隋、唐之世都是州縣，記載在圖籍中。現今足下上沒有天子的詔書，下沒有節度使府的命令，雖然自己在山谷之間稱王，不過是蠻夷的一個酋長罷了！不如去掉王號，自己歸附王公，王公一定用天子的命令授給足下節度使之職，與中原的侯伯等同，難道不尊貴榮耀嗎！」苻彥通大為高興，當天去掉王號，通過王虔朗進獻幾個銅鼓給王逵。王逵說：「王虔朗的一句話勝過幾萬士兵，真是國中的人才啊！」於是以天子的制命任命苻彥通為黔中節度使，任命王虔朗為都指揮使，參與湖南都府的政事。王虔朗，是桂州人。王逵擔心西界鎮遏使、錦州刺史劉瑫為害邊境，上表請求朝廷任命劉瑫為鎮南節度副使，充任西界都招討使。

這一年，湖南發生大饑荒，百姓吃草木的果實。武清節度使、知潭州事周行逢開倉賑濟災民，存活了很多人。周行逢起於貧賤，瞭解民間的疾苦，勵精圖治，嚴正無私。徵召任用僚屬，都選取廉潔公正的人，規約簡要，治下的百姓都覺得方便。對自己的奉養微薄，有人譏笑他太節儉，周行逢說：「馬氏父子極盡奢侈浪費，不體恤百姓，今日他的子孫向人討飯，又值得效法嗎！」

世宗睿武孝文皇帝❶上

顯德二年（乙卯　西元九五五年）

春，正月庚辰❷，上以漕運自晉、漢以來不給斗耗❸，綱吏❹多以虧欠抵死，詔自今每斛給耗一斗❺。

定難節度使李彝興❻，以折德扆亦為節度使，與己並列，恥之❼，塞路不通周使。癸未❽，上謀於宰相，對曰：「夏州邊鎮，朝廷向來每加優借，府州褊小，得失不繫重輕。且宜撫諭彝興，庶全大體。」上曰：「德扆數年以來，盡忠戮力以拒劉氏，柰何一旦棄之！且夏州惟產羊馬，貿易百貨悉仰中國，我若絕之，彼何能為！」乃遣供奉官齊藏珍齎詔書責之，彝興惶恐謝罪。

戊子❾，蜀置威武軍於鳳州❿。○辛卯⓫，初令翰林學士、兩省⓬官舉令、錄⓭。除官之日，仍署舉者姓名，若貪穢敗官，並當連坐⓮。

契丹自晉、漢以來屢寇河北⓯，輕騎深入，無藩籬之限，郊野之民每困殺掠。

言事者稱深、冀之間有胡盧河，橫亙數百里，可浚之以限其奔突⑯。是月，詔忠武節度使王彥超、彰信⑰節度使韓通，將兵夫浚胡盧河，築城於李晏口⑱，留兵戍之。帝召德州⑲刺史張藏英，問以備邊之策。藏英具陳地形要害，請列置戍兵，募邊人驍勇者，厚其稟給，自請將之，隨便宜討擊。帝皆從之，以藏英為沿邊巡檢招收都指揮使。藏英到官數月，募得千餘人。王彥超等行視役者⑳，嘗為契丹所圍。藏英引所募兵馳擊，大破之。自是契丹不敢涉胡盧河，河南㉑之民始得休息。

二月庚子朔㉒，日有食之。○蜀夔恭孝王仁毅㉓卒。

壬戌㉔，詔羣臣極言得失，其略曰：「朕於卿大夫，才不能盡知，面不能盡識。若不采其言而觀其行，審其意而察其忠，則何以見器略之淺深，知任用之當否！若言之不入，罪實在予。苟求之不言，咎將誰執！」

唐主以中書侍郎、知尚書省嚴續㉕為門下侍郎、同平章事。

【章旨】以上為第五段，寫周世宗下詔薦賢、求言，抗禦契丹侵擾河北的遊騎。

【注釋】❶世宗睿武孝文皇帝　諱柴名榮，為郭威妻兄之子，自幼從姑，郭威養為己子。西元九五五—九五九年在位，廟號世宗。❷庚辰　正月初十日。❸斗耗　往來運送糧食合理的損耗。❹綱吏　運送大宗貨物，分批啟行，每批計其車輛船隻，編立字號，名為一綱。綱吏即負責成批運送貨物的官吏。❺每斛給耗一斗　每斛允許扣減損耗一斗。斛，古代十斗為一斛，南宋末改為五斗。❻李彝興　夏州（治所在今陝西靖邊）人，本姓拓跋氏，原名彝殷，避宋宣祖諱改。傳見《舊五代史》卷一百三十二、《新五代史》卷四十、《宋史》卷四百八十五。❼與己並列二句　李彝興鎮夏州，夏州為緣邊大郡，李氏世代為節度使。而折德扆鎮府州，府州很晚才置為節鎮，折氏又剛為節度使，所以李彝興以與折氏並列為恥。❽癸未　正月十三日。❾戊子　正月十八日。❿鳳州　州名，治所在今陝西鳳縣。⓫辛卯　正月二十一日。⓬兩省　中書省和門下省。⓭舉令錄　推舉縣令和州郡錄事參軍。⓮連坐　牽連入罪。⓯河北　道名，治所魏州，在今河北大名東北。⓰奔突　奔馳衝突。⓱彰信　方鎮名，後晉開運二年（西元九四五年）以曹州為威信節度，至後漢天福十二年（西元九四七年）六月降為刺史州，後周廣順二年（西元九五二年）七月，復升為彰信軍節度。治所左城，在今山東曹縣西北。⓲李晏口　即李晏鎮，在今河北景縣東北。與縣西宋門鎮均為大鎮。⓳德州　州名，治所在今山東陵縣。⓴行視役者　巡視為治河工程服役的人。㉑河南　此指胡盧河之南。㉒庚子朔　二月初一日。㉓仁毅　蜀後主孟昶弟。㉔壬戌　二月二十三日。㉕嚴續　字興宗，吳相嚴可求子，南唐烈祖李昪婿。敢於直言，常遭群小斥逐。官至門下侍郎、同平章事、鎮海軍節度使。

【語譯】 世宗睿武孝文皇帝上

顯德二年（乙卯　西元九五五年）

春，正月初十日庚辰，周世宗因為水路運糧從後晉、後漢以來不給運糧的損耗，運糧的官吏很多因為虧欠而被處死，下詔從今以後每斛給與損耗一斗。

定難節度使李彝興因為折德扆也擔任了節度使，與自己同列，感到羞恥，便堵塞道路，不與後周通使來往。正月十三日癸未，周世宗和宰相商議，宰相回答說：「夏州是邊疆的鎮所，朝廷向來都從優寬待；府州狹小，得失不關輕重。暫時應該安撫李彝興，以顧全大局。」周世宗說：「折德扆多年以來，盡忠朝廷，努力作戰，以抵抗劉氏，怎麼能一朝拋棄他！況且夏州只產羊、馬，百貨交易全賴中原，我們如果與李彝興斷絕關係，他還能幹什麼！」於是周世宗派遣供奉官齊藏珍帶著詔書責問李彝興，李彝興惶恐認罪。

正月十八日戊子，後蜀在鳳州設置威武軍。〇二十一日辛卯，朝廷開始命令翰林學士、中書和門下兩省官員推舉縣令、錄事參軍。授予官職時，同時簽署推舉人的姓名，如果所推舉的人貪汙汙穢而失職，連同推舉人一起都要定罪。

契丹從後晉、後漢以來一再侵犯河北，輕裝騎兵深入境內，沒有屏障的阻隔，郊野的民眾往往陷入困境而被殺戮搶掠。上言國事的人說深州和冀州之間有胡盧河，橫亙幾百里，可以疏通河道限制契丹的奔馳衝突。當月，詔命忠武節度使王彥超、彰信節度使韓通率領士兵和民夫疏通胡盧河，在李晏口築城，留下部隊戍守。周世宗召見德州刺史張藏英，向他詢問備邊策略。張藏英詳細地講述地形要害，請求設置戍守的軍隊，招募邊境百姓中勇猛的人，厚加供給，張藏英自己請求率領這些人，隨機出擊討伐。周世宗全都聽從了他的建議，任命張藏英為沿邊巡檢招收都指揮使。張藏英到任幾個月，招募到一千多人。王彥超等人巡視治河服役的人，曾經被契丹包圍。張藏英帶領所招募來的士兵飛奔出擊，大敗契丹軍隊。從此契丹不敢渡過胡盧河，胡盧河以南的百姓才得以休養生息。

二月初一日庚子，日蝕。〇後蜀夔恭孝王孟仁毅去世。

二月二十三日壬戌，周世宗詔命群臣盡情地陳述朝政得失，詔書大略說：「朕對於各位卿大夫，不能全部知道才能，不能全部認識面孔。如果不搜集大家的言論而觀察大家的行為，明白大家的想法而觀察大家的忠誠，那麼利用什麼看出大家器識才略的高低，知道任用的是否得當！如果大家說了而我聽不進，那麼罪過確實在我的身上。如果我搜求而大家不說，那麼過錯在誰呢！」

南唐主任命中書侍郎、知尚書省嚴續為門下侍郎、同平章事。

三月辛未❶，以李晏口為靜安軍❷。〇帝常憤廣明❸以來中國日蹙❹，及高平既捷，慨然有削平天下之志。會秦州民夷❺有詣大梁獻策請恢復舊疆❻者，帝納其言。

蜀主聞之，遣客省使趙季札按視邊備。季札素以文武才略自任，使還，奏稱：「雄武節度使韓繼勳、鳳州刺史王萬迪非將帥才，不足以禦大敵。」蜀主問：「誰可往者？」季札請自行。丙申⑦，以季札為雄武監軍使，仍⑧以宿衛精兵千人為之部曲。

帝以大梁城中迫隘⑨，夏，四月乙卯⑩，詔展外城，先立標幟⑪，俟今冬農隙興板築⑫。東作⑬動則罷之，更俟次年，以漸成之。且今自今葬埋皆出所標七里之外，其標內俟縣官⑭分畫街衢、倉場、營廨⑮之外，聽民隨便築室。

丙辰⑯，蜀主命知樞密院王昭遠按行⑰北邊城寨及甲兵⑱。

上謂宰相曰：「朕每思致治之方⑲，未得其要，寢食不忘。又自唐、晉以來，吳、蜀、幽、并⑳皆阻聲教㉑，未能混壹㉒。宜命近臣著為君難為臣不易論及開邊策各一篇，朕將覽焉。」

比部郎中㉓王朴獻策，以為：「中國之失吳、蜀、幽、并，皆由失道㉔。今必先觀所以失之之原，然後知所以取之之術。其始失之也，莫不以君暗臣邪，兵驕民困，姦黨內熾，武夫外横，因小致大，積微成著㉕。今欲取之，莫若反其所為而已！夫進賢退不肖，所以收其才也。恩隱誠信，所以結其心也。賞功罰罪，所以盡其力也。去奢節用，所以豐其財也。時使[26]薄斂[27]，所以阜[28]其民也。俟羣才既集、政事既治、財用既充、士民既附，然後舉而用之，功無不成矣！彼之人觀我有必取之勢，則知其情狀者願為間諜、知其山川者願為鄉導，民心既歸，天意必從矣。

「凡攻取之道，必先其易者。唐與吾接境幾二千里[29]，其勢易擾也。擾之當以無備之處為始，備東則擾西，備西則擾東，彼必奔走而救之。奔走之間，可以知其虛實彊弱，然後避實擊虛、避彊擊弱。未須大舉，且以輕兵擾之。南人懦怯，聞小有警，必悉師以救之。師數動則民疲而財竭，不悉師則我可以乘虛取之。如此，江北諸州將悉為我有。既得江北，則用彼之民、行我之法，江南亦易取也。得江南則嶺南、巴蜀可傳檄而定。南方既定，則燕地必望風內附。若其不至，移兵攻之，席卷可平矣。惟河東必死之寇[30]，不可以恩信誘，必[1]當以彊兵制之。然彼自高平之敗，力竭氣沮，必未能為邊患。宜且以為後圖，俟天下既平，然後伺間[31]，一舉可擒也。今士卒精練，甲兵有備[32]，羣下畏法[33]，諸將效力，期年[34]之後可以出師，宜自夏秋蓄積實邊[35]矣。」

上欣然納之。時羣臣多守常偷安，所對少有可取者。惟朴神峻氣勁㊱，有謀能斷，凡所規畫，皆稱上意，上由是重其器識㊲[2]。未幾，遷左諫議大夫，知開封府事。

【章　旨】以上為第六段，寫比部郎中王朴獻統一治安之策，被升職為左諫議大夫。

【注　釋】❶辛未　三月初二日。❷靜安軍　本名李晏口，又名李晏鎮，在今河北深州東南，夾胡盧河為壘。❸廣明　唐僖宗年號（西元八八〇－八八一年）。❹中國日蹙　由於藩鎮割據，中原王朝控制的中原地區日益縮小。❺民夷　百姓和少數民族。此指秦州的進言者代表當地民夷。❻舊疆　指唐時疆域。❼丙申　三月二十七日。❽仍　通「乃」。❾迫隘　指市區局促狹窄。❿乙卯　四月十七日。⓫詔展外城二句　下詔拓展大梁外城，先立下標記。⓬板築　造泥牆的工具。板，夾牆板。築，搗土的杵。⓭東作　春耕生產。東方為春。作，耕作。⓮縣官　朝廷。⓯營廨　軍營和官署。⓰丙辰　四月十八日。⓱按行　巡視檢查。⓲甲兵　盔甲和兵器。⓳致治之方　導致天下治平的方略。⓴吳蜀幽并　吳，指徐氏、李氏。蜀，指孟氏。幽，指契丹。并，指北漢。㉑聲教　政令和教化。㉒混壹　混為一體，即天下統一。㉓比部郎中　刑部屬官，職掌覆核朝中及地方上報的統計與帳簿。㉔失道　喪失了道義。㉕積微成著　細小的積累而成顯明的大事。㉖時使　使民以時。㉗薄斂　減少賦稅。㉘阜　豐足。㉙唐與吾接境幾二千里　唐與後周以淮河為界，淮河從源頭桐柏山至洪澤湖，再由洪澤湖流入長江至海，全長約二千里。㉚必死之寇　一定以死相抗的仇敵。此指北漢。與周為深仇，應置之後取。㉛伺間　尋求機會。㉜甲兵有備　鎧甲、兵器有了準備。㉝羣下畏法　部眾畏服軍法。㉞期年　一年。㉟宜自夏秋蓄積實邊　應該從夏、秋開始，儲備好糧草，充實邊塞，為用兵做準備。㊱神峻氣勁　精神豪邁，氣勢強勁。㊲上由是重其器識　周世宗十分重視王朴的器量和見識。器識，器度、識見。

【校　記】[1]必　原無此字。據章鈺校，十二行本、乙十一行本、孔天胤本皆有此字，今據補。按，《通鑑紀事本末》有「必」字。[2]器識　原作「氣識」。據章鈺校，十二行本、乙十一行本、孔天胤本皆作「器識」，張瑛《通鑑校勘記》同，今據改。

【語　譯】三月初二日辛未，後周在李晏口設置靜安軍。〇周世宗常常為唐僖宗廣明以來中原疆域日漸縮小而憤慨，等到高平之戰獲勝後，慨然有平定天下之志。適逢秦州的百姓有人前往大梁獻策，請求恢復舊有疆域，周世宗採納了他的意見。

後蜀主聽到這個消息，便派遣客省使趙季札巡視邊疆的守備狀況。趙季札向來以文武才略自許，出使回來，上奏說：「雄武節度使韓繼勳、鳳州刺史王萬迪都不是將帥之才，不足以抵禦大敵。」後蜀主問道：「誰可以前往？」趙季札請求親自前去。三月二十七日丙申，後蜀主任命趙季札為雄武監軍使，於是以京城警衛精兵一千人作為他的部屬。

周世宗因為大梁城裡狹窄，夏，四月十七日乙卯，下詔擴展外城，先立下標誌，等到今年冬天農閒時動工。春耕開始就停止，再等到下一年冬天施工，逐漸完成。並且命令從今以後埋葬死人全都在離所立標誌七里之外，標誌以內，等到朝廷分別規劃出街道、倉場、營房官舍之後，其餘地方任由百姓隨便蓋房。

四月十八日丙辰，後蜀主命令知樞密院王昭遠檢查巡視北方邊境上的城池要塞以及鎧甲兵器。

周世宗對宰相說：「朕常常考慮致使國家治平的方略，沒有得到其中的要領，睡覺吃飯都不能忘記。還有從唐、晉以來，吳地、蜀地、幽州、并州等地都被隔斷了政令和教化，沒有能夠統一。應該命令身邊近臣撰寫〈為君難為臣不易論〉以及〈開邊策〉各一篇，朕將覽閱。」

比部郎中王朴進獻計策，認為：「中原失去吳地、蜀地、幽州、并州，都是由於喪失道義。現在必須首先考察之所以喪失土地的原因，然後就知道取得失地的方法。最初喪失土地，沒有不是因為君主昏庸、臣子奸邪，士兵驕橫、百姓困窮，奸黨在朝內勢力強盛，武將在外橫行，由小到大，積微成著。現在打算取得失地，不如反其道而行之罷了！進用賢人，斥退小人，以此來搜羅人才。恩及隱士，講求誠信，以此來結交人心。賞賜功勞，懲罰罪過，以此來人盡其力。去除奢侈，節省財用，以此來增加財富。依時使民，減少賦稅，以此來使百姓富足。等到大量的人才已經聚集、國家政事已經治理、財富用度已經充足、士人百姓已經親附，然後推舉而任用他們，事業沒有不成功的了！對方的百姓看到我們有必然取勝的形勢，那麼知道其中情形的人願意當間諜、瞭解他們山川形勢的人願意當嚮導，民心已經歸附，上天的意志必然順從了。

「大凡攻取之道，一定把容易的放在前面。唐與我們接境之地差不多二千里，形勢上很容易擾亂它。擾亂它應當從沒有防備的地方開始，它防備東面，我們就擾亂西面，它防備西面，我們就擾亂東面，對方一定奔走救援。在奔走之間，可以知道它的虛實強弱，然後就避實擊虛、避強擊弱。不需大舉出兵，暫且用輕裝士去擾亂對方。南方人懦弱膽怯，聽到小小的警情，一定用所有的軍隊來救援。軍隊頻繁出動，就會百姓疲乏，財用枯竭，如果不出動所有的軍隊，那麼我們就可以乘虛奪取土地。這樣，長江以北的各州將全部歸我們所有。得到長江以北以後，就利用他們的百姓，實行我們的方法，長江以南也容易取得了。得到長江以南，那麼嶺南、巴蜀就可以傳檄而定。南方既已平定，那麼燕地一定望風內附。如果他不前來歸附，就調動軍隊進攻，可用席捲之勢加以平定。只有河東是一定以死相抗的敵人，不能用恩德誠信來誘導，必應以強大的兵力來制服。然而他們自從高平戰敗後，力量衰竭，士氣沮喪，未必能成為邊患。應該暫且把河東放在後面考慮，等到天下已經平定，然後等待時機，一舉就可以擒獲。現在士卒精練，戰甲、兵器有了準備，部眾畏服軍法，眾將盡力效勞，一年以後可以出兵，應當從夏、秋開始蓄積糧草，充實邊塞了。」

周世宗欣喜地採納了他的計策。當時群臣大多墨守常規，苟且偷生，所回答的策略很少有可取的。只有王朴精神豪邁，氣勢強勁，有謀略，有決斷，凡是有所謀劃，都符合周世宗的想法，周世宗因此看重他的器量和見識。不久，升任他為左諫議大夫，知開封府事。

上謀取秦、鳳，求可將者。王溥薦宣徽南院使、鎮安節度使向訓。上命訓與鳳翔節度使王景、客省使高唐昝居潤❶偕行。五月戊辰朔❷，景出兵自散關趣秦州。

敕天下寺院，非敕額者悉廢之❸。禁私度僧尼，凡欲出家者必俟祖父母、父母、伯叔父[1]之命。惟兩京❹、大名府、京兆府、青州聽設戒壇❺。禁僧俗捨身❻、斷手足、煉指❼、掛燈❽、帶鉗❾之類幻惑流俗❿者。令兩京及諸州每歲造僧帳⓫，有死亡、歸俗，皆隨時開落⓬。是歲，天下寺院存者二千六百九十四，廢者三萬三百三十六，見僧⓭四萬二千四百四十四、尼一萬八千七百五十六。

王景拔黃牛等[2]八寨⓮。戊寅⓯，蜀主以捧聖控鶴都指揮使、保寧節度使李廷珪為北路行營都統，左衛聖步軍都指揮使高彥儔⓰為招討使、武寧節度使呂彥珂⓱副之，客省使趙崇韜⓲為都監。

蜀趙季札至德陽，聞周師入境，懼不敢進，上書求解邊任還奏事，先遣輜重及妓妾西歸。丁亥⓳，單騎馳入成都，眾以為奔敗，莫不震恐。蜀主問以機事，皆不能對。蜀主怒，繫之御史臺⓴，甲午㉑[3]，斬之於崇禮門。

六月庚子㉒，上親錄囚㉓於內苑㉔。有汝州民馬遇，父及弟為吏所冤死，屢經覆按㉕，不能自伸。上臨問，始得其實，人以為神。由是諸長吏無不親察獄訟。壬寅㉖，西師與蜀李廷珪等戰于威武城㉗東，不利，排陳使濮州刺史胡立等為蜀所擒。丁未㉘，蜀主遣間使㉙如北漢及唐，欲與之俱出兵以制周，北漢主、唐主皆許之。○己酉㉚，以彰信節度使韓通充西南行營馬步軍都虞候。○戊午㉛，南漢主殺禎州㉜節度使通王弘政㉝，於是高祖之諸子盡矣。

壬戌㉞，以樞密院承旨清河張美㉟為右領軍大將軍、權點檢三司事㊱。初，帝在澶州，美掌州之金穀隸三司者㊲，帝或私有所求，美曲為供副㊳。太祖聞之怒，恐傷帝意，但徙美為濮州馬步軍都虞候。美治財精敏，當時鮮及，故帝以利權授之㊴。帝征伐四方，用度不乏，美之力也[4]。然思其在澶州所為，終不以公忠待之。

秋，七月丁卯朔㊵，以王景兼西南行營都招討使、向訓兼行營兵馬都監。宰相以景等久無功，饋運不繼，固請罷兵。帝命太祖皇帝往視之，還，言秦、鳳可取之狀，帝從之。

【章旨】以上為第七段，寫周世宗裁撤佛寺十之八九，平反冤獄，用王溥策西征後蜀。

【注釋】❶昝居潤　博州高唐（今山東高唐）人，善書計，從周世宗出征有功，官至左領軍衛上將軍。入宋，拜義武軍節度使。傳見《宋史》卷二百六十二。❷戊辰朔　五月初一日。❸非敕額者悉廢之　不在敕令名額之內的全部廢除。敕額，指制書明令的佛寺，如慈恩、安國、興唐等寺。❹兩京　指東京開封府和西京河南府。❺戒壇　僧尼受戒的壇臺。❻捨身　自殺。❼煉指　束香手指而燃之。❽掛燈　裸體，以小鐵鉤鉤遍皮膚，鉤上掛小燈而燃之，俗稱燃肉身燈。❾帶鉗　類似帶枷。❿幻惑流俗　迷惑世俗的人們。按，僧俗信徒用上述折磨自身的行動表示對佛的虔誠。⓫造僧帳　編造和尚名冊。⓬開落註銷。⑬見僧　現有和尚。見，通「現」。⑭黃牛等八寨　此八寨均在當時秦州界內。黃牛，又稱黃牛堡，在今陝西鳳縣東北。⑮戊寅　五月十一日。⑯高彥儔　并州太原（今山西太原西南晉源鎮）人，後蜀昭武軍節度使。宋師攻夔州，守城失利，自焚死。傳見《宋史》卷四百七十九。⑰武寧節度使呂彥珂　當時武寧軍屬徐州，呂彥珂遙領。⑱趙崇韜　并州太原人，後蜀勇將，蜀後主姻親。宋師入蜀，被擒。傳見《宋史》卷四百七十九。⑲丁亥　五月二十日。⑳御史臺　掌糾察百官。長官為御史大夫、御史中丞。㉑甲午　五月二十七日。㉒庚子　六月初三日。㉓錄囚　審理囚犯。㉔內苑　宮內的園庭，即禁苑。㉕屢經覆按　多次覆審。㉖壬寅　六月初五日。㉗威武城　前蜀所築，在今陝西鳳縣東北。㉘丁未　六月初十日。㉙間使　暗中派出的祕密使者。㉚己酉　六月十二日。㉛戊午　六月二十一日。㉜禎州　州名，五代南漢改循州為禎州，宋朝避仁宗趙禎諱，改為惠州，治所在今廣東惠陽。㉝弘政　南漢高祖劉龑第十八子，封通王。㉞壬戌　六月二十五日。㉟張美　字玄圭，貝州清河（今河北清河縣）人，善書計，任宣徽北院使、判三司，世宗連年征伐，賴其籌劃，糧饋不乏。宋初，加檢校太尉。傳見《宋史》卷二百五十九。㊱權點檢三司事　暫代點檢三司事的官職，未授正式職務。㊲掌州之金穀隸三司者　意為掌管澶州隸屬於三司的金穀業務。㊳曲為供副　想盡辦法滿足供應。副，稱意；滿足。㊴以利權授之　把理財大權授給他。㊵丁卯朔　七月初一日。

【校　記】①父　原無此字。據章鈺校，十二行本、乙十一行本、孔天胤本皆有此字，今據補。按，《通鑑紀事本末》有「父」字。②王景拔黃牛等　原作「王景等拔黃牛」。據章鈺校，十二行本、乙十一行本、孔天胤本皆作「王景拔黃牛等」，其義長，今據改。③甲午　原作「庚午」。據章鈺校，十二行本、乙十一行本、孔天胤本皆作「甲午」，今據改。按，五月戊辰朔，無庚午。④帝征伐四方用度不乏美之力也　原無此十三字。據章鈺校，十二行本、乙十一行本、孔天胤本皆有此十三字，張敦仁《通鑑刊本識誤》、張瑛《通鑑校勘記》同，今據補。

【語　譯】周世宗謀劃奪取秦州和鳳州，尋找可以統領軍隊的人。王溥推薦宣徽南院使、鎮安節度使向訓。周世宗命令向訓與鳳翔節度使王景、客省使高唐人昝居潤一起同行。五月初一日戊辰，王景從散關出兵奔赴秦州。

敕令天下寺院，不是朝廷敕令名額之內的全部廢除。禁止私下剃度和尚和尼姑，凡是想出家的人一定要得到祖父母、父母、伯叔父的同意。只有東京、西京、大名府、京兆府、青州允許設置戒壇。禁止僧俗捨身、斷手足、煉指、掛燈、帶鉗這一類惑亂世俗的人。命令東、西兩京和各州每年編製和尚名冊，如果有死亡、還俗的，都隨時註銷。當年，天下寺院保留下來的有二千六百九十四座、被廢除的有三萬零三百三十六座，現有的和尚為四萬二千四百四十四人、尼姑為一萬八千七百五十六人。

王景攻取黃牛等八個營寨。五月十一日戊寅，後蜀主任命捧聖控鶴都指揮使、保寧節度使李廷珪為北路行營都統，左衛聖步軍都指揮使高彥儔為招討使、武寧節度使呂彥珂為副招討使，客省使趙崇韜為都監。

後蜀趙季札到達德陽，聽說後周軍隊進入境內，害怕不敢前進，上書請求解除邊地職任返回京城奏報情況，先遣送裝載財貨的車輛和妓女、侍妾西行。五月二十日丁亥，單人匹馬奔入成都，大家以為他是敗逃回來，沒有不震驚恐懼的。後蜀主問他軍機事務，他都不能回答。後蜀主很生氣，把他關押在御史臺，二十七日甲午，在崇禮門把他斬首。

六月初三日庚子，周世宗親自在內苑審理囚犯。有一個汝州民眾馬遇，父親和弟弟被官吏冤枉致死，多次經過覆審，自己不能申冤。周世宗親自問訊，才得到事情的真相，人們認為周世宗神明。從此各個長官無不親自審查訴訟案件。

六月初五日壬寅，西征的軍隊與後蜀李廷珪等人在威武城的東面交戰，不順利，排陳使濮州刺史胡立等人被後蜀抓獲。初十日丁未，後蜀主派遣祕使前往北漢和南唐，打算和他們共同出兵來制服後周，北漢主、南唐主都同意了。○十二日己酉，任命彰信節度使韓通充任西南行營馬步軍都虞候。○二十一日戊午，南漢主殺死禎州節度使通王劉弘政，於是高祖諸子都死了。

六月二十五日壬戌，後周任命樞密院承旨清河人張美為右領軍大將軍、權點檢三司事。當初，周世宗在澶州時，張美掌管澶州隸屬於三司的錢糧，周世宗有時私下有所需求，張美想盡辦法供應滿足需求。太祖聽到此事很生氣，害怕傷了周世宗的心意，僅調任張美為濮州馬步軍都虞候。張美理財精明敏捷，當時很少有人趕得上他，所以周世宗把財利之權交給他。周世宗四處用兵，但財用未曾匱乏，都是張美的功勞。然而想到他在澶州的作為，終究不把他當做公正忠誠的人來看待。

秋，七月初一日丁卯，任命王景兼任西南行營都招討使、向訓兼任行營兵馬都監。宰相因為王景等人長期沒有戰功，軍需的運送跟不上，所以再三請求罷兵。周世宗命太祖皇帝趙匡胤前往觀察，回來以後，說明秦、鳳兩州可以奪取的情形，周世宗聽從了他的意見。

八月丁未❶，中書侍郎、同平章事景範罷判三司，尋以父喪罷政事。○王景等敗蜀兵，獲將卒三百。己未❷，蜀主遣通奏使、知樞密院、武泰節度使伊審徵❸如行營慰撫，仍督戰。

帝以縣官久不鑄錢，而民間多銷錢為器皿及佛像，錢益少。九月丙寅朔❹，敕始立監采銅鑄錢❺。自非縣官法物❻、軍器及寺觀鐘、磬、鈸、鐸❼之類聽留外，自餘民間銅器、佛像，五十日內悉令輸官，給其直。過期隱匿不輸，五斤以上其罪死，不及者論刑有差❽。上謂侍臣曰：「卿輩勿以毀佛為疑。夫佛以善道化人，苟志於善，斯奉佛矣。彼銅像豈所謂佛邪！且吾聞佛志[1]在利人，雖頭目猶捨以布施❾，若朕身可以濟民，亦非所惜也。」

臣光曰：「若周世宗，可謂仁矣，不愛其身而愛民。若周世宗，可謂明矣，不以無益廢有益。」

蜀李廷珪遣先鋒都指揮使李進據馬嶺寨❿，又遣奇兵出斜谷⓫、屯白澗⓬，又分兵出鳳州之北唐倉鎮⑬及黃花谷⑭，絕周糧道。閏月⑮，王景遣裨將張建雄將兵二千抵黃花，又遣兵[2]千人趣唐倉，扼蜀歸路。蜀染院使王巒將兵出唐倉，與建雄戰於黃花，蜀兵敗，奔唐倉。遇周兵，又敗，虜巒及其將士三千人。馬嶺、白澗兵皆潰，李廷珪、高彥儔等退保青泥嶺⑯。蜀雄武節度使兼侍中韓繼勳棄秦州，奔還成都，觀察判官趙玭⑰舉城降，斜谷援兵亦潰。成、階二州皆降，蜀人震恐。玭，澶州人也。帝欲以玭為節度使，范質固爭以為不可，乃以為郢州刺史。

壬子⑱，百官入賀，帝舉酒屬王溥曰：「邊功之成，卿擇帥之力也！」甲子⑲，上與將相食於萬歲殿，因言：「兩日大寒，朕於宮中食珍膳，深愧無功於民而坐享天祿。既不能躬耕而食，惟當親冒矢石為民除害，差可自安耳⑳！」

乙丑㉑，蜀李廷珪上表待罪㉒。冬，十月壬申㉓，伊審徵至成都請罪，皆釋之[3]。

蜀主致書於帝請和，自稱大蜀皇帝，帝怒其抗禮㉔，不答。蜀主愈恐，聚兵糧於劍門㉕、白帝㉖，為守禦之備。募兵既多，用度不足，始鑄鐵錢，榷境內鐵器㉗，民甚苦之。

【章旨】以上為第八段，寫周世宗毀銅佛鑄錢，廢無益補有益，司馬光稱其為仁明之君。後周西征軍大敗蜀軍，奪取代、階兩州。

【注　釋】❶丁未　八月十一日。❷己未　八月二十三日。❸伊審徵　字申圖，并州人，蜀後主姻親。官至寧江軍節度使、同平章事。宋師入蜀，首奉降表詣軍前。傳見《宋史》卷四百七十九。❹丙寅朔　九月初一日。❺立監采銅鑄錢　設立官署，採銅鑄造錢幣。監，官署名，古代鑄錢屬少府監。❻縣官法物　天子儀仗。❼鍾磬鈸鐸　樂器名。鍾，青銅製，懸於架上，以槌叩擊發音。磬，用玉或石雕成，懸於架上，擊之而鳴。鈸，銅鈸，圓形，兩片為一副，相擊發聲。鐸，形如鐃、鉦而有舌，是大鈴的一種。❽不及者論刑有差　謂隱藏銅器不足五斤的，按重量多少量刑。當時朝廷下令，隱藏銅器和埋窖使用者，一兩至一斤，徒刑二年，一斤至五斤處死。如果交納熟銅，每斤官府付錢一百五十，生銅每斤一百。不及，不足。❾頭目猶捨以布施　只要對人有利，即便是腦袋、眼睛都可捨棄用來作布施。❿馬嶺寨　在今陝西鳳縣西，又稱馬嶺關。⓫斜谷　在今陝西眉縣西南。谷口有關稱斜谷關。⓬白澗　白澗鎮，在今陝西鳳縣境。⓭唐倉鎮　在今陝西鳳縣北。⓮黃花谷　在今陝西鳳縣北。⓯閏月　閏九月。⓰青泥嶺　在今陝西略陽西北，為入蜀要路。⓱趙玭　澶州人，家富於財。官至秦、成、階等州觀察判官，周師入蜀，舉城降。宋初，任左監門衛大將軍、判三司。傳見《宋史》卷二百七十四。⓲壬子　閏九月十七日。⓳甲子　閏九月二十九日。⓴差可自安耳　略可以讓自己安心罷了。㉑乙丑　閏九月丙申朔，無乙丑。乙丑，疑為十月初一。㉒待罪　等候處罰。㉓壬申　十月初八日。㉔抗禮　以彼此對等的禮節相待。㉕劍門　古縣名，縣治在今四川劍閣東北，因境內有劍門山得名。守劍門以防北兵從岐州、雍州攻入。㉖白帝　古城名，在今重慶市奉節東。守白帝以防北兵溯長江三峽而上。㉗榷境內鐵器　境內鐵器由官府專賣。榷，專利；專賣。

【校　記】[1]志　原無此字。據章鈺校，十二行本、乙十一行本、孔天胤本皆有此字，今據補。[2]兵　原無此字。據章鈺校，乙十一行本、孔天胤本皆有此字，今據補。[3]皆釋之　原無此三字。據章鈺校，十二行本、乙十一行本、孔天胤本皆有此三字，張瑛《通鑑校勘記》同，今據補。按，張敦仁《通鑑刊本識誤》云「『皆釋之』作『皆以蹙國喪師也』」，又云「無注本與吳本同」，然「皆以蹙國喪師也」七字實係胡三省注文，張氏誤以之為夾行正文，《十國春秋》卷四十九同事「請罪」下正作「釋之」可證。

【語　譯】八月十一日丁未，中書侍郎、同平章事景範被罷免判三司的職務，不久因為父喪而免除政事。○王景等人打敗後蜀軍隊，俘獲將卒三百人。二十三日己未，後蜀主派遣通奏使、知樞密院、武泰節度使伊審徵前往行營慰撫士卒，並且督戰。

周世宗因為朝廷長期沒有鑄造錢幣，而民間大多銷毀錢幣來鑄造器皿和佛像，錢幣越來越少。九月初一日丙寅，周世宗敕令開始設立官署，採銅鑄造錢幣。除了天子的儀仗、軍器以及佛寺道觀的鐘、磬、鈸、鐸之類允許留用外，其餘的民間銅器、佛像，命令五十天內全部送到官府，付給相當的價錢。過了期限隱藏不交，重量在五斤以上的判死罪，不到五斤的判刑有不同的等級。周世宗對侍從大臣說：「你們不要因為我毀佛像感到疑惑。佛用善道教化民眾，如果有志於為善，那就是尊奉佛了。那些銅像難道就是所謂的佛嗎！況且我聽說佛立志要利於世人，即使是頭顱、眼睛都可以捨棄布施，如果朕的身體可以救濟百姓，朕也不會有所吝惜的。」

司馬光說：「像周世宗，可以說是仁愛了，不吝惜自己的身體而愛護民眾。像周世宗，可以說得上英明了，不用無益之物來廢棄有益之物。」

後蜀李廷珪派遣先鋒都指揮使李進據守馬嶺寨，又派遣奇兵從斜谷出發，屯駐白澗，又分兵從鳳州北面的唐倉鎮和黃花谷出發，阻斷後周的運糧通道。閏九月，王景派遣副將張建雄率領兩千名士兵到達黃花谷，又派遣一千人奔赴唐倉鎮，把守後蜀兵的歸路。後蜀染院使王巒率軍從唐倉鎮而出，和張建雄在黃花谷交戰，後蜀軍隊戰敗，逃往唐倉鎮。遇到後周軍隊，又戰敗，後周軍隊俘獲了王巒和他的將士三千人。馬嶺、白澗的後蜀軍隊全都潰散，李廷珪、高彥儔等人退守青泥嶺。後蜀雄武節度使兼侍中韓繼勳放棄秦州，跑回成都，觀察判官趙玭以城投降，斜谷的援兵也崩潰了。成、階二州都投降了，後蜀百姓震恐。趙玭，是澶州人。周世宗打算任用趙玭為節度使，范質再三爭辯，認為不可以，於是任命他為郢州刺史。

閏九月十七日壬子，百官入朝慶賀，周世宗舉起酒杯對著王溥說：「邊疆戰事的成功，是你選擇將帥的功勞啊！」二十九日甲子，周世宗和將相們在萬歲殿進餐，藉此機會說：「這兩天十分寒冷，朕在宮中吃珍美的食物，深感慚愧的是對百姓沒有功勞而坐享上天賜予的福祿。既然不能親自耕種來供養自己，就只有親冒矢石來為民除害，略可讓自己安心罷了！」

乙丑日，後蜀李廷珪上表等候處罰。冬，十月初八日壬申，伊審徵到成都請罪，蜀主都不予問罪。

後蜀主寫信給周世宗請求講和，信中自稱大蜀皇帝，周世宗惱怒他用對等的禮節，不作回覆。後蜀主更加恐懼，在劍門、白帝聚集兵馬、糧食，作防守抵禦準備。招募的士兵已經很多，費用不足，開始鑄造鐵錢，境內的鐵器由政府專賣，百姓為此極為困苦。

唐主性和柔，好文章[1]，而喜人佞己❶[2]，由是諂諛之臣❷多進用，政事日亂。既克建州、破湖南，益驕，有吞天下之志。李守貞、慕容彥超之叛，皆為之出師，遙為聲援❸。又遣使自海道通契丹及北漢，約共圖中國。值中國多事，未暇與之校。

先是，每冬淮水淺涸，唐人常發兵戍守，謂之「把淺」。壽州監軍吳廷紹以為疆埸無事，坐費資糧，悉罷之。清淮節度使劉仁贍上表固爭，不能得。十一月乙未朔❹，帝以李穀為淮南道❺前軍行營都部署兼知廬、壽❻等行府❼事，以忠武節度使王彥超副之，督侍衛馬軍都指揮使韓令坤❽等十二將以伐唐。令坤，磁州武安人也。

汴水自唐末潰決，自埇橋❾東南悉為汙澤。上謀擊唐，先命武寧節度使武行德發民夫，因故堤疏導之，東至泗上❿。議者皆以為難成，上曰：「數年之後，必獲其利。」丁未⓫，上與侍臣論刑賞，上曰：「朕必不因怒刑人，因喜賞人⓬。」

先是，大梁城中民侵街衢為舍，通大車者蓋寡。上命悉直而廣之，廣者至三十步，又遷墳墓於標外。上曰：「近廣京城，於存歿擾動誠多[13]。然[3]怨謗之語，朕自當之，他日終為人利[14]。」

王景等圍鳳州，韓通分兵城固鎮以絕蜀之援兵。戊申[15]，克鳳州，擒蜀威武節度使王環[16]及都監趙崇溥[17]等將士五千人。崇溥不食而死。環，真定人也。乙卯[18]，制曲赦[19]秦、鳳、階、成境內，所獲蜀將士，願留者優其俸賜，願去者給資裝而遣之。詔曰：「用慰眾情，免違物性[20]，其四州之民，二稅徵科[21]之外，凡蜀人所立諸色科傜[22]，悉罷之。」

唐人聞周兵將至而懼，劉仁贍神氣自若，部分守禦，無異平日，眾情稍安。唐主以神武統軍劉彥貞為北面行營都部署，將兵二萬趣壽州，奉化[23]節度使・同平章事皇甫暉[24]為應援使，常州[25]團練使姚鳳為應援都監，將兵三萬屯定遠[26]。召鎮南節度使宋齊丘還金陵，謀國難，以翰林承旨、戶部尚書殷崇義[27]為吏部尚書、知樞密院。

李穀等為浮梁[28]，自正陽[29]濟淮。十二月甲戌[30]，穀奏王彥超敗唐兵二千餘人於壽州城下。己卯[31]，又奏先鋒都指揮使白延遇敗唐兵千餘人於山口鎮[32]。〇丙戌㉝，樞密使兼侍中韓忠正公鄭仁誨卒。上臨其喪，近臣奏稱歲道非便㉞，上曰：「君臣義重，何日時之有！」往哭盡哀。○吳越王弘俶遣元帥府判官㉟陳彥禧入貢，帝以詔諭弘俶，使出兵擊唐。

【章旨】以上為第九段，寫後周西征軍取蜀秦、鳳、階、成四州，對四州之民只徵正稅，蜀人所立雜稅悉免之。後周兵伐南唐。

【注釋】❶佞己　喜歡別人奉承自己。❷諂諛之臣　當指馮延巳兄弟、魏岑、陳覺之輩。❸遙為聲援　李守貞、慕容彥超叛亂，南唐援李守貞事在漢隱帝乾祐元年（西元九四八年），援慕容彥超事在北周太祖廣順二年（西元九五二年）。❹乙未朔　十一月初一日。❺淮南道　道名，唐貞觀初置。治所揚州，在今江蘇揚州。時揚州為南唐東都，李穀只是遙領。❻廬壽　廬、壽二州當時也在南唐境內。廬，州名，治所合肥，在今安徽合肥。壽，州名，治所壽春，在今安徽壽縣。❼行府　中央官署派出在外代行指定事務的機構。❽韓令坤　磁州武安（今河北武安）人。傳見《宋史》卷二百五十一。❾埇橋　汴水橋名，又名符離橋，在今安徽宿州北。❿東至泗上　往東流入泗水。泗水在山東東部，源出山東泗水縣東蒙山南麓，四源並發，故名。⓫丁未　十一月十三日。⓬不因怒刑人二句　不因為生氣而處罰人，不因為高興而獎賞人。⓭近廣京城二句　近來拓寬京城，對活著的和死去的人騷擾得實在太多。⓮他日終為人利　將來終究會給人帶來好處。⓯戊申　十一月十四日。⓰王環　鎮州真定（今河北正定）人，後蜀威武軍節度使。周師伐鳳州，堅守百餘日方被擒。周世宗獎其忠於所事，授右驍衛將軍。傳見《舊五代史》卷一百二十九、《新五代史》卷五十。⓱趙崇溥　威武軍都監。周師伐鳳州，不肯降，被俘，餓數日而死。⓲乙卯　十一月二十一日。⓳曲赦　因特殊情況而赦免。⓴用慰眾情二句　為了安慰民眾的情緒，避免違背人性。㉑二稅徵科　夏、秋兩次徵稅。㉒諸色科傜　各種雜稅和傜役差遣。㉓奉化　方鎮名，南唐置。治所江州，在今江西九江市。㉔皇甫暉　魏州人，南唐奉化軍節度使、同平章事。周師攻滁州，被俘，傷重不屈而死。㉕常州　州名，治所在今江蘇常州。㉖定遠　縣名，縣治在今安徽定遠。㉗殷崇義　陳州西華（今河南西華）人，官至南唐樞密使、右僕射。博洽能文章，撰〈揚州孝先寺碑〉，受到周世宗讚賞。入宋，避宣祖廟諱，易姓名湯悅。參與編修《太平御覽》等書。㉘浮梁　浮橋。㉙正陽　正陽鎮，有二：在安徽潁上東南七十里，淮水西土著所居之處稱西正陽，即古潁口；在壽縣西六十里，商賈所聚之處稱東正陽，又名正陽關。兩地夾淮相對。此句當指西正陽。㉚甲戌　十一月初十日。㉛己卯　十一月十五日。㉜山口鎮　鎮名，在六安境。㉝丙戌　十一月二十二日。㉞歲道非便　意為從歲星所經過的星空看，不利於到有喪事的人家弔唁。㉟元帥府判官　後漢乾祐元年（西元九四八年）曾冊封吳越王弘俶為東南面兵馬都元帥，故置元帥府判官。

【校　記】①章　據章鈺校，十二行本、乙十一行本、孔天胤本皆作「華」，《通鑑紀事本末》同。②佞己　據章鈺校，十二行本、乙十一行本、孔天胤本皆作「順己」，張敦仁《通鑑刊本識誤》同。③然　原無此字。據章鈺校，十二行本、乙十一行本、孔天胤本皆有此字，今據補。

【語　譯】南唐主性情溫和柔順，愛好文辭，而喜歡人奉承自己，因此諂諛之臣大多受任用，政事日益混亂。攻克建州、打敗湖南以後，更加驕傲，有吞併天下的志向。李守貞、慕容彥超叛亂時，南唐都為此出兵，遙為聲援。又派遣使者從海路聯絡契丹和北漢，相約一起謀取中原。適逢中原多事，後周沒有時間跟他們較量。

此前，每年冬天淮河水淺乾涸，南唐人經常派兵戍守，稱為「把淺」。壽州監軍吳廷紹認為邊疆無事，白白地浪費錢糧，便全部停止了。清淮節度使劉仁贍上表再三力爭，沒有成功。十一月初一日乙未，周世宗任命李穀為淮南道前軍行營都部署，兼知廬、壽等行府事，任命忠武節度使王彥超為他的副手，督領侍衛馬軍都指揮使韓令坤等十二位將領討伐南唐。韓令坤，是磁州武安人。

汴水從唐朝末年潰決，自埇橋東南方起全是汙泥沼澤。周世宗謀劃攻打南唐，先命令武寧節度使武行德徵發民夫，利用舊堤疏導汴水，向東流入泗水。廷議的人都認為難以成功，周世宗說：「幾年之後，必得其利。」十一月十三日丁未，周世宗和侍從大臣議論處罰和獎賞的事，周世宗說：「朕一定不因為生氣處罰人，因為高興獎賞人。」此前，大梁城裡的百姓侵佔街道蓋房子，通行大車的街道很少。周世宗命令把所有的街道拉直拓寬，寬的達到三十步，又命令把墳墓遷到標誌以外的地方。周世宗說：「近來拓寬京城，對活著的人和死去的人騷擾實在太多。但怨恨毀謗的話，朕自己承當，將來終究對人有好處。」

王景等人包圍鳳州，韓通分出部分軍隊修築固鎮城池來斷絕後蜀的援兵。十一月十四日戊申，攻克鳳州，抓獲後蜀威武節度使王環和都監趙崇溥等將士五千人。趙崇溥不食而死。王環，是真定人。二十一日乙卯，周世宗下制書曲赦秦州、鳳州、階州、成州境內，所俘獲的後蜀將士，願意留下來的給予優厚的俸祿和賞賜，願意離去的送給路費和服裝遣送他們。詔書說：「為了安慰民眾的情緒，避免違背眾人的本性，那四州的百姓，在徵收夏、秋二稅以外，凡是蜀人所立的各種雜稅徭役差遣，全部廢除。」

南唐人聽說後周軍隊即將到達，很害怕，劉仁贍神情自如，部署軍隊守衛，和平常沒有不同，大家的情緒才逐漸安定。南唐主任命神武統軍劉彥貞為北面行營都部署，率兵兩萬奔赴壽州，奉化節度使、同平章事皇甫暉為應援使、常州團練使姚鳳為應援都監，率兵三萬屯駐定遠。召鎮南節度使宋齊丘返回金陵，謀劃應付國難，任命翰林承旨、戶部尚書殷崇義為吏部尚書、知樞密院。

李穀等人修建浮橋，從正陽渡過淮河。十二月初十日甲戌，李穀奏報王彥超在壽州城下打敗南唐軍隊二千多人。十五日己卯，又奏報先鋒都指揮使白延遇在山口鎮打敗南唐軍隊一千多人。○二十二日丙戌，樞密使兼侍中韓忠正公鄭仁誨去世。周世宗要親自弔喪，身邊的大臣奏言從歲星的軌跡來看，不便親臨喪事，周世宗說：「君臣情義深重，哪裡還有時日有利無利的限制！」前往臨哭盡哀。○吳越王錢弘俶派遣元帥府判官陳彥禧入朝進貢，周世宗用詔書曉諭錢弘俶，讓他出兵攻打南唐。

三年（丙辰　西元九五六年）

春，正月丙午❶，以王環為右驍衛大將軍，賞其不降❷也。○丁酉❸，李穀奏敗唐兵千餘人於上窰❹。○戊戌❺，發開封府、曹、滑、鄭州之民十餘萬築大梁外城。

庚子⑥，帝下詔親征淮南，以宣徽南院使、鎮安節度使向訓權東京留守，端明殿學士王朴副之，彰信節度使韓通權點檢侍衛司及在京內外都巡檢。命侍衛都指揮使、歸德節度使李重進將兵先赴正陽，河陽節度使白重贊將親兵三千屯潁上⑦。壬寅⑧，帝發大梁。

李穀攻壽州，久不克。唐劉彥貞引兵救之，至來遠鎮⑨，距壽州二百里。又以戰艦數百艘趣正陽，為攻浮梁之勢。李穀畏之，召將佐謀曰：「我軍不能水戰，若賊斷浮梁，則腹背受敵，皆不歸矣！不如退守浮梁以待車駕。」上至圉鎮⑩，聞其謀，亟遣中使乘驛止之。比至，已焚芻糧，退保正陽。丁未⑪，帝至陳州，亟遣李重進引兵趣淮上。

辛亥⑫，李穀奏「賊艦中流而進，弩礮所不能及。若浮梁不守，則眾心動搖，須至退軍。今賊艦日進，淮水日漲，若車駕親臨，萬一糧道阻絕，其危不測。願陛下且駐蹕⑬陳、潁，俟李重進至，臣與之共度⑭賊艦可禦、浮梁可完，立具奏聞。但若厲兵秣馬⑮，春去冬來，足使賊中疲弊，取之未晚。」帝覽奏，不悅。

劉彥貞素驕貴，無才略，不習兵。所歷藩鎮，專為貪暴，積財巨億⑯，以賂權要。由是魏岑等爭譽之，以為治民如龔、黃⑰，用兵如韓、彭⑱，故周師至，唐主首用之。其裨將咸師朗等皆勇而無謀，聞李穀退，喜，引兵直抵正陽，旌旗輜重數百里，劉仁贍及池州刺史張全約固止之。仁贍曰：「公軍未至而敵人先遁，是畏公之威聲也，安用速戰！萬一失利，則大事去矣！」彥貞不從。既行，仁贍曰：「果遇，必敗。」乃益兵乘城為備。李重進度淮，逆戰於正陽東，大破之，斬彥貞，生擒咸師朗等，斬首萬餘級，伏尸三十里，收軍資器械三十餘萬。是時江、淮久安，民不習戰，彥貞既敗，唐人大恐，張全約收餘眾奔壽州，劉仁贍表全約為馬步左廂都指揮使。皇甫暉、姚鳳退保清流關⑲，滁州刺史王紹顏委城走。

壬子⑳，帝至永寧鎮㉑，謂侍臣曰：「聞壽州圍解，農民多歸村落，今聞大軍至，必復入城。憐其聚為餓殍，宜先遣使存撫，各令安業。」甲寅㉒，帝至正陽，以李重進代李穀為淮南道行營都招討使，以穀判壽州行府事。丙辰㉓，帝至壽州城下，營於淝水之陽㉔，命諸軍圍壽州，徙正陽浮梁於下蔡鎮㉕。丁巳㉖，徵宋、亳、陳、潁、徐、宿、許、蔡等州丁夫㉗數十萬以攻城，晝夜不息。唐兵萬餘人維舟於淮㉘，營於塗山㉙之下。庚申㉚，帝命太祖皇帝擊之。太祖皇帝遣百餘騎薄其營而偽遁，伏兵邀之，大敗唐兵于渦口㉛，斬其都監何延錫等，奪戰艦五十餘艘。

詔以武平節度使兼中書令王逵為南面行營都統，使攻唐之鄂州㉜。逵引兵過岳州，岳州團練使潘叔嗣厚具燕犒，奉事甚謹。逵左右求取無厭，不滿望者譖叔嗣於逵，云其謀叛，逵怒形於詞色，叔嗣由是懼而不自安。

唐主聞湖南兵將至，命武昌節度使何敬洙㉝徙民入城，為固守之計。敬洙不從，使除地㉞為戰場，曰：「敵至，則與兵[1]民俱死於此耳！」唐主善之。

二月丙寅㉟，下蔡浮梁成，上自往視之。

【章旨】以上為第十段，寫周世宗第一次親征南唐，前鋒初戰告捷。

【注釋】❶丙午　正月十二日。據下文，當為丙申，正月初二日。❷賞其不降　王環堅守鳳州不降，城陷被擒，忠於事君，因此獲得獎賞。❸丁酉　正月初三日。❹上窰　上窰鎮，在今安徽懷遠南。❺戊戌　正月初四日。❻庚子　正月初六日。❼潁上　縣名，縣治在今安徽潁上。❽壬寅　正月初八日。❾來遠鎮　在今安徽壽縣西南。❿圉鎮　在今河南杞縣南。⓫丁未　正月十三日。⓬辛亥　正月十七日。⓭駐蹕　帝王出行，中途暫為宿止。蹕，帝王的車駕。⓮度　商量；計議。⓯厲兵秣馬　磨礪兵器，餵飽戰馬。意為做好戰鬥準備。厲，通「礪」。磨刀石。⓰巨億　萬萬為億，億億為巨億，極言其多。⓱龔黃　龔遂、黃霸，西漢良吏。傳見《漢書》卷八十九。⓲韓彭　韓信、彭越，西漢名將。韓信傳見《史記》卷九十二，彭越傳見《史記》卷九十。⓳清流關　在今安徽滁州西南。⓴壬子　正月十八日。㉑永寧鎮　在今安徽阜陽境。㉒甲寅　正月二十日。㉓丙辰　正月二十二日。㉔淝水之陽　淝水之北。㉕下蔡鎮　在今安徽鳳臺。㉖丁巳　正月二十三日。㉗丁夫　徵發的成年民工。㉘維舟於淮　把船繫在淮河邊上。㉙塗山　在今安徽蚌埠西淮河東岸，又名當塗山。與荊山隔淮相對。㉚庚申　正月二十六日。㉛渦口　渦河入淮處，在今安徽懷遠東北。㉜鄂州　州名，治所江夏，在今湖北武漢武昌。㉝何敬洙　廣陵人，善射，官武昌軍節度使，治政有方。曾擊退襲擊江南的王逵，因功加鎮國將軍、中書令。㉞除地　清理地面。㉟丙寅　二月初三日。

【校　記】①兵　原作「軍」。據章鈺校，十二行本、乙十一行本、孔天胤本皆作「兵」，今據改。按，《十國春秋》卷十六作「兵」。

【語　譯】三年（丙辰　西元九五六年）

春，正月十二日丙午，任命王環為右驍衛大將軍，對他的不投降予以獎賞。〇初三日丁酉，李穀上奏說在上窰打敗南唐軍隊一千多人。〇初四日戊戌，徵調開封府、曹州、滑州、鄭州的十多萬名民眾修築大梁外城。

正月初六日庚子，周世宗下詔親征淮南，任命宣徽南院使、鎮安節度使向訓代理東京留守，端明殿學士王朴做他的副手，彰信節度使韓通代理點檢侍衛司及在京內外都巡檢。命令侍衛都指揮使、歸德節度使李重進率領親兵先前往正陽，河陽節度使白重贊率領親兵三千人屯駐潁上。初八日壬寅，周世宗從大梁出發。

李穀攻打壽州，長時間沒有攻下。南唐劉彥貞率軍救援，到達來遠鎮，距離壽州二百里。又派遣戰艦幾百艘奔赴正陽，作出要進攻浮橋的態勢。李穀畏懼，叫來將領僚佐謀劃說：「我軍不能在水上作戰，如果賊兵截斷浮橋，那麼我們前後受敵，全部不能回去了！不如退兵防守浮橋來等候皇上。」周世宗到了圉鎮，聽到李穀的謀劃，立刻派遣中使乘驛車去阻止他。中使到達壽州時，李穀已經燒掉糧草，退守正陽。正月十三日丁未，周世宗到達陳州，立刻派遣李重進領兵奔赴淮河邊。

正月十七日辛亥，李穀奏言「敵人的戰艦在河的中間前進，弓弩石炮不能射及。如果浮橋失守，軍心就會動搖，致使退兵。現在敵人的戰艦每天前進、淮河水每天上漲，如果皇上親臨前線，萬一糧道斷絕，那危險就很難預測。希望陛下暫時駐留陳州和潁州，等到李重進到達後，臣下和他一起估計敵人的戰艦我們能夠防禦、浮橋能夠保全，到時候立即詳細上奏報告。如果我們作好戰鬥準備，春去冬來，足以使得敵人疲困，再攻取也不晚。」周世宗看了奏疏，不高興。

劉彥貞向來驕傲顯貴，沒有才幹謀略，不熟悉軍事。歷職藩鎮，專門幹貪汙殘暴之事，積財億萬，用來賄賂權貴。因此魏岑等人爭相誇獎他，認為他治理百姓如同龔遂、黃霸，用兵就像韓信、彭越，所以後周軍隊到來，南唐主首先任用他。他的副將咸師朗等人全都有勇無謀，聽說李穀撤退，高興起來，帶兵直接抵達正陽，旗幟和貨車幾百里，劉仁贍和池州刺史張全約堅決阻止他。劉仁贍說：「您的軍隊沒有到達，敵人就先逃走了，這是害怕您的聲威，怎麼能夠採用速戰的方法！萬一失利，那麼大事就完了！」劉彥貞不聽從。出兵後，劉仁贍說：「如果遇到敵人，一定失敗。」於是增兵登城進行防備。李重進渡過淮河，在正陽的東面迎戰，大敗劉彥貞軍，斬殺了他，活捉了咸師朗等人，斬首一萬多級，伏屍三十里，收繳軍用物資、器械三十多萬。當時長江、淮河一帶長期安定，民不習戰，劉彥貞失敗以後，南唐人大為恐慌，張全約收拾殘餘部眾奔赴壽州，劉仁贍上表薦舉張全約為馬步左廂都指揮使。皇甫暉、姚鳳退守清流關，滁州刺史王紹顏棄城逃走。

正月十八日壬子，周世宗到達永寧鎮，對侍從大臣說：「聽說壽州解除了包圍，農民大多返回村落，現在聽到大軍到來，必定又進入城內。可憐他們聚集起來成為餓死的人，應該先派遣使者安撫，讓他們各自安心居業。」二十日甲寅，周世宗到達正陽，任命李重進代替李穀為淮南道行營都招討使，任命李穀為判壽州行府事。二十二日丙辰，周世宗到達壽州城下，在淝水的北岸紮營，命令各軍包圍壽州，把正陽的浮橋遷移到下蔡鎮。二十三日丁巳，徵調宋州、亳州、陳州、潁州、徐州、宿州、許州、蔡州等地的成年民工幾十萬人用以攻打壽州城，晝夜不停。南唐軍隊一萬多人把船繫在淮河邊上，在塗山之下紮營。二十六日庚申，周世宗命令太祖皇帝趙匡胤攻打南唐軍隊。太祖皇帝派遣一百多名騎兵靠近敵人的軍營後假裝逃跑，埋伏士兵攔截敵人，在渦口大敗南唐軍隊，斬殺了南唐都監何延錫等人，奪取戰艦五十多艘。

周世宗下詔任命武平節度使兼中書令王逵為南面行營都統，派他攻打南唐的鄂州。王逵率軍經過岳州，岳州團練使潘叔嗣準備了豐厚的酒宴來犒勞，侍候得十分恭敬。王逵身邊的人索求無厭，沒有滿足而心懷怨恨的人在王逵面前詆毀潘叔嗣，說他圖謀反叛。王逵的神情和言詞都表露出憤怒，潘叔嗣因此恐懼而內心不安。

南唐主聽說湖南的軍隊即將到來，命令武昌節度使何敬洙把百姓遷進城裡，準備作堅持防守的打算。何敬洙沒有聽從，讓百姓清理地面作為戰場，說：「敵人到來，就和軍民一起死在這裡罷了！」南唐主稱讚他。

二月初三日丙寅，下蔡的浮橋建成，周世宗親自前往視察。

戊辰❶，盧、壽、光、黃❷巡檢使元城[1]司超❸奏敗唐兵三千餘人於盛唐❹，擒都監高弼等，獲戰艦四十餘艘。

上命太祖皇帝倍道襲清流關。皇甫暉等陳於山下，方與前鋒戰，太祖皇帝引兵出山後。暉等大驚，走入滁州❺，欲斷橋自守，太祖皇帝躍馬麾兵涉水，直抵城下。暉曰：「人各為其主，願容成列而戰。」太祖皇帝笑而許之。暉整眾而出，太祖皇帝擁馬頸突陳而入，大呼曰：「吾止取皇甫暉，它人非吾敵也！」手劍擊暉，中腦，生擒之，并擒姚鳳，遂克滁州。後數日，宣祖皇帝❻為馬軍副都指揮使，引兵夜半至滁州城下，傳呼開門。太祖皇帝曰：「父子雖至親，城門王事也，不敢奉命。」明旦，乃得入[2]。

上遣翰林學士竇儀❼籍滁州帑藏❽，太祖皇帝遣親吏取藏中絹。儀曰：「公初克城時，雖傾藏取之，無傷❾也。今既籍為官物，非有詔書，不可得也。」太祖皇帝由是重儀。詔左金吾衛將軍馬崇祚知滁州。

初，永興節度使劉詞遺表薦其幕僚薊人趙普❿有才可用。會滁州平，范質薦普為滁州軍事判官，太祖皇帝與語，悅之。時獲盜百餘人，皆應死，普請先訊鞫⓫然後決，所活什③七八。太祖皇帝益奇之。

太祖皇帝威名日盛，每臨陳，必以繁纓飾馬⓬，鎧仗鮮明。或曰：「如此，為敵所識。」太祖皇帝曰：「吾固欲其識之耳！」

【章　旨】以上為第十一段，寫宋太祖趙匡胤在征戰中智勇雙全，地位聲望日益隆盛。

【注　釋】❶戊辰　二月初五。❷光黃　兩州名，光州治所定城，在今河南潢川縣，黃州治所在今湖北黃岡。❸司超　大名元城（今河北大名東）人，周世宗伐江南，屢立戰功。入宋，官至蘄州防禦使。傳見《宋史》卷二百七十二。❹盛唐　舊縣名，縣治在今安徽六安。❺滁州　州名，治所清流，在今安徽滁州。❻宣祖皇帝　宋太祖趙匡胤生父趙弘殷，後周時，官至檢校司徒、天水縣男。廟號宣祖。傳見《宋史》卷一。❼竇儀　薊州漁陽（今北京市密雲西南）人，後周太祖廣順初年為翰林學士，後周世宗時拜端明殿學士，宋太祖建隆元年（西元九六〇年）遷工部尚書，罷學士，兼判大理寺。因被趙普所忌而未至相位。傳見《宋史》卷二百六十三。❽籍滁州帑藏　登記滁州官庫裡的財物。❾無傷　沒有妨礙。❿趙普　（西元九二二—九九二年）字則平，祖籍幽州薊（今天津市薊縣）人，後遷鎮州（今河北正定），再遷洛陽。初為趙匡胤幕僚，陳橋兵變有佐命之功，累官樞密使、同平章事。宋初削弱地方武力，加強中央集權，多為其參與謀劃。傳見《宋史》卷二百五十六。⓫訊鞫　審訊。⓬繁纓飾馬　用鮮豔的絡頭馬繩裝飾坐騎。繁，馬腹帶。纓，馬頸革。

【校　記】①元城　原無此二字。據章鈺校，十二行本、乙十一行本、孔天胤本皆有此二字，今據補。②明旦乃得入　原無此五字。據章鈺校，十二行本、乙十一行本、孔天胤本皆有此五字，張瑛《通鑑校勘記》、張敦仁《通鑑刊本識誤》同，今據補。按，張敦仁《通鑑刊本識誤》「得」誤作「付」，應為誤刻所致。③什　原作「十」。據章鈺校，十二行本、乙十一行本、孔天胤本皆作「什」，今據改。

【語譯】二月初五日戊辰，廬、壽、光、黃巡檢使元城人司超上奏說在盛唐打敗南唐軍隊三千多人，抓獲都監高弼等人，繳獲戰艦四十多艘。

周世宗命令太祖皇帝趙匡胤兼程進軍襲擊清流關。皇甫暉等人列陣山下，正與後周前鋒部隊交戰，太祖皇帝領兵從山後出來。皇甫暉等人大驚，逃入滁州，打算切斷護城河橋自我防守，太祖皇帝躍馬指揮軍隊渡水，直抵城下。皇甫暉說：「每人各為自己的主子效力，希望等我部署好陣勢，然後再戰。」太祖皇帝笑著答應了他。皇甫暉整頓好部眾出城，太祖皇帝抱著馬頸衝入陣中，大聲呼喊說：「我只抓皇甫暉，其他的人不是我的敵手！」手持劍攻擊皇甫暉，擊中他的腦袋，活捉了他，並抓獲了姚鳳，於是攻下了滁州。幾天以後，宣祖皇帝趙弘殷為馬軍副都指揮使，率軍在半夜到達滁州城下，傳令呼喊開門。太祖皇帝說：「父子雖然是最親近的，但是城門開關是國家大事，不敢奉命。」第二天早上，才讓趙弘殷進城。

周世宗派遣翰林學士竇儀登記滁州府庫的財物，太祖皇帝派親信小吏拿取府裡的絹布。竇儀說：「您在剛剛攻下州城時，即使把所藏的東西都拿走，也沒有妨礙。現今既已登記為官府的東西，沒有詔書，是不能得到的。」太祖皇帝因此器重竇儀。周世宗下詔任命左金吾衛將軍馬崇祚負責滁州事務。

當初，永興節度使劉詞送表推薦他的幕僚薊州人趙普有才幹，可以任用。適逢滁州平定，范質推薦趙普為滁州軍事判官，太祖皇帝與他交談，很喜歡他。當時抓獲強盜一百多人，都應該處死，趙普請求先審問然後處決，他全活下來的人有十分之七八。太祖皇帝更加認為他是個奇才。

太祖皇帝的威望名聲一天比一天大，每次臨陣，一定使用鮮豔的絡頭馬繩飾裝戰馬，鎧甲和武器都明亮。有人說：「這個樣子，就被敵人認出來。」太祖皇帝說：「我本來就是打算讓他們認出我！」

唐主遣泗州❶牙將王知朗齎書抵徐州，稱：「唐皇帝奉書大周皇帝，請息兵修好，願以兄事帝，歲輸貨財以助軍費。」甲戌❷，徐州以聞，帝不答❸。戊寅❹，命前武勝節度使侯章等攻壽州水寨，決其壕之西北隅，導壕水入于淝。

太祖皇帝遣使獻皇甫暉等，暉傷甚，見上，臥而言曰：「臣非不忠於所事，但士卒勇怯不同耳。臣曏日屢與契丹戰，未嘗見兵精如此。」因盛稱太祖皇帝之勇。上釋之，後數日卒。

帝詗知揚州無備，己卯❺，命韓令坤等將兵襲之。戒以毋得殘民，其李氏陵寢❻，遣人與李氏人共守護之。

唐主兵屢敗，懼亡，乃遣翰林學士・戶部侍郎鍾謨、工部侍郎・文理院學士李德明奉表稱臣，來請平❼，獻御服、茶[1]藥及金器千兩，銀器五千兩，繒錦二千匹，犒軍牛五百頭，酒二千斛。壬午❽，至壽州城下。謨、德明素辯口❾，上知其欲遊說，盛陳甲兵而見之，曰：「爾主自謂唐室苗裔❿，宜知禮義，異於他國。與朕止隔一水⓫，未嘗遣一介⓬修好，惟泛海通契丹⓭，捨華事夷，禮義安在？且汝欲說我令罷兵邪？我非六國愚主⓮，豈汝口舌所能移邪！可歸語汝主：亟⓯來見朕，再拜謝過，則無事矣。不然，朕欲觀金陵城，借府庫以勞軍，汝君臣得無悔乎！」謨、德明戰栗不敢言。

吳越王弘俶遣兵屯境上以俟周命。蘇州營田指揮使陳滿言於丞相吳程曰：

「周師南征，唐舉國驚擾，常州無備，易取也。」會唐主有詔撫安江陰⑯吏民，滿告程云：「周詔書已至。」程為之言於弘俶，請亟發兵從其策。丞相元德昭⑰曰：「唐大國，未可輕也。若我入唐境而周師不至，誰與并力？能無危乎！請姑俟之。」程固爭，以為時不可失，弘俶卒從程議。癸未⑱，遣程督衢州⑲刺史鮑修讓、中直都指揮使羅晟趣常州。程謂將士曰：「元丞相不欲出師。」將士怒，流言欲擊德昭。弘俶匿德昭於府中，令捕言者，歎曰：「方出師而士卒欲擊丞相，不祥甚哉！」

乙酉⑳，韓令坤奄至揚州。平旦，先遣白延遇以數百騎馳入城，城中不之覺。令坤繼至，唐東都營屯使賈崇㉑焚官府民舍，棄城南走，副留守㉒工部侍郎馮延魯髡髮㉓被僧服，匿於佛寺，軍士執之。令坤慰撫其民，使皆安堵。

【章旨】以上為第十二段，寫南唐主向周世宗求和，不允。

【注釋】❶泗州　州名，治所臨淮，在今江蘇泗洪東南。❷甲戌　二月十一日。❸帝不答　周世宗之所以不回覆南唐主，是因為來書中，南唐主云「唐皇帝奉書大周皇帝」，以平等的兄弟之國自居。❹戊寅　二月十五日。❺己卯　二月十六日。❻李氏陵寢　指南唐烈祖李昪等人的陵寢。❼來請平　前來請求講和。❽壬午　二月十九日。❾素辯口　一向能言善辯。❿唐室苗裔　南唐自稱是唐太宗之子吳王李恪的後代。⓫一水　指淮水。周與南唐以淮水為界。⓬一介　一個使者。介，同「個」。⓭泛海通契丹　自從徐溫執吳國政到南唐烈祖以及元宗，一直派使者泛海欲聯合契丹，共同圖謀中原。⓮六國愚主　指戰國時六國國君。⑮亟　急；趕快。⑯江陰　軍鎮名，南唐李昪置江陰軍，治所在今江蘇江陰。⑰元德昭　撫州南城（今江西南城東南）人，本姓危，字明遠，因惡危姓，改為元氏。厚重多謀，深受錢俶信任，官至吳越丞相。⑱癸未　二月二十日。⑲衢州　州名，治所西安，在今浙江衢州。⑳乙酉　二月二十二日。㉑賈崇　南唐烈祖侍衛都虞候，元宗時為東都營屯使。周師入境，棄城而逃，被流放撫州。㉒副留守　謂揚州副留守。南唐以揚州為東都，故有留守、副留守之職。㉓髡髮　剃去頭髮。

【校　記】①茶　原作「湯」。據章鈺校，十二行本、乙十一行本、孔天胤本皆作「茶」，今據改。按，《十國春秋》卷二十六作「茶」。

【語　譯】南唐主派遣泗州牙將王知朗攜帶書信到達徐州，說：「唐皇帝奉送書信給大周皇帝，請求息兵修好，願意以侍奉兄長的禮節來侍奉大周皇帝，每年輸送財物來資助軍費。」二月十一日甲戌，徐州把情況上報周世宗，周世宗不答覆。十五日戊寅，周世宗命令前任武勝節度使侯章等人攻打壽州的水軍營寨，挖開壕溝的西北角，把壕溝的水引入淝水。

太祖皇帝趙匡胤派遣使者獻上皇甫暉等人，皇甫暉傷勢嚴重，見到周世宗，臥著說：「臣下不是不忠於自己所侍奉的君主，只是士卒勇敢和怯懦有不同罷了。臣以前一再和契丹交戰，未曾看到士兵這樣精良。」因而大為稱讚太祖皇帝的勇敢。周世宗放了他，幾天以後皇甫暉死了。

周世宗偵察得知揚州沒有防備，二月十六日己卯，命令韓令坤等人率軍襲擊。告誡他不得殘害民眾，那裡的李氏陵墓，派人與李氏的族人共同守護。

南唐主的軍隊多次失敗，擔心亡國，於是派遣翰林學士、戶部侍郎鍾謨和工部侍郎、文理院學士李德明奉表稱臣，前來請求講和，進獻御服、茶藥以及金器一千兩，銀器五千兩，繒錦二千匹，犒勞軍隊的牛五百頭，酒二千斛。二月十九日壬午，到達壽州城下。鍾謨、李德明一向能言善辯，周世宗知道他們想要遊說，便大規模列陣甲卒來接見他們，說：「你們的君主自稱是唐室的後裔，應該知道禮義，不同於其他國家。與朕僅一水相隔，未曾派遣一個使者前來通好，只是渡海聯絡契丹，捨棄華夏，侍奉夷狄，禮義在哪裡？而且你們打算遊說我，讓我罷兵嗎？我不是六國的愚昧君主，難道是你們口舌所能打動的嗎！可以回去告訴你們的君主：趕快來見朕，向朕再三下拜謝罪，就沒事了。不然的話，朕想去觀看金陵城，借用你們府庫所藏來犒勞軍隊，你們君臣該不會後悔吧！」鍾謨、李德明顫抖，不敢說話。

吳越王錢弘俶派遣軍隊屯守邊境，等待後周的命令。蘇州營田指揮使陳滿對丞相吳程說：「周人軍隊南征，唐全國驚慌騷亂，常州沒有防備，容易奪取。」適逢南唐主有詔書安撫江陰的官吏和百姓，陳滿告訴吳程說：「周的詔書已經到了。」吳程為此向錢弘俶上言，請求趕快依從陳滿的計策發兵。丞相元德昭說：「唐是個大國，不能輕視。如果我們進入唐境內，而周人軍隊沒有到來，誰與我們合力作戰？能夠沒有危險嗎！請暫且等一等。」吳程堅決力爭，認為時機不可喪失，錢弘俶最終聽從了吳程的建議。二月二十日癸未，派遣吳程督領衢州刺史鮑修讓、中直都指揮使羅晟奔赴常州。吳程對將士們說：「元丞相不打算出兵。」將士們很生氣，散布流言說想要攻擊元德昭。錢弘俶把元德昭藏匿在府中，命令逮捕散布流言的人，並歎息說：「正要出兵而士卒想攻擊丞相，太不吉利了啊！」

二月二十二日乙酉，韓令坤突然到達揚州。天剛亮，首先派遣白延遇利用幾百名騎兵飛馳進城，城中的人沒有察覺。韓令坤相繼到達，南唐東都營屯使賈崇焚燒官府、民房，棄城南逃。副留守工部侍郎馮延魯剃光頭髮，披著僧服，藏在佛寺裡，軍士抓住了他。韓令坤撫慰百姓，讓他們都安定。

庚寅❶，王逵奏拔鄂州長山寨❷，執其將陳澤等，獻之。○辛卯❸，太祖皇帝奏唐天長❹制置使耿謙降，獲芻糧二十餘萬。○唐主遣園苑使尹延範如泰州，遷吳讓皇❺之族于潤州❻。延範以道路艱難，恐楊氏為變，盡殺其男子六十人。還報，唐主怒，腰斬之。○韓令坤等攻唐[1]泰州，拔之，刺史方訥奔金陵❼。○唐主遣人以蠟丸求救於契丹。壬辰❽，靜安軍使何繼筠❾獲而獻之。○以給事中高防權知泰州。

癸巳❿，吳越王弘俶遣上直都指揮使路彥銖攻宣州，羅晟帥戰艦屯江陰。唐靜海⓫制置使姚彥洪帥兵民萬人奔吳越。

潘叔嗣屬將士而告之曰：「吾事令公⓬至矣，今乃信讒疑怒，軍還，必擊我。吾不能坐而待死，汝輩能與吾俱西乎？」眾憤怒，請行，叔嗣帥之西襲朗州。逵聞之，還軍追之，及於武陵城外，與叔嗣戰，逵敗死。

或勸叔嗣遂據朗州，叔嗣曰：「吾救死耳，安敢自尊⓭，宜以督府⓮歸潭州太尉⓯，豈不以武安見處乎⓰！」乃歸岳州，使團練判官李簡帥朗州將吏迎武安節度使周行逢。眾謂行逢：「必以潭州授叔嗣。」行逢曰：「叔嗣賊殺主帥，罪當族。所可恕者，得武陵⓱而不有，以授吾耳。若遽用為節度使，天下謂我與之同謀，何以自明！宜且以為行軍司馬，俟踰年，授以節鉞可也。」乃以衡州⓲刺史莫弘萬權知潭州，帥眾入朗州，自稱武平、武安留後，告于朝廷，以叔嗣為行軍司馬。叔嗣怒，稱疾不至。行逢曰：「行軍司馬，吾嘗為之，權與節度使相埒耳，叔嗣猶不滿望，更欲圖我邪！」

或說行逢：「授叔嗣武安節鉞以誘之，令至都府受命，此乃机上⑲肉耳！」行逢從之。叔嗣將行，其所親止之。叔嗣自恃素以兄事行逢，相親善，遂行不疑。行逢遣使迎候，道路相望，既至，自出郊勞⑳，相見甚懽。叔嗣入謁㉑，未至聽事㉒，遣人執之，立於庭下，責之曰：「汝為小校無大功，王逵用汝為團練使，一日反殺主帥。吾以疇昔㉓之情，未忍斬汝，以為行軍司馬，乃敢違拒吾命而不受乎！」叔嗣知不免，以宗族為請㉔。遂斬之。

【章　旨】以上為第十三段，寫湖南兵變，後周失去了征伐南唐的側翼。

【注　釋】❶庚寅　二月二十七日。❷長山寨　在今湖北通城南。❸辛卯　二月二十八日。❹天長　縣名，縣治在今安徽天長。❺吳讓皇　十國吳睿帝楊溥，吳太祖楊行密第四子。武義二年（西元九二〇年）即吳王位，由太師、齊王徐知誥（李昪）專國政。天祚三年（西元九三七年）徐知誥篡位，號楊溥為讓皇帝，吳亡。昇元二年（西元九三八年）遇害。事見《舊五代史》卷一百三十四〈僭偽列傳〉、《新五代史》卷六十一〈吳世家〉。❻潤州　州名，治所丹徒，在今江蘇鎮江市。後晉天福四年（西元九三九年），唐烈祖從潤州遷吳讓皇之族於泰州，現在又因周軍攻逼，再遷回潤州。❼金陵　府名，治所上元，在今江蘇南京，後改名江寧府。❽壬辰　二月二十九日。❾何繼筠　字化龍，河南人，仕後周，官西北面行營都監。宋初因抵禦契丹有功，拜建武軍節度使。傳見《宋史》卷二百七十三。❿癸巳　二月三十日。⓫靜海　軍鎮名，後周置，治所靜海縣，在今江蘇南通。⓬令公　王逵兼中書令，故稱「令公」。⓭吾救死耳二句　我只是挽救自己，免得被害罷了，哪裡敢自立稱尊。⓮督府　軍府。當時以朗州為督府。⓯太尉　指周行逢。⓰豈不以武安見處乎　難道（周行逢）能不安排我做武安軍節度使嗎。⓱武陵　舊縣名，為朗州治所，在今湖南常德。⓲衡州　州名，治所在今湖南衡陽。⓳机上　几案之上。机，通「几」。⓴自出郊勞　親自到郊外迎候慰勞。㉑入謁　進去拜見。㉒聽事　廳堂，指官府治事之所。㉓疇昔　往日。㉔以宗族為請請求赦免同族的人。

【校　記】1唐　原無此字。據章鈺校，十二行本、乙十一行本、孔天胤本皆有此字，張瑛《通鑑校勘記》同，今據補。

【語　譯】二月二十七日庚寅，王逵奏報攻取鄂州的長山寨，抓獲了他們的將領陳澤等人，獻給朝廷。〇二十八日辛卯，太祖皇帝趙匡胤上奏說南唐天長制置使耿謙投降，繳獲糧草二十多萬。〇南唐主派遣園苑使尹延範前往泰州，把吳讓皇的家族遷往潤州。尹延範因為道路艱難，恐怕楊氏家族發生變亂，全部殺掉了楊氏的男子六十人。然後回去報告，南唐主很生氣，腰斬了尹延範。〇韓令坤等人攻打唐的泰州，攻取了泰州，刺史方訥跑往金陵。〇南唐主派人帶著蠟丸密信向契丹求救。二十九日壬辰，靜安軍使何繼筠截獲交給朝廷。〇任命給事中高防暫時代理泰州事務。

二月三十日癸巳，吳越王錢弘俶派遣上直都指揮使路彥銖攻打宣州，羅晟率領戰艦屯駐江陰。南唐靜海制置使姚彥洪帶領士兵和百姓一萬人跑往吳越。

潘叔嗣集合將士，告訴他們說：「我侍奉王逵到了極點，如今竟然聽信讒言，對我懷疑發怒，軍隊回來，必定攻擊我。我不能坐而待斃，你們能和我一同西去嗎？」大家很憤怒，請求跟他走，於是潘叔嗣率領部眾西進襲擊朗州。王逵聽說，回軍追趕他們，在武陵城外追上了，與潘叔嗣交戰，王逵戰敗死去。

有人勸潘叔嗣就此佔據朗州，潘叔嗣說：「我是救命罷了，怎麼敢自立稱尊，應該把朗州督府交給潭州太尉，難道他不安排我做武安節度使嗎！」於是返回岳州，派團練判官李簡率領朗州的將領、官吏迎接武安節度使周行逢。大家對周行逢說：「一定把潭州授給潘叔嗣。」周行逢說：「潘叔嗣殺戮主帥，罪當滅族。可以寬恕的是，得到武陵而不佔有，把它交給我而已。如果很快任用他為節度使，天下說我和他同謀，我用什麼來自我申明！應該暫且任命他為行軍司馬，等過了一年，可以授給他節度使了。」於是命衡州刺史莫弘萬暫時主持潭州事務，自己率領部眾進入朗州，自稱武平、武安留後，向朝廷報告，任命潘叔嗣為行軍司馬。潘叔嗣很生氣，稱病不到任。周行逢說：「行軍司馬，我曾經當過，權力和節度使相等，潘叔嗣還不滿足希望，難道又想算計我嗎！」

有人勸說周行逢：「授給潘叔嗣武安節度使來引誘他，讓他到都府來接受命令，他就是几案上的一塊肉罷了！」周行逢聽從了這個建議。潘叔嗣即將啟程，他所親信的人阻止他。潘叔嗣自恃一向兄事周行逢，相互親善，於是前去，不加懷疑。周行逢派遣使者迎接等候，一路上不間斷，到達以後，周行逢親自出城到郊外慰勞，相互見面非常高興。潘叔嗣進去拜見，還沒有走到廳堂，周行逢派人把他抓了，站在廳堂下，周行逢斥責他說：「你是一個小軍校，沒有大功勞，王逵任用你為團練使，你卻突然反過來殺死主帥。我因為往日的情誼，不忍心殺你，任命你為行軍司馬，你竟敢違抗我的命令而不接受嗎！」潘叔嗣知道自己不免一死，請求赦免他的宗族。於是殺了潘叔嗣。

【研　析】本卷研析周世宗改革、王朴獻統一治安之策兩件史事。

周世宗改革。周世宗柴榮，周太祖郭威聖穆皇后兄柴守禮之子，從姑長於郭威家，郭威愛其英武，於是養以為子，封晉王，繼嗣郭威為帝，史稱周世宗。顯德元年（西元九五四年）正月二十日乙未，周世宗即位，至顯德六年六月十九日辭世，享年三十九歲，在位不足六年，是一位不幸英年辭世的聖明之君。短短五年多的時間，文治武功不比歷史上任何一位英武之君遜色。天若假周世宗數年壽命，必能統一中國，建立盛大的新一個周王朝。歷史沒有假設，就實論事，周世宗是一位聖明的改革之君。其改革成就，範圍廣，政治、經濟、軍事全面改革，都獲得了顯著的成績。政治改革大端有五：一、下詔求言，任用賢才；二、清盜賊，撫流民，使人民生活安定；三、減輕租稅徭役，以抒民困；四、規範刑律，以解民憂；五、營建汴京，成為全國新的政治、經濟、文化中心。經濟改革最有成效者有三：一、均賦稅，取消大戶特權，即便歷代享有免稅特權的曲阜聖人後裔孔氏也要交稅；二、興修水利，塞黃河決口，既有利交通運輸，又防止了水患；三、抑制寺院經濟，裁汰三萬三百六十所寺廟，迫使僧人大批還俗，毀銅佛以鑄錢，有利通貨流通，推動工商發展。軍事上，整訓禁軍，沙汰羸弱，節制藩鎮，既增加了軍隊的戰鬥力，又基本消除了尾大不掉之勢，為國家的統一奠定了基礎。周世宗還三征南唐，兩度北征，弱北漢，敗契丹，又西取蜀邊地數州之地，大長中原天子氣勢。司馬光評論五代時有兩位最為雄武的皇帝，一是唐莊宗李存勗，以弱勝強，滅梁建唐，但唐莊宗只會打仗，不會治國，數年間斷送了江山，不聖，不賢，不明，及身而亡，是一個不成功的君主。二是周世宗柴榮，他用兵所向無敵，為後繼者奠定了統一的基礎，他的改革使國家欣欣向榮，是五代時最有民望的仁明之君。司馬光的評價，一點也不過分。

王朴獻統一治安之策。周世宗即位之初就下詔求言，要求群臣極言得失，命朝官大臣每人撰寫〈為君難為臣不易論〉和〈開邊策〉各一篇，供作決策參考。比部郎中王朴獻統一治安之策，切中時弊，策略得當，受到周世宗的高度重視，付諸實行，成為北周進行政治改革和統一的基本國策。王朴的統一治安策，分為戰略和戰術兩個部分，下面分別評說。

從戰略上，王朴指出，首先找出國家四分五裂的原因，即周邊群雄割據和契丹入侵的根本原因。王朴列出四條主因：一、君主昏庸；二、臣子奸邪；三、士兵驕橫；四、百姓困窮。奸邪朋黨在朝內恃勢亂政，將帥在外橫行霸道，人民困窮受害，國家怎能不四分五裂呢？統一的辦法，就是要把顛倒的是非再倒過來，使之恢復正道。第一，君主要信用賢人，斥退小人，這是搜羅人才的辦法；第二，恩及窮困，講求誠信，這是收拾人心的辦法；第三，賞賜功勞，懲罰罪過，這是要文臣武將盡力為國家做貢獻的辦法；第四，勤儉節用，這是增加財富的方法；第五，減少賦稅，使民以時，這是讓百姓富足的辦法。這些都做到了，群賢滿朝，國家政治上軌道，國庫充實，人民親附，再任用能人統兵征討，大功即可告成。周邊的割據勢力，他們的部屬民眾，眼看大勢已去，爭相效順立功，一定會成為我方的間諜和嚮導，這叫做民心歸順，天命也一定追隨民心。王朴的戰略思想，立足於改革政治，這叫綱舉目張。周世宗是一個志向遠大又務實的國君，雷厲風行進行了政治改革，後周國力大增。

從戰術上講，王朴所言為用兵統一的步驟。王朴提出用兵統一，要先易後難，先南後北的方針。具體步驟，先下江南，收嶺南，次巴蜀，次幽燕，河東最其後。王朴說，契丹兵強，河東北漢國是周朝的死敵，這兩塊硬骨頭最難啃，暫且放在一邊。江南李唐是最大的割據國，與周疆界二千多里，是北伐的後顧之憂。首先征服唐國，則巴蜀、嶺南會膽戰心驚，發一封通告檄文就可以平定。征李唐，又分為兩步，先吞其江北，再徐圖江南。王朴之策，大體不誤，周世宗三次親征李唐，奪了江北之地，李唐臣服而罷兵，解除了北伐後顧之憂，然後統大軍親征契丹，一舉奪了三關，兵臨幽州城下，契丹氣餒。眼看大功告成，周世宗不幸染病，功虧一簣。其後宋太祖統一中國的用兵方略，基本上是遵循王朴之策，完成了周世宗的未竟之功，大略是先南後北，江南悉平，然後用兵北方，滅北漢，伐契丹。宋太祖收江南，是先滅蜀後滅唐，此乃效秦滅楚、晉滅吳、隋滅陳的經驗，修正了王朴策之不足。從地理言，據巴蜀順流而下，江南不守，勢理之必然，此是先易後難。當時後蜀孟氏政權不得人心，李唐尚有人氣，先攻李唐，後取巴蜀，此是先難後易，因此周世宗三次大舉親征，也未達滅唐之效，只得江北地而已。這是王朴策之未精留下的遺憾。

比部郎中，是刑部比部司的長官，當今正司級，掌管財務審計，在朝中大臣眼裡，算不上一個人物，眾公卿大臣，那些正部級、副部級長官多的是。但他們墨守成規，思想守舊，提不出治國方略。一個很不起眼的王朴，有識見，有創見，洞察事勢，潛心研究，提出了很好的治國方略，一統天下之策，完全符合周世宗的心意，最恰當的統一治安策。不久，周世宗升任王朴為左諫議大夫，知開封府事。左諫議大夫，是門下省的重要屬官，實職兼任開封知府，即京都市長。王朴官至樞密使，榮耀無比。

卷第二百九十三

後周紀四

起柔兆執徐（丙辰　西元九五六年）三月，盡彊圉大荒落（丁巳　西元九五七年），凡一年有奇。

【題解】本卷記事起於西元九五六年三月，迄於西元九五七年，凡一年又十個月。當後周世宗顯德三年三月到顯德四年。此時期最大的歷史事件是後周與南唐兩國在淮南大規模進行主力決戰。南唐全線敗退，喪師失地，但南唐主不願割江北之地請和，所恃壽州屹立不動，周世宗北還，大發諸州之民城下蔡。周世宗第二次親征淮南，大破南唐援兵，壽春城破，周世宗北還，但南唐主屢敗屢戰，仍在江北抗擊周軍。南唐左僕射司空孫晟出使後周求和，周世宗逼其勸說壽州南唐守將出降，孫晟激勵南唐守將忠義報國，不虧臣節，不辱使命，雖死猶榮，周世宗悔殺孫晟。後周中書舍人竇儼上疏論為政之本，大要為制禮作樂，任賢擇相，沙汰冗官，治盜賊，安民生，周世宗稱善。吳越夾擊南唐取常州，南唐將柴克宏，名將柴再用之子，天生將才，以羸弱之兵，大敗吳越勁兵，克復常州，入援壽州，卒於半道，壽州是以不救。周世宗釋蜀俘，制《刑統》，第三次親征南唐。北漢主引契丹南犯，不勝而還。

世宗睿武孝文[1]皇帝中

顯德三年（丙辰　西元九五六年）

三月甲午朔❶，上行視水寨，至淝橋❷，自取一石，馬上持之至寨以供礮❸，從官過橋者人齎一石。太祖皇帝乘皮船入壽春壕中，城上發連弩❹射之，矢大如屋椽❺，牙將館陶張瓊❻遽以身蔽之，矢中瓊髀❼，死而復蘇。鏃著骨不可出，瓊飲酒一大巵❽，令人破骨出之，流血數升，神色自若。

唐主復以右僕射孫晟為司空，遣與禮部尚書王崇質奉表入見，稱：「自天祐❾以來，海內分崩，或跨據一方❿，或遷革異代⓫。臣紹襲先業，奄⓬有江表，顧以瞻烏未定，附鳳何從⓭！今天命有歸，聲教遠被⓮，願比兩浙、湖南，仰奉正朔⓯，謹守土疆。乞收薄伐⓰之威，赦其後服之罪，首於下國⓱，俾作外臣，則柔遠之德，云誰不服！」又獻金千兩，銀十萬兩，羅綺二千匹。晟謂馮延巳曰：「此行當在左相⓲，晟若辭之，則負先帝。」既行，知不免，中夜，歎息謂崇質曰：「君家百口，宜自為謀。吾思之熟矣，終不負永陵⓳一抔[2]土，餘無所知！」

南漢甘泉宮使林延遇陰險多計數，南漢主倚信之。誅滅諸弟，皆延遇之謀也。乙未⓴，卒，國人相賀。延遇病甚，薦內給事㉑龔澄樞㉒自代，南漢主即日擢澄樞知承宣院㉓及內侍省㉔。澄樞，番禺人也。

光・舒・黃招安巡檢使、行光州刺史何超以安、隨、申、蔡㉕四州兵數萬攻光州。丙申㉖，超奏唐光州刺史張紹棄城走，都監張承翰以城降。丁酉㉗，行舒州刺史郭令圖拔舒州，唐蘄州將李福殺其知州王承嶲，舉州來降。遣六宅使齊藏珍攻黃州。○彰武留後李彥頵㉘，性貪虐，部民㉙與羌胡作亂，攻之。上召彥頵還朝㉚。

秦、鳳之平也，上赦所俘蜀兵以隸軍籍㉛，從征淮南，復亡降于唐。癸卯㉜，唐主表獻㉝百五十人，上悉命斬之。○舒州人逐郭令圖，鐵騎都指揮使洛陽王審琦㉞選輕騎夜襲舒州，復取之，令圖乃得歸㉟。○馬希崇及王延政之子繼沂㊱皆在揚州，詔撫存之。

丙午㊲，孫晟等至上所。庚戌㊳，上遣中使以孫晟詣壽春城下示劉仁贍[3]，且招諭之。仁贍見晟，戎服拜於城上㊴。晟謂仁贍曰：「君受國厚恩，不可開門納寇。」上聞之，甚怒，晟曰：「臣為唐[4]宰相，豈可教節度使外叛邪！」上乃釋之。

【章旨】以上為第一段，寫南唐左僕射司空孫晟出使後周求和，不虧臣節，不辱使命。

【注釋】❶甲午朔　三月初一日。❷泖橋　泖水上的橋。❸礮　古代發射石頭的火器。❹連弩　裝有機栝，可以連續發射的弓。❺椽　椽子，安在檁上，支架屋面和瓦片的木條。❻張瓊　館陶（今河北館陶）人，有勇力，善射。周師攻壽春，城上連弩遽發，瓊以身蔽趙匡胤，有功。宋初，官殿前都虞候。後遭誣陷致死。傳見《宋史》卷二百五十九。❼髀　股部；大腿。❽巵　古代的一種盛酒器。❾天祐　唐昭宗和唐哀帝年號（西元九〇四－九〇七年）。❿跨據一方　佔據一方疆土。此指一方的割據政權。⓫遷革異代　指中原不斷改朝換代。⓬奄　包括。⓭瞻烏未定二句　意為流離的民眾漂泊不定，該歸附哪一人呢。《詩・正月》：「瞻烏爰止，于誰之屋。」意謂看那下飛的烏鴉，將停落在誰家的屋頂？後世以瞻烏比喻流離失所的民眾。鳳，比喻真命天子。⓮聲教遠被　政聲和教化傳播遠方。⓯願比兩浙湖南二句　願意比照兩浙、湖南的先例，尊奉天子頒布的正朔曆法。意為歸順後周。兩浙，浙東和浙西的合稱。仰奉正朔，謂謹奉中原曆法，聽從中原號令。正朔，一年第一天的開始，正月元日。這裡以正朔代指象徵天命及政權的曆法。正，一年的開始。朔，一月的開始。⓰薄伐　征伐。薄，發語詞。語出《詩・出車》：「赫赫南仲，薄伐西戎。」⓱首於下國　讓（我們）小國。首，首肯；點頭同意。⓲左相　指左僕射馮延巳，其位在孫晟之上。⓳永陵　南唐烈祖李昪陵墓。⓴乙未　三月初二日。㉑內給事　內侍省屬官，由宦官充任。㉒龔澄樞　廣州番禺（今廣東番禺）人，南漢宦官，深受後主寵信，官至特進、開府儀同三司、內太師。總攬軍政大事。與女巫樊胡子內外作奸。宋師入境，被處死。㉓承宣院　官署名，總領宮內諸司事務。㉔內侍省　官署名，掌宮廷內部事務。承宣院與內侍省多由宦官擔任。㉕安隨申蔡　皆州名。四州呈半圓形環繞光州。蔡州在光州之北，申州在光州西，隨、蔡在光州西南。安州治所在今湖北安陸，隨州治所在今湖北隨縣，申州治所在今河南信陽，蔡州治所在今河南汝南縣，光州治所在今河南潢川縣。㉖丙申　三月初三日。㉗丁酉　三月初四日。㉘李彥頵　字德循，太原人，本以商賈為業，仕後周，官權易使、延州兵馬留後。貪圖財利，侵陵掠奪蕃、漢百姓，群情大擾，世宗不得不將其調回京城任職。傳見《舊五代史》卷一百二十九。㉙部民　所統屬的百姓。㉚召彥頵還朝　把李彥頵從延州召還。㉛以隸軍籍　編入軍籍。軍籍，軍人名冊。據《五代會要》卷十二載，顯德二年（西元九五五年）十二月，「以新收復秦、鳳州所擒獲川軍，署為懷恩軍。」此即俘蜀兵「以隸軍隊」。㉜癸卯　三月初十日。㉝表獻　上表獻出俘虜。㉞王審琦　字仲寶，其先遼西人，後徙家洛陽。厚重有方略，隨周世宗征北漢、南唐，屢立戰功。官睦州防禦使，宋初，拜同平章事。傳見《宋史》卷二百五十。㉟令圖乃得歸　郭令圖才又回到了舒州。㊱繼沂　即王繼沂，閩天德帝王延政子。南唐滅閩後，因於揚州。周師破揚州，故加以安撫。㊲丙午　三月十三日。㊳庚戌　三月十七日。㊴拜於城上　邊帥見宰相，依禮當拜。

【校　記】①武孝文　原作「文孝武」。據章鈺校，十二行本、乙十一行本、孔天胤本皆作「武孝文」，今據改。②抔　原作「培」。胡三省注云：「歐《史》作『一抔土』。」據章鈺校，乙十一行本、孔天胤本皆作「抔」，嚴衍《通鑑補》同，今據改。③示劉仁贍　原無此四字。據章鈺校，十二行本、乙十一行本、孔天胤本皆有此四字，張瑛《通鑑校勘記》同，今據補。④唐　原無此字。據章鈺校，十二行本、乙十一行本、孔天胤本皆有此字，張瑛《通鑑校勘記》同，今據補。

【語　譯】世宗睿武孝文皇帝中

顯德三年（丙辰　西元九五六年）

三月初一日甲午，周世宗巡視水邊的營寨，行到淝橋，自己撿了一塊石頭，騎在馬上拿到營寨來用作炮石，隨從官員過橋的每人攜帶一塊石頭。太祖皇帝乘坐牛皮船進入壽春的護城河中，城上發射連弩箭射他，箭粗大得像屋椽；牙將館陶人張瓊急忙用身體遮擋太祖皇帝，箭射中張瓊的大腿，昏死過去又蘇醒過來。箭頭插進骨頭裡不能拔出，張瓊喝下一大杯酒，讓人破骨取出箭頭，流血數升，神情臉色鎮定自如。

南唐主又任命右僕射孫晟為司空，派遣他和禮部尚書王崇質奉表進見周世宗，表中說：「自從天祐年間以來，天下分崩離析，有的佔據一方，有的改朝換代。臣繼承先人的基業，擁有江南之地，只因流離的民眾沒有安定，又從哪裡歸附一人呢！如今天命已有歸屬，天子的政聲和教化傳遍遠方。我願意比照兩浙、湖南的先例，尊奉天子頒行的正朔曆法，謹守疆土。請求免除征討的聲威，赦免臣下歸附在後的罪過。點頭同意我們小國，作為天子的外臣，那麼天子安撫遠方的恩德，哪個人不敬服！」又獻上黃金一千兩，銀子十萬兩，羅綺二千匹。孫晟對馮延巳說：「這一次應該由左相您出使，我若推辭不去，那就辜負了先帝。」動身以後，知道不能免於一死，半夜，歎息著對王崇質說：「您家人口眾多，應該自己作好打算。我考慮得很成熟了，終究不辜負先帝的在天之靈，其他的我就一無所知了！」

南漢甘泉宮使林延遇陰險計謀多，南漢主信任依靠他。南漢主誅滅自己的各位兄弟，都是林延遇的謀劃。三月初二日乙未，林延遇死了，國中人互相慶賀。林延遇病重時，推薦內給事龔澄樞代替自己，南漢主當天就提升龔澄樞主持承宣院和內侍省。龔澄樞，是番禺人。

光・舒・黃招安巡檢使、行光州刺史何超利用安州、隨州、申州、蔡州四州軍隊幾萬人攻打光州。三月初三日丙申，何超上奏說南唐光州刺史張紹棄城逃走，都監張承翰獻城投降。初四日丁酉，行舒州刺史郭令圖攻取舒州，南唐蘄州將領李福殺掉知州王承雋，率領州城前來投降。後周派遣六宅使齊藏珍攻打黃州。〇彰武留後李彥頵生性貪婪暴虐，所統屬的百姓與羌胡作亂，攻打李彥頵。周世宗召李彥頵回朝。

秦州、鳳州平定的時候，周世宗赦免所俘獲的後蜀士兵，把他們編入軍籍，從征淮南，他們又逃走投降南唐。三月初十日癸卯，南唐主上表獻上一百五十人，周世宗下令把他們全部斬殺。〇舒州人驅逐郭令圖，鐵騎都指揮使洛陽人王審琦挑選輕騎兵夜裡偷襲舒州，又奪取了舒州，郭令圖才得以回去。〇馬希崇和王延政的兒子王繼沂都在揚州，周世宗下詔撫慰他們。

三月十三日丙午，孫晟等人到達周世宗駐留的地方。十七日庚戌，周世宗派遣中使帶領孫晟前往壽春城下以威懾劉仁贍，並且讓他招撫劉仁贍。劉仁贍見到孫晟，在城上穿著軍服向他下拜。孫晟對劉仁贍說：「您身受國家厚恩，不能打開城門接納賊寇。」周世宗聽說這件事，非常憤怒。孫晟說：「臣為唐宰相，怎麼可以讓節度使背叛呢！」周世宗於是放過了他。

唐主使李德明、孫晟言於上，請去帝號、割壽・濠・泗・楚・光・海六州❶之地，仍歲❷輸金帛百萬，以求罷兵。上以淮南之地已半為周有，諸將捷奏日至，欲盡得江北之地，不許。德明見周兵日進，奏稱：「唐主不知陛下兵力如此之盛，願寬臣五日之誅，得歸白唐主，盡獻江北之地。」上乃許之。晟因奏遣王崇質與德明俱歸。上遣供奉官安弘道送德明等歸金陵，賜唐主詔書[1]，其略曰「但存帝號，何爽歲寒❸！儻堅事大之心，終不迫人于險❹。」又曰：「俟諸郡之悉來❺，即大軍之立罷。言盡於此，更不煩云❻。苟曰未然，請從茲絕❼。」又賜其將相書，使孰議而來。唐主復上表謝。

李德明盛稱上威德及甲兵之彊，勸唐主割江北之地，唐主不悅。宋齊丘以割地為無益。德明輕佻，言多過實，國人亦不之信。樞密使陳覺、副使李徵古❽素惡德明及[2]孫晟，使王崇質異其言，因譖德明於唐主曰：「德明賣國求利。」唐主大怒，斬德明於市。

吳程攻常州，破其外郭，執唐常州團練使趙仁澤❾，送于錢唐。仁澤見吳越王弘俶不拜，責以負約❿。弘俶怒，決其口至耳⓫。元德昭憐其忠，為傅⓬良藥，得不死。

【章旨】以上為第二段，寫南唐主不忍割江北之地以求和於後周。吳越王夾擊南唐取常州。

【注釋】❶壽濠泗楚光海六州　六州之地當今江蘇江北及安徽東北部地區。壽州治所在今安徽壽縣。濠州治所在今安徽鳳陽東北。楚州治所山陽，在今江蘇淮安。光州治所在今河南潢川縣。海州治所海州鎮，在今江蘇連雲港市西南。❷仍歲　連年；每年。❸何爽歲寒　不因歲寒而失約。爽，差。歲寒，取「歲寒知松柏之後凋」之意，意為經得住考驗。❹儻堅事大之心二句　謂如果能堅定侍奉大國的決心，終究不會逼迫人陷於險境。儻，如果。❺俟諸郡之悉來　謂等到江北各郡全部割讓過來。❻更不煩云　不用再反覆述說了。❼苟曰未然二句　如果說不這樣，就請從此斷絕一切關係。❽李徵古　袁州宜春（今江西宜春）人，南唐宋齊丘表親，與陳覺等結為朋黨。官樞密副使。在元宗面前議事，「橫甚，無人臣禮」。後被削奪官爵，流放洪州，賜死。❾趙仁澤　南唐常州團練使。周師南侵，吳越乘機攻常州，被俘。在吳越王面前寧死不屈，後遇吳越丞相元德昭相救，免死。❿責以負約　南唐與吳越本來互通友好。吳越奉後周之命攻南唐，故仁澤責備其負約。⓫決其口至耳　撕裂他的嘴，一直到耳根。⓬傅　通「敷」。

【校　記】[1]詔書　原無「詔」字。據章鈺校，十二行本、乙十一行本、孔天胤本皆有「詔」字，今據補。[2]及　原作「與」。據章鈺校，十二行本、乙十一行本、孔天胤本皆作「及」，今據改。

【語　譯】南唐主讓李德明、孫晟對周世宗說，請求取消自己的皇帝稱號、割讓壽州・濠州・泗州・楚州・光州・海州六州土地、每年送交黃金絹帛百萬，用來求得停止用兵。周世宗因為淮南之地已經一半歸後周所有，諸將捷報每天傳來，想要全部獲得江北之地，所以不答應南唐主的請求。李德明看見後周軍隊一天一天地推進，上奏說：「唐主不知道陛下的兵力如此強盛，希望給臣下五天不作討伐的寬限，能回去報告唐主，全部獻出江北之地。」周世宗這才答應了他。孫晟便奏請周世宗派王崇質和李德明一起回去。周世宗派供奉官安弘道送李德明等人回金陵，賜給南唐主詔書，詔書中大略說「即使保留皇帝的稱號，也不因歲寒而失約！倘若你能堅定侍奉大國的決心，朕終究不會把你逼入險惡境地。」又說：「等到江北各郡全部割讓過來，大軍就立即撤退。話就說到這裡，不用再反覆述說了。如果說不這樣，請從此斷絕關係。」又賜給南唐將相們書信，讓他們考慮成熟了再來。南唐主又上表稱謝。

李德明大為稱讚周世宗的聲威和德行以及軍隊的強大，勸說南唐主割讓長江以北的土地，南唐主不高興。宋齊丘認為割讓土地沒有益處。李德明為人輕浮，大多言過其實，國中人也不相信他。樞密使陳覺、副使李徵古一向厭惡李德明和孫晟，讓王崇質跟他說得不一樣，藉機在南唐主面前誣陷李德明說：「李德明出賣國家求取私利。」南唐主大怒，在街市上把李德明斬首。

吳程攻打常州，攻破常州外城，抓獲了南唐常州團練使趙仁澤，押送到錢唐。趙仁澤見了吳越王錢弘俶不下拜，斥責他違背盟約。錢弘俶很生氣，把他的嘴巴一直撕裂到耳朵。元德昭憐惜他的忠誠，替他敷上好藥，得以不死。

唐主以吳越兵在常州，恐其侵逼潤州，以宣、潤大都督燕王弘冀年少，恐其不習兵，徵還金陵。部將趙鐸言於弘冀曰：「大王元帥，眾心所恃，逆自退歸，所部必亂。」弘冀然之，辭不就徵，部分諸將，為戰守之備。

龍武都虞候柴克宏❶，再用❷之子也，沈默好施，不事家產。雖典宿衛，日與賓客博弈❸飲酒，未嘗言兵，時人以為非將帥材。至是，有言克宏久不遷官者，唐主以為撫州刺史。克宏請效死行陳，其母亦表稱克宏有父風，可為將，苟不勝任，分甘孥戮❹。唐主乃以克宏為右武衛將軍，使將兵會袁州刺史陸孟俊救常州。

時唐精兵悉在江北，克宏所將數千人皆羸老，樞密使李徵古復以鎧仗之朽蠹者給之。克宏訴於徵古，徵古慢罵之，眾皆憤恚，克宏怡然❺。至潤州，徵古遣使召還，以神衛[1]統軍朱匡業❻代之。燕王弘冀謂克宏曰[2]：「君但前戰，吾當論奏。」乃表克宏才略可以成功，常州危在旦莫❼，不宜中易主將。克宏引兵徑趣常州，徵古復遣使召之。克宏曰：「吾計日破賊，汝來召吾，必奸人也！」命斬之。使者曰：「受李樞密命而來。」克宏曰：「李樞密來，吾亦斬之！」

初，鮑修讓、羅晟在福州[8]，與吳程有隙。至是，程抑挫之，二人皆怨。先是，唐主遣中書舍人喬匡舜[9]使於吳越，壬子[10]，柴克宏至常州，蒙其船以幕，匿甲士於其中，聲言迎匡舜。吳越邏者以告，程曰：「兵交，使在其間，不可妄以為疑。」唐兵登岸，徑薄吳越營，羅晟不力戰，縱之使趣程帳，程僅以身免。克宏大破吳越兵，斬首萬級。朱匡業至行營，克宏事之甚謹。吳程至錢唐，吳越王弘俶悉奪其官。

甲寅[11]，蜀主以捧聖控鶴都指揮使[12]李廷珪為左右衛聖諸軍馬步都指揮使。仍分衛聖、匡聖步騎為左右十軍[13]，以武定節度使呂彥琦等為使[14]，廷珪總之[15]，如趙廷隱之任[16]。

初，柴克宏為宣州巡檢使，始至，城塹不修，器械皆闕。吏云：「自田頵[17]、王茂章[18]、李遇[19]相繼叛，後人無敢治之者。」克宏曰：「時移事異，安有此理！」悉繕完之。由是路彥銖攻之不克，聞吳程敗，乙卯[20]，引歸。唐主以克宏為奉化節度使，克宏復請將兵救壽州，未至而卒。

【章旨】以上為第三段，寫南唐柴克宏有大將才，以羸兵擊敗吳越勁兵，收復常州。將兵救壽州，惜卒於道。

【注　釋】❶柴克宏　吳功臣柴再用子。性豪爽，博弈縱酒，不事家產。吳越侵常州，自請效死行陣，官右武衛將軍。不畏奸臣干擾，終於智勝吳越軍，拜奉化軍節度使。❷再用　汝陽（今河南汝陽）人，吳名將。曾擊敗梁王朱全忠、吳越將張仁傑以及楚師等。官至德勝軍節度使兼中書令。❸博弈　博戲、圍棋。❹分甘孥戮　甘願與兒子一同受誅戮。分、甘，均作甘願講。孥，兒子。❺怡然　安然。❻朱匡業　吳奉國節度使吳延壽子。周師侵淮南，任內外巡檢使。嚴而無私，四郊肅然。官至神武統軍、加中書令。❼莫　通「暮」。❽鮑修讓羅晟在福州　後漢天福十二年（西元九四七年），吳越派鮑修讓戍福州，同年吳程鎮福州，以丞相知威武節度事。❾喬匡舜　字亞元，高郵（今江蘇高郵）人，直率，能屬文。仕南唐烈祖、元宗，主持貢舉，使樂史（後來成為文學家、地理學家）等久滯名場者及第，時稱得人。官至刑部侍郎。❿壬子　三月十九日。⓫甲寅　三月二十一日。⓬捧聖控鶴都指揮使　與下文之左右衛聖諸軍馬步都指揮使皆為禁衛軍官名。⓭衛聖匡聖步騎為左右十軍　禁衛軍名，分左右衛聖步軍、左右衛聖騎軍、左右匡聖步軍、左右匡聖騎軍等。⓮為使　任軍使。⓯總之　總領他們。⓰如趙廷隱之任　像趙廷隱的職務一樣。後蜀趙廷隱在高祖孟知祥時任左匡聖步軍都指揮使，後主孟昶立，加兼侍中，為六軍副使，即任禁衛軍副統帥。⓱田頵　字德臣，廬州合肥（今安徽合肥）人，初事楊行密，官寧國軍節度使。因求池、歙二州，行密不許，遂於天復三年（西元九〇三年）據宣州反。遣使通好梁王朱全忠。後被行密將臺濛打敗，為亂軍所殺。傳見《新唐書》卷一百八十九、《舊五代史》卷十七。⓲王茂章　廬州合肥（今安徽合肥）人，從楊行密起兵，後因得罪楊渥，天祐二年（西元九〇五年）叛歸吳越，又降梁王朱全忠。避朱全忠家諱（全忠曾祖名茂琳），更名景仁。官至寧國軍節度使。⓳李遇　合肥人，吳宣州觀察使。因不滿徐溫專國政，於後梁乾化二年（西元九一二年）據宣州反，後被柴再用殺。傳見《舊唐書》卷一百十六、《新唐書》卷八十二。⓴乙卯　三月二十二日。

【校　記】①神衛　嚴衍《通鑑補》改作「武衛」。按，《陸氏南唐書》作「神衛」，一作「神武衛」，未知孰是。②曰　原無此字。據張敦仁《通鑑刊本識誤》云：「『宏』下脫『曰』字。」當是，今據補。

【語　譯】南唐主因為吳越軍隊在常州，害怕他們侵逼潤州，又因為宣、潤大都督燕王李弘冀年紀小，擔心他不熟悉軍事，便召回金陵。部將趙鐸對李弘冀說：「大王是元帥，是眾人心中的依靠，自己反倒退回金陵，所轄部下一定大亂。」李弘冀認為他說得對，推辭而不接受徵召，部署眾將，進行戰鬥防守的準備。

龍武都虞候柴克宏，是柴再用的兒子，沉默寡言，喜歡施捨，不治家產。雖然負責宮廷警衛，但是天天和賓客下棋、飲酒，未曾談論軍事，當時的人認為他不是將帥之材。到了這個時候，有人說柴克宏長期沒有升官，於是南唐主任命他為撫州刺史。柴克宏請求獻身軍陣，他的母親也上表說柴克宏有他父親的風範，可以擔任將領，如果不能勝任，甘願和兒子一同被殺。南唐主於是任命柴克宏為右武衛將軍，命令他率兵會合袁州刺史陸孟俊救援常州。

當時南唐的精銳部隊全在長江以北，柴克宏所率領的幾千人都是老弱殘兵，樞密使李徵古又把鎧甲、兵器中腐朽破爛的給柴克宏。柴克宏向李徵古訴說，李徵古傲慢地痛罵他，大家都很憤恨，柴克宏處之安然。柴克宏到達潤州，李徵古派遣使者召他返回，讓神衛統軍朱匡業代替柴克宏。燕王李弘冀對柴克宏說：「您只管進兵作戰，我自會向皇上奏報。」於是上表說柴克宏的才能謀略，可以成就功業，常州危在旦夕，不宜中途改換主將。柴克宏率軍直接奔赴常州，李徵古又派遣使者去召他回來。柴克宏說：「我算定幾天內就要攻破賊兵，你來召我，一定是奸人！」命令斬殺使者。使者說：「我接受李樞密的命令而來。」柴克宏說：「李樞密來了，我也要斬殺他！」

當初，鮑修讓、羅晟在福州時，與吳程有隔閡。到了這時，吳程壓制他們，二人都心懷怨恨。此前，南唐主派遣中書舍人喬匡舜出使吳越。三月十九日壬子，柴克宏到達常州，用布幕把船蒙起來，把身穿鎧甲的士兵藏在船裡，聲稱去迎接喬匡舜。吳越巡邏的士兵報告這件事，吳程說：「兩國交戰，使者來往其間，不可妄加懷疑。」南唐士兵登上岸，直接逼近吳越的軍營，羅晟不奮力作戰，放縱南唐士兵，讓他們跑往吳程的營帳，吳程自己僅免一死。柴克宏大敗吳越軍隊，斬首一萬級。朱匡業到達軍營，柴克宏侍奉他十分恭謹。吳程到了錢唐，吳越王錢弘俶剝奪了他的全部官職。

三月二十一日甲寅，後蜀主任命捧聖控鶴都指揮使李廷珪為左右衛聖諸軍馬步都指揮使。仍舊分衛聖、匡聖步騎兵為左右十個軍，任命武定節度使呂彥琦等人為軍使。由李廷珪總領，如同趙廷隱當年的職務。

最初，柴克宏擔任宣州巡檢使，剛到任時，城池失修，兵器用具全都破損。官吏說：「自從田頵、王茂章、李遇相繼叛亂，後來的人沒有敢修治城池兵械的。」柴克宏說：「時遷事異，哪有這種道理！」把城池兵械全部修繕完好。因此路彥銖攻不下來他，聽說吳程失敗，三月二十二日乙卯，帶兵返回。南唐主任命柴克宏為奉化節度使，柴克宏又請求率兵救援壽州，還沒到達就去世了。

河陽節度使白重贊以天子南征，慮北漢乘虛入寇，繕完守備，且請兵於西京。西京留守王晏初不之與，又慮事出非常，乃自將兵赴之。重贊以晏不奉詔而來，拒不納，遣人謂之曰：「令公昔在陝服❶，已立大功，河陽小城，不煩枉駕！」晏慚怍❷而還。孟、洛之民，數日驚擾❸。

唐主命諸道兵馬元帥齊王景達將兵拒周，以陳覺為監軍使、前武安節度使邊鎬為應援都軍使❹。中書舍人韓熙載上書曰：「信莫信於親王，重莫重於元帥，安用監軍使為！」唐主不從。遣鴻臚卿❺潘承祐❻詣泉、建召募驍勇。承祐薦前永安節度使許文稹，靜江指揮使陳德誠❼，建州人鄭彥華❽、林仁肇❾。唐主以文稹為西面行營應援使，彥華、仁肇皆為將。仁肇，仁翰之弟也。

夏，四月甲子❿，以侍衛親軍都指揮使、歸德節度使李重進為廬•壽等州招討使，以武寧節度使武行德為濠州城下都部署。

唐右衛將軍陸孟俊自常州將兵萬餘人趣泰州，周兵遁去，孟俊復取之，遣陳德誠戍泰州。孟俊進攻揚州，屯于蜀岡[11]，韓令坤棄揚州走。帝遣張永德將兵救之，令坤復入揚州。帝又遣太祖皇帝將兵屯六合[12]。太祖皇帝令曰：「揚州兵有過六合者，折其足！」令坤始有固守之志。

帝自至壽春以來，命諸軍晝夜攻城，久不克。會大雨，營中水深數尺，攻具及士卒失亡頗多，糧運不繼，李德明失期不至，乃議旋師。或勸帝東幸濠州，聲言壽州已破，從之。己巳[13]，帝自壽春循淮而東。乙亥[14]，至濠州。

韓令坤敗唐兵於城東[15]，擒陸孟俊。初，孟俊之廢馬希萼立希崇也，滅故舒州[16]刺史楊昭惲[17]之族而取其財，楊氏有女美，獻於希崇。今令坤入揚州，希崇以楊氏遺令坤，令坤嬖[18]之。既獲孟俊，將械送帝所。楊氏在簾下，忽撫膺慟哭，令坤驚問之，對曰：「孟俊昔在潭州，殺妾家二百口，今日見之，請復其冤。」令坤乃殺之。

唐齊王景達將兵二萬自瓜步[19]濟江，距六合二十餘里，設柵不進。諸將欲擊之，太祖皇帝曰：「彼設柵自固，懼我也。今吾眾不滿二千，若往擊之，則彼見吾眾寡矣。不如俟其來而擊之，破之必矣！」居數日，唐出兵趣六合。太祖皇帝奮擊，大破之，殺獲近五千人，餘眾尚萬餘，走度江，爭舟[1]溺死者甚眾。於是唐之精卒盡矣。是戰也，士卒有不致力者。太祖皇帝陽⑳為督戰，以劍斫其皮笠㉑。明日，偏閱其笠[2]，有劍跡者數十人，皆斬之，由是部兵莫敢不盡死。

先是，唐主聞揚州失守，命四旁發兵取之。己卯㉒，韓令坤奏敗楚州[3]兵萬餘人於灣頭堰㉓，獲漣州㉔刺史秦進崇，張永德奏敗泗州兵[4]萬餘人於曲溪堰㉕。○丙戌㉖，以宣徽南院使向訓為淮南節度使兼沿江招討使。○渦口奏新作浮梁成。丁亥㉗，帝自濠州如渦口。

帝銳於進取，欲自至揚州，范質等以兵疲食少，泣諫而止。帝嘗怒翰林學士竇儀，欲殺之。范質入救之，帝望見，知其意，即起避之。質趨前伏地，叩頭諫曰：「儀罪不至死，臣為宰相，致陛下枉殺近臣，罪皆在臣。」繼之以泣。帝意解，乃釋之。

北漢葬神武帝㉘於交城㉙北山，廟號世祖。

五月壬辰[5]朔㉚，以渦口為鎮淮軍。○丙申㉛，唐永安節度使陳誨敗福州兵於南臺江㉜，俘斬千餘級。唐主更命永安曰忠義軍㉝。誨，德誠之父也。○戊戌㉞，帝留侍衛親軍都指揮使李重進等圍壽州，自渦口北歸。乙卯㉟，至大梁。

六月壬申㊱，赦淮南諸州繫囚，除李氏非理賦役㊲，事有不便於民者委長吏以聞㊳。

【章　旨】以上為第四段，寫周世宗在淮南與南唐兵全線大交戰，南唐軍潰敗，多數州城失守，但壽州屹立不動，周世宗留軍北還。

【注　釋】❶令公昔在陝服　王晏原為後晉軍官，契丹滅後晉，晏殺契丹將劉愿，率陝州歸附劉知遠，後漢亡，又投郭威。世宗時，兼中書令。❷慚怍　慚愧。❸孟洛之民二句　孟、洛百姓因見白重贊拒納王晏兵，擔心交戰，故驚擾。❹前武安節度使邊鎬句　邊鎬因失潭州後被免去節度使之職，至此又起用。❺鴻臚卿　官名，掌朝祭禮儀等事。❻潘承祐　晉安（今福建南安）人，初仕吳，後歸閩。王延政建殷，官吏部尚書、同平章事。因上書十事，被削官爵。唐破建州，頗受元宗重用。官鴻臚卿。❼陳德誠　南唐名將陳誨子，才兼文武。周師南侵，率兵赴難，未嘗受挫，號百勝軍。官至和州刺史。❽鄭彥華　建州（今福建建甌，《十國春秋》稱福州）人，南唐鎮海軍節度使。後主末年，宋師自采石渡江，杜貞率軍迎戰，彥華擁兵不救，導致國破。宋初，官左千牛衛大將軍。❾林仁肇　建陽（今福建建陽）人，閩南廊承旨林仁翰弟。紋身為虎形，軍中稱他為「林虎子」。初仕閩，為裨將。周師南侵，被薦為將，率軍抵抗。與士卒均食、同服，頗得士心。後遭誣陷，被南唐後主鴆殺。❿甲子　四月初二日。⓫蜀岡　在今江蘇江都西北。上有蜀井，相傳地脈通蜀，故名。蜀岡位置極為重要，佔據蜀岡便可切斷後周軍隊對揚州的援路，所以把韓令坤嚇得丟棄揚州逃跑。⓬六合　縣名，縣治在今江蘇六合，是揚州往西北歸的必經之路。⓭己巳　四月初七日。⓮乙亥　四月十三日。⓯城東　揚州城東。⓰舒州　據胡三省注所引薛《史》，當作「衡州」。⓱楊昭惲　長沙人，父楊謐，事馬殷為楚節度行軍司馬。楊謐仲女為衡陽王馬希聲夫人。馬希聲襲位，昭惲遷衡州刺史，成為地方豪富。⓲嬖　愛幸。⓳瓜步　瓜步鎮，在今江蘇六合東南二十里瓜步山下。⓴陽　通「佯」。㉑皮笠　皮製的笠帽。㉒己卯　四月十七日。㉓灣頭堰　即灣頭鎮，在今江蘇江都東北，運河分流處。㉔漣州　州名，治所漣水縣，在今江蘇漣水縣北。㉕曲溪堰　又名新河堰，在今江蘇盱眙西南十里。㉖丙戌　四月二十四日。㉗丁亥　四月二十五日。㉘神武帝　北漢皇帝劉旻（初名崇）的諡號。㉙交城　縣名，縣治在今山西交城。㉚壬辰朔　五月初一日。㉛丙申　五月初五日。㉜南臺江　閩江經南臺山下一段稱南臺江。㉝唐主更命永安曰忠義軍　南唐保大三年（西元九四五年）取建州，升為永安軍節度，至此又改為忠義軍。㉞戊戌　五月初七日。㉟乙卯　五月二十四日。㊱壬申　六月十一日。㊲除李氏非理賦役　免除南唐李氏政權不合理的徭役與賦稅。㊳委長吏以聞　委託地方行政長官（如縣令、長、丞、尉等）向上級報告。

【校　記】①走度江爭舟　原作「爭舟走度江」。據章鈺校，十二行本、乙十一行本、孔天胤本皆作「走度江爭舟」，張敦仁《通鑑刊本識誤》、張瑛《通鑑校勘記》同，今據改。②笠　原作「皮笠」。據章鈺校，十二行本、乙十一行本、孔天胤本皆無「皮」字，張敦仁《通鑑刊本識誤》同，今據刪。③楚州　原作「揚州」。據章鈺校，十二行本、乙十一行本、孔天胤本皆作「楚州」，張敦仁《通鑑刊本識誤》同，今據改。按，《舊五代史》卷一百十六此繫楚州賊將馬在貴部，「楚州」義長。④兵　原無此字。據章鈺校，十二行本、乙十一行本、孔天胤本皆有此字，今據補。⑤壬辰　原作「丙辰」。據章鈺校，十二行本、乙十一行本、孔天胤本皆作「壬辰」，張敦仁《通鑑刊本識誤》同，今據改。

【語　譯】河陽節度使白重贊因為天子南征，擔心北漢乘虛入侵，使整修城池防守，並且向西京請求援兵。西京留守王晏最初不肯給予軍隊，又擔心事情發生在非常時期，於是親自率兵前往。白重贊因為王晏沒有接到詔令前來，拒不接納他，派人對他說：「您以前在陝州歸服，已經立下大功，河陽小城，不敢煩勞您的大駕！」王晏慚愧返回。孟州和洛陽的百姓，驚擾了好幾天。

南唐主命令諸道兵馬元帥齊王李景達率軍抵禦後周軍隊，任命陳覺為監軍使、前任武安節度使邊鎬為應援都軍使。中書舍人韓熙載上書說：「論信任沒有比親王更值得信任的，論重要沒有比元帥更重要的，哪裡還用得上監軍使！」南唐主不聽從。南唐主派遣鴻臚卿潘承祐前往泉州、建州召募勇猛將士。潘承祐推薦前任永安節度使許文稹，靜江指揮使陳德誠，建州人鄭彥華和林仁肇。南唐主任命許文稹為西面行營應援使，鄭彥華、林仁肇都為將領。林仁肇，是林仁翰的弟弟。

夏，四月初二日甲子，周世宗任命侍衛親軍都指揮使、歸德節度使李重進擔任廬・壽等州招討使，任命武寧節度使武行德擔任濠州城下都部署。

南唐右衛將軍陸孟俊從常州率兵一萬多人奔赴泰州，後周兵逃走，陸孟俊又收復泰州，派陳德誠戍守泰州。陸孟俊進攻揚州，駐紮在蜀岡，韓令坤丟棄揚州城跑走了。周世宗派遣張永德帶兵去救援，韓令坤又進入揚州。周世宗又派遣太祖皇帝趙匡胤率軍駐紮在六合。太祖皇帝命令說：「揚州兵如果有經過六合的，折斷他的腳！」韓令坤這才有固守的想法。

周世宗自從到壽春以來，命令各軍日夜攻城，很久沒有攻下。適逢大雨，軍營中水深數尺，攻城的器具和士兵流失、死亡的很多，糧食的運送供應不上，李德明逾期未至，於是商議回師。有人勸周世宗東臨濠州，聲稱壽州已經攻下，周世宗聽從了。四月初七日己巳，周世宗從壽春沿著淮河東進。十三日乙亥，到達濠州。

韓令坤在揚州城東打敗南唐軍隊，抓獲了陸孟俊。當初，陸孟俊廢黜馬希萼立馬希崇的時候，族滅原舒州刺史楊昭惲，奪取了他的財產。楊氏有個女兒很漂亮，陸孟俊把她獻給馬希崇。韓令坤進入揚州，馬希崇把楊氏送給韓令坤，韓令坤很寵愛她。抓獲了陸孟俊後，準備加上械具送往周世宗的住處。楊氏站在竹簾下面，忽然捶胸痛哭，韓令坤驚訝地問她，楊氏回答說：「陸孟俊過去在潭州，殺了妾家人二百口，今天見到他，請報冤仇。」韓令坤於是殺死了陸孟俊。

南唐齊王李景達率領兩萬士兵從瓜步渡過長江，距離六合二十多里，設置柵欄不再前進。眾將打算即將攻打南唐軍隊，太祖皇帝說：「他們設置柵欄自己固守，是害怕我們。現在我們的部眾不足兩千人，如果前去攻打他們，那麼他們就會看見我們兵力少了。不如等待他們前來再攻擊他們，一定可以打敗他們！」過了幾天，南唐出兵奔赴六合。太祖皇帝奮力攻擊，大敗南唐軍隊，殺死和俘虜將近五千人，南唐剩下的士兵還有一萬多人，逃跑渡江，爭奪船隻淹死的很多。於是南唐的精銳士卒全都沒有了。這次戰役，士卒有不盡力作戰的。太祖皇帝假裝督戰，用劍砍那些不盡力作戰士兵的皮斗笠。第二天，遍查士兵的斗笠，上面有劍砍痕跡的幾十人，全部將他們斬首，因此部眾沒有敢不拼死作戰的。

先前，南唐主聽說揚州失守，命令揚州的四鄰州縣發兵奪回揚州。四月十七日己卯，韓令坤上奏說在灣頭堰打敗楚州兵一萬多人，擒獲漣州刺史秦進崇，張永德上奏說在曲溪堰打敗泗州兵一萬多人。〇二十四日丙戌，任命宣徽院使向訓為淮南節度使兼沿江招討使。〇渦口奏報新修的浮橋建成。二十五日丁亥，周世宗從濠州前往渦口。

周世宗銳意進取，打算親自到揚州，范質等人認為軍隊疲憊，糧食缺少，哭著勸諫，這才作罷。周世宗曾惱怒翰林學士竇儀，想要殺掉他。范質入朝救他，周世宗望見范質，知道他的意思，立即起身避開他。范質快走向前伏在地上，磕頭勸諫說：「竇儀的罪過不至於死，臣任宰相，致使陛下枉殺近臣，罪過都在臣的身上。」接著哭起來。周世宗的怒氣消了，就放了竇儀。

北漢在交城北山安葬神武帝，廟號世祖。

五月初一日壬辰，把渦口改為鎮淮軍。〇初五日丙申，南唐永安節度使陳誨在南臺江打敗福州軍隊，俘獲和斬殺了一千多人。南唐主把永安軍改名為忠義軍。陳誨，是陳德誠的父親。〇初七日戊戌，周世宗留下侍衛親軍都指揮使李重進等人包圍壽州，自己從渦口向北返回。二十四日乙卯，到達大梁。

六月十一日壬申，赦免淮南各州囚禁的罪犯，免除李氏不合理的徭役、賦稅，事情有不方便民眾的委託地方長吏奏報。

侍衛步軍都指揮使、彰信節度使李繼勳❶營於壽州城南。唐劉仁贍伺繼勳無備，出兵擊之，殺士卒數百人，焚其攻具。〇唐駕部員外郎❷朱元因奏事論用兵方略，唐主以為能，命將兵復江北諸州。

秋，七月辛卯朔❸，以周行逢為武平節度使，制置武安、靜江等軍事。行逢既兼總湖、湘，乃矯前人之弊，留心民事，悉除馬氏橫賦❹，貪吏猾民為民害者皆去之，擇廉平吏為刺史、縣令。

朗州民夷雜居，劉言、王逵舊將卒[1]多驕橫，行逢壹❺以法治之，無所寬假❻，眾怨懟❼且懼。有大將與其黨十餘人謀作亂，行逢知之，大會諸將，於座中擒之，數曰：「吾惡衣糲❽食，充實府庫，正為汝曹，何負而反！今日之會，與汝訣也！」立檛殺之，座上股栗❾。行逢曰：「諸君無罪，皆宜自安。」樂飲而罷。行逢多計數，善發隱伏❿，將卒有謀亂及叛亡者，行逢必先覺，擒殺之，所部凜然。然性猜忍⓫，常散遣人密詗諸州事，其之邵州⓬者，無事可復命，但言刺史劉光委多宴飲。行逢曰：「光委數聚飲，欲謀我邪！」即召還，殺之。親衛指揮使、衡州刺史張文表恐獲罪，求歸治所⓭，行逢許之。文表歲時饋獻甚厚，及謹事左右⓮，由是得免。

行逢妻郠國夫人鄧氏⓯，陋而剛決，善治生⓰。嘗諫行逢用法太嚴，人無親附者，行逢怒曰：「汝婦人何知！」鄧氏不悅，因請之⓱村墅視田園，遂不復歸府舍⓲。行逢屢遣人迎之，不至。一旦，自帥僮僕來輸稅，行逢就見之，曰：「吾為節度使，夫人何自苦如此！」鄧氏曰：「稅，官物也。公為節度使，不先輸稅，何以率下！且獨不記為里正⓳代人輸稅以免楚撻⓴時邪？」行逢欲與之歸，不可，曰：「公誅殺太過，常恐一日有變，村野易為逃匿耳。」行逢慚怒，其僚屬曰：「夫人言直，公宜納之。」

行逢壻唐德求補吏，行逢曰：「汝才不堪為吏，吾今私汝則可矣。汝居官無狀[21]，吾不敢以法貸[22]汝，則親戚之恩絕矣。」與之耕牛、農具而遣之。

行逢少時嘗坐事黥[23]，隸辰州銅阬[24]，或說行逢：「公面有文，恐為朝廷使者所嗤，請以藥滅之。」行逢曰：「吾聞漢有黥布[25]，不害為英雄，吾何恥焉！」

自劉言、王逵以來，屢舉兵，將吏積功及所羈縻蠻夷，檢校[26]官至三公者以千數。前天策府學士徐仲雅[27]，自馬希廣之廢[28]，杜門不仕[2]，行逢慕之，署節度判官。仲雅曰：「行逢昔趨事我，柰何為之幕吏！」辭疾不至。行逢迫脅固召之，面授文牒，終辭不取。行逢怒，放之邵州，既而召還。會行逢生日，諸道各遣使致賀，行逢有矜色，謂仲雅曰：「自吾兼鎮三府[29]，四鄰亦畏我乎？」仲雅曰：「侍中[30]境內，彌天太保，徧地司空，四鄰那得不畏！」行逢復放之邵州，竟不能屈。有僧仁及，為行逢所信任，軍府事皆預之，亦加檢校司空，娶數妻，出入導從[31]如王公。

辛亥[32]，宣懿皇后符氏[33]殂。

【章旨】以上為第五段，寫湖南武平節度使周行逢多智略，然性情猜忍苛暴，夫人規諫不聽。

【注　釋】❶李繼勳　大名元城（今河北大名東）人，從周世宗、宋太祖出征南唐、北漢與契丹，官至同平章事、加兼侍中。傳見《宋史》卷二百五十四。❷駕部員外郎　官名，駕部為兵部第三司，長官為郎中，副長官為員外郎，掌車輿、驛傳、馬政、監牧等事。❸辛卯朔　七月初一日。❹橫賦　橫行徵收的賦稅。❺壹　一律。❻寬假　寬貸；寬容。❼怨懟　怨恨。❽糲　粗米。❾股栗　大腿發抖，形容十分恐懼。❿善發隱伏　善於發覺別人隱密的非法行為。⓫猜忍　多疑而殘忍。⓬邵州　州名，治所邵陽，在今湖南邵陽。⓭求歸治所　張文表要求解除兵權，回到衡州。⓮謹事左右　謹慎地服事周行逢身邊親近的人。⓯鄧氏　《宋史》卷四百八十三作「潘氏」；《新五代史》卷六十六及《九國志》卷十一作「嚴氏」。⓰善治生　善於治理生計。⓱之　往。⓲府舍　朗州府舍。⓳里正　古代鄉官。歷代制度不同，隋畿外二十五家為里，置里正；百家為黨，置黨長。唐以百戶為里，置里正一人。⓴楚撻　拷打。㉑無狀　無功狀；無成績。㉒貸　饒恕；寬免。㉓黥　古代的一種肉刑。用刀刺刻額頰處，再塗上墨，故又稱墨刑。㉔銅阬　採銅礦的洞坑。即銅礦場。㉕黥布　西漢初諸侯王英布（？—西元前一九五年），曾因犯法被黥面，故又名黥布。傳見《史記》卷九十一、《漢書》卷三十四。㉖檢校　官名，唐、宋均有檢校官，從檢校司空、檢校太師至檢校各部員外郎。實為加官。㉗徐仲雅　字東野，其先秦中人，後徙長沙。長於詩文，年十八即為天策府十八學士之一。性滑稽，重氣節，地方豪強也脅迫不得。㉘馬希廣之廢　馬希廣被廢之事見本書卷二百八十九後漢乾祐二年（西元九四九年）。㉙三府　指武平、武安、靜江三軍府。㉚侍中　此指周行逢。周行逢加侍中。㉛出入導從　出入門庭，前面都有人給他開道。㉜辛亥　七月二十一日。㉝宣懿皇后符氏　出身於將相之家。祖父為符存審，父為符彥卿。果決有大志。初嫁李守貞子李崇信，崇信死，為周世宗所娶，冊封為皇后。

【校　記】①卒　原無此字。據章鈺校，十二行本、乙十一行本、孔天胤本皆有此字，今據補。②仕　原作「出」。據章鈺校，十二行本、乙十一行本、孔天胤本皆作「仕」，今據改。

【語　譯】侍衛步軍都指揮使、彰信節度使李繼勳在壽州城南紮營。南唐劉仁贍伺機李繼勳沒有防備，出兵攻打他，殺死士兵幾百人，燒掉他們攻城的器具。〇南唐駕部員外郎朱元藉奏事之機，談論用兵策略，南唐主認為他有才能，命令他率兵收復江北各州。

秋，七月初一日辛卯，周世宗任命周行逢為武平節度使，轄理武安、靜江等軍事。周行逢兼管湖、湘地區後，便矯正前人的弊端，留心百姓的事情，全面廢除馬氏橫加的賦稅，貪官汙吏侵擾百姓成為百姓禍害的全部廢黜，選擇清廉公正的官吏擔任刺史、縣令。

朗州漢民和蠻夷混雜居住，劉言、王逵的舊將卒大多驕橫，周行逢一律以法處置他們，無所寬容，眾人既怨恨又害怕。有一名大將和他的黨羽十多人圖謀叛亂，周行逢知道了這件事，大量召集諸將會飲，在座位中抓了他，責備他說：「我穿破舊的衣服，吃粗糙的飯食，充實府庫，正是為了你們，為什麼辜負我而造反！今天的聚會，是和你訣別！」立即打死了他，座位上的眾將雙腿顫抖。周行逢說：「各位沒有罪，都應該自己安心。」大家高興地喝酒而散去。

周行逢多計謀，善於發覺隱祕的非法行為，將帥士卒有圖謀作亂以及叛變逃亡的，周行逢一定能事先察覺，抓住殺掉，所轄部下對他很敬畏。然而他生性多疑殘忍，常常分別派人祕密刺探各州的情況，其中前往邵州的人，沒有什麼事情可以報告，只說刺史劉光委宴飲很多。周行逢說：「劉光委頻繁聚會飲酒，想要圖謀我嗎！」立即召回來，殺掉了他。親衛指揮使、衡州刺史張文表害怕獲罪，請求解除兵權返回治所，周行逢同意了。張文表一年四季饋贈進獻非常豐厚，同時很謹慎地服侍周行逢左右的人，因此得以免罪。

周行逢的妻子郎國夫人鄧氏，醜陋而剛強果斷，善於治理生計。曾經諫阻周行逢用法太嚴，沒有親附的人。周行逢生氣地說：「你婦道人家知道什麼！」鄧氏不高興，因而請求去往鄉村看視田園，就不再返回朗州府舍。周行逢一再派人去接她，都不肯來。有一天，鄧氏自己帶著僮僕來繳納賦稅，周行逢前去見她，說：「我身為節度使，夫人何必這樣自找苦吃！」鄧氏說：「租稅是公家的東西。您身為節度使，不先繳納賦稅，靠什麼做下民的表率！而且您難道不記得您當里正時替人家繳納賦稅來免除拷打的時候了嗎？」周行逢想和她返回府舍，鄧氏不肯，說：「您誅殺太過分，我常常擔心有朝一日發生變亂，那時鄉村草房容易逃匿。」周行逢又慚愧又惱怒，他的僚屬說：「夫人的話很直率，您應該接受。」

周行逢的女婿唐德請求補任吏職。周行逢說：「你的才幹不能勝任吏職，我如今對你偏私則是可以的。你居官沒有成績，我不敢用法令來寬待你，那麼親戚之間的恩情就斷絕了。」送給他耕牛、農具，打發他走了。

周行逢年輕時候曾經犯事遭受黥刑，隸屬辰州銅礦。有人勸說周行逢：「您臉上有刺字，恐怕會被朝廷的使者所嘲笑，請用藥把它除掉。」周行逢說：「我聽說漢朝有個黥布，並不妨礙他成為英雄，我有什麼羞恥的呢！」

自從劉言、王逵以來，一再起兵，將領、官吏累積功勞以及所籠絡的蠻夷部落首領，檢校官至三公的人數以千計。前任天策府學士徐仲雅，自從馬希廣被廢以來，閉門不出仕，周行逢仰慕他，委任他為節度判官。徐仲雅說：「周行逢過去趨走奉侍我，我為什麼要做他的幕僚！」藉口生病沒有前來。周行逢強迫威脅，堅持召請他，當面給他任職文書，徐仲雅始終推辭不接受。周行逢很生氣，把他流放到邵州，不久召回。適逢周行逢的生日，諸道各自派遣使者致賀，周行逢面有驕色，對徐仲雅說：「自從我兼領武平、武安、靜江三府，四鄰也畏懼我嗎？」徐仲雅說：「侍中的境內，滿天太保，遍地司空，四鄰哪能不畏懼！」周行逢又把徐仲雅流放到邵州，最終也沒有讓他屈服。有個僧人叫仁及，被周行逢所信任，軍府的事情他都參與，也加官檢校司空，娶了幾個妻子，進出的時候有人開道隨從和王公一樣。

七月二十一日辛亥，宣懿皇后符氏去世。

唐將朱元取舒州，刺史郭令圖棄城走。李平取蘄州。唐主以元為舒州團練使，平為蘄州刺史。元又取和州。初，唐人以茶鹽強民而徵其粟帛❶，謂之博徵❷，又興營田❸於淮南，民甚苦之。及周師至，爭奉牛酒迎勞。而將帥不之恤，專事俘掠，視民如土芥。民皆失望，相聚山澤，立堡壁自固，操農器為兵，積紙為甲，時人謂之「白甲軍」。周兵討之，屢為所敗，先所得唐諸州，多復為唐有。

唐之援兵營於紫金山❹，與壽春城中烽火相應。淮南節度使向訓奏請以廣陵❺之兵併力攻壽春，俟克城，更圖進取，詔許之。訓封府庫以授揚州主者❻，命揚州牙將分部按行❼城中，秋毫不犯，揚州民感悅，軍還，或負糗糒❽以送之。滁州守將亦棄城去，皆引兵趣壽春。

唐諸將請據險以邀周師，宋齊丘曰：「如此，則怨益深。不如縱之，以德於敵，則兵易解也[1]。」乃命諸將各自保守，毋得擅出擊周兵。由是壽春之圍益急。齊王景達軍于濠州，遙為壽州聲援，軍政皆出於陳覺，景達署紙尾而已❾，擁兵五萬，無決戰意，將吏畏覺，無敢言者。

八月戊辰❿，端明殿學士王朴、司天少監王處訥⓫撰顯德欽天曆⓬，上之。詔自來歲行之。

殿前都指揮使、義成節度使張永德屯下蔡，唐將林仁肇等[2]以水陸軍援壽春，永德與之戰。仁肇以船實薪芻，因風縱火，欲焚下蔡浮梁，俄而風回，唐兵敗退。永德為鐵綆⓭千餘尺，距浮梁十餘步，橫絕淮流，繫以巨木，由是唐兵不能近。

九月丙午⓮，以端明殿學士、左散騎常侍、權知開封府事王朴為戶部侍郎，充樞密副使。

冬，十月癸酉⑮，李重進奏唐人寇盛唐，鐵騎都指揮使王彥昇⑯等擊破之，斬首三千餘級。彥昇，蜀人也。○丙子⑰，上謂侍臣：「近朝⑱徵斂穀帛，多不俟收穫、紡績之畢。」乃詔三司⑲，自今夏稅以六月，秋稅以十月起徵，民間便之。

山南東道節度使、守太尉兼中書令安審琦鎮襄州十餘年，至是入朝，除守太師，遣還鎮。既行，上問宰相：「卿曹送之乎？」對曰：「送至城南，審琦深感聖恩。」上曰：「近朝多不以誠信待諸侯，諸侯雖有欲效忠節者，其道無由。王者但能毋失其信，何患諸侯不歸心哉！」

壬午⑳，張永德奏敗唐兵于下蔡。是時唐復以水軍攻永德，永德夜令善游者沒其船下，縻以鐵鎖，縱兵擊之，船不得進退，溺死者甚眾。永德解金帶以賞善游者。○甲申㉑，以太祖皇帝為定國㉒節度使兼殿前都指揮使。太祖皇帝表渭州㉓軍事判官趙普為節度推官。

張永德與李重進不相悅，永德密表重進有二心，帝不之信。時二將各擁重兵，眾心憂恐。重進一日單騎詣永德營㉔，從容宴飲，謂永德曰：「吾與公幸以肺附㉕俱為將帥，奚相疑若此之深邪？」永德意乃解，眾心亦安。唐主聞之，以蠟書[3]

遺重進，誘以厚利，其書皆謗毀及反間之語，重進奏之。

【章　旨】以上為第六段，寫南唐宋齊丘誤國，後周侍衛親軍都指揮使李重進顧全大局，釋私嫌，重公義，將士一心。

【注　釋】❶以茶鹽強民而徵其粟帛　強迫百姓購買茶、鹽，而徵收他們的糧食和布帛。❷博徵　意為以茶、鹽換取糧、帛。博，易也。❸營田　屯田。❹紫金山　在今安徽鳳臺東南。❺廣陵　古縣名，縣治在今江蘇揚州。❻主者　指主管府庫的人。❼分部按行　部署巡視。分部，部署；安排。❽糗糒　乾糧。❾署紙尾而已　在公文紙末端簽個名罷了。❿戊辰　八月初九日。⓫王處納　河南洛陽人，通星曆、占候之學。宋初，官司農少卿、並判司天事，後除司天監。據《宋史》卷四百六十一本傳，「納」當作「訥」。⓬撰顯德欽天曆　據《宋史·王處訥傳》，《欽天曆》為王朴所作，王處訥曾指出其中的不足，宋太祖建隆二年（西元九六一年），下詔令王處訥另造新曆，歷三年而成，六卷，宋太祖親自撰序，名為《應天曆》。⓭鐵緶　鐵索。⓮丙午　九月十七日。⓯癸酉　十月十四日。⓰王彥昇　字光烈，本為蜀人，後唐同光中徙家洛陽。性殘忍，善擊劍，號「王劍兒」。宋初，官至原州防禦使。宋太祖因其擅殺韓通，終身不授節鉞。傳見《宋史》卷二百五十。⓱丙子　十月十七日。⓲近朝　近代。⓳三司　五代、北宋以鹽鐵、戶部、度支為三司，長官稱三司使，掌管統籌國家財政。⓴壬午　十月二十三日。㉑甲申　十月二十五日。㉒定國　即定國軍，原名同州匡國軍，避宋太祖趙匡胤諱，史書遂改軍號。㉓渭州　州名，治所平涼，在今甘肅平涼。㉔單騎詣永德營　當時李重進紮營壽州城下，張永德紮營在下蔡鎮。㉕肺附　指帝王的近親。李重進是後周太祖的外甥，張永德是周太祖的女婿。

【校　記】[1]不如縱之以德於敵則兵易解也　原無此十三字。據章鈺校，十二行本、乙十一行本、孔天胤本皆有此十三字，張瑛《通鑑校勘記》同，今據補。[2]等　原無此字。據章鈺校，十二行本、乙十一行本、孔天胤本皆有此字，今據補。[3]書　原作「丸」。據章鈺校，十二行本、乙十一行本、孔天胤本皆作「書」，今據改。

【語　譯】南唐將領朱元取得了舒州，刺史郭令圖棄城逃走。李平取得了蘄州。南唐主任命朱元為舒州團練使，李平為蘄州刺史。朱元又取得了和州。當初，南唐強行百姓購買茶、鹽，而徵收他們的糧食和布帛，稱為「博徵」，又在淮南興辦營田，百姓深受其苦。等到後周軍隊到來，百姓爭相奉獻牛肉、酒菜來迎接慰勞。而後周將帥並不體恤安撫他們，專門從事搶劫，把百姓看作糞土和草芥。百姓都很失望，相聚山澤，修築堡壘自己固守，拿農具當兵器，聚集紙片當鎧甲，當時的人稱之為「白甲軍」。後周軍隊討伐他們，屢次被他們打敗，以前所得到的南唐各州，大多又為南唐所有。

南唐援兵在紫金山紮營，與壽春城中烽火相呼應。淮南節度使向訓上奏請求派廣陵的軍隊合力攻打壽春，等到攻克壽春城，再圖謀進取，周世宗下詔同意了。向訓封好府庫，把它交給揚州主掌府庫的人，命令揚州牙將部署巡視城裡，秋毫無犯，揚州百姓感動歡喜，軍隊返回時，有的人背著乾糧去送他們。滁州守將也棄城離去，都帶兵奔赴壽春。

南唐眾將領請求佔據險要的地方來截擊後周軍隊，宋齊丘說：「像這樣的話，兩國的仇怨就更深了。不如放任後周進軍，來讓敵人感恩，那戰事就易於結束了。」於是命令眾將各自守衛，不得擅自出擊後周軍隊。因此壽春被圍困得更加緊急。齊王李景達駐紮在濠州，遙為壽州聲援，軍事政令都出自陳覺，李景達在紙尾署名而已，擁兵五萬，沒有決戰的意思，將帥官吏害怕陳覺，沒有敢說話的。

八月初九日戊辰，端明殿學士王朴、司天少監王處納編撰了《顯德欽天曆》，上呈周世宗。周世宗下詔，從來年開始實行。

殿前都指揮使、義成節度使張永德屯駐下蔡，南唐將領林仁肇等率領水軍陸軍救援壽春，張永德和他交戰。林仁肇用船裝滿柴草，趁風縱火，打算燒掉下蔡的浮橋，一會兒風向回轉，南唐軍隊敗退。張永德製作一條一千多尺長的鐵索，距離浮橋十幾步，攔腰隔斷淮河水流，繫上大木頭，因此南唐兵不能接近浮橋。

九月十七日丙午，周世宗任命端明殿學士、左散騎常侍、權知開封府事王朴為戶部侍郎，充任樞密副使。冬，十月十四日癸酉，李重進奏報南唐軍隊侵犯盛唐，鐵騎都指揮使王彥昇等人打敗了他們，斬首三千多級。王彥昇，是蜀人。〇十七日丙子，周世宗對侍臣說：「近幾朝徵收糧食、布帛，大多不等到收穫、紡織完畢。」於是下詔三司，從現在起，夏稅在六月，秋稅在十月開始徵收，民間很方便。

山南東道節度使、守太尉兼中書令安審琦鎮守襄州十多年，到了這時入朝，拜官守太師，派還鎮所。上路以後，周世宗詢問宰相：「你們送他了嗎？」回答說：「送到城南，安審琦深感聖恩。」周世宗說：「近來各朝大多不用誠信對待藩鎮，藩鎮雖然有想要效忠盡節的，也沒有途徑。稱王天下的人只要能不失誠信，怕什麼藩鎮不心地歸服呢！」

十月二十三日壬午，張永德上奏說在下蔡打敗南唐軍隊。這時，南唐又利用水師攻打張永德，張永德命令善於游泳的人夜裡潛入南唐軍隊的船下，用鐵鎖繫船，然後縱兵進攻，船隻不能進退，淹死的人很多。張永德解下金帶賞給善於游泳的人。〇二十五日甲申，任命太祖皇帝趙匡胤為定國節度使兼殿前都指揮使。太祖皇帝上表推薦渭州軍事判官趙普為節度推官。

張永德和李重進關係不好，張永德祕密上表說李重進有二心，周世宗不相信此事。當時這兩位將領各自擁有重兵，大家心裡憂懼。李重進有一天單人匹馬前往張永德的營中，從容飲酒，對張永德說：「我與您有幸因為是皇上的親戚都做了將帥，為什麼相互猜疑如此之深呢？」張永德的心結這才解開了，大家心裡也安定了。南唐主聽說這件事，把裝有密信的蠟丸送給李重進，用重利引誘他，信中全是毀謗朝廷和離間的話，李重進把書信上奏。

初，唐使者孫晟、鍾謨從帝至大梁，帝待之甚厚。每朝會，班於中書省官之後❶，時召見，飲以醇酒，問以唐事。晟但言「唐主畏陛下神武，事陛下無二心。」及得唐蠟書，帝大怒，召晟，責以所對不實。晟正色抗辭，請死而已。問以唐虛實，默不對。十一月乙巳❷，帝命都承旨❸曹翰送晟於右軍巡院❹，更以帝意問之。

翰與之飲酒數行，從容問之，晟終不言。翰乃謂曰：「有敕，賜相公❺死。」晟神色怡然，索靴[1]笏❻，整衣冠，南向拜曰：「臣謹以死報國。」乃就刑。并從者百餘人皆殺之❼，貶鍾謨耀州❽司馬。既而帝憐晟忠節，悔殺之，召謨，拜衛尉少卿❾。

帝召華山❿隱士真源陳摶⓫，問以飛升⓬、黃白⓭之術，對曰：「陛下為天子，當以治天下為務，安用此為！」戊申⓮，遣還山，詔州縣長吏常存問之。

十二月壬申⓯，以張永德為殿前都點檢⓰。○分命中使發陳、蔡、宋、亳、潁、兗⓱、曹、單⓲等州丁夫數萬[2]城下蔡。

是歲，唐主詔淮南營田害民尤甚者罷之。遣兵部郎中陳處堯持重幣浮海詣契丹乞兵。契丹不能為之出兵，而留處堯不遣。處堯剛直有口辯，久之，忿懟⓳，數面責契丹主，契丹主亦不之罪也。

蜀陵⓴、榮州㉑獠㉒反，弓箭庫使趙季文討平之。

吳越王弘俶括境內民兵，勞擾頗多，判明州錢弘億手疏切諫，罷之。

【章旨】以上為第七段，寫周世宗悔殺南唐使孫晟，大發諸州之民城下蔡。

【注　釋】❶班於中書省官之後　班次排列在中書省官員的後面。❷乙巳　十一月十七日。❸都承旨　官名，屬樞密院。有都承旨、副都承旨，掌承宣旨命，通領院務。❹右軍巡院　侍衛親軍分左、右軍，每軍各有巡院，用來審訊關押犯人。❺相公　孫晟在南唐與馮延巳並為宰相。❻索靴笏　索求官靴和朝笏。❼從者百餘人皆殺之　《舊五代史》卷一百三十一孫晟本傳云「從者百餘人皆誅之」，與此同。而《新五代史》卷三十三孫晟本傳則云「從者二百餘人皆殺之」，被殺人數有異。❽耀州　州名，治所在今陝西耀州。❾衛尉少卿　官名，唐制，衛尉設寺卿一人，少卿二人，丞二人，掌軍器、儀仗、帳幕等事。❿華山　在陝西東部，北臨渭河平原，屬秦嶺東段。古稱「西嶽」。⓫陳摶　字圖南，亳州真源（今河南鹿邑）人，五代、宋初道士。自號扶搖子。後唐長興中舉進士不第，隱居華山。著有《無極圖》、《先天圖》。傳見《宋史》卷四百五十七。⓬飛升　所謂羽化而升仙。⓭黃白　所謂煉白銀為黃金。⓮戊申　十一月二十日。⓯壬申　十二月十四日。⓰殿前都點檢　殿前司長官，為後周最高軍職之一，位在都指揮使之上。宋太祖趙匡胤以殿前都點檢之職登極，此後雖有其名，但不再除授。⓱兗州名，治所在今山東兗州。⓲單　州名，治所單父，在今山東單縣。⓳忿懟　怨忿。⓴陵　州名，治所仁壽，在今四川仁壽。㉑榮州　州名，治所旭川，在今四川榮縣。㉒獠　對仡佬族的侮稱。

【校　記】①靴　原作「袍」。據章鈺校，十二行本、乙十一行本、孔天胤本皆作「靴」，今據改。按，《通鑑紀事本末》作「靴」。②數萬　原無此二字。據章鈺校，十二行本、乙十一行本、孔天胤本皆有此二字，張敦仁《通鑑刊本識誤》同，今據補。

【語　譯】當初，南唐使者孫晟、鍾謨隨從周世宗到大梁，周世宗待他們很優厚。每次朝會，班次排在中書省官員的後面，時常召見，讓他們喝美酒，詢問南唐的事情。孫晟只說：「唐主畏懼陛下神明威武，侍奉陛下沒有二心。」等到得到南唐蠟丸中的書信，周世宗大怒，叫來孫晟，斥責他回答不真實。孫晟神情嚴肅，言詞慷慨，請求一死而已。詢問他南唐虛實，他默然不答。十一月十七日乙巳，周世宗命令都承旨曹翰送孫晟到右軍巡院，再拿周世宗的意思來詢問他。曹翰和孫晟飲酒數巡，曹翰心平氣和地問他，孫晟始終不說。曹翰於是對他說：「有敕令，賜相公死。」孫晟神色安然和悅，索要官靴朝笏，整理衣冠，向南方下拜說：「臣謹以死報國。」於是赴刑，連同隨從的一百多人全部殺掉。貶鍾謨為耀州司馬。不久周世宗憐惜孫晟的忠誠守節，後悔殺了他，召回鍾謨，任命他為衛尉少卿。

周世宗召見華山隱士真源人陳摶，問他羽化升仙、煉白銀為黃金的方法，陳摶回答說：「陛下是天子，應當以治理天下為事，哪裡用得著這些呢！」十一月二十日戊申，把陳摶遣送回山，詔命州縣長官常去看望慰問他。

十二月十四日壬申，任命張永德為殿前都點檢。〇周世宗分別派遣中使徵調陳州、蔡州、宋州、亳州、潁州、兗州、曹州、單州等州的數萬民夫修築下蔡城。

這一年，南唐主詔命廢除淮南營田損害百姓特別嚴重的。派遣兵部郎中陳處堯攜帶豐厚的錢財渡海到契丹請求援兵。契丹不能為南唐出兵，卻留下陳處堯不遣送回來。陳處堯剛直善辯，過了很久，心中怨忿，多次當面斥責契丹主，契丹主也不加罪他。

後蜀陵州、榮州的獠人造反，弓箭庫使趙季文討伐平定了他們。

吳越王錢弘俶搜求境內的百姓當兵，騷擾頗多，判明州錢弘億親為奏疏痛切勸諫，吳越王停止了這件事。

四年（丁巳　西元九五七年）

春，正月己丑朔❶，北漢大赦，改元天會❷。以翰林學士衛融為中書侍郎、同平章事，內客省使段恆❸為樞密使。〇宰相屢請立皇子為王，上曰：「諸子皆幼，且功臣之子皆未加恩，而獨先朕子，能自安乎！」

周兵圍壽春，連年未下❹，城中食盡。齊王景達自濠州遣應援使、永安節度使許文稹、都軍使邊鎬、北面招討使朱元將兵數萬，泝淮救之。軍於紫金山，列十餘寨如連珠，與城中烽火晨夕相應。又築甬道抵壽春，欲運糧以饋之，綿亙數十里。將及壽春，李重進邀擊，大破之，死者五千人，奪其二寨。丁未[5]，重進以聞。戊申[6]，詔以來月幸淮上。

劉仁贍請以邊鎬守城，自帥眾決戰，齊王景達不許。仁贍憤邑[7]成疾。其幼子崇諫夜泛舟度淮北，為小校所執，仁贍命腰斬之，左右莫敢救。監軍使周廷構哭於中門以救之，仁贍不許。廷構復使求救於夫人，夫人曰：「妾於崇諫非不愛也，然軍法不可私，名節不可虧。若貸之，則劉氏為不忠之門[8]，妾與公何面目見將士乎！」趣[9]命斬之，然後成喪[10]。將士皆感泣。

議者以唐援兵尚彊，多請罷兵，帝疑之。李穀寢疾在第，二月丙寅[11]，帝使范質、王溥就與之謀。穀上疏，以為壽春危困，破在旦夕，若鑾駕親征，則將士爭奮，援兵震恐，城中知亡，必可下矣！上悅。○庚午[12]，詔有司更造祭器[13]、祭玉[14]等，命國子博士[15]聶崇義[16]討論制度，為之圖。○甲戌[17]，以王朴權東京留守兼判開封府事，以三司使張美為大內都巡檢[18]，以侍衛都虞侯韓通為京城內外都巡檢[19]。

乙亥[20]，帝發大梁。先是周與唐戰，唐水軍銳敏，周人無以敵之，帝每以為恨。返自壽春，於大梁城西汴水側造戰艦數百艘，命唐降卒教北人水戰，數月之後，縱橫出沒，殆勝唐兵。至是，命右驍衛大將軍王環將水軍數千自閔河㉑沿潁㉒入淮，唐人見之大驚。

【章旨】以上為第八段，寫周師圍南唐壽春，連年不下，周世宗第二次親征，以唐降卒編練為周軍水師，南唐人見之大驚。

【注釋】❶己丑朔　正月初一日。❷天會　北漢睿宗劉鈞年號（西元九五七—九六八年）。❸段恆　《新五代史》避宋真宗趙恆諱，又寫作段常。北漢樞密使。王隱等作亂，辭連段恆，被睿宗縊殺。❹連年未下　北周圍壽春在顯德二年年末，至此一年有餘。❺丁未　正月十九日。❻戊申　正月二十日。❼憒邑　憂憒。邑，通「悒」。憂鬱不樂。❽不忠之門　不忠的門第。❾趣　通「促」。催促。❿成喪　辦喪禮。⓫丙寅　二月初八日。⓬庚午　二月十二日。⓭祭器　如樽、彝、簠、簋、籩、豆之類。⓮祭玉　如蒼璧（禮天）、黃琮（禮地）、青圭（禮東方）、赤璋（禮南方）、白琥（禮西方）、玄璜（禮北方）。⓯國子博士　國子監中的教授官。有《五經》博士、律學博士、醫學博士、算學博士等。⓰聶崇義　河南洛陽人，善禮學，通經旨，累遷國子司業兼太常博士。傳見《宋史》卷四百三十一。⓱甲戌　二月十六日。⓲大內都巡檢　官名，負責皇宮安全的最高指揮官。⓳京城內外都巡檢　官名，負責京城內外安全的最高指揮官。⓴乙亥　二月十七日。㉑閔河　又名蔡河、惠民河。起自新鄭，東北流入開封，又折東南出城，經淮陽入潁河。今故道已湮。㉒潁　潁河，淮河最大支流。源出河南登封嵩山西南，東南流到商水縣，至安徽壽縣正陽關入淮河。

【語　譯】四年（丁巳　西元九五七年）

春，正月初一日己丑，北漢大赦，改年號為天會。任命翰林學士衛融為中書侍郎、同平章事，內客省使段恆為樞密使。○宰相多次請求立皇子為王，周世宗說：「諸子全都年幼，況且功臣的兒子都還沒有加封，而單獨先封朕的兒子，能安心嗎！」

後周軍隊包圍壽春，連年沒有攻下，城中糧盡。齊王李景達從濠州派遣應援使・永安節度使許文稹、都軍使邊鎬、北面招討使朱元率兵幾萬人，逆淮河而上救援壽春。駐紮在紫金山，排列十幾個營寨，如同串連的珠子，與城中的烽火早晚相呼應。又修築甬道抵達壽春，打算運送糧食供應城裡，甬道綿延幾十里。甬道即將通到壽春，李重進截擊，大敗南唐軍隊，南唐兵死了五千人，李重進奪取南唐兩個營寨。正月十九日丁未，李重進把這件事奏報周世宗。二十日戊申，周世宗下詔，下個月臨幸淮上。

劉仁贍請求讓邊鎬守城，自己率領部眾決戰，齊王李景達沒有同意。劉仁贍憂憤成疾。他的小兒子劉崇諫夜裡划船渡淮水北去，被小校抓到。劉仁贍下令把他腰斬，身邊的人沒有敢救護的。監軍使周廷構在中門哭著來救他，劉仁贍不答應。周廷構又派人向夫人求救，夫人說：「我對崇諫不是不憐愛，但是軍法不可徇私，名節不可虧損。如果寬恕了他，那麼劉氏就成為不忠之家，我與公有什麼臉面去見將士們呢！」催促劉仁贍下令把他腰斬，然後辦喪事。將士們都感動得流淚。

議事的人認為南唐的援兵還很強大，多數人請求撤兵，周世宗遲疑。李穀臥病在家，二月初八日丙寅，周世宗派范質、王溥前去與他商議。李穀上疏，認為壽春困危，破在旦夕。如果皇上親征，那麼將士爭相奮戰，援兵驚恐，城裡守軍知道將要滅亡，一定可以攻下了！周世宗很高興。○十二日庚午，周世宗下詔讓有關部門另外製造祭器、祭玉等物，命令國子博士聶崇義討論規制，畫出圖樣。○十六日甲戌，周世宗任命王朴暫時代理東京留守兼判開封府事，任命三司使張美擔任大內都巡檢，任命侍衛都虞候韓通擔任京城內外都巡檢。

二月十七日乙亥，周世宗從大梁出發。此前，後周與南唐交戰，南唐水軍犀利敏捷，後周人無法抵抗，周世宗常常以此為憾。從壽春回來後，在大梁城西汴水岸邊打造戰艦數百艘，命令南唐降兵教北方人水戰，數月後，縱橫出沒，差不多勝過南唐水軍。到了這時，周世宗命令右驍衛大將軍王環率領水軍幾千人從閔河沿潁河進入淮河，南唐人見了北周水軍大為吃驚。

乙酉❶，帝至下蔡。三月己丑❷夜，帝度淮，抵壽春城下。庚寅❸旦，躬擐❹甲冑，軍於紫金山南。命太祖皇帝擊唐先鋒寨及山北一寨，皆破之，斬獲三千餘級，斷其甬道，由是唐兵首尾不能相救。至暮，帝分兵守諸寨，還下蔡。

唐朱元恃功，頗違元帥節度。陳覺與元有隙，屢表元反覆，不可將兵，唐主以武昌節度使楊守忠代之。守忠至濠州，覺以齊王景達之命，召元詣[1]濠州計事，將奪其兵。元聞之，憤怒，欲自殺，門下客宋垍說元曰：「大丈夫何往不富貴，何必為妻子死乎！」辛卯❺夜，元與先鋒壕寨使朱仁裕等舉寨萬餘人降，裨將時厚卿不從，元殺之。

帝慮其餘眾沿流東潰，遽命虎捷左廂都指揮使❻趙晁將水軍數千沿淮而下。壬辰❼旦，帝軍于趙步❽，諸將擊唐紫金山寨，大破之，殺獲萬餘人，擒許文稹、邊鎬、楊守忠。餘眾果沿淮東走，帝自趙步將騎數百循北岸追之，諸將以步騎循南岸追之，水軍自中流而下，唐兵戰溺死及降者殆四萬人，獲船艦糧仗以十萬數。晡時，帝馳至荊山洪❾，距趙步二百餘里。是夜，宿鎮淮軍❿。癸酉⓫，從官始至。劉仁贍聞援兵敗，扼吭歎息。

甲午⓬，發近縣丁夫數千[2]城鎮淮軍，為二城，夾淮水，徙下蔡浮梁於其間，扼濠、壽應援之路。會淮水漲，唐濠州都監彭城郭廷謂⑬以水軍泝淮，欲掩不備，焚浮梁。右龍武統軍趙匡贊覘知之，伏兵邀擊，破之。

唐齊王景達及陳覺皆自濠州奔歸金陵，惟靜江指揮使陳德誠全軍而還。○戊戌⑭，以淮南節度使向訓為武寧節度使、淮南道行營都監，將兵戍鎮淮軍。○己亥⑮，上自鎮淮軍復如下蔡。庚子⑯，賜劉仁贍詔，使自擇禍福。

唐主議自督諸將拒周，中書舍人喬匡舜上疏切諫，唐主以為沮眾，流撫州。唐主問神衛統軍朱匡業、劉存忠以守禦方略，匡業誦羅隱⑰詩曰：「時來天地皆同力，運去英雄不自由⑱。」存忠以匡業言為然。唐主怒，貶匡業撫州副使，流存忠於饒州⑲。既而竟不敢自出[3]。

甲辰⑳，帝耀兵㉑于壽春城北。唐清淮節度使兼侍中劉仁贍病甚，不知人㉒。丙午㉓，監軍使周廷構、營田副使孫羽等作仁贍表，遣使奉之來降。丁未㉔，帝賜仁贍詔，遣閤門使萬年張保續㉕入城宣諭，仁贍子崇讓復出謝罪。戊申㉖，帝大陳甲兵，受降於壽春城北。廷構等舁㉗仁贍出城，仁贍臥不能起，帝慰勞賜賚，復令入城養疾。

【章　旨】以上為第九段，寫周師大破南唐援兵，壽春城破。

【注　釋】❶乙酉　二月二十七日。❷己丑　三月初二日。❸庚寅　三月初三日。❹擐　套；穿。❺辛卯　三月初四日。❻虎捷左廂都指揮使　《五代會要》卷十二云：「周廣順元年四月，改侍衛馬軍曰龍捷左、右軍，步軍曰虎捷左、右軍。」左廂都指揮使係左軍最高統帥。❼壬辰　三月初五日。❽趙步　趙步鎮。在今安徽鳳臺東北，淮河北岸，以趙氏居其地而得名。❾荊山洪　地名，在今安徽懷遠西南。❿鎮淮軍　為征淮南所置軍鎮，駐節渦口。⓫癸酉　三月戊子朔，無癸酉，疑為癸巳。癸巳，三月初六日。⓬甲午　三月初七日。⓭郭廷謂　字信臣，彭城（今江蘇徐州）人，南唐濠州都監，屢破周兵。後因援兵不至，降周。傳見《宋史》卷二百七十一。⓮戊戌　三月十一日。⓯己亥　三月十二日。⓰庚子　三月十三日。⓱羅隱　唐末五代餘杭（今浙江餘杭）人，相貌醜陋，詩才聞名天下，尤長於詠史。在詩中多所諷刺，故不中第。初仕錢鏐，後梁開平初任給事中，有文集傳世。傳見《舊五代史》卷二十四。⓲時來天地皆同力二句　意為時機到來，天地都齊力相助；失去運氣，英雄也無能為力。⓳饒州　州名，治所鄱陽，在今江西鄱陽。⓴甲辰　三月十七日。㉑耀兵　炫耀兵威。㉒不知人　不省人事。㉓丙午　三月十九日。㉔丁未　三月二十日。㉕張保續　字嗣光，京兆萬年（今陝西長安）人，性耿直儉樸，善宣贊辭，在閤門前後四十年，未嘗有過。傳見《宋史》卷二百七十四。㉖戊申　三月二十一日。㉗舁　抬。

【校　記】①詣　原作「至」。據章鈺校，十二行本、乙十一行本、孔天胤本皆作「詣」，今據改。②數千　原無此二字。據章鈺校，十二行本、乙十一行本、孔天胤本皆有此二字，張敦仁《通鑑刊本識誤》同，今據補。③出　原作「行」。據章鈺校，十二行本、乙十一行本、孔天胤本皆作「出」，張敦仁《通鑑刊本識誤》，今據改。按，《通鑑紀事本末》作「出」。

【語　譯】二月二十七日乙酉，周世宗到達下蔡。三月初二日己丑的夜裡，周世宗渡過淮河，到達壽春城下。初三日庚寅早晨，周世宗親自穿上鎧甲，戴上頭盔，駐紮在紫金山南面。命令太祖皇帝趙匡胤攻打南唐的先鋒寨和山北的一個營寨，全都攻了下來，斬殺俘虜三千多人，切斷他們的甬道，因此南唐軍隊首尾不能相救。到了傍晚，周世宗分兵守衛各寨，自己返回下蔡。

南唐朱元依仗有功勞，常常違抗元帥的指揮。陳覺和朱元有隔閡，多次上表說朱元反覆無常，不能統領軍隊。南唐主以武昌節度使楊守忠代替朱元。楊守忠到達濠州，陳覺以齊王李景達的命令，叫朱元到濠州議事，將要剝奪他的兵權。朱元聽說這件事，很憤怒，想自殺。門下的賓客宋垍勸朱元說：「大丈夫到哪裡不能富貴，何必為了妻子、兒女去死呢！」三月初四日辛卯夜裡，朱元和先鋒壕寨使朱仁裕等人率領營寨中一萬多人投降，副將時厚卿不肯聽從，朱元殺了他。

周世宗擔心南唐殘餘的部眾沿著淮河向東潰逃，急速命令虎捷左廂都指揮使趙晁率領水軍數千人順淮河而下。三月初五日壬辰早晨，周世宗紮營趙步，眾將攻打南唐紫金山的營寨，大敗南唐軍隊，殺死俘獲一萬多人，抓獲了許文稹、邊鎬、楊守忠。殘餘的部眾果然沿著淮河東逃，周世宗從趙步率領幾百名騎兵沿著北岸追趕南唐殘部，眾將率領步兵和騎兵沿南岸追趕南唐殘部，水軍從淮河中流而下，南唐軍隊戰死、淹死和投降的幾近四萬人，繳獲船艦、糧草、武器以十萬計數。傍晚時分，周世宗馳馬到達荊山洪，距離趙步兩百多里。當天夜裡，住宿在鎮淮軍。癸巳日，隨從的官員才到達。劉仁贍聽說援兵失敗，扼喉歎息。

三月初七日甲午，後周徵發附近縣城的數千民夫修建鎮淮軍城，修建了兩座城，夾著淮河，把下蔡的浮橋移到兩城之間，控制濠州、壽州接應援助的通道。適逢淮河河水上漲，南唐濠州都監彭城人郭廷謂率領水軍逆淮河而上，想乘後周不備突然襲擊，焚燒浮橋。右龍武統軍趙匡贊偵察得知此事，埋伏軍隊截擊，打敗了郭廷謂的軍隊。

南唐齊王李景達和陳覺都從濠州跑回金陵，只有靜江指揮使陳德誠全軍返還。〇三月十一日戊戌，任命淮南節度使向訓為武寧節度使、淮南道行營都監，率兵戍守鎮淮軍。〇十二日己亥，周世宗從鎮淮軍又去往下蔡。十三日庚子，賜詔劉仁贍，讓他自己選擇吉凶禍福。

南唐主討論親自督領眾將抵抗後周，中書舍人喬匡舜上疏深切勸諫，南唐主認為他使大家喪氣，把他流放撫州。南唐主詢問神衛統軍朱匡業、劉存忠守禦策略，朱匡業誦讀羅隱的詩說：「時來天地皆同力，運去英雄不自由。」劉存忠認為朱匡業的話很對。南唐主很生氣，把朱匡業貶為撫州副使，把劉存忠流放到饒州。後來南唐主終究沒有親自出征。

三月十七日甲辰，周世宗在壽春城北炫耀兵力。南唐清淮節度使兼侍中劉仁贍病得很重，不省人事。十九日丙午，監軍使周廷構、營田副使孫羽等人為劉仁贍作表，派遣使者奉表前來投降。二十日丁未，周世宗賜給劉仁贍詔書，派遣閣門使萬年人張保續進城宣旨安撫，劉仁贍的兒子劉崇讓又出城謝罪。二十一日戊申，周世宗大規模地陳列甲兵，在壽春城北接受投降。周廷構等人抬著劉仁贍出城，劉仁贍躺著不能起身，周世宗慰勞賞賜，又命他進城養病。

庚戌❶，徙壽州治下蔡❷，赦州境死罪以下。州民受唐文書聚山林者，並召令復業，勿問罪，有嘗為其殺傷者，毋得讎訟。曏日政令有不便於民者，令本州條奏。辛亥❸，以劉仁贍為天平節度使兼中書令，制辭略曰「盡忠所事，抗節無虧❹，前代名臣，幾人堪比！朕之伐叛，得爾為多❺。」是日，卒，追賜爵彭城郡王。唐主聞之，亦贈太師。帝復以清淮軍為忠正軍以旌仁贍之節，以右羽林統軍楊信為忠正節度使、同平章事。

前許州司馬韓倫❻，侍衛馬軍都指揮使令坤之父也。令坤領鎮安節度使，倫居于陳州，干預政事，貪污不法，為公私患，為人所訟，令坤屢為之泣請。癸丑❼，詔免倫死，流沙門島❽。

倫後得赦還，居洛陽，與光祿卿❾致仕❿柴守禮及當時將相王溥、王晏、王彥超之父游處，恃勢恣橫，洛陽人畏之，謂之「十阿父」。帝既為太祖嗣，人無敢言守禮子者，但以元舅⑪處之，優其俸給，未嘗至大梁。嘗以小忿殺人，有司不敢詰，帝知而不問。

詔開壽州倉振飢民。丙辰⑫，帝北還。夏，四月己巳⑬，至大梁。○詔修永福殿，命宦官孫延希董其役。丁丑⑭，帝至其所，見役徒有削柹為匕⑮、瓦中啗飯⑯者，大怒，斬延希於市。

【章旨】以上為第十段，寫周世宗安撫新得淮南之民，北還京師，誅殺虐待工役的宦官孫延希。

【注釋】❶庚戌　三月二十三日。❷徙壽州治下蔡　隋、唐時壽州治所在壽春（今安徽壽縣），今徙下蔡（今安徽鳳臺）。❸辛亥　三月二十四日。❹盡忠所事二句　意為盡忠於所侍奉的君主，堅持節操，沒有缺陷。❺朕之伐叛二句　我討伐叛國，得到你，收穫多多。❻韓倫　磁州武安（今河北武安）人，入宋，任亳州防禦使。傳見《宋史》卷二百五十一。❼癸丑　三月二十六日。❽沙門島　在今山東蓬萊西北。❾光祿卿　官名，專管皇室祭品、膳食及招待酒宴。唐一度改稱司宰寺卿，旋復舊稱。❿致仕　辭官；退休。⓫元舅　大舅。⓬丙辰　三月二十九日。⓭己巳　四月十二日。⓮丁丑　四月二十日。⓯削柹為匕　削木片為勺子。柹，「柿」的異體字。柹，果木名，落葉喬木。匕，勺、匙類取食物的用具。⓰瓦中啗飯　用瓦片盛飯吃。啗，吃或給人吃。此作吃解。

【語譯】三月二十三日庚戌，把壽州的治所遷到下蔡，赦免州境內死罪以下的囚犯。州民遭受南唐法律追責而聚集山林的，一起召回，讓他們恢復生計，不追究罪責，有曾被他們殺傷的，不得報仇打官司。過去的政令有不便於百姓的，命令本州條陳上奏。二十四日辛亥，周世宗任命劉仁贍為天平節度使兼中書令，制書的內容大略說「對所侍奉的君主竭盡忠誠，堅守節操，沒有缺陷，前代名臣，有幾人能與你相比！朕討伐叛國，得到你，收穫多多。」當天，劉仁贍去世，追賜爵位為彭城郡王。南唐主聽到這個消息，也贈他為太師。周世宗又把清淮軍改為忠正軍，用以表彰劉仁贍的節操，任命右羽林統軍楊信為忠正節度使、同平章事。

前許州司馬韓倫，是侍衛馬軍都指揮使韓令坤的父親。韓令坤兼任鎮安節度使，韓倫身處陳州，干預政事，貪汙違法，成為官府和百姓的禍患，被人訴訟，韓令坤一再替他哭泣求情。三月二十六日癸丑，周世宗詔令免除韓倫死罪，流放到沙門島。

韓倫後來得到赦免返回，住在洛陽，與光祿卿致仕柴守禮以及當時將相王溥、王晏、王彥超等人的父親交遊相處，恃勢肆意橫行，洛陽人畏懼他們，稱他們為「十阿父」。周世宗成了太祖的繼承人後，沒有人敢說他是柴守禮的兒子，只是把柴守禮當做大舅來看待，給他優厚的俸祿，未曾到過大梁。他曾經因為一點小怨恨殺了人，有關部門不敢追問，周世宗知道也不過問。

周世宗下詔打開壽州倉庫賑濟飢民。三月二十九日丙辰，周世宗北上返回。夏，四月十二日己巳，到達大梁。〇周世宗下詔修繕永福殿，命令宦官孫延希主管這項工程。二十日丁丑，周世宗到修繕場所，看到役徒有削木片為勺子、用瓦片盛飯吃的，大怒，在街市上斬殺了孫延希。

帝之克秦、鳳也，以蜀兵數千人為懷恩軍。乙亥❶，遣懷恩指揮使蕭知遠等將士八百餘人西還❷。〇壬午❸，李穀扶疾入見，帝命不拜，坐於御坐之側。穀懇辭祿位，不許。〇甲申❹，分江南降卒為六軍、三十指揮，號懷德軍。〇乙酉❺，詔疏汴水北入五丈河❻，由是齊、魯舟楫皆達於大梁。

五月丁酉❼，以太祖皇帝領義成節度使。〇詔以律令文古難知，格敕❽煩雜不壹，命侍[1]御史知雜事❾張湜等訓釋刪[2]定為刑統。

唐郭廷謂將水軍斷渦口浮梁，又襲敗武寧節度使武行德于定遠❿，行德僅以身免。唐主以廷謂為濠州③團練使，充上淮⓫水陸應援使。

蜀人多言左右衛聖馬步都指揮使、保寧節度使、同平章事李廷珪為將敗覆⓬，不應復典兵，廷珪亦自請罷去。六月乙丑⓭，蜀主加廷珪檢校太尉，罷軍職。李太后⓮以典兵者多非其人，謂蜀主曰：「吾昔見莊宗跨河與梁戰，及先帝⓯在太原、平二蜀⓰，諸將非有大功，無得典兵，故士卒畏服。今王昭遠出於廝養⓱，伊審徵、韓保貞、趙崇韜皆膏粱乳臭子⓲，素不習兵，徒以舊恩寘於人上。平時誰敢言者，一旦疆埸有事，安能禦大敵乎！以吾觀之，惟高彥儔太原舊人，終不負汝，自餘無足任者。」蜀主不能從。

【章　旨】以上為第十一段，寫周世宗釋蜀俘，制《刑統》，任命趙匡胤為義成節度使。後蜀主不聽嘉言，不能任用賢將。

【注　釋】❶乙亥　四月十八日。❷西還　西返蜀國。北周之所以遣送後蜀兵八百多人返蜀，意在顯示威德。❸壬午　四月二十五日。❹甲申　四月二十七日。❺乙酉　四月二十八日。❻五丈河　在今河南開封北。北河東流於定陶，入於濟水，以通齊、魯運路。河寬五丈，故名。宋開寶六年（西元九七三年）更名廣濟河。❼丁酉　五月十一日。❽格敕　法令；格式、敕令。❾侍御史知雜事　官名，御史臺屬官，掌御史臺日常事務。❿定遠　縣名，治所在今安徽定遠。⓫上淮　淮水上游。⓬敗覆　此指李廷珪兵敗喪失秦、鳳、階、成四州之地。⓭乙丑　六月初十日。⓮李太后　太原人，原為後唐莊宗妃，賜後蜀高祖，生孟昶，尊為皇太后。後蜀亡，歸宋，盛加禮遇，呼為國母。孟昶歿，不食而死。⑮先帝　後蜀高祖孟知祥。⑯二蜀　東川、西川。⑰廝養　幹粗雜活的奴隸，泛指為人驅使的奴僕。王昭遠曾為東郭禪師童子，執雜役。⑱膏粱乳臭子　意為出身於富貴人家的不懂事的子弟。膏粱，精美的食物。乳臭，口中尚有乳味，比喻幼稚。

【校　記】①侍　原無此字。據章鈺校，十二行本、乙十一行本皆有此字，張敦仁《通鑑刊本識誤》同，今據改。②刪　原作「詳」。據章鈺校，十二行本、乙十一行本、孔天胤本皆作「刪」，其義長，今據改。③濠州　原作「滁州」。嚴衍《通鑑補》改作「濠州」，今據以校正。按，《宋史・郭廷謂傳》載郭氏自仕唐至降周，皆在濠州任官。

【語　譯】周世宗攻克秦州和鳳州時，把幾千名後蜀兵編為懷恩軍。四月十八日乙亥，派遣懷恩指揮使蕭知遠等將士八百多人西還蜀國。〇二十五日壬午，李穀抱病入朝拜見周世宗，周世宗讓他不用下拜，坐在御座的旁邊。李穀懇切地請求辭去祿位，周世宗沒有答應。〇二十七日甲申，後周把江南投降的士兵分編為六軍、三十指揮，號稱懷德軍。〇二十八日乙酉，周世宗下詔疏通汴水向北流入五丈河，從此齊、魯的船隻都通到大梁。

五月十一日丁酉，任命太祖皇帝趙匡胤兼任義成節度使。〇周世宗下詔因為法律條文的文字古奧難懂，格式、敕令繁雜不一，便命令侍御史知雜事張湜等人解釋刪定為《刑統》。

南唐郭廷謂率領水軍切斷渦口的浮橋，又在定遠襲擊打敗了武寧節度使武行德，武行德僅僅自己免禍。南唐主任命郭廷謂為濠州團練使，充任淮水上游水陸應援使。

後蜀人很多說左右衛聖馬步都指揮使，保寧節度使、同平章事李廷珪擔任將領而兵敗喪地，不應該再掌管軍事，李廷珪也自己請求罷免。六月初十日乙丑，後蜀主加授李廷珪檢校太尉，罷免軍職。李太后因為掌管軍隊的人大多不稱職，便對後蜀主說：「我從前看見唐莊宗跨越黃河與梁朝交戰，以及先帝在太原，後來平定西川、東川，眾將沒有大的功勞，不得掌管軍隊，所以士卒敬畏服從。如今王昭遠出身僕役，伊審徵、韓保貞、趙崇韜全是乳臭未乾的富貴子弟，向來不熟悉軍事，只是依靠舊日的恩寵而被安置在他人之上。平時哪一個人敢說，一旦邊疆有事，怎麼能夠抵抗大敵呢！依我看來，只有高彥儔是太原時的舊人，終究不會辜負你，其餘的沒有值得任用的。」後蜀主不能聽從。

丁丑❶，以前華州刺史王祚為潁州團練使。祚，溥之父也。溥為宰相，祚有賓客，溥常朝服侍立，客坐不安席，祚曰：「㹠犬❷不足為起。」

秋，七月丁亥❸，上治❹定遠軍❺及壽春城南之敗，以武寧節度使兼中書令武行德為左衛上將軍、河陽節度使李繼勳為右衛大將軍。○北漢主初立七廟❻。

司空兼門下侍郎、同平章事李穀臥疾二年，凡九表辭位。八月乙亥❼，罷守本官，令每月肩輿一詣便殿議政事❽。○以樞密副使、戶部侍郎王朴檢校太保，充樞密使。

懷恩軍至成都，蜀主遣梓州別駕胡立等八十人東還，且致書為謝，請通好。癸未❾，立等至大梁。帝以蜀主抗禮，不之答。蜀主聞之，怒曰：「朕為天子郊祀天地時，爾猶作賊，何敢如是！」

九月，中書舍人竇儼❿上疏，請令有司討論古今禮儀，作大周通禮⓫，考正鍾律⓬，作大周正樂⓭。又以為：「為政之本，莫大擇人，擇人之重，莫先宰相。自有唐之末，輕用名器⓮，始為輔弼⓯，即兼三公、僕射之官。故其未得之也，則以趨競為心⑯，既得之也，則以容默為事⑰。但思解密勿之務⑱，守崇重之官⑲，逍遙林亭，保安宗族⑳。乞令[1]即日宰相㉑於南宮㉒三品㉓、兩省給、舍㉔以上，各舉所知。若陛下素知其賢，自可登庸㉕，若其未也，且令以本官權知政事㉖。期歲之間，察其職業，若果能堪稱，其官已高，則除平章事。未高，則稍更遷官，權知如故。若有不稱，則罷其政事，責其舉者㉗。又，班行之中㉘，有員無職者太半㉙，乞量其才器，授以外任，試之於事。還，則[2]以舊官登敘㉚，考其治狀，能者進之，否者黜之。」又請：「今盜賊自相糾告㉛，以其所告貲產之半賞之。或親戚為之首㉜，則論其徒侶而赦其所首者㉝。如此，則盜不能聚矣。又，新鄭㉞鄉村團為義營，各立將佐，一戶為盜，累其一村，一戶被盜，罪其一將。每有盜發，則鳴鼓舉火，丁壯雲集，盜少民多，無能脫者。由是鄰縣充斥而一境獨清。請令它縣皆效之，亦止盜之一術也。又，累朝已來，屢下詔書，聽民多種廣耕，止[3]輸舊稅。及其既種，則有司履畝而增之㉟，故民皆疑懼而田不加闢。夫為政之先，莫如敦信，信苟著矣，則田無不廣，田廣則穀多，穀多則藏之民猶藏之官也。」又言：「陛下南征江、淮，一舉而得八州㊱，再駕而平壽春，威靈所加，前無彊敵。今以眾擊寡，以治伐亂，勢無不克，但行之貴速，則彼民免俘馘之災㊲，此民息轉輸之困㊳矣。」帝覽而善之。儼，儀之弟也。

冬，十月戊午㊴，詔賢良方正直言極諫、經學優深可為師法、詳閑吏理達於教化㊵等科。○癸亥㊶，北漢麟州㊷刺史楊重訓舉城降㊸，以為麟州防禦使。○己巳㊹，以王朴為東京留守，聽以便宜從事。以三司使張美充大內都點檢。

【章旨】以上為第十二段，寫後周中書舍人竇儼上疏論為政之本，制禮作樂、任賢擇相、沙汰冗官、治盜賊以重民生，周世宗稱善。

【注釋】❶丁丑　六月二十二日。❷㹠犬　舊時用為稱自己兒子的謙詞。㹠，小豬，也泛指豬。❸丁亥　七月初二。❹治　追究；懲處。武行德與李繼勳因守備失利均被降職。❺定遠軍　定遠，縣名，屬濠州。胡三省注認為「軍」字為衍文。❻七廟　七廟為天子之制。❼乙亥　八月二十一日。❽每月肩輿一詣便殿議政事　指讓李穀每一個月乘坐轎子到便殿議政事一次。肩輿，人抬的轎子。詣，到。❾癸未　八月二十九日。❿竇儼　字望之，竇儀弟，通音律法令。後周世宗時官中書舍人、翰林學士。宋初轉禮部侍郎，祠祀樂章、宗廟諡號，多為其撰定。傳見《宋史》卷二百六十三。⓫大周通禮　《宋史・竇儼傳》云：「未及編纂而卒。」⓬考正鍾律　考正樂器的音律。⓭大周正樂　《宋史・竇儼傳》云：「所撰《周正樂》成一百二十卷，詔藏於史閣。」⓮輕用名器　輕易授予祿位。名器，本指表示等級的稱號和車服、儀制。⓯始為輔弼　剛開始輔佐國君。⓰趨競為心　為爭得它而奔走爭逐。⓱容默為事　遇事保持緘默，取容當世。⓲但思解密勿之務　只想解脫機要事務。密勿，機要；機密。⓳守崇重之官　只擔任尊崇重要的官職。⓴逍遙林亭二句　逍遙於山林亭榭之中，保護宗族太平無事。㉑即日宰相　現任宰相。㉒南宮　尚書省。南宮本為南方列宿，漢代用它比擬尚書省。㉓三品　指六部尚書。㉔兩省給舍　中書省和門下省的給事中、中書舍人。㉕登庸　提拔任用。㉖以本官權知政事　以本官代理主持政事。㉗責其舉者　追究薦舉者。㉘班行之中　百官的班位中。㉙有員無職者太半　有員額而無職務的佔了一大半。㉚登敘　銓敘錄用。㉛自相糾告　互相檢舉告發。㉜或親戚為之首　有的親戚替自家盜賊自首。㉝則論其徒侶而赦其所首者　那就懲治他的同夥，而赦免代為自首的人。㉞新鄭　縣名，縣治在今河南新鄭北。㉟履畝而增之　踏視田畝，增加稅額。㊱八州　指光、黃、舒、蘄、和、揚、滁、泰八州。㊲免俘馘之災　免除被俘虜斬殺的災禍。馘，本指古代作戰時割取所殺敵人的左耳，用以計功。㊳轉輸之困　運輸糧餉的困苦。㊴戊午　十月初五日。㊵賢良方正直言極諫　均為選拔統治人才的科舉科目。㊶癸亥　十月初十日。㊷麟州　州名，治所在今陝西神木北。㊸楊重訓舉城降　據本書卷二百九十一後周太祖廣順二年（西元九五二年）十二月載，楊信自為麟州刺史，聽命於後周。信卒，子重訓嗣，以州降北漢，被群羌所圍，又歸附後周。此言「楊重訓舉城降」，可見中間重訓曾背周歸漢。㊹己巳　十月十六日。

【校　記】①令　原作「今」。據章鈺校，十二行本、乙十一行本、孔天胤本皆作「令」，今據改。②則　原無此字。據章鈺校，十二行本、乙十一行本、孔天胤本皆有此字，張敦仁《通鑑刊本識誤》同，今據補。③止　原作「上」。據章鈺校，十二行本、乙十一行本、孔天胤本皆作「止」，今據改。

【語　譯】六月二十二日丁丑，周世宗任命前華州刺史王祚擔任潁州團練使。王祚，是王溥的父親。王溥當宰相，王祚有賓客，王溥常常穿著朝服陪侍身邊，客人坐在席上不安。王祚說：「犬子不值得為他起身。」

秋，七月初二日丁亥，周世宗追究定遠軍和壽春城南之敗，任命武寧節度使兼中書令武行德為左衛上將軍、河陽節度使李繼勳為右衛大將軍。○北漢主開始設立祖宗七廟。

司空兼門下侍郎、同平章事李穀臥床生病兩年，共九次表請辭去相位。八月二十一日乙亥，解除他的宰相職務，只任本官，命他每一個月乘坐轎子到便殿討論政事一次。○周世宗任命樞密副使、戶部侍郎王朴為檢校太保，充任樞密使。

懷恩軍到達成都，後蜀主派遣梓州別駕胡立等八十人返回東方，並且寫信道謝，請求通使友好。八月二十九日癸未，胡立等人到達大梁。周世宗因為後蜀主採用對等的禮節，所以不答覆他。後蜀主聽到這個消息，生氣地說：「朕做天子在南郊祭祀天地的時候，你還在當強盜，怎麼敢如此！」

九月，中書舍人竇儼上疏，請求命令有關部門的官員討論古今的禮儀，製作《大周通禮》，考正樂器的音律，製作《大周正樂》。竇儼又認為：「處理政事的根本，沒有比選擇人才更為重要的，選擇人才的重要，沒有比選擇宰相更為重要的。自從唐朝末年以來，輕易授予祿位，剛剛到任宰相，就兼任三公、僕射的官職。所以當他還沒有得到官位的時候，就一心奔走爭逐，得到官位以後，就遇事沉默，取容當世。只想解脫機要政務，擔任尊崇重要的官職，逍遙在園林亭榭之中，保護宗族平安。請求命令現任宰相在尚書省的六部尚書、中書省和門下省的給事中、中書舍人以上，各自推薦所知的人才。如果陛下平時就知道他賢能，自然可以提拔任用，如果不知道，暫且命令他以原來的官職暫時主持政事。一年之間，考察他的職責業績，如果能夠勝任，那麼他的官位已經高了，就授予平章事。官位不高的，就再稍加提升，照舊暫且代理政事。如果不稱職，就去除他的政事，追究薦舉者的責任。另外，在百官班位中，有員額而無職務的佔了大半，請求衡量他們的才能，授給他們外任官，在實際事務中試用他們。回京後，按照原來的官職銓敘錄用，考察他們的政績，有才能的人提拔，無能的人罷黜。」又請求：「讓盜賊互相檢舉告發，把所告發盜賊財產的一半賞給告發者。或者有親戚替盜賊自首的，那就處罰盜賊的同夥而赦免代為自首的盜賊。像這樣，盜賊就不能聚集了。另外，新鄭縣的鄉村組成義營，各自設立將佐，一戶當盜賊，連累一村；一戶被盜竊，加罪他那一營的主將。每當有盜賊發生，就鳴鼓舉火，丁壯聚集，盜賊少，百姓多，沒有一個盜賊能逃脫。因此鄰縣盜賊充斥而新鄭全境獨自很清靜。請求讓其他縣全都效法新鄭，這也是制止盜賊的一種方法。還有，歷朝以來，屢次頒布詔書，任由百姓多種廣耕，只繳納舊稅。等到農民耕種以後，官吏就踏視田畝而增加賦稅，所以百姓都又懷疑又害怕，而田地不另加開闢。治理政務的先決條件，沒有比誠信更重要的了。如果明示卓著，那麼田地沒有不擴大的；田地擴大了糧食就增多；糧食增多，藏之於民，也就猶如藏在官府。」又說：「陛下南征江、淮，一舉而得八州，再次親征而平定壽春，神威所到之處，前面沒有強勁的對手。如今以多擊少，以治伐亂，勢必攻無不克。只是行動貴在迅速，那麼敵國的百姓就可免於被俘虜斬殺的災禍，我們的百姓則可停止運輸糧餉的困苦了。」周世宗看了，認為他說得好。竇儼，是竇儀的弟弟。

冬，十月初五日戊午，後周設立賢良方正直言極諫、經學優深可為師法、詳閑吏理達於教化等科。〇初十日癸亥，北漢麟州刺史楊重訓獻城投降，朝廷任命他為麟州防禦使。〇十六日己巳，任命王朴為東京留守，允許他根據情況隨機行事。任命三司使張美充任大內都點檢。

壬申❶，帝發大梁。十一月丙戌❷，至鎮淮軍，是夜五鼓❸，濟淮。丁亥❹，至濠州城西。濠州東北十八里有灘，唐人柵於其上，環水自固，謂周兵必不能涉。戊子❺，帝自攻之，命內殿直康保裔❻帥甲士數百，乘橐駝❼涉水，太祖皇帝帥騎兵繼之，遂拔之。李重進破濠州南關城。癸巳❽，帝自攻濠州，王審琦拔其水寨。唐人屯戰船數百於城北，植[1]巨木於淮水，以限周兵。帝命水軍攻之，拔其木，焚戰船七十餘艘，斬首二千餘級，又攻拔其羊馬城❾，城中震恐。丙申❿夜，唐濠州團練使郭廷謂上表言：「臣家在江南，今若遽降，恐為唐所種族⓫。請先遣使詣金陵稟命，然後出降。」帝許之。辛丑⓬，帝聞唐有戰船數百艘在渙水⓭東，欲救濠州，自將兵夜發水陸擊之。癸卯⓮，大破唐兵於洞口⓯，斬首五千餘級，降卒二千餘人，因鼓行而東，所至皆下。乙巳⓰，至泗州城下，太祖皇帝先攻其南，因焚城門，破水寨及月城⓱。帝居于月城樓，督將士攻城。

北漢主自即位以來⓲，方安集境內，未遑外略。是月，契丹遣其大同節度使、侍中崔勳將兵來會北漢，欲同入寇。北漢主遣其中忠武節度使⓳、同平章事李存瓌將兵會之，南侵潞州，至其城下而還。北漢主知契丹不足恃而不敢遽與之絕，贈送勤甚厚。

十二月乙卯⑳，唐泗州守將范再遇舉城降，以再遇為宿州㉑團練使。上自至泗州城下，禁軍中芻蕘者㉒毋得犯民田，民皆感悅，爭獻芻粟。既克泗州，無一卒敢擅入城者。帝聞唐戰船數百艘泊洞口，遣騎詗之，唐兵退保清口㉓。

戊午㉔旦[2]，上自將親軍自淮北進，命太祖皇帝將步騎自淮南進，諸將以水軍自中流進，共追唐兵。時淮濱久無行人，葭葦㉕如織，多泥淖㉖溝塹，士卒乘勝氣茇涉㉗爭進，皆忘其勞。庚申㉘，追及唐兵，且戰且行，金鼓聲聞數十里。辛酉㉙，至楚州㉚西北，大破之。唐兵有沿淮東下者，帝自追之，太祖皇帝為前鋒，行六十里，擒其保義節度使㉛、濠・泗・楚・海都應援使陳承昭㉜以歸。所獲戰船燒沈之餘得三百餘艘，士卒殺溺之餘得七千餘人。唐之戰船在淮上者，於是盡矣。

郭廷謂使者自金陵還，知唐不能救，命錄事參軍㉝鄱陽㉞李延鄒草降表。延鄒責以忠義，廷謂以兵臨之，延鄒擲筆曰：「大丈夫終不負國為叛臣作降表！」廷謂斬之，舉濠州降，得兵萬人，糧數萬斛。唐主賞李延鄒之子以官。

壬戌[35]，帝濟淮，至楚州，營于城西北。○乙丑[36]，唐雄武軍使、知漣水縣[37]事崔萬迪降。○丙寅[38]，以郭廷謂為亳州防禦使。○戊辰[39]，帝攻楚州，克其月城。

庚午[40]，郭廷謂見於行宮[41]，帝曰：「朕南征以來，江南諸將敗亡相繼，獨卿能斷渦口浮梁，破定遠寨，所以報國足矣。濠州小城，使李璟自守，能守之乎！」使將濠州兵攻天長[42]。帝遣鐵騎左廂都指揮使武守琦將騎數百趣揚州，至高郵[43]，唐人悉焚揚州官府民居，驅其人南渡江。後數日，周兵至，城中餘癃病[44]十餘人而已。癸酉[45]，守琦以聞。帝聞泰州無備，遣兵襲之，丁丑[46]，拔泰州。

南漢中書侍郎、同平章事盧膺[47]卒。○南漢主聞唐屢敗，憂形於色，遣使入貢于周，為湖南所閉[48]，乃治戰艦，修武備。既而縱酒酣飲，曰：「吾身得免，幸矣，何暇慮後世哉！」

唐使者陳處堯在契丹，白契丹主請南遊太原，北漢主厚禮之。留數日，北還，竟卒於契丹。

【章旨】以上為第十三段，寫周世宗第三次親征南唐，周師連戰皆捷。北漢連引契丹南犯，不勝而還。

【注　釋】❶壬申　十月十九日。❷丙戌　十一月初四日。❸五鼓　一夜分五鼓，也叫五更。第五鼓相當於後半夜三至五時。❹丁亥　十一月初五日。❺戊子　十一月初六日。❻康保裔　河南洛陽人，祖、父均死於戰陣。襲父職，仕後周、宋，屢立戰功。傳見《宋史》卷四百四十六。❼橐駝　即駱駝。❽癸巳　十一月十一日。❾羊馬城　又稱羊馬牆、羊馬垣，城外加築的矮牆。當敵兵逼近時，城外居民可用來暫時安泊羊馬，故名。❿丙申　十一月十四日。⓫種族　屠滅全族。⓬辛丑　十一月十九日。⓭渙水　古水名，自今河南開封東分狼湯渠水東南流經杞縣、睢縣南，柘城北入安徽境，此下即今澮河。⓮癸卯　十一月二十一日。⓯洞口　即浮山洞口。在今安徽盱眙西，五河縣東，處在兩縣分界處。據《太平寰宇記》載：「山下有水穴，淮水汎濫，其穴即高；水減，其穴還低，有似山浮，亦號浮山。」⓰乙巳　十一月二十三日。⓱月城　臨水築城，兩頭抱水，形如半圓形的月亮，稱月城。⓲北漢主自即位以來　後周世宗顯德元年（西元九五四年）十一月，北漢主劉鈞嗣立，契丹遣使冊命為帝。⓳北漢主遣其忠武節度使　忠武軍在許州，為北周之地，北漢李存瓌任忠武節度使，只是遙領而已。⓴乙卯　十二月初三日。㉑宿州　州名，治所古符離城，在今安徽宿州。㉒芻蕘者　割草、打柴的人。㉓清口　古泗水入淮河之口，又名清河口。在今江蘇淮陽西南。㉔戊午　十二月初六日。㉕葭葦　蘆葦。葭，本指初生的蘆葦。㉖泥淖　泥沼。㉗茇涉　踏草涉水。草行為茇，水行為涉。茇，本意為草根。㉘庚申　十二月初八日。㉙辛酉　十二月初九日。㉚楚州　州名，治所山陽，在今江蘇淮安。㉛保義節度使　保義軍在陝州，地屬後周，北漢陳承昭為保義節度使，係遙領。㉜陳承昭　江表人，南唐保義軍節度使。被周世宗俘獲後，因習知水利，督治惠民、五丈兩河，又修畿內河堤，使京城大受其利。傳見《宋史》卷二百六十一。㉝錄事參軍　刺史屬官，掌各曹文書，糾查府事。㉞鄱陽　縣名，縣治鄱陽，在今江西鄱陽，臨鄱陽湖。㉟壬戌　十二月初十日。㊱乙丑　十二月十三日。㊲漣水縣　縣名，縣治在今江蘇漣水縣北。㊳丙寅　十二月十四日。㊴戊辰　十二月十六日。㊵庚午　十二月十八日。㊶行宮　古代京城以外供帝王出行時居住的宮室。㊷天長　縣名，縣治在今安徽天長。㊸高郵　縣名，縣治在今江蘇高郵。㊹癱病　手足不靈活的病。㊺癸酉　十二月二十一日。㊻丁丑　十二月二十五日。㊼盧膺　南漢高祖時為工部侍郎。才幹出眾，善著文章，中宗時官至中書侍郎、同平章事。㊽閉　塞；塞其道不得通。

【校　記】[1]植　「植」上原有「又」字。據章鈺校，十二行本、乙十一行本、孔天胤本皆無「又」字，熊羅宿《胡刻資治通鑑校字記》同，今據刪。[2]且　原無此字。據章鈺校，十二行本、乙十一行本、孔天胤本皆有此字，今據補。

【語　譯】十月十九日壬申，周世宗從大梁出發。十一月初四日丙戌，到達鎮淮軍，當夜五更，渡過淮河。初五日丁亥，到達濠州城西。濠州東北十八里有個水灘，南唐人在上面設置柵欄，環水固守，認為後周軍隊一定不能渡過。初六日戊子，周世宗親自攻打柵寨，命令內殿直康保裔率領甲士幾百人，騎著駱駝涉水，太祖皇帝趙匡胤率領騎兵繼踵其後，於是攻取了柵寨。李重進攻破濠州的南關城。十一日癸巳，周世宗親自攻打濠州，王審琦攻下南唐軍隊的水寨。南唐人在城北停駐幾百艘戰艦，在淮河中豎起巨大的木頭，來阻擋後周軍隊。周世宗命令水軍進攻敵軍，拔掉大木頭，焚燒戰艦七十多艘，斬首二千多級，又攻取了城外的羊馬城，城中驚恐。十四日丙申夜晚，南唐濠州團練使郭廷謂上表說：「臣的家在江南，現在如果立刻投降，恐怕會被南唐屠滅全族。請讓我先派使者前往金陵請命，然後出城投降。」周世宗答應了他。十九日辛丑，周世宗聽說南唐有戰艦幾百艘在渙水東岸，打算援救濠州，於是親自率兵在夜裡分別從水路和陸路攻擊敵人。二十一日癸卯，在洞口大敗南唐軍隊，斬首五千多級，投降的士兵二千多人，接著擊鼓東進，所到之處全都攻克。二十三日乙巳，到達泗州城下，太祖皇帝趙匡胤先進攻泗州城南，趁機燒毀城門，攻破水寨和月城。周世宗處在月城樓上，督領將士攻城。

北漢主自從即位以來，正在安撫境內，無暇圖謀外事。這個月，契丹派遣他的大同節度使、侍中崔勳率兵來和北漢會合，打算一起入侵。北漢主派遣忠武節度使、同平章事李存瓌率兵與崔勳會合，南侵潞州，到達潞州城下而回。北漢主知道契丹不能完全依靠，但又不敢馬上和它斷絕關係，便贈送崔勳很豐厚的禮物。

十二月初三日乙卯，南唐泗州守將范再遇獻城投降，周世宗任命范再遇為宿州團練使。周世宗親自到泗州城下，禁止軍中割草打柴的人侵犯民田，百姓都欣悅感激，爭著奉獻糧草。攻克泗州以後，沒有一名士兵敢擅自進城。周世宗聽說南唐幾百艘戰艦停泊在洞口，派遣騎兵偵察。南唐軍隊退守清口。

十二月初六日戊午早晨，周世宗親自率領親軍沿淮河的北岸前進，命令太祖皇帝率領步兵和騎兵沿淮河南岸前進，眾將率領水軍從淮河中流前進，一起追趕南唐軍隊。當時淮河岸邊長久沒有行人，蘆葦茂密如織，有很多泥沼溝坑，士兵們乘著勝利的氣勢，踏草涉水，爭相前進，都忘記了勞苦。初八日庚申，追趕上南唐軍隊，邊戰邊進，金鼓聲幾十里都能聽到。初九日辛酉，到達楚州西北，大敗南唐軍隊。南唐軍隊有沿著淮河向東而下的，周世宗親自追趕敵軍，太祖皇帝趙匡胤為前鋒，行進了六十里，抓獲南唐保義節度使、濠・泗・楚・海都應援使陳承昭而返回。所繳獲的戰艦除了燒毀、沉沒的以外，共有二百多艘，士兵除了殺死、淹死的以外，共俘虜七千多人。南唐戰船在淮河上的，這次完全被消滅了。

郭廷謂的使者從金陵回來，知道南唐不能派兵救援，便命令錄事參軍鄱陽人李延鄒草擬降表。李延鄒以忠義來責備郭廷謂，郭廷謂用兵器逼迫他。李延鄒投筆說：「大丈夫最終不辜負國家而替叛臣寫降表！」郭廷謂斬殺了他，獻出濠州投降，後周得到士兵一萬人，糧食幾萬斛。南唐主把官職賞賜給李延鄒的兒子。

十二月初十日壬戌，周世宗渡過淮河，到達楚州，在城西北紮營。〇十三日乙丑，南唐雄武軍使、知漣水縣事崔萬迪投降。〇十四日丙寅，任命郭廷謂為亳州防禦使。〇十六日戊辰，周世宗攻打楚州，攻克月城。

十二月十八日庚午，郭廷謂在行宮進見周世宗。周世宗說：「朕南征以來，江南眾將相繼敗亡，只有你能切斷渦口的浮橋，攻破定遠的營寨，以此來報效國家已經足夠了。濠州是個小城，讓李璟自己防守，能守得住嗎！」命令他率領濠州軍隊攻打天長。周世宗派遣鐵騎左廂都指揮使武守琦率領幾百名騎兵奔赴揚州，到達高郵。南唐人把揚州的官府民房全部燒掉，驅趕那裡的民眾南渡長江。幾天以後，後周軍隊到來，城中剩下衰弱疲病的十幾個人而已。二十一日癸酉，武守琦奏報了這些情況。周世宗聽說泰州沒有防備，派兵襲擊，二十五日丁丑，攻取泰州。

南漢中書侍郎、同平章事盧膺去世。〇南漢主聽說南唐屢次戰敗，面有憂色，派遣使者向後周進貢，但是道路在湖南被阻隔，於是建造戰艦，整頓軍備。後來便縱酒狂飲，說：「我自己得以免禍，夠幸運了，還有什麼閒暇考慮後代啊！」

南唐使者陳處堯在契丹，稟告契丹主請求南遊太原，北漢主以厚禮相待；停留了幾天，北上返回，最後死在契丹。

【研　析】本卷研析南唐多忠臣義士、宋齊丘誤國、周世宗制《刑統》三件史事。

南唐多忠臣義士。周世宗三次親征南唐，全力以赴，全線進攻，南唐屢戰屢敗，但南唐主李璟絕不屈服，最終以和議收場。南唐主去帝號，稱唐主臣服周朝，割江北之地與周，總算是保全了宗廟社稷。南唐政權奉行保境安民政策，不隨群雄力爭中原，國力足，民心安。唐主李氏父子中庸，雖無善政，亦無殃民之禍；雖有奸佞，亦兼用賢才，是以將相大臣多忠臣死義之士，是以不滅。南唐忠臣，以司空孫晟、壽州節度使劉仁贍、右武衛將軍柴克宏、楚州防禦使張彥卿等四人最為人稱道，青史留名。試分述之。

孫晟使周，不虧臣節，不辱君命。後周顯德三年三月，唐主再次遣使求和於周。司空孫晟奉命出使，禮部尚書王崇質為副使。孫晟對左丞相馮延巳說：「這趟差事應當由你左相出使，可是我若推辭，就對不起先帝。」啟程後，孫晟對王崇質說：「這次出使我已經做好了準備，絕不辜負先帝的在天之靈。你家有一百多口，考慮好該怎麼辦。」孫晟決心以一死捍衛國家尊嚴和使命。周世宗要孫晟說出南唐虛實，孫晟拒絕不說話。周軍久攻壽州不克，周世宗派出宮中使者送孫晟到壽州城下勸降劉仁贍。劉仁贍在城樓上穿著軍服向孫晟下拜。孫晟對劉仁贍堅定地說：「將軍深受國家厚恩，絕不要開城門接納賊寇。」周世宗十分震怒。孫晟說：「臣身為宰相，怎麼可以教唆節度使背叛國家呢！」周世宗百般勸降孫晟，孫晟不從，索袍笏，整衣冠，大義凜然面對死亡，南向拜謝說：「謹以死報國。」從容就義。王夫之《讀通鑑論》卷三十比孫晟為唐之顏真卿，極為中肯。

劉仁贍守壽州，大義滅子。周世宗親征南唐，南唐淮南州縣大部陷落，壽州節度使劉仁贍堅守，巋然不動。在重圍中，劉仁贍之子劉崇諫犯軍禁，意欲北走周軍，劉仁贍數其罪腰斬於眾，是以全軍感佩，誓死不降，團結如一人。周軍屢攻不克，周世宗留將困守，返回大梁。周世宗休整後，第二次親征南唐，周軍大破南唐援軍，劉仁贍扼吭歎息。此時劉仁贍臥病不省人事，壽州監軍使周廷構、營田副使孫羽等作降表，壽州最終城破，江北之地盡為後周所有。劉仁贍以一旅之眾，孤軍守成一年有餘，可與古之名將比肩。

柴克宏以弱勝強，光復常州。周世宗攻南唐，命吳越王錢弘俶夾攻南唐，吳越奪取了南唐常州。南唐名將柴再用之子柴克宏為唐主宿衛兵龍武都虞候，自請效死行陣。其母亦上表稱克宏像他父親一樣可為將，如不勝任，甘受軍法赴死。柴克宏母子赴國難的行動義薄雲天。當時南唐精兵都在江北，柴克宏受命為右武衛將軍，只率領老弱兵數千人，光復常州，樞密使李徵古又發給破敗的兵器。柴克宏口無怨言，智計取常州，大破吳越軍。唐主任命柴克宏為奉化節度使，柴克宏再次請命率兵救壽州。天不假南唐，柴克宏半道病卒，英年早逝，是以壽州城破。

此外，南唐楚州守將張彥卿，一千餘眾，堅守孤城四十餘日，全軍戰沒，無一人生降。周世宗連年暴眾，見南唐王氣猶存，亦不敢貿然過江，於是接受南唐主去帝號，稱國主，舉國內附，劃江為界的條件，議和班師。

宋齊丘誤國。有忠義，就必有奸佞。南唐不乏忠義之士，更不乏奸佞之臣，南唐未滅於周，而後滅於宋，最終敗亡的主因君昏臣奸是根本原因。唐中主李璟、後主李煜，皆中庸之主，好文學，放縱聲色，馮延巳等文學之士當國，拉幫結派，歌舞昇平，喪失了趁中原多務的進取機會；排斥忠良，使南唐國勢日衰。兩朝宰相宋齊丘，是李氏建唐的主要謀士，但不懂軍事，又爭權不已，大敵當前，不以保國為己任，而是留後路，思謀叛國投敵。壽州保衛戰，南唐救援的各路大軍雲集，江北所失州縣大部回歸南唐。各路援軍請求據險截擊周軍，時任唐太傅兼中書令之宋齊丘說：「如此，則怨益深。不如縱之，以德於敵，則兵易解也。」兩國交兵不是你死就是我亡，何來結怨之說。這一謬論，唐主不能辨，諸將各保實力有了藉口。宋齊丘下令諸將各自保地盤，不許擅自出擊，於是壽州告急。等到周師部署停當，各個擊破，打敗南唐各路援軍，於是壽州不守，江北之地全部淪陷於周。樞密使陳覺、李師古皆宋齊丘之黨。柴克宏抗李師古之命收復常州，保住了南唐江南的穩定，使周師止步於江水，南唐才又苟延了歲月。

周世宗制《刑統》。南唐臣服後，周世宗深化政治改革，讓社會趨於和諧，為大舉北伐契丹做準備。在刑法方面花了大力氣。《冊府元龜》卷九十六〈赦宥〉記載，周世宗要求做到「獄訟無冤，刑戮不濫。」周世宗親自裁決政事，執掌賞罰大權，還要求臣下提醒，他不以自己因怒而殺人，因喜而濫施賞賜。周世宗議和南唐後，北返大梁京都，辦的第一件事就是誅殺了剋扣工役的親信宦官孫延希，整肅綱紀。周世宗對五代相沿的律、令、格、敕進行刪節，再作注釋和評議，詳定為《大周刑統》二十一卷，頒行全國。但是任何一個封建帝王，只能做到開明，做不到公平，不可能一視同仁。許州司馬韓倫，是周世宗愛將侍衛馬軍都指揮使韓令坤之父，韓令坤在南伐南唐中又立有大功。韓倫有恃無恐，在陳州貪汙不法，干預政事，成為公眾的大害，被人告發，當死。韓令坤在周世宗面前哭訴，韓倫被寬大免死，流放沙門島，隨後又赦免回到洛陽。周世宗之生父柴守禮以光祿卿致仕，家居洛陽。當時將相王溥、王晏、王彥超等人的父親，也閒居洛陽。韓倫與這幫人在洛陽結夥遊宴，共十人，恃勢橫恣，洛陽人聞風膽寒，稱他們為「十阿父」。柴守禮以小過殺人，當局不敢問責，周世宗也裝聾作啞，不予過問。周世宗讓這些權勢之家的生父閒居洛陽，給予豐厚的俸祿，不許他們在京城大梁干預政事，已經是一個開明帝王的最大底線，他們犯法、欺壓小民，周世宗就不加追究了。

卷第二百九十四

後周紀五

起著雍敦牂（戊午　西元九五八年），盡屠維協洽（己未　西元九五九年），凡二年。

【題　解】本卷記事起於西元九五八年，迄於西元九五九年，凡二年。當後周世宗顯德五年至顯德六年。南唐楚州守將張彥卿，一千餘眾，堅守孤城四十日，全軍戰沒，無一人生降。周世宗連年暴眾，亦不願僥倖過江，於是接受南唐主去帝號，稱國主，舉國內附，劃江為界，周世宗取得南唐江北之地後班師。南唐主懲治宋齊丘之黨，幽囚宋齊丘於九華山，宋齊丘自縊而死。周世宗以一統天下，北逐胡虜為己任，稍事休整，舉眾北伐，親征契丹，又分兵伐蜀。周師士氣高昂，初戰節節取勝，瓦橋關之南諸州望風歸降。周世宗進兵幽州，不幸染病，還師大梁，隨即辭世，統一之業半道而廢。周世宗在位六年，勤於政事，精力過人，征伐四方，親歷戰陣，將士效命，攻必取，戰必勝，聲威遠揚，司馬光稱其為英武之君。惜其天不假年，功業不就。世宗前三子為後漢所誅，第四子柴宗訓年七歲嗣位，孤兒寡母，是以社稷不守。《資治通鑑》終於柴宗訓繼位而止，為宋太祖禪位諱也。

世宗睿武孝文[1]皇帝下

顯德五年（戊午　西元九五八年）

春，正月乙酉❶，廢匡國軍❷。○唐改元中興❸。○丁亥❹，右龍武將軍王漢璋奏克海州❺。○己丑❻，以侍衛馬軍都指揮使韓令坤權揚州軍府事。

上欲引戰艦自淮入江，阻北神堰❼，不得度。欲鑿楚州西北鸛水❽以通其道，遣使行視，還言地形不便，計功甚多❾。上自往視之，授以規畫，發楚州民夫浚之，旬日而成，用功甚省，巨艦數百艘皆達于江。唐人大驚，以為神。

壬辰❿，拔靜海軍⓫，始通吳越之路。先是帝遣左諫議大夫⓬長安尹日就等使吳越，語之曰：「卿今去雖汎海，比還，淮南已平，當陸歸耳。」已而果然。

甲辰⓭，蜀右補闕⓮章九齡⓯見蜀主，言政事不治，由奸佞在朝。蜀主問奸佞為誰，指李昊、王昭遠以對。蜀主怒，以九齡為毀斥大臣，貶維州⓰錄事參軍。

周兵攻楚州踰四旬，唐楚州防禦使張彥卿⓱固守不下。乙巳⓲，帝自督諸將攻之，宿於城下。丁未⓳，克之。彥卿與都監鄭昭業猶帥眾拒戰，矢刃皆盡，彥卿舉繩牀以鬭而死，所部千餘人，至死無一人降者。○高保融遣指揮使魏璘將戰船百艘東下會伐唐，至于鄂州。○庚戌⓴，蜀置永寧軍於果州㉑，以通州㉒隸之。

唐以天長為雄州㉓，以建武軍㉔使易文贇為刺史。二月甲寅㉕，文贇舉城降。

○戊午㉖，帝發楚州。丁卯㉗，至揚州，命韓令坤發丁夫萬餘，築故城之東南隅㉘，為小城以治之。○乙亥㉙，黃州刺史司超奏與控鶴右廂都指揮使王審琦攻唐舒州，擒其刺史施仁望。

丙子㉚，建雄節度使真定楊廷璋㉛奏敗北漢兵於隰州城下。時隰州刺史孫議暴卒，廷璋謂都監、閑廄使李謙溥曰：「今大駕南征，隰州[2]無守將，河東必生心。若奏請待報，則孤城危矣。」即牒謙溥權隰州事，謙溥至則修守備。未幾，北漢兵果至，諸將請速救之，廷璋曰：「隰州城堅將良，未易克也。」北漢攻城久不下，廷璋度其疲困無備，潛與謙溥約，各募死士百餘，夜襲其營。北漢兵驚潰，斬首千餘級，北漢兵遂解去。

【章旨】以上為第一段，寫南唐楚州守將張彥卿堅守四十日抗擊周師，全軍敗沒。後周隰州守將大敗北漢兵。

【注釋】❶乙酉　正月初三日。❷匡國軍　軍鎮名，後梁名忠武軍，後唐改名匡國軍。治所同州，在今陝西大荔。❸中興　南唐李璟年號（西元九五八年）。❹丁亥　正月初五日。❺海州　州名，治所朐縣，在今江蘇連雲港市西南海州鎮。❻己丑　正月初七。❼北神堰　在今江蘇淮安北。又名平水堰。❽鸛水　又名老鸛河，在江蘇淮安西，今已堙。❾計功甚多　估計費工太多。❿壬辰　正月初十日。⓫靜海軍　軍鎮名，唐立靜海制置院，後周置為靜海軍。治所靜海，在今江蘇南通。⓬左諫議大夫　官名，掌侍從規諫。唐代左諫議大夫屬門下省，右諫議大夫屬中書省。⓭甲辰　正月二十二日。⓮右補闕　官名，唐武則天時始置左、右補闕，對皇帝進行規諫，並薦舉人才。左補闕屬門下省，右補闕屬中書省，五代沿用。⑮章九齡 後蜀右補闕，慷慨直言，不避權貴，遂遭貶謫。⑯維州 州名，治所薛城，在今四川理縣東北。⑰張彥卿 南唐楚州防禦使。周世宗伐楚州，率部下頑強抵抗，至死不屈。唐元宗嘉其忠，詔贈侍中。⑱乙巳 正月二十三日。⑲丁未 正月二十五日。⑳庚戌 正月二十八日。㉑果州 州名，治所在今四川南充北。㉒通州 州名，治所通川，在今四川達縣。㉓雄州 州名，治所天長，在今江蘇天長。㉔建武軍 軍鎮名，五代南唐置。治所在今江蘇天長。㉕甲寅 二月初二日。㉖戊午 二月初六日。㉗丁卯 二月十五日。㉘故城之東南隅 揚州舊城的東南角。㉙乙亥 二月二十三日。㉚丙子 二月二十四日。㉛楊廷璋 鎮州真定（今河北正定）人，後周太祖妃楊氏兄。歷任晉州、邢州、鄜州節度使。傳見《舊五代史》卷一百二十一、《宋史》卷二百五十五。

【校 記】①睿武孝文 原作「睿文孝武」。據章鈺校，乙十一行本、孔天胤本皆作「睿武孝文」，今據改。②隰州 原作「澤州」。胡三省注云：「『澤州』當作『隰州』。」嚴衍《通鑑補》改作「隰州」，今據以校正。

【語 譯】世宗睿武孝文皇帝下

顯德五年（戊午 西元九五八年）

春，正月初三日乙酉，廢除匡國軍。○南唐改年號為中興。○初五日丁亥，右龍武將軍王漢璋上奏說攻克海州。○初七日己丑，任命侍衛馬軍都指揮使韓令坤代理揚州軍府事務。

周世宗想率領戰船從淮河進入長江，被北神堰阻斷，不能渡過。打算開鑿楚州西北的鸛水來打通進入長江的通道，便派使者去巡視。使者回來說地形不利，估計費工太多。周世宗親自前往觀察，給予規劃，徵發楚州的民夫去疏通河道，十天就完成，所費的人工很節省，幾百艘巨大戰船都到達了長江。南唐人大驚，認為神奇。

正月初十日壬辰，攻取靜海軍，開始打通前往吳越的道路。此前，周世宗派遣左諫議大夫長安人尹日就等人出使吳越，告訴他們說：「你們今日前去雖然航行海上，但是等到你們回來時，淮南已經平定，應當從陸路返回了。」後來果然如此。

正月二十二日甲辰，後蜀右補闕章九齡進見後蜀主，說政事沒有治理好，是由於有奸詐諂諛的臣子在朝廷。後蜀主問奸詐諂諛的臣子是誰，章九齡指著李昊、王昭遠來回答。後蜀主很生氣，認為章九齡是毀謗大臣，把他貶為維州錄事參軍。

後周軍隊攻打楚州超過了四十天，南唐楚州防禦使張彥卿堅守，沒有攻下。正月二十三日乙巳，周世宗親自督領眾將攻城，住宿在城下。二十五日丁未，攻下楚州。張彥卿和都監鄭昭業仍然率領部眾抵抗作戰，弓箭和刀劍都沒有了，張彥卿舉起繩床戰鬥而死，所轄部下一千多人，到死沒有一個人投降。〇高保融派遣指揮使魏璘率領一百艘戰船順長江東下，和後周軍隊會合討伐南唐，戰船到達鄂州。〇二十八日庚戌，後蜀在果州設置永寧軍，把通州隸屬於它。

南唐把天長改為雄州，任命建武軍使易文贇為刺史。二月初二日甲寅，易文贇獻城投降。〇初六日戊午，周世宗從楚州出發。十五日丁卯，到達揚州，命令韓令坤徵發民夫一萬多人，在舊城的東南角修築小城用來治理揚州。〇二十三日乙亥，黃州刺史司超奏報與控鶴右廂都指揮使王審琦攻打南唐舒州，活捉刺史施仁望。

二月二十四日丙子，建雄節度使真定人楊廷璋奏報在隰州城下打敗北漢軍隊。當時隰州刺史孫議突然死亡，楊廷璋對都監、閑廄使李謙溥說：「如今皇上南征，隰州沒有守將，河東必生異心。如果奏報請示朝廷，等待回覆，那麼這座孤城就危險了。」便立刻發公文命李謙溥代理隰州的事務，李謙溥到達隰州就整頓守備。不久，北漢軍隊果然到了，眾將請求迅速救援，楊廷璋說：「隰州城池堅固，將領優秀，不容易攻下來。」北漢攻打州城，長時間不能攻下。楊廷璋估計敵人疲困，沒有防備，暗中和李謙溥約定，各自招募敢死士兵一百多人，夜裡襲擊敵人的軍營。北漢軍隊驚潰，被斬首一千多級，於是撤軍離去。

三月壬午朔❶，帝如泰州。〇丁亥❷，唐大赦，改元交泰❸。

唐太弟景遂前後凡十表辭位，且言：「今國危不能扶，請出就藩鎮。燕王弘冀嫡長有軍功❹，宜為嗣，謹奏上太弟寶冊。」齊王景達亦以敗軍辭元帥。唐主乃立景遂為晉王，加天策上將軍、江南西道❺兵馬元帥、洪州大都督、太尉、尚書令，以景達為浙西道❻元帥、潤州大都督。景達以浙西方用兵，固辭，改撫州大都督。立弘冀為太子，參決庶政。弘冀為人猜忌嚴刻，景遂左右有未出東宮者，立斥逐之。其弟安定公從嘉❼畏之，不敢預事，專以經籍自娛。

辛卯❽，上如迎鑾鎮❾，屢至江口，遣水軍擊唐兵，破之。上聞唐戰艦數百艘泊東沛州❿，將趣海口扼蘇、杭路，遣殿前都虞候慕容延釗⓫將步騎、右神武統軍宋延渥將水軍，循江而下。甲午⓬，延釗奏大破唐兵於東沛州，上遣李重進將兵趣廬州。

唐主聞上在江上，恐遂南度，又恥降號稱藩，乃遣兵部侍郎陳覺奉表，請傳位於太子弘冀，使聽命於中國。時淮南惟廬、舒、蘄、黃未下，丙申⓭，覺至迎鑾，見周兵之盛，白上，請遣人度江取表，獻四州之地，畫江為境，以求息兵，辭指甚哀。上曰：「朕本興師止取江北，今[1]爾主能舉國內附，朕復何求！」覺拜謝而退。丁酉⓮，覺請遣其屬閤門承旨⓯劉承遇如金陵，上賜唐主書，稱「皇帝恭問江南國主」，慰納之。

戊戌[16]，吳越奏遣上直都[2]指揮使・處州[17]刺史邵可遷、秀州[18]刺史路彥銖以戰艦四百艘、士卒萬七千人屯通州南岸。

唐主復遣劉承遇奉表稱唐國主，請獻江北四州，歲輸貢物數[3]十萬。於是江北悉平，得州十四[19]，縣六十。庚子[20]，上賜唐主書，諭以：「緣江諸軍及兩浙、湖南、荊南兵並當罷歸，其廬、蘄、黃三道，亦令斂兵近外[21]。俟彼將士及家屬皆[4]就道[22]，可遣人召將校以城邑付之[23]。江中舟艦有須往來者，並令就北岸引之[24]。」辛丑[25]，陳覺辭行，又賜唐主書，諭以不必傳位於子。

壬寅[26]，上自迎鑾復如揚州。○癸卯[27]，詔吳越、荊南軍各歸本道，賜錢弘俶犒軍帛三萬匹、高保融一萬匹。○甲辰[28]，置保信軍[29]於廬州，以右龍武統軍趙匡贊為節度使。○丙午[30]，唐主遣馮延巳獻銀、絹、錢、茶、穀共百萬[31]以犒軍。○己酉[32]，命宋延渥將水軍三千泝江巡警。○庚戌[33]，敕故淮南[34]節度使楊行密[35]、故昇府[36]節度使徐溫[37]等墓並量給守戶。其江南羣臣墓在江北者，亦委長吏以時檢校[38]。

【章旨】以上為第二段，寫南唐主舉國內附稱藩，唐與周劃江為界。

【注釋】❶壬午朔　三月初一日。❷丁亥　三月初六日。❸交泰　南唐元宗李璟年號（西元九五八年）。❹有軍功　指後周世宗顯德三年（西元九五六年）三月，吳越兵圍南唐常州，燕王弘冀力薦柴克宏以解常州之圍。❺江南西道　方鎮名，唐開元中以江南道分置。治所洪州，在今江西南昌。❻浙西道　方鎮名，唐至德元載（西元七五六年）始置。治所潤州，在今江蘇鎮江市。❼安定公從嘉　即李煜（西元九三七—九七八年），字重光，初名從嘉。元宗李璟第六子，封安定公。即位後荒於政事。西元九七五年宋兵破金陵，出降，後被毒死。西元九六一—九七五年在位，世稱李後主。通詩文、音樂、書畫，尤以詞著稱於世。傳見《舊五代史》卷一百三十四、《新五代史》卷六十二、《宋史》卷四十。❽辛卯　三月初十日。❾迎鑾鎮　地名，唐時稱白沙鎮，五代吳睿帝楊溥到白沙鎮，檢閱舟師，徐溫自金陵來見，遂改白沙鎮名迎鑾鎮。在今江蘇儀徵。❿東沛州　地名，在今江蘇泰州東南大江中，原為海嶼沙島之地。⓫慕容延釗　太原人，仕後周，屢隨世宗出征，官鎮軍節度使。與趙匡胤素友善，宋初，加檢校太尉。傳見《宋史》卷二百五十一。⓬甲午　三月十三日。⓭丙申　三月十五日。⓮丁酉　三月十六日。⓯閤門承旨　官名，職掌同閤門使。⓰戊戌　三月十七日。⓱處州　州名，治所麗水，在今浙江麗水縣西。⓲秀州　州名，治所嘉興，在今浙江嘉興。⓳得州十四　指光、壽、廬、舒、蘄、黃、滁、和、濠、泗、楚、揚、泰、通十四州。⓴庚子　三月十九日。㉑其廬蘄黃三道二句　意為攻打廬、蘄、黃三道的軍隊，也命令他們收兵退到近郊之外。㉒俟彼將士及家屬皆就道　指南唐將士和家屬上了路（退回江南）。㉓可遣人召將校以城邑付之　指派人召後周的將校，把南唐退出的城邑交給他們駐防。㉔今就北岸引之　指南唐船艦在北岸的，都允許由北岸引向南岸。㉕辛丑　三月二十日。㉖壬寅　三月二十一日。㉗癸卯　三月二十二日。㉘甲辰　三月二十三日。㉙保信軍　方鎮名，五代後周置，治所廬州，在今安徽合肥。㉚丙午　三月二十五日。㉛獻銀絹錢茶穀共百萬　指銀兩、絹匹、錢貫、茶斤、穀石各以萬計，共值百萬。㉜己酉　三月二十八日。㉝庚戌　三月二十九日。㉞淮南　方鎮名，唐至德元載（西元七五六年）置，治所在今江蘇揚州。㉟楊行密　（西元八五二—九〇五年）字化源，廬州合淝（今安徽合肥）人。唐末為淮南節度使，五代吳國建立者，西元九〇二—九〇五年在位。傳見《新唐書》卷一百八十八、《舊五代史》卷一百三十四、《新五代史》卷六十一。㊱昇府　方鎮名，五代十國吳置，治所金陵，在今江蘇南京。㊲徐溫　字敦美，海州朐山（今江蘇東海縣）人，吳國大丞相，封東海郡王，奸詐多疑，專吳國政。養子徐知誥（李昪）為南唐創建者。傳見《新五代史》卷六十一。㊳以時檢校　按時加以檢閱、察看。

【校記】①今　原無此字。據章鈺校，乙十一行本有此字，張敦仁《通鑑刊本識誤》同，今據補。②都　原無此字。據章鈺校，乙十一行本、孔天胤本皆有此字，今據補。按，《吳越備史》有「都」字。③數　原無此字。據章鈺校，乙十一行本、孔天胤本皆有此字，今據補。④皆　原無此字。據章鈺校，乙十一行本、孔天胤本皆有此字，今據補。

【語　譯】三月初一日壬午，周世宗前往泰州。○初六日丁亥，南唐大赦，改年號為交泰。

南唐皇太弟李景遂前後共十次上表請求辭去皇位繼承人，並且說：「如今國家危難不能救助，請求出外就任藩鎮節度使。燕王弘冀是嫡長子，有軍功，應為皇位繼承人，謹奏上太弟的寶冊。」齊王李景達也因為兵敗，請求辭去元帥的職務。於是南唐主立李景遂為晉王，加授天策上將軍、江南西道兵馬元帥、洪州大都督、太尉、尚書令，任命李景達為浙西道元帥、潤州大都督。李景達因為浙西正在用兵，堅決推辭，改任撫州大都督。立李弘冀為太子，參與決斷各種政事。李弘冀為人猜忌嚴刻，李景遂的身邊人沒有離開東宮的，立即趕走。李弘冀的弟弟安定公李從嘉害怕他，不敢預聞政事，專門以經籍自我娛樂。

三月初十日辛卯，周世宗前往迎鑾鎮，多次到長江口，派遣水軍攻打南唐軍隊，打敗了他們。周世宗聽說南唐幾百艘戰船停泊在東沛州，準備奔赴入海口控制通往蘇州、杭州的航道，便派遣殿前都虞候慕容延釗率領步兵和騎兵、右神武統軍宋延渥率領水軍，順江而下。十三日甲午，慕容延釗奏報在東沛州大敗南唐軍隊，周世宗派遣李重進率兵奔赴廬州。

南唐主聽說周世宗在長江岸邊，擔心他順勢渡江南下，又恥於降帝號改稱藩屬，於是派遣兵部侍郎陳覺奉持表章，請求傳位給太子李弘冀，讓他聽命中原。當時淮南只有廬州、舒州、蘄州、黃州沒有攻下。三月十五日丙申，陳覺到達迎鑾鎮，看到後周軍隊強盛，稟告周世宗，請求派人渡江拿取表章，獻出四州之地，劃江為界，以此來請求周世宗罷兵，辭意非常悲哀。周世宗說：「朕本來發兵只取江北之地，現在你的君主能夠率領全國歸附中原，朕還要求什麼呢！」陳覺下拜稱謝後退下。十六日丁酉，陳覺請求派遣他的屬下閤門承旨劉承遇前往金陵，周世宗賜給南唐主書信，說「周世宗恭問江南國主」，安慰接納他。

三月十七日戊戌，吳越王奏報派遣上直都指揮使、處州刺史邵可遷和秀州刺史路彥銖率領戰艦四百艘、士兵一萬七千人屯駐通州南岸。

南唐主又派遣劉承遇奉持表章自稱唐國主，請求獻上江北四州，每年輸送貢品數十萬。於是江北全部平定，得到十四個州，六十個縣。三月十九日庚子，周世宗賜給南唐主書信，告訴他：「沿長江的各軍以及兩浙、湖南、荊南的軍隊都應撤回，攻打廬、蘄、黃三道的軍隊，也下令他們收兵退到近郊之外。等到那些將士和他們的家屬全都上了路，可派人去召請我軍將校，把城邑交給他們。長江的船艦如果有需要來往的，都允許由北岸引向南岸。」二十日辛丑，陳覺辭行，周世宗又賜給南唐主書信，曉諭他不必傳位於兒子。

三月二十一日壬寅，周世宗從迎鑾鎮又前往揚州。○二十二日癸卯，周世宗詔命吳越和荊南的軍隊各自回歸本地，賜給錢弘俶犒勞軍隊的布帛三萬匹、高保融一萬匹。○二十三日甲辰，後周在廬州設置保信軍，任命右龍武統軍趙匡贊為節度使。○二十五日丙午，南唐主派遣馮延巳進獻銀、絹、錢、茶、穀共一百萬，用來犒勞軍隊。○二十八日己酉，周世宗命令宋延渥率領水軍三千人逆行長江巡邏警戒。○二十九日庚戌，敕令對已故淮南節度使楊行密、已故昇府節度使徐溫等人的墳墓酌量分配守陵民戶。那些江南群臣的墳墓在江北的，也委託地方長官按時察看。

辛亥❶，唐主遣其臨汝公徐遼代己來上壽❷。○是月，浚汴口，導河流達于淮，於是江、淮舟楫始通。

夏，四月乙卯❸，帝自揚州北還。○新作太廟成。庚申❹，神主入廟❺。

辛酉❻夜，錢唐城南火，延及內城，官府廬舍幾盡。壬戌❼旦，火將及鎮國倉，吳越王弘俶久疾，自強出救火❽。火止，謂左右曰：「吾疾因災而愈。」眾心稍安。

帝之南征也，契丹乘虛入寇。壬申⑨，帝至大梁，命鎮寧節度使[1]張永德將兵備禦北邊。

五月辛巳朔⑩，日有食之。○詔賞勞南征士卒及淮南新附之民。○辛卯⑪，以太祖皇帝領忠武節度使，徙安審琦為平盧節度使。○成德節度使郭崇攻契丹束城⑫，拔之，以報其入寇⑬也。

唐主避周諱，更名景⑭。下令去帝號，稱國主，凡天子儀制皆有降損，去年號，用周正朔⑮，仍告于太廟。左僕射、同平章事馮延巳罷為太子太傅，門下侍郎、同平章事嚴續罷為少傅，樞密使、兵部侍郎陳覺罷守本官⑯。

初，馮延巳以取中原之策說唐主，由是有寵。延巳嘗笑烈祖戢兵為齷齪⑰，曰：「安陸所喪纔數千兵，為之輟食咨嗟者旬日，此田舍翁識量⑱耳，安足與成大事！豈如今上暴師⑲數萬於外，而擊毬宴樂無異平日，真英主也！」延巳與其黨談論，常以天下為己任，更相唱和。翰林學士常夢錫屢言延巳等浮誕⑳，不可信，唐主不聽。夢錫曰：「奸言似忠，陛下不悟，國必亡矣！」及臣服於周，延巳之黨相與言，有謂周為大朝者，夢錫大笑曰：「諸公常欲致君堯、舜㉑，何意今日自為小朝邪！」眾默然。

自唐主內附，帝止因其使者賜書，未嘗遣使至其國。己酉㉒，始命太僕卿㉓馮延魯、衛尉少卿㉔鍾謨使于唐，賜以御衣、玉帶等及犒軍帛十萬，并今年欽天曆㉕。

劉承遇之還自金陵也，唐主使陳覺白帝，以江南無鹵田㉖，願得海陵鹽[2]監南屬以贍軍㉗。帝曰：「海陵在江北，難以交居㉘，當別有處分㉙。」至是，詔歲支鹽三十萬斛以給江南，所俘獲江南士卒，稍稍歸之。

六月壬子㉚，昭義節度使李筠奏擊北漢石會關㉛，拔其六寨。乙卯㉜，晉州奏都監李謙溥擊北漢，破孝義㉝。○高保融遣使勸蜀主稱藩于周，蜀主報以前歲遣胡立致書于周而不答。

秋，七月丙戌㉞，初行大周刑統㉟。○帝欲均田租，丁亥㊱，以元稹㊲均田圖偏賜諸道。

閏月㊳，唐清源節度使兼中書令留從效遣牙將蔡仲贇衣商人服，以絹表置革帶中，間道來稱藩。

唐江西元帥晉王景遂之赴洪州㊴也，以時方用兵，啟求大臣以自副㊵，唐主以樞密副使、工部侍郎李徵古為鎮南節度副使。徵古傲很專恣，景遂雖寬厚，久而不能堪，常欲斬徵古，自拘於有司[41]，左右諫而止，景遂忽忽不樂。

太子弘冀在東宮多不法，唐主怒，嘗以毬杖擊之曰：「吾當復召景遂。」昭慶宮使袁從範從景遂為洪州都押牙，或譖從範之子於景遂，景遂欲殺之，從範由是怨望。弘冀聞之，密遣從範毒之。八月庚辰[42]，景遂擊毬渴甚，從範進漿[43]，景遂飲之而卒。未殯，體已潰。唐主不之知，贈皇太弟，謚曰文成。

辛巳[44]，南漢中宗殂，長子衛王〔3〕繼興即帝位，更名鋹[45]，改元大寶。鋹年十六，國事皆決於宦官玉清宮使[46]龔澄樞及女侍中盧瓊仙[47]等，臺省[48]官備位而已。

甲申[49]，唐始置進奏院[50]于大梁。

壬辰[51]，命西上閤門使靈壽曹彬[52]使于吳越，賜吳越王弘俶騎軍鋼甲[53]二百，步軍甲五千及他兵器。彬事畢亟返，不受饋遺。吳越人以輕舟追與之，至於數四，彬曰：「吾終不受，是竊名也[54]。」盡籍其數，歸而獻之。帝曰：「曩之奉使者〔4〕，乞匄無厭[55]，使四方輕朝命[56]。卿能如是，甚善。然彼以遺卿，卿自取之。」彬始拜受，悉以散於親識，家無留者。

【章　旨】以上為第三段，寫南唐主去帝號稱國主，君臣黯然。南唐太子李弘冀忌殺前皇太弟李景遂。南漢中宗殂，長子劉繼興即位，權落宦官之手。

【注　釋】❶辛亥　三月三十日。❷上壽　敬酒祝賀；奉酒上壽。此非生日祝壽，周世宗生於九月二十四日。❸乙卯　四月初四日。❹庚申　四月初九日。❺神主入廟　把祖先的牌位安置入太廟。有郭威的高祖璟，睿和皇帝，廟號信祖；曾祖諶，明憲皇帝，廟號僖祖；祖蘊，翼順皇帝，廟號義祖；考簡，章肅皇帝，廟號慶祖。後周修建太廟，始於太祖廣順三年（西元九五三年）九月，至是始成。❻辛酉　四月初十日。❼壬戌　四月十一日。❽自強出救火　自己勉強出來救火。❾壬申　四月二十一日。❿辛巳朔　五月初一日。⓫辛卯　五月十一日。⓬東城　縣名，在今河北河間東北。⓭以報其入寇　用來報復契丹的入侵。⓮唐主避周諱二句　周信祖名璟，故唐元宗李璟為避諱，改為景。⓯去年號二句　去掉交泰年號（西元九五八年），用周正朔，即用顯德年號。⓰罷守本官　罷樞密使職務，只任兵部侍郎。⓱延巳嘗笑烈祖戢兵為齷齪　晉高祖天福五年（西元九四〇年），南唐將李承裕在安州（治所在今湖北安陸）被晉將馬全節擊敗，承裕和一千五百名士兵被殺，失亡數千。烈祖李昪為此輟食長吁短歎十多天。戢兵，息兵。齷齪，器量狹小，拘泥於小節。⓲田舍翁識量　莊稼漢的見識和度量。⓳暴師　軍隊戰戍在外，蒙受風日霜露。⓴浮誕　浮誇虛妄。㉑致君堯舜　使國君成為像堯舜一樣的聖君。㉒己酉　五月二十九日。㉓太僕卿　官名，太僕寺長官，掌輿馬和牧畜之事。㉔衛尉少卿　官名，唐設衛尉寺，卿一人，少卿二人。掌邦國器械文物。五代沿襲。㉕并今年欽天曆　後周世宗顯德三年（西元九五六年）八月，王朴撰定《欽天曆》，呈上，世宗下詔來年即顯德四年施行。世宗賜給南唐《欽天曆》時，此曆已施行一年。胡三省注云顯德五年始行王朴所上《欽天曆》，不可信據。㉖鹵田　鹽鹼地，可煮鹽。㉗願得海陵鹽監南屬以贍軍　希望把海陵鹽監歸屬江南，用來供應軍隊。海陵鹽監，又稱西溪鹽倉，在今江蘇泰縣東北。㉘難以交居　難以讓周和南唐的官吏雜居在一起。㉙當別有處分　應另作處理。指南唐主的請求以另外辦法處理，即下文「詔歲支鹽三十萬斛以給江南」。㉚壬子　六月初二日。㉛石會關　在今山西榆社西。㉜乙卯　六月初五日。㉝孝義　縣名，縣治在今山西孝義。㉞丙戌　七月初七日。㉟初行大周刑統　後周世宗顯德四年（西元九五七年）五月，下詔讓御史知雜事張湜等人整理訓釋舊律，審定為《刑統》，至此詔令施行於世。《刑統》為後周律令法典，宋朝仍加襲用。㊱丁亥　七月初八日。㊲元稹　（西元七七九—八三一年）唐代詩人，字微之，河南（今河南洛陽）人，官至同中書門下平章事。與白居易友善，世稱「元、白」，其詩稱「元和體」。著有《元氏長慶集》。傳見《舊唐書》卷一百六十六、《新唐書》

卷一百七十四。㊳閏月　閏七月。㊴洪州　州名，治所南昌，在今江西南昌。㊵啓求大臣以自副　請求朝廷派一名大臣做自己的副帥。㊶自拘於有司　指景遂計劃斬李徵古後，親自到主管機關自首擅誅大臣之罪。㊷庚辰　八月初二日。㊸漿　酒。㊹辛巳　八月初三日。㊺鋹　南漢後主，初名繼興，即帝位後更名鋹，封衛王，中宗長子。西元九五八—九六九年在位。傳見《舊五代史》卷一百三十五、《新五代史》卷六十五、《宋史》卷四百八十一。㊻玉清宮使　南漢主為了遊獵，建有南宮、大明、昌華、甘泉、玩華、秀華、玉清、太微等離宮，每宮都設宮使統領。㊼盧瓊仙　南漢中宗宮人，與黃瓊芝並為女侍中。後主繼位，進為才人，朝政一決於瓊仙。瓊仙與女巫樊胡子、宦官龔澄樞等內外勾結，朝綱日益敗壞。㊽臺省　唐代尚書省稱中臺，門下省稱東臺，中書省稱西臺，總稱臺省。一說三省及御史臺合稱臺省。五代沿襲。㊾甲申　八月初六日。㊿進奏院　官署名，唐代藩鎮在京城設的辦事處，稱上都留後院。大曆十二年（西元七七七年）改為上都進奏院。(51)壬辰　八月十四日。(52)曹彬　字國華，真定靈壽（今河北靈壽）人，以廉潔著稱。從征北漢、後蜀、南唐、契丹等有功，官至同平章事。傳見《宋史》卷二百五十八。(53)鋼甲　鋼鎧甲。(54)吾終不受二句　我若始終不接受，就好像我在沽名釣譽。(55)乞匄無厭　一味索求人家的財物，永不滿足。(56)使四方輕朝命　致使四方國家輕視朝廷的命令。

【校　記】[1]鎮寧節度使　原無此五字。據章鈺校，乙十一行本、孔天胤本皆有此五字，張瑛《通鑑校勘記》同，今據補。[2]鹽　原無此字。據章鈺校，乙十一行本、孔天胤本皆有此字，張瑛《通鑑校勘記》同，今據補。[3]衛王　原無此二字。據章鈺校，乙十一行本、孔天胤本皆有此二字，張敦仁《通鑑刊本識誤》同，今據補。[4]者　原無此字。據章鈺校，乙十一行本有此字，其義長，今據補。

【語　譯】三月三十日辛亥，南唐主派遣他的臨汝公徐遼代替自己前來敬酒祝賀。○這個月，疏浚汴口，引導黃河水流入淮河，於是長江、淮河的船隻開始通航。

夏，四月初四日乙卯，周世宗從揚州北上返回大梁。○新修的太廟建成。初九日庚申，神主迎入太廟。

四月初十日辛酉夜裡，錢唐城南發生火災，延及內城，官府民舍焚毀殆盡。十一日壬戌早晨，大火將要燒及鎮國倉，吳越王錢弘俶久病，親自勉強出來救火。大火熄滅了，錢弘俶對身邊的人說：「我的病因這場火災而痊癒了。」大家的心情漸漸安定下來。

周世宗南征時，契丹乘虛入侵。四月二十一日壬申，周世宗到達大梁，命令鎮寧節度使張永德率兵防備北方邊境。

五月初一日辛巳，發生日蝕。○周世宗下詔獎賞慰勞南征的士兵和淮南最近歸附的百姓。○十一日辛卯，任命太祖皇帝趙匡胤兼任忠武節度使，調安審琦為平盧節度使。○成德節度使郭崇攻打契丹的束城，攻取了它，用來報復契丹的入侵。

南唐主避後周的名諱，改名為李景，下令取消皇帝的稱號，稱國主，所有天子的禮儀制度都有所降低減損，取消年號，改用後周的曆法，但仍祭告於太廟。左僕射、同平章事馮延巳罷免宰相職務為太子太傅，門下侍郎、同平章事嚴續免職為少傅，樞密使、兵部侍郎陳覺免去宰相職務，擔任原來的兵部侍郎之職。

當初，馮延巳用奪取中原的計策來勸說南唐主，因此受到南唐主的寵幸。馮延巳曾經嘲笑烈祖息兵有些拘於小節，他說：「安陸所喪亡的才幾千士兵，烈祖就為此輟食歎息了十天，這是鄉村老農的見識和度量罷了，怎麼能夠與他成就大事！他怎麼比得上當今皇上幾萬軍隊在外面風餐露宿，而自己打毬飲宴玩樂與平時沒有兩樣，真是英明的君主啊！」馮延巳和他的同黨談論，常常以天下為己任，互相一唱一和。翰林學士常夢錫多次說馮延巳等人浮誇荒誕，不能聽信，南唐主不聽。常夢錫說：「奸臣的話好像是忠言，陛下不覺悟，必定亡國！」等到南唐臣服於後周，馮延巳的同黨互相談論，有稱後周為大朝的，常夢錫大笑說：「諸公常常想使皇上成為堯、舜，怎麼今天自己作為小朝廷了！」眾人默不作聲。

自從南唐主歸順後周，周世宗只是通過南唐主的使者賜給他書信，未曾派遣使者到他的國家去。五月二十九日己酉，周世宗才命令太僕卿馮延魯、衛尉少卿鍾謨出使於南唐，賜給南唐主御衣、玉帶等，以及犒勞軍隊的布帛十萬匹，還有當年的《欽天曆》。

劉承遇從金陵回來的時候，南唐主讓陳覺稟告周世宗，因為江南沒有鹽田，希望能把海陵鹽監歸屬江南來供應軍隊。周世宗說：「海陵在江北，難以讓兩國的官吏交錯在一起，應當另作安排。」到了這時，詔命每年撥出三十萬斛鹽給江南，所俘虜的江南士兵，逐漸讓他們回去。

六月初二日壬子，昭義節度使李筠上奏說攻打北漢的石會關，攻取了他們的六個營寨。初五日乙卯，晉州上奏說都監李謙溥攻打北漢，攻破了孝義。○高保融派遣使者勸說後蜀主向後周稱臣，後蜀主回答說去年曾派胡立致書後周，後周沒有回答。

秋，七月初七日丙戌，開始實行《大周刑統》。○周世宗打算平均田租，初八日丁亥，把元稹的〈均田圖〉遍賜各道。

閏七月，南唐清源節度使兼中書令留從效派遣牙將蔡仲贇穿著商人服裝，把絹表藏在皮帶中間，從小路前來稱臣。

南唐江西元帥晉王李景遂前往洪州時，因為當時正在用兵，請求朝廷派一位大臣做自己的副帥，南唐主任命樞密副使、工部侍郎李徵古為鎮南節度副使。李徵古傲慢兇狠，專權恣橫，李景遂雖然寬厚，時間久了也不能忍受，常常想殺了李徵古，自己再到有關部門去自首，身邊的人勸諫，他才作罷。李景遂從此鬱鬱不樂。

太子李弘冀在東宮做了很多不法的事，南唐主很生氣，曾經用擊毬的木棍打他說：「我應當再召回李景遂。」昭慶宮使袁從範跟從李景遂任洪州都押牙，有人在李景遂的面前說袁從範兒子的壞話，李景遂想殺了他，袁從範由此怨恨李景遂。李弘冀聽到此事，祕密差遣袁從範毒殺李景遂。八月初二日庚辰，李景遂打毬口渴得厲害，袁從範送上酒，李景遂喝下就死了。還沒有等到入殯，屍體已經潰爛了。南唐主不知道此事，追贈他為皇太弟，諡號為文成。

八月初三日辛巳，南漢中宗劉晟去世，長子衛王劉繼興即帝位，改名為劉鋹，改年號為大寶。劉鋹十六歲，國事都由宦官玉清宮使龔澄樞和女侍中盧瓊仙等人裁決，御史臺和三省的官員聊以充數而已。

八月初六日甲申，南唐開始在大梁設置進奏院。

八月十四日壬辰，周世宗命令西上閤門使靈壽人曹彬出使吳越，賜給吳越王錢弘俶二百副騎兵鋼鎧甲，五千副步兵鐵鎧甲以及其他的武器。曹彬事情完畢迅速返回，不接受餽贈。吳越人乘輕快的小船追上來送給他禮物，至於好幾次，曹彬說：「我始終不接受，似是沽名釣譽了。」全部清點登記禮品數量，回來獻給周世宗。周世宗說：「以往奉命出使的人，索求沒有滿足，致使四方國家輕視朝廷的命令。卿能夠如此，非常好。然而他們拿這些禮物送給你，你就拿走。」曹彬才下拜接受，全部散發給親戚熟人，家中沒有留下來的。

辛丑❶，馮延魯、鍾謨來自唐，唐主手表謝恩❷，其略曰「天地之恩厚矣，父母之恩深矣，子不謝父，人何報天，惟有赤心，可酬大造❸。」又乞比藩方，賜詔書❹。又稱有情事令鍾謨上奏，乞令早還。唐主復令謨白帝，欲傳位太子。九月丁巳❺，以延魯為刑部侍郎，謨為給事中。己未❻，先遣謨還，賜書諭以未可傳位之意[1]。唐主復遣吏部尚書、知樞密院殷崇義來賀天清節❼。

帝謀伐蜀，冬，十月己卯❽，以戶部侍郎高防為西南面水陸制置使、右贊善大夫❾李玉為判官。○甲午❿，帝歸馮延魯及左監門衛上將軍許文稹、右千牛衛上將軍邊鎬、衛尉卿周廷構于唐。唐主以文稹等皆敗軍之俘，棄不復用。

高保融再遺蜀主書，勸稱臣於周。蜀主集將相議之，李昊曰：「從之則君父之辱，違之則周師必至，諸將能拒周乎？」諸將皆曰：「以陛下聖明，江山險固，豈可望風屈服！秣馬厲兵，正為今日。臣等請以死衛社稷！」丁酉⓫，蜀主命昊草書，極言拒絕之。

詔左散騎常侍[12]須城[13]艾穎等三十四人分行諸州，均定田租。庚子[14]，詔諸州併鄉村，率以百戶為團，團置耆長三人[15]。帝留心農事，刻木為耕夫、蠶婦，置之殿庭。○命武勝節度使宋延渥以水軍巡江。○高保融奏，聞王師將伐蜀，請以水軍趣三峽[16]，詔褒之。

十一月庚戌[17]，敕竇儼編集大周通禮、大周正樂。○辛亥[18]，南漢葬文武光明孝皇帝于昭陵，廟號中宗。○乙丑[19]，唐主復遣禮部侍郎鍾謨入見。

李玉至長安，或言蜀歸安鎮[20]在長安南三百餘里，可襲取也。玉信之，牒永興節度使王彥超，索兵二百。彥超以為歸安道阻隘難取，玉曰：「吾自奉密旨。」彥超不得已與之，玉將以往。十二月，蜀歸安鎮遏使李承勳據險邀之，斬玉，其眾皆沒。

乙酉[21]，蜀主以右衛聖步軍都指揮使趙崇韜為北面招討使，丙戌[22]，以奉鑾肅衛都指揮使、武信節度使兼中書令孟貽業為昭武[23]、文州[24]都招討使，左衛聖馬軍都指揮使趙思進為東面招討使，山南西道節度使韓保貞為北面都招討使，將兵六萬，分屯要害以備周。

【章　旨】以上為第四段，寫周世宗謀伐蜀，蜀主命將率兵六萬分屯要害。

【注　釋】❶辛丑　八月二十三日。❷手表謝恩　親手寫表文謝恩。❸可酬大造　可以報答大恩大德。❹乞比藩方二句　請求比照藩鎮那樣，頒賜詔書。❺丁巳　九月初九日。❻己未　九月十一日。❼天清節　周世宗生於九月二十四日，這一天定為天清節。❽己卯　十月初二日。❾右贊善大夫　官名，東宮右春坊屬官，掌侍從獻納啟奏。❿甲午　十月十七日。⓫丁酉　十月二十日。⓬左散騎常侍　官名，隸門下省。在皇帝左右規諫過失，以備顧問，無實際職權。⓭須城　縣名，原為唐須昌縣，避後唐獻祖廟諱改須城，縣治在今山東東平。⓮庚子　十月二十三日。⓯團置耆長三人　每團以老者三人為之長。耆，老。⓰三峽　指長江上游的瞿塘峽、巫峽和西陵峽。⓱庚戌　十一月初四日。⓲辛亥　十一月初五日。⓳乙丑　十一月十九日。⓴歸安鎮　地名，在今陝西安康北，又名香獐壩。㉑乙酉　十二月初九日。㉒丙戌　十二月初十。㉓昭武　昭武軍，治所利州，在今四川廣元。㉔文州　州名，治所曲水，在今甘肅文縣西。

【校　記】①己未先遣謨還賜書諭以未可傳位之意　原無此十六字。據章鈺校，乙十一行本、孔天胤本皆有此十六字，張敦仁《通鑑刊本識誤》、張瑛《通鑑校勘記》同，今據補。

【語　譯】八月二十三日辛丑，馮延魯、鍾謨來到南唐，南唐主親自寫表謝恩，表章大略說「天地的恩德深厚啊，父母的恩情深厚啊，兒子不感恩父親，人又怎麼報答上天，只有赤誠之心，可以報答大恩大德。」又請求比照藩鎮那樣，頒賜詔書。還說有事情讓鍾謨上奏，乞求讓他早些回來。南唐主又讓鍾謨稟告周世宗，想傳位給太子。九月初九日丁巳，周世宗任命馮延魯為刑部侍郎，鍾謨為給事中。十一日己未，周世宗先派遣鍾謨返回南唐，賜下詔書傳達讓南唐主不必傳位的意思。南唐主又派遣吏部尚書、知樞密院殷崇義前來祝賀周世宗的壽辰。

周世宗謀劃討伐後蜀，冬，十月初二日己卯，任命戶部侍郎高防為西南面水陸制置使、右贊善大夫李玉為判官。〇十七日甲午，周世宗把馮延魯和左監門衛上將軍許文稹、右千牛衛上將軍邊鎬、衛尉卿周廷構送回南唐。南唐主因為許文稹等人都是軍敗被俘，所以棄置不再任用。

高保融又送信給後蜀主，勸他向後周稱臣。後蜀主召集將相討論此事，李昊說：「聽從他的話就是君父受辱；違背他的話後周軍隊就一定到來，眾將能夠抵抗後周軍隊嗎？」眾將都說：「以陛下的聖明，江山的險固，豈能望風屈服！厲兵秣馬，正是為了今天。臣等請求以死來保衛國家！」十月二十日丁酉，後蜀主命令李昊起草書信，盡情陳辭拒絕了高保融。

周世宗詔命左散騎常侍須城人艾穎等三十四人分別巡行各州，均定田租。十月二十三日庚子，詔命各州合併鄉村，一律以一百戶為一團，每團設置年老的團長三人。周世宗留心農事，用木頭雕刻成耕夫、蠶婦，安放在殿庭。○周世宗命令武勝節度使宋延渥率領水軍巡視長江。○高保融奏言，聽說王師將要征伐後蜀，請求率領水軍奔赴三峽，周世宗下詔褒獎他。

十一月初四日庚戌，下敕書讓竇儼編纂《大周通禮》、《大周正樂》。○初五日辛亥，南漢把文武光明孝皇帝安葬在昭陵，廟號中宗。○十九日乙丑，南唐主又派遣禮部侍郎鍾謨入朝進見周世宗。

李玉到達長安，有人說蜀國的歸安鎮在長安南面三百多里，可以襲取。李玉相信了此話，發公文給永興節度使王彥超，索求士兵二百人。王彥超認為歸安道路險阻，難以攻取。李玉說：「我自己奉有祕密的詔書。」王彥超不得已給他士兵，李玉率領士兵前往歸安鎮。十二月，後蜀歸安鎮遏使李承勳據險截擊，斬殺李玉，他的部眾全部覆沒。

十二月初九日乙酉，後蜀主任命右衛聖步軍都指揮使趙崇韜為北面招討使。初十日丙戌，任命奉鑾肅衛都指揮使、武信節度使兼中書令孟貽業為昭武、文州都招討使，左衛聖馬軍都指揮使趙思進為東面招討使，山南西道節度使韓保貞為北面都招討使，率領士兵六萬，分別駐紮要害之地來防備後周。

丙戌❶，詔凡諸色課戶❷及俸戶❸並勒歸州縣，其幕職❹、州縣官自今並支俸錢及米麥。

初，唐太傅兼中書令楚公宋齊丘多樹朋黨，欲以專固朝權，躁進之士爭附之，推奬以為國之元老。樞密使陳覺、副使李徵古恃齊丘之勢，尤驕慢。及許文稹等敗於紫金山，覺與齊丘、景達自濠州遁歸，國人恟懼。唐主嘗歎曰：「吾國家一朝至此！」因泣下。徵古曰：「陛下當治兵以扞敵，涕泣何為！豈飲酒過量邪，將乳母不至邪？」唐主色變，而徵古舉止自若。會司天奏「天文有變，人主宜避位禳災。」唐主乃曰：「禍難方殷❺，吾欲釋去萬機❻，棲心沖寂❼，誰可以託國者？」徵古曰：「宋公，造國手❽也，陛下如厭萬機，何不舉國授之！」覺曰：「陛下深居禁中，國事皆委宋公，先行後聞，臣等時入侍，談釋、老❾而已。」唐主心慍，即命中書舍人豫章陳喬❿草詔行之。喬惶恐請見，曰：「陛下一署此詔，臣不復得見矣！」因極言其不可。唐主笑曰：「爾亦知其非邪？」乃止。由是因晉王⓫出鎮，以徵古為之副，覺自周還，亦罷近職⓬。

鍾謨素與李德明善，以德明之死怨齊丘。及奉使歸唐，言於唐主曰：「齊丘乘國之危，遽謀篡竊，陳覺、李徵古為之羽翼，理不可容。」陳覺之自周還，矯以帝命謂唐主曰：「聞江南連歲拒命，皆宰相嚴續之謀，當為我斬之。」唐主知覺素與續有隙，固未之信。鍾謨請覆⓭之於周，唐主乃因謨復命，上言：「久拒王師，皆臣愚迷，非續之罪。」帝聞之，大驚曰：「審⓮如此，則續乃忠臣，朕為天下主，豈教人殺忠臣乎！」謨還，以白唐主。

唐主欲誅齊丘等，復遣謨入稟於帝。帝以異國之臣，無所可否。己亥⓯，唐主命知樞密院殷崇義草詔暴齊丘、覺、徵古罪惡，聽齊丘歸九華山⓰舊隱，官爵悉如故；覺責授國子博士，宣州安置；徵古削奪官爵，賜自盡；黨與皆不問。遣使告于周。

丙午⓱，蜀以峽路巡檢制置使高彥儔為招討使。

平盧節度使、太師、中書令、陳王安審琦僕夫安友進與其嬖妾通，妾恐事泄，與友進謀殺審琦。友進不可，妾曰：「不然，我當反告汝。」友進懼而從之。

【章　旨】以上為第五段，寫南唐主懲治宋齊丘之罪。

【注　釋】❶丙戌　十二月初十日。❷課戶　有納稅丁口的民戶。《新唐書》卷五十一〈食貨志一〉云：「凡主戶內有課口者為課戶。」❸俸戶　替官府放債收息，提供俸給的富戶。❹幕職　幕僚。❺殷　眾多。❻萬機　舊指皇帝日常處理的紛繁的政務。❼棲心沖寂　讓心胸處於清靜。沖寂，虛靜。❽造國手　國家的締造者。❾釋老　佛學和老莊學說。❿陳喬　字子喬，廬陵玉笥（在今江西峽江縣東南）人，善文辭，官至門下侍郎兼樞密使。宋太祖圍金陵，不肯降，自縊死。⓫晉王　即李昪第三子景遂。⓬近職　近臣的職務；重要職務。⓭覆　核察虛實。⓮審　果真；確實。⓯己亥　十二月二十三日。⓰九華山　在今安徽青陽西南。⓱丙午　十二月三十日。

【語　譯】十二月初十日丙戌，周世宗下詔，所有各種課戶和俸戶一律勒令回歸各自的州縣，幕僚和州縣官從今以後都由官府開支俸錢和米麥。

當初，南唐太傅兼中書令楚公宋齊丘多建同黨，想以此鞏固對朝政的壟斷，急於提升的朝官爭相攀附，推譽宋齊丘為國家的元老。樞密使陳覺、副使李徵古依仗宋齊丘的勢力，尤其驕橫傲慢。等到許文稹等人在紫金山兵敗，陳覺和宋齊丘、李景達從濠州逃回來，國人恐懼。南唐主曾經歎息說：「我的國家一下子竟到了這種地步！」因而流下眼淚。李徵古說：「陛下應當整頓軍隊來抵抗敵人，哭泣流淚有什麼用！難道是飲酒過量了呢，還是奶媽沒來呢？」南唐主臉色大變，而李徵古舉止自如。恰巧司天監官員上奏「天象發生變化，人主應該避開帝位祈求消災。」南唐主於是說：「禍難正多，我想放棄所有的政務，讓我的心胸處於清靜之中，可以把國家託付給誰呢？」李徵古說：「宋公是締造國家的元老，陛下如果厭煩政務，何不把整個國家交給他！」陳覺說：「陛下深居宮禁之中，國事都交給宋公，先處理後奏聞，臣等按時入侍陛下，談說佛學與老子而已。」南唐主心中怨恨，立即命令中書舍人豫章人陳喬草擬詔書實行。陳喬驚恐，請求進見，陳喬說：「陛下一簽署這道詔書，臣就不能再見到陛下了！」接著極力說明不能這樣做。南唐主笑著說：「你也知道那樣做不對嗎？」於是此事作罷。因此藉晉王出任藩鎮的機會，任命李徵古做他的副手；陳覺從後周回來，也罷免了近臣的職務。

鍾謨向來與李德明友好，因為李德明的死而怨恨宋齊丘。等到他奉命出使回到南唐，進言南唐主說：「宋齊丘趁著國家危難，馬上謀劃篡國竊位，陳覺、李徵古做他的幫手，按理不可寬容。」陳覺從後周回來，假借周世宗的命令對南唐主說：「聽說江南連年違抗命令，都是宰相嚴續的謀劃，應當替我斬殺了他。」南唐主知道陳覺向來與嚴續有隔閡，本來就不相信他的話。鍾謨請求向後周覆核此事，南唐主於是由鍾謨向周世宗覆命，上言說：「長時間抵抗王師，都是我的愚昧迷惑，不是嚴續的罪過。」周世宗聽說後，大為驚訝，說：「果真是這樣的話，那麼嚴續乃是忠臣，朕為天下的君主，怎麼能讓人殺忠臣啊！」鍾謨回來，把情況告訴了南唐主。

南唐主想要殺死宋齊丘等人，又派遣鍾謨入朝稟告周世宗。周世宗認為宋齊丘等人是他國的臣子，不置可否。十二月二十三日己亥，南唐主命令知樞密院殷崇義草擬詔書，揭露宋齊丘、陳覺、李徵古的罪惡，允許宋齊丘回到九華山舊時隱居處，官職爵位全部依舊；陳覺貶降為國子博士，安置在宣州；李徵古削奪官職爵位，賜他自殺；他們的黨羽都不加追究。派遣使者向後周報告。

十二月三十日丙午，後蜀主任命峽路巡檢制置使高彥儔為招討使。

平盧節度使、太師、中書令、陳王安審琦的車夫安友進和安審琦的寵妾私通，妾怕事情洩露，就和安友進謀劃殺死安審琦。安友進認為不可，她說：「不這樣的話，我必定反過來告發你。」安友進恐懼而聽從了她的話。

六年（己未　西元九五九年）

春，正月癸丑❶，審琦醉熟寢❷，妾取審琦所枕劍授友進而殺之，仍盡殺侍婢在帳下者以滅口。後數日，其子守忠❸始知之，執友進等冎❹之。

初，有司將立正仗❺，宿設❻樂縣❼於殿庭，帝觀之，見鍾磬有設而不擊者，問樂工，皆不能對。乃命竇儼討論古今，考正雅樂❽。王朴素曉音律，帝以樂事詢之，朴上疏，以為：

「禮以檢形❾，樂以治心❿。形順於外⓫，心和於內⓬，然而天下不治者未之有也。是以禮樂修於上，而[1]萬國化於下，聖人之教不肅而成，其政不嚴而治⓭，用此道也。夫樂生於人心而聲成於物，物聲既成，復能感人之心。

「昔者[2]黃帝吹九寸之管，得黃鍾[14]正聲[15]，半之為清聲[16]，倍之為緩聲[17]，三分損益[18]之以生十二律[19]。十二律旋相為宮[20]以生七調，為一均[21]。凡十二均、八十四調[22]而大備。遭秦滅學[23]，歷代治樂者罕能用之。唐太宗之世，祖孝孫[24]、張文收[25]考正大樂，備八十四調[26]。安、史之亂，器與工什亡八九，至于黃巢，蕩盡無遺。時有太常博士殷盈孫[27]，按考工記[28]，鑄鎛鍾[29]十二，編鍾[30]二百四十。處士[31]蕭承訓校定石磬，今之在縣者是也。雖有鍾磬之狀，殊無相應之和[32]，其鎛鍾不問音律，但循環而擊，編鍾、編磬徒縣而已。絲[33]、竹[34]、匏[35]、土[36]僅有七聲[37]，名為黃鍾之宮[38]，其存者九曲[39]。考之三曲協律，六曲參涉諸調[40]。蓋樂之廢缺，無甚於今。

「陛下武功既著，垂意禮樂，以臣嘗學律呂，宣示古今樂錄[41]，命臣討論。臣謹如古法，以秬黍定尺[42]，長九寸徑三分為黃鍾之管[43]，與今黃鍾之聲相應，因而推之，得十二律。以為眾管互吹，用聲不便，乃作律準[44]，十有三弦，其長九尺，皆應黃鍾之聲，以次設柱，為十一律[45]，及黃鍾清聲，旋用七律[46]以為一均。為均之主者，宮也[47]，徵、商、羽、角、變宮、變徵次焉[48]。發其均主之聲，歸乎[3]本音之律，迭應不亂㊾，乃成其調，凡八十一調。此法久絕，出臣獨見㊿，乞集百官校其得失。」

詔從之。百官皆以為然，乃行之。

唐宋齊丘至九華山，唐主命鎖其第51，穴牆給飲食52。齊丘歎曰：「吾昔獻謀幽讓皇帝族於泰州，宜其及此！」乃縊而死。謚曰醜繆。

初，翰林學士常夢錫知宣政院，參預機政，深疾齊丘之黨，數言於唐主曰：「不去此屬，國必危亡。」與馮延巳、魏岑之徒日有爭論。久之，罷宣政院，夢錫鬱鬱不得志，不復預事，日[4]縱酒成疾而卒。及齊丘死，唐主曰：「常夢錫平生欲殺齊丘，恨不使見之！」贈夢錫左僕射。

【章旨】以上為第六段，寫周世宗正音律。南唐宋齊丘被貶九華山，自縊而死。

【注釋】❶癸丑　正月初七日。❷醉熟寢　醉酒沉睡。❸守忠　即安守忠，字信臣，并州晉陽（今山西太原）人，官至濮州團練使，為治簡靜。因父以愛妾之故被害，所以終身不畜伎妾。傳見《宋史》卷二百七十五。❹冎　割肉離骨，即凌遲。❺正仗　正式的儀仗。❻宿設　前一夕設置稱宿設。❼樂縣　懸掛的鐘磬一類的打擊樂器。縣，同「懸」。❽雅樂　古代帝王祭祀天地、祖先及朝賀、宴享等大典所用的樂舞。音樂中正和平，歌詞典雅純正，故名雅樂。❾禮以檢形　禮是用來約束行為的。❿樂以治心　音樂是用來陶治心靈的。⓫形順於外　外在的行為順乎情理。⓬心和於內　內在的心靈和諧融洽。⓭聖人之教不肅而成二句　語見《孝經・聖治章》，為孔子之言。聖人的教化不嚴急而能成功，政令不嚴厲而治理得好。⓮黃鍾　十二律中第一律。⓯正聲　音階中居核心地位的五聲，即宮、商、角、徵、羽。⓰半之為清聲　將九寸的竹管減半，則為清聲，即高音。⑰倍之為緩聲　將竹管加倍則為緩聲，即低音。⑱三分損益　我國古代生律的方法。其所生各律形成一種律制，稱三分損益律，也叫三分法。具體方法是用三分損益法生成十二律。陽生陰為下生，即三分去一，數學公式為乘以三分之二；陰生陽為上生，即三分益一，數學公式為乘以三分之四。以黃鐘為基數，「三分損一，下生林鐘。三分林鐘益一，上生太簇。三分太簇損一，下生南呂。三分南呂益一，上生姑洗。三分姑洗損一，下生應鐘。三分應鐘益一，上生蕤賓。三分蕤賓損一，下生大呂。三分大呂益一，上生夷則。三分夷則損一，下生夾鐘。三分夾鐘益一，上生無射。三分無射損一，下生中呂。」⑲十二律　中國古代樂律學名詞。律，定音的竹管。竹管的長度用三分損益法定出十二支長度不同的律管吹出十二個不同高度的標準音，叫十二律。十二律分陰陽兩類，各有特定的名稱。由低到高的排列是：1.黃鐘，2.大呂，3.太簇，4.夾鐘，5.姑洗，6.中呂，7.蕤賓，8.林鐘，9.夷則，10.南呂，11.無射，12.應鐘。奇數六律為陽律，叫六律，偶數六律為陰律，叫六呂，合稱律呂，也統稱六律。⑳旋相為宮　指一定宮調系統中，宮（調高）的轉換與調（調式）的轉換。十二律輪流作為宮音，就構成不同的五聲（五調）、七聲（七調）。㉑均　通「鈞」。表明音高的分組、或音區高低的名詞。一鈞包括七種調式。㉒八十四調　一鈞包括七種調式，十二鈞，故得八十四調。㉓遭秦滅學　遭遇到秦始皇焚書坑儒，滅絕學術。㉔祖孝孫　幽州范陽（今河北涿州）人，隋、唐之際樂律學家。隋開皇年間任協律郎，入唐歷任著作郎、吏部郎、太常少卿。曾奉命與祕書監竇璡修訂雅樂，實踐了八十四調的理論。傳見《舊唐書》卷七十九。㉕張文收　貝州武城（今河北南宮）人，唐初音樂家。通音律，能作曲。歷任協律郎、太子率更令。唐初沿用隋樂，但太樂有古鐘十二，只擊七鐘，另五鐘設而不擊，俗號啞鐘，無人知曉。文收斷竹為十二律，用以吹調上述五鐘，聲皆響徹，實踐了祖孝孫的理論。傳見《舊唐書》卷八十五、《新唐書》卷一百十三。㉖考正大樂二句　考訂校正大樂，設置八十四調，本書載於唐太宗貞觀二年（西元六二八年）四月，此次對雅樂的整理，以太常少卿祖考孫為主，協律郎張文收參與修定，完成《唐雅樂》，凡八十四調、三十一曲、十二和。但據《新唐書》卷二十一〈禮樂志〉十一記載，唐高祖武德九年（西元六二六年），已詔令祖孝孫定樂，成六十聲、八十四調。唐初釐訂雅樂，應該始於唐高祖末年，唐太宗初年成為定制。㉗殷盈孫　唐末太常博士、祕書少監。通禮儀，時值安史亂後，禮樂俱廢。盈孫參照古禮，制定了祭祀太廟和應穿的服飾制度。傳見《舊唐書》卷一百六十五、《新唐書》卷一百六十四。㉘考工記　先秦古籍中重要的科技著作。作者不詳。據後人考證，是一部春秋末年齊國人記錄手工技術的官書。㉙鎛鍾　大鐘。㉚編鍾　十六個小鐘同懸在虡上，稱編鐘。虡，懸掛鐘磬的木柱。㉛處士　古時稱有才德而隱居不仕的人。㉜和　和聲。㉝絲　絃樂器，如琵琶、二胡等。㉞竹　竹製樂器，如簫、笛等。㉟匏　葫蘆類所製樂器，如笙、竽等。㊱土　陶製樂器，如塤等。㊲七

聲　又稱七音，分舊、新兩種。七聲舊音階為：宮、商、角、變徵、徵、羽、變宮。七聲新音階為：宮、商、角、清角、徵、羽、變宮。㊳黃鍾之宮　即黃鐘鈞的宮調式。㊴九曲　九支曲子。㊵考之三曲協律二句　所存九曲，詳加考核，只有三支曲子合符音律，九支曲子夾雜各種音調。㊶樂錄　有關樂律的記載、資料及樂譜。㊷以秬黍定尺　以黑黍校定尺度。㊸黃鍾之管　以黃鐘鈞為基調的竹管。㊹律準　按絃發音原理而定的律法。㊺十一律　除黃鐘外的林鐘、太簇等十一律。㊻七律　先秦稱宮、商等七音為七律。十二律的每一律，輪番使用七音就成為一鈞。故十二鈞總計八十四調。㊼為均之主者二句　意為宮聲是音階組織中最重要的一個音級，故成為鈞中的主音。其次是徵、商、羽、角、變宮、變徵。㊽徵商羽角變宮變徵次焉　意為徵、商、羽、角、變宮、變徵與宮聲相比，在其次。㊾迭應不亂　指一鈞中宮、徵等七音重疊應和而不雜亂。㊿此法久絕二句　古法音律早已失傳，上述見解出自臣的見解。(51)鎖其第　封閉宋齊丘的宅第，即幽囚宋齊丘於自己的私宅中。(52)穴牆給飲食　牆上穿洞供給飲食。

【校　記】①而　原無此字。據章鈺校，乙十一行本、孔天胤本皆有此字，今據補。②者　原無此字。據章鈺校，乙十一行本有此字，張敦仁《通鑑刊本識誤》同，今據補。③乎　原作「于」。據章鈺校，乙十一行本、孔天胤本皆作「乎」，今據改。按，《舊五代史．樂志》作「乎」。④曰　原無此字。據章鈺校，乙十一行本、孔天胤本皆有此字，今據補。

【語　譯】六年（己未　西元九五九年）

春，正月初七日癸丑，安審琦酒醉熟睡，侍妾取出安審琦所枕的劍交給安友進，殺死了安審琦，又把在帳下服侍的婢女全部殺死滅口。幾天以後，安審琦的兒子安守忠才知道這件事，抓住安友進等人凌遲處死。

當初，有關部門準備設立正式的儀仗，前一天晚上在殿庭懸掛樂器，周世宗觀看樂器，見鐘磬有擺在那裡而不敲打的，詢問樂工，樂工都不能回答。於是命令竇儼討論古今，考定校正雅樂。王朴一向通曉音律，周世宗就有關音樂的事詢問他。王朴上疏，認為：

「禮儀是用來約束行為的，音樂是用來陶冶心靈的。外在的行為順於情理，內在的心靈和諧融洽，這樣而天下治理得不好的從來沒有過。所以朝廷在上整飭禮樂，而萬國感化於下，聖人的教化不嚴急而能成功，政令不嚴厲而治理得好，都是由於這個道理。大抵音樂產生於人的心靈而聲音形成於物體，物體的聲音既已形成，又能感化人的心靈。

「從前黃帝吹九寸長的竹管，得到黃鐘的正聲，把它截成一半成為清聲，把它加長一倍成為緩聲，再增加或減少三分之一，便產生十二音律。十二個音律輪流定為宮聲，便可產生七個調，成為一均。一共十二均，八十四宮調，這就完全齊備了。遇上秦朝毀滅學術，歷代研習演奏音樂的人很少能夠運用它。唐太宗的時候，祖孝孫、張文收考訂校正大樂，設置了八十四宮調。安、史之亂，樂器和樂師損失十分之八九。到了黃巢之亂，完全損失，毫無遺留。當時有太常博士殷盈孫，根據《考工記》，鑄造出十二枚大鐘，二百四十枚編鐘。處士蕭承訓校訂石磬，現在懸掛的就是。雖然有鐘和磬的形狀，卻一點沒有相應的和聲，對鎛鐘也不問音律，只是循環敲打，編鐘、編磬，只是白白地掛著罷了。絲、竹、匏、土等各種樂器只有七聲，名為黃鐘之宮，存世的有九支曲子。考察九支曲子，三支曲子合於音律，六支曲子混雜各種音調。音樂的缺失，沒有比今天更嚴重的了。

「陛下武功已經卓著，垂意禮樂，因為臣曾經學過律呂，展示古今的音樂記載，命令臣下研討。臣謹慎地依照古代的方法，用黑黍粒定出尺寸，長九寸、直徑三分的作為黃鐘之管，與今天的黃鐘之聲相應，以此來推算，得出十二音律。因為用許多律管相互吹奏，使用和發聲都不方便，於是製作律準，一共有十三長絃，長九尺，都和黃鐘的聲音相應，在絃上依次設置絃枕木，調成十一個音律和黃鐘清聲，輪番使用七聲成為一均。作為均的主音，首先是宮，徵、商、羽、角、變宮、變徵為次。首先發出一均主音的聲音，最後回歸到本音的音律，七個音調重疊應和而不雜亂，於是才成為一個音調，一共八十一調。這一古法音律久已失傳，出於臣的獨自見解，請求召集百官考校得失。」

周世宗詔令採納王朴的建議。百官都認為是正確的，於是實行。

南唐宋齊丘到了九華山，南唐主命令封閉他的住宅，在牆上挖洞供給食物。宋齊丘歎息說：「我以前獻計把讓皇帝的全族幽禁在泰州，應該到這個地步！」於是上吊而死，諡號為醜繆。

當初，翰林學士常夢錫主持宣政院，參與機要政務，對宋齊丘一夥深為痛恨，一再向南唐主進言說：「不除掉這些人，國家一定傾亡。」與馮延巳、魏岑一幫人天天都有爭論。過了很久，常夢錫被罷免宣政院的職務，鬱鬱不得志，不再參與政事，每天縱酒成疾而死去。等到宋齊丘死的時候，南唐主說：「常夢錫一生都要殺掉宋齊丘，遺憾的是沒有讓他看見宋齊丘的死！」追贈常夢錫左僕射。

二月丙子朔❶，命王朴如❷河陰❸按行河隄，立斗門❹於汴口❺。壬午❻，命侍衛都指揮使韓通、宣徽南院使吳廷祚❼[1]，發徐、宿、宋、單等州丁夫數萬浚汴水。甲申❽，命馬軍都指揮使韓令坤自大梁城東導汴水入于蔡水❾，以通陳、潁之漕。命步軍都指揮使袁彥❿浚五丈渠⓫東過曹、濟、梁山泊⓬，以通青、鄆之漕。發畿內及滑、亳等州[2]丁夫數千以供其役。

丁亥⓭，開封府奏田稅舊一十萬二千餘頃，今按行得羨田⓮[3]四萬二千餘頃。敕減三萬八千頃，諸州行田[4]使⓯還，所奏羨田，減之倣此。◯淮南饑，上命以米貸之。或曰：「民貧，恐不能償。」上曰：「民吾子也，安有子倒懸⓰而父不為之解哉！安在責其必償也！」

庚申⓱，樞密使王朴卒。上臨其喪，以玉鉞⓲卓地⓳，慟哭數四，不能自止。朴性剛而銳敏，智略過人，上以是惜之。◯甲子⓴，詔以北鄙未復，將幸滄州，命義武節度使孫行友扞㉑西山路㉒，以宣徽南院使吳廷祚權東京留守、判開封府事、三司使張美權大內都部署。丁卯[23]，命侍衛親軍都虞候韓通等將水陸軍先發。

甲戌[24]，上發大梁。

夏，四月庚寅[25]，韓通奏自滄州治水道入契丹境，柵於乾寧軍[26]南，補壞防，開游口[27]三十六，遂通瀛、莫。辛卯[28]，上至滄州，即日帥步騎數萬發滄州，直趨契丹之境。河北州縣非車駕所過，民間皆不之知。壬辰[29]，上至乾寧軍，契丹寧州[30]刺史王洪舉城降。

乙未[31]，大治水軍，分命諸將水陸俱下，以韓通為陸路都部署，太祖皇帝為水路都部署。丁酉[32]，上御龍舟沿流而北，舳艫相連數十里。己亥[33]，至獨流口[34]，泝流而西。辛丑[35]，至益津關[36]，契丹守將終廷輝以城降。自是以西，水路漸隘，不能勝巨艦，乃捨之。壬寅[37]，上登陸而西，宿於野次[38]，侍衛之士不及一旅[39]，從官皆恐懼。胡騎連羣出其左右，不敢逼。

癸卯[40]，太祖皇帝先至瓦橋關[41]，契丹守將姚內斌[42]舉城降，上入瓦橋關。內斌，平州人也。甲辰[43]，契丹莫州刺史劉楚信舉城降。五月乙巳朔[44]，侍衛親軍都指揮使、天平節度使李重進等始引兵繼至，契丹瀛州刺史高彥暉[45]舉城降。彥暉，薊州人也。於是關南[46]悉平。

【章　旨】以上為第七段，寫周世宗北進親征契丹，河北瓦橋關以南諸州望風歸降於周。

【注　釋】❶丙子朔　二月初一日。❷如　往。❸河陰　舊縣名，縣治在今河南滎陽北古汴河口。❹斗門　古代指堤、堰上所設的放水閘門，或橫截河渠，用以壅高水位的閘門。❺汴口　汴河口。❻壬午　二月初七日。❼吳廷祚　字慶之，并州太原（今山西太原西南）人，周世宗時，治汴水、黃河有功，官樞密使。宋初，官至雄武軍節度使。傳見《宋史》卷二百五十七。❽甲申　二月初九日。❾蔡水　在今河南上蔡東南三十里，即渦河上游，東入潁河。❿袁彥　河中河東（今山西永濟蒲州鎮）人，隨周世宗攻南唐，屢立戰功。官彰信軍節度使，宋初加檢校太尉。傳見《宋史》卷二百六十一。⓫五丈渠　又名五丈河，在今河南開封北。⓬曹濟梁山泊　曹、濟，皆州名。曹州治所在今山東曹縣。濟州治所巨野，在今山東巨野南。梁山泊，在今山東梁山、鄆城等縣間。南部梁山以南本係大野澤的一部分，五代時澤水北移，環梁山皆成巨浸，始稱梁山泊。泊，一作濼。⓭丁亥　二月十二日。⓮羨田　多餘的土地。⓯行田使　臨時設置的派往各州巡視按查農田數量及農事情況的官員，事罷即撤置。⓰倒懸　比喻處境痛苦和危急，像人被倒掛一樣。⓱庚申　二月丙子朔，無庚申。庚申，應為三月十五日。⓲玉鉞　玉杖。⓳卓地　椎擊地面。⓴甲子　二月丙子朔，無甲子。甲子，三月十九日。㉑扞　防衛；封鎖。㉒西山路　在定州（今河北正定）境。封鎖西山路，以防北漢救契丹。㉓丁卯　二月丙子朔，無丁卯。丁卯，三月二十二日。㉔甲戌　二月丙子朔，無甲戌。甲戌，三月二十九日。㉕庚寅　四月十五日。㉖乾寧軍　軍鎮名，當時在滄州永安縣設置，治所在今河北青縣。㉗游口　排水口，在水不到之處開鑿，以備漲水時洩洪。㉘辛卯　四月十六日。㉙壬辰　四月十七日。㉚寧州　契丹在乾寧軍設置寧州。㉛乙未　四月二十日。㉜丁酉　四月二十二日。㉝己亥　四月二十四日。㉞獨流口　在今天津市靜海縣北，運河與潮河在此會合，稱獨流口，為水陸往來要衝。㉟辛丑　四月二十六日。㊱益津關　在今河北霸州。㊲壬寅　四月二十七日。㊳野次　野外。㊴旅　五百人為一旅。㊵癸卯　四月二十八日。㊶瓦橋關　在今河北雄縣南易水上，為五代後周河北三關之一。㊷姚內斌　平州盧龍（今河北盧龍）人，仕契丹，為關西巡檢、瓦橋關使。降後周，官至慶州刺史兼青、白兩池榷鹽制置使，以武猛著稱。傳見《宋史》卷二百七十三。㊸甲辰　四月二十九日。㊹乙巳朔　五月初一日。㊺高彥暉　薊州漁陽（今天津市薊縣）人，原為契丹瀛州刺史，降周世宗，伐蜀失利，與部下十餘騎皆陣亡。傳見《宋史》卷二百五十五。㊻關南　瓦橋關南。

【校　記】①吳廷祚　胡三省注云：「『廷祚』當作『延祚』。」據章鈺校，孔天胤本作「吳延祚」，張敦仁《通鑑刊本識誤》

同。嚴衍《通鑑補》亦改作「吳延祚」。按，新、舊《五代史》多作「吳延祚」，《宋史》皆作「吳廷祚」。陳尚君《舊五代史新輯會證》云應作「吳廷祚」，當是。②等州 原無此二字。據章鈺校，乙十一行本、孔天胤本皆有此二字，今據補。③羨田 原作「羨苗」。據章鈺校，乙十一行本作「羨田」，今據改。下同。④田 原作「苗」。據章鈺校，乙十一行本作「田」，當是，今據改。

【語譯】二月初一日丙子，周世宗命令王朴前往河陰巡視黃河的堤防，在汴水入河口建立閘門。初七日壬午，命令侍衛都指揮使韓通、宣徽南院使吳廷祚徵發徐州、宿州、宋州、單州等州的民夫數萬人疏通汴水。初九日甲申，命令馬軍都指揮使韓令坤從大梁城東引導汴水流入蔡水，以此打通陳州、潁州的漕運。命令步軍都指揮使袁彥疏浚五丈渠向東經過曹州、濟州、梁山泊，以此打通青州、鄆州的漕運，徵發京畿之內以及滑州、亳州等地的民夫幾千人從事這些工程。

二月十二日丁亥，開封府奏報舊時徵稅田地十萬二千多頃，如今核查多出的田地四萬二千多頃。周世宗敕令減免租稅三萬八千頃，各州的行田使回來，所奏的多餘田地，依照這個比例來減免租稅。〇淮南發生饑荒，周世宗命令把米糧借貸給百姓，有人說：「百姓貧窮，恐怕不能償還。」周世宗說：「百姓是我的子女，哪有子女身遭倒懸之苦而做父母的不去解救他們呢！哪裡要責求他們一定償還呢！」

庚申日，樞密使王朴去世。周世宗親臨他的喪禮，用玉鉞擊打地面，多次痛哭，不能自抑。王朴生性剛直而敏銳，智慧才略超過常人，周世宗因此憐惜他。〇甲子日，周世宗下詔，因為北部邊疆沒有收復，準備親臨滄州。命令義武節度使孫行友防禦西山路，任命宣徽南院使吳廷祚代理東京留守·判開封府事、三司使張美代理大內都部署。丁卯日，命令侍衛親軍都虞候韓通等人率領水陸軍隊先行出發。甲戌日，周世宗從大梁出發。

夏，四月十五日庚寅，韓通奏報從滄州疏通水路進入契丹境內，在乾寧軍的南面設置柵欄，修補毀壞的堤防，開挖排水口三十六個，於是可以通到瀛州和莫州。十六日辛卯，周世宗到達滄州，當天率領步兵騎兵幾萬人從滄州出發，直接奔赴契丹國境。河北的州縣不是周世宗所過之地，民間百姓都不知道此事。十七日壬辰，周世宗到達乾寧軍，契丹寧州刺史王洪獻城投降。

四月二十日乙未，周世宗大力整飭水軍，分別命令諸將水陸一起出發，任命韓通為陸路都部署、太祖皇帝趙匡胤為水路都部署。二十二日丁酉，周世宗乘坐龍船順流北進，船隻相連幾十里。二十四日己亥，到達獨流口，逆水西進。二十六日辛丑，到達益津關，契丹守將終廷輝獻城投降。從益津關往西，水路漸漸地狹窄，不能通行大船，於是放棄艦船。二十七日壬寅，周世宗登陸西進，住在野外，侍衛的士兵不足五百人，隨從官員都很害怕。胡人的騎兵成群結隊地出現在他們的左右，但是不敢逼近。

四月二十八日癸卯，太祖皇帝趙匡胤先到瓦橋關，契丹守將姚內斌獻城投降，周世宗進入瓦橋關。姚內斌是平州人。二十九日甲辰，契丹莫州刺史劉楚信獻城投降。五月初一日乙巳，侍衛親軍都指揮使、天平節度使李重進等人才領兵相繼到達，契丹瀛州刺史高彥暉獻城投降。高彥暉，是薊州人。於是瓦橋關以南全部平定。

丙午❶，宴諸將於行宮❷，議取幽州。諸將以為「陛下離京四十二日，兵不血刃，取燕南之地，此不世之功也。今虜騎皆聚幽州之北，未宜深入。」上不悅。是日，趣先鋒都指揮使劉重進先發，據固安❸。上自至安陽水❹，命作橋，會日暮，還宿瓦橋。是日，上不豫而止。契丹主遣使者日馳七百里詣晉陽，命北漢主發兵撓周邊，聞上南歸，乃罷兵。

戊申❺，孫行友奏拔易州，擒契丹刺史李在欽，獻之，斬於軍市❻。○己酉❼，以瓦橋關為雄州❽，割容城❾、歸義二縣隸之。以益津關為霸州❿，割文安⓫、大城⓬二縣隸之。發濱⓭、棣丁夫數千城霸州，命韓通董⓮其役。○庚戌⓯，命李重進將兵出土門，擊北漢。○辛亥⓰，以侍衛馬步都指揮使韓令坤為霸州都部署、義成節度留後陳思讓為雄州都部署，各將部兵以戍之。○壬子⓱，上自雄州南還。○己巳⓲，李重進奏敗北漢兵於百井⓳，斬首二千餘級。○甲戌⓴，帝至大梁。六月乙亥朔㉑，昭義節度使李筠奏擊北漢，拔遼州㉒，獲其刺史張丕㉓。○丙子㉔，鄭州奏河決原武㉕，命宣徽南院使吳廷祚發近縣二萬餘夫塞之。

【章旨】以上為第八段，寫周世宗欲進取幽州，因病還京，敕令堵塞黃河決口。

【注釋】❶丙午　五月初二日。❷行宮　本指宮禁之外建造的供皇帝居處的宮殿。此指世宗行營。❸固安　縣名，縣治在今河北固安。❹安陽水　在今河南安陽北。❺戊申　五月初四日。❻軍市　軍中貿易場所，聽任士兵各以自己的物品進行買賣。❼己酉　五月初五日。❽雄州　州名，治所歸義縣，在今河北雄縣。❾容城　縣名，縣治在今河北容城縣。❿霸州　州名，治所永清縣，在今河北霸州。⓫文安　縣名，縣治在今河北文安東。⓬大城　縣名，縣治在今河北大城。⓭濱　州名，治所渤海縣，在今山東濱州。⓮董　督察。⓯庚戌　五月初六日。⓰辛亥　五月初七日。⓱壬子　五月初八日。⓲己巳　五月二十五日。⓳百井　即百井鎮，在今山西陽曲北四十里。⓴甲戌　五月三十日。㉑乙亥朔　六月初一日。㉒遼州　州名，治所遼山，在今山西左權。㉓張丕　後周忠武軍節度使張永德曾祖。傳見《宋史》卷二百五十五。㉔丙子　六月初二日。㉕原武　舊縣名，縣治在今河南原陽。

【語譯】五月初二日丙午，周世宗在行營宴請眾將，商議奪取幽州。眾將認為「陛下離開京城四十二天，兵不血刃，取得了燕南之地，這是世上沒有的功績。如今胡虜的騎兵都聚集在幽州的北面，不宜深入。」周世宗不高興。當天，催促先鋒都指揮使劉重進先出發，佔據固安。周世宗親自到達安陽水，命令建橋，適逢天色已晚，返回瓦橋住宿。當天，周世宗身體不舒服而停止建橋。契丹主派遣使者每天奔馳七百里前往晉陽，命令北漢主出兵擾亂後周的邊境，聽說周世宗南下返回，這才罷兵。

五月初四日戊申，孫行友上奏說攻取了易州，抓獲契丹易州刺史李在欽，獻給朝廷，斬於軍市。○初五日己酉，把瓦橋關建置為雄州，劃出容城、歸義兩縣隸屬於它。把益津關建置為霸州，劃出文安、大城兩縣隸屬於它。徵發濱州、棣州民夫數千人修築霸州城，命令韓通督察這項工程。○初六日庚戌，周世宗命令李重進率領軍隊從土門出發，攻打北漢。○初七日辛亥，周世宗任命侍衛馬步都指揮使韓令坤擔任霸州都部署、義成節度留後陳思讓擔任雄州都部署，各自率領所部士兵戍守。○初八日壬子，周世宗從雄州南下返回。○二十五日己巳，李重進上奏說在百井打敗北漢軍隊，斬首二千多級。○三十日甲戌，周世宗到達大梁。

六月初一日乙亥，昭義節度使李筠上奏說攻打北漢，攻取了遼州，抓獲遼州刺史張丕。○初二日丙子，鄭州上奏說黃河在原武決口，周世宗命令宣徽南院使吳廷祚徵發附近州縣的民夫二萬多人堵塞決口。

唐清源節度使留從效遣使入貢，請置進奏院於京師，直隸中朝❶。戊寅❷[1]，詔報以「江南近服，方務綏懷❸，卿久奉金陵❹，未可改圖。若置邸上都，與彼抗衡，受而有之，罪在於朕。卿遠修職貢，足表忠勤，勉事舊君，且宜如故。如此，則於卿篤始終之義，於朕盡柔遠之宜，惟乃通方，諒達予意❺。」

唐主遣其子紀公從善❻與鍾謨俱入貢，上問謨曰：「江南亦治兵，修守備乎？」對曰：「既臣事大國，不敢復爾。」上曰：「不然！曏時則為仇敵，今日則為一家，吾與汝國大義已定，保無他虞。然人生難期，至于後世，則事不可知。

歸語汝主：可及吾時完城郭，繕甲兵，據守要害，為子孫計。」謨歸，以告唐主。

唐主乃城金陵，凡諸州城之不完者葺之，戍兵少者益之。

臣光曰：「或問臣：五代帝王，唐莊宗、周世宗皆稱英武，二主孰賢？臣應之曰：夫天子所以統治萬國，討其不服，撫其微弱，行其號令，壹其法度，敦明信義，以兼愛兆民者也。莊宗既滅梁，海內震動，湖南馬氏遣子希範入貢⑦，莊宗曰：『比聞馬氏之業，終為高郁⑧所奪。今有兒如此，郁豈能得之哉？』郁，馬氏之良佐也。希範兄希聲聞莊宗言，卒矯其父命而殺之。此乃市道商賈之所為，豈帝王之體哉！蓋莊宗善戰者也，故能以弱晉勝彊梁。既得之，曾不數年，外內離叛，置身無所⑨。誠由知用兵之術⑩，不知為天下⑪之道故也。世宗以信令御羣臣，以正義責諸國，王環以不降受賞，劉仁贍以堅守蒙褒，嚴續以盡忠獲存，蜀兵以反覆就誅，馮道以失節被棄，張美以私恩見疏。江南未服，則親犯矢石，期於必克，既服，則愛之如子，推誠盡言，為之遠慮⑫。其宏規大度，豈得與莊宗同日語哉！書曰：『無偏無黨，王道蕩蕩⑬。』又曰：『大邦畏其力，小邦懷其德⑭。』世宗近之矣。」

【章旨】以上為第九段，寫周世宗示信南唐，受到司馬光的高度評價，稱之為英武之君，其德「王道蕩蕩」。

【注釋】❶直隸中朝　直屬中國。留從效因為南唐勢衰，不欲臣事，而願隸屬於後周。❷戊寅　六月初四日。❸綏懷　安撫懷柔。❹卿久奉金陵　南唐李璟保大四年（西元九四六年），泉州都指揮使留從效廢刺史王繼勳，代理軍府事，上表依附南唐，南唐主任命為泉州刺史。從此時起，留從效奉事南唐已十四年。❺惟乃通方二句　意為你通達事理，想必能體會我的心意。乃，汝；你。諒，想。❻紀公從善　南唐元宗李璟第七子，後主李煜同母弟，字子師，初封紀國公，深得元宗寵愛，官太尉、中書令。宋初留京師，官泰寧軍節度使。傳見《宋史》卷四百七十八。❼希範入貢　馬希範入朝後唐，事見本書卷二百七十二。❽高郁　揚州人，楚武穆王馬殷謀主。楚國收茶絲之利，能與諸鎮抗衡，多出於他的謀劃。但性奢侈，終被衡陽王馬希聲以謀反罪名滅族。事見本書卷二百七十六。❾置身無所　沒有容身之地。❿誠由知用兵之術　指唐莊宗實在是因為只知道用兵打仗的方法。誠，實在；真的。⓫不知為天下　不懂治國之道。⓬推誠盡言二句　推心置腹，知無不言，為人作長遠打算。⓭無偏無黨二句　語出《尚書・洪範》。意為不偏袒，不結黨，王者之道平坦遼闊。⓮大邦畏其力二句　語出《尚書・武成》。意為大國敬畏周文王的威力，小國思念周文王的美德。

【校記】①戊寅　原無此二字。據章鈺校，乙十一行本、孔天胤本皆有此二字，張敦仁《通鑑刊本識誤》、張瑛《通鑑校勘記》同，今據補。

【語譯】南唐清源節度使留從效派遣使者入朝進貢，請求在京師設置進奏院，直接隸屬於後周。六月初四日戊寅，周世宗下詔回覆說「江南最近歸服，朝廷正致力於安撫。卿長久侍奉金陵，不可改變主意。如果在京師設置進奏院，與南唐抗衡，朝廷接受而擁有此地，過錯就在朕的身上。卿從遠地前來進貢，足以表示忠誠勤勉，努力地侍奉過去的君主，最好應該一切如故。這樣，對於卿來說可以加深始終如一的情義，對於朕來說可以盡到安撫四方的義務。您通情達理，想必能體會我的心意。」

南唐主派遣他的兒子紀公李從善與鍾謨一起入朝進貢。周世宗問鍾謨說：「江南也治理軍隊，整修守備嗎？」鍾謨回答說：「既已臣事大國，不敢再這樣了。」周世宗說：「不對！以往我們是仇敵，如今則為一家。我和你們國家大的原則已經確定，保證沒有其他的意外。然而人生難以預料，到了後世，那麼事情就不能預知。回去告訴你的君主：可以趁我還在的時候使城池完備，整治甲兵，據守要害地方，為子孫謀劃。」鍾謨返回，把這些話告訴了南唐主。南唐主於是修築金陵城，凡是各州的城池不完備的進行修葺，戍守士兵數量少的補充增加。

司馬光說：「有人問臣：五代的帝王，唐莊宗、周世宗都號稱英明勇武，這兩位君主誰更賢明？臣回答他說：天子之所以能統治萬國，是他能討伐不服，安撫弱小，推行號令，統一法度，重視昭明信義，用以兼愛億萬百姓的緣故。唐莊宗滅掉梁以後，天下震動。湖南馬殷派遣他的兒子馬希範入朝進貢，莊宗說：『最近聽說馬氏的基業，終將要被高郁所奪，如今他有這樣的兒子，高郁怎麼可能奪得了呢？』高郁，是馬氏的優秀輔佐大臣。馬希範的哥哥馬希聲聽到莊宗所說的話，最終假託他父親的命令而殺掉了高郁。這只是市場上商人的做法，哪裡是帝王的原則啊！唐莊宗是一個善於作戰的人，所以能夠以弱小的晉國戰勝強大的梁國。得了天下以後，連幾年都不到，內外叛離，沒有容身之處。這實在是因為只知道用兵的方法，而不知道治理天下道理的緣故啊。周世宗以誠信駕御群臣，以正義要求各國，王環因為不投降而受到獎賞，劉仁贍因為堅守城池而受到表揚，嚴續因為竭盡忠誠而得到生存，蜀兵因為反覆無常而被殺，馮道因為喪失節操而被遺棄，張美因為私人恩惠而被疏遠。江南沒有歸附，就親自冒著飛矢流石，期望一定要攻克。江南降服以後，就像對子女那樣愛護，推心置腹，知無不言，替人家作長遠的打算。他那宏偉的規劃，博大的胸懷，哪能與唐莊宗同日而語呢！《尚書》上說：『不偏袒，不結黨，王者之道平坦遼闊。』又說：『大國敬畏他的威力，小國感念他的恩德。』周世宗與此相近了。」

辛巳❶，建雄節度使楊廷璋奏擊北漢，降堡寨一十三。○癸未❷，立皇后符氏❸，宣懿皇后之女弟也。○立皇子宗訓❹為梁王、領左衛上將軍，宗讓❺為燕公、領左驍衛上將軍。

上欲相樞密使魏仁浦，議者以仁浦不由科第[6]，不可為相。上曰：「自古用文武才略為輔佐者[1]，豈盡由科第邪！」己丑[7]，加王溥門下侍郎，與范質皆參知樞密院事。以仁浦為中書侍郎、同平章事，樞密使如故。仁浦雖處權要而能謙謹，上性嚴急，近職有忤旨者，仁浦多引罪歸己以救之，所全活什七八，故雖起刀筆吏，致位宰相，時人不以為忝[8]。又以宣徽南院使吳廷祚[2]為左驍衛上將軍，充樞密使。加歸德節度使、侍衛親軍都虞候韓通、鎮寧節度使兼殿前都點檢張永德並同平章事，仍以通充侍衛親軍副都指揮使。以太祖皇帝兼殿前都點檢。

上嘗問大臣可為相者於兵部尚書張昭[9]，昭薦李濤。上愕然曰：「濤輕薄無大臣體，朕問相而卿首薦之，何也？」對曰：「陛下所責者細行[10]也，臣所舉者大節也。昔晉高祖之世，張彥澤虐殺不辜，濤累疏請誅之[11]，以為不殺必為國患。漢隱帝之世，濤亦上疏請解先帝兵權[12]。夫國家安危未形而能見之，此真宰相器也，臣是以薦之。」上曰：「卿言甚善且至公，然如濤者，終不可置之中書。」濤喜詼諧，不修邊幅[13]，與弟澣俱以文學著名，雖甚友愛，而多謔浪[14]，無長幼體，上以是薄之。

上以翰林學士單父王著⑮，幕府舊僚，屢欲相之，以其嗜酒無檢⑯而罷。癸巳⑰，大漸⑱，召范質等入受顧命。上曰：「王著藩邸故人，朕若不起，當相之。」質等出，相謂曰：「著終日遊醉鄉，豈堪為相！慎勿泄此言。」是日，上殂。

上在藩，多務韜晦⑲，及即位，破高平之寇，人始服其英武。其御軍，號令嚴明，人莫敢犯。攻城對敵，矢石落其左右，人皆失色而上略不動容。應機決策⑳，出人意表。又勤於為治，百司簿籍，過目無所忘，發姦擿伏㉑，聰察如神。閒暇則召儒者讀前史，商榷大義。性不好絲竹珍玩之物，常言太祖養成王峻、王殷之惡，致君臣之分不終，故羣臣有過則面質責之，服則赦之，有功則厚賞之。文武參用，各盡其能，人無不畏其明而懷其惠，故能破敵廣地，所向無前。然用法太嚴，羣臣職事小有不舉㉒，往往置之極刑，雖素有才幹聲名，無所開宥，尋亦悔之，末年寖寬㉓。登遐㉔之日，遠邇㉕哀慕焉。

甲午㉖，宣遺詔，命梁王宗訓即皇帝位㉗，生七年矣。

【章旨】以上為第十段，寫周世宗辭世，趙匡胤被受命為殿前都點檢。周世宗第四子梁王柴宗訓繼位，史稱恭帝。

【注釋】❶辛巳　六月初七日。❷癸未　六月初九日。❸符氏　周世宗宣懿皇后符氏妹。傳見《新五代史》卷二十。❹宗

訓　周世宗第四子，七歲封梁王，特進左衛上將軍。顯德六年（西元九五九年）六月，世宗死即位。翌年正月退位，謚恭帝。傳見《舊五代史》卷一百二十、《新五代史》卷十二。❺宗讓　周世宗第五子。封燕國公、左驍衛上將軍。恭帝即位，避其字，改名熙讓，封曹王。傳見《舊五代史》卷一百二十二、《新五代史》卷二十。❻仁浦不出科第　據《宋史》卷二百四十九魏仁浦本傳，仁浦幼時家貧，後晉末年為樞密院小史，追隨後周太祖郭威，為兵房主事。郭威即帝位，以仁浦為樞密院承旨。後周世宗即位，授右監門衛大將軍、樞密副使，不久拜檢校太保、樞密使。仕途起自小史，未由科第。❼己丑　六月十五日。❽忝　辱；有愧於。❾張昭　字潛夫，本名昭遠，避漢高祖劉知遠諱，只稱昭。博通經史，宋初官至吏部尚書。傳見《宋史》卷二百六十三。❿細行　生活小節。⓫濤累疏請誅之　事見本書卷二百八十三後晉高祖天福七年（西元九四二年）四月。當時李濤為刑部郎中，伏閤極論張彥澤之罪，辭語激烈。⓬濤亦上疏請解先帝兵權　事見本書卷二百八十八後漢高祖乾祐元年（西元九四八年）三月。⓭邊幅　本指布帛的邊緣，藉以比喻人的儀表、衣著。文中指不事修飾，不拘小節。⓮詼浪　戲謔放蕩。⓯王著　字成象，單州單父（今山東單父）人，周世宗幕府舊僚。世宗即位，官至翰林學士。因嗜酒，始終未能任相。傳見《宋史》卷二百六十九。⓰無檢　行為不檢點。⓱癸巳　六月十九日。⓲大漸　病情加劇；病危。⓳韜晦　收斂鋒芒，隱藏才能行跡。韜，韜光。晦，晦跡。⓴應機決策　隨機應變，果斷決策。㉑發姦擿伏　揭發奸邪和隱惡。㉒不舉　不成功。㉓寖寬　逐漸放寬。㉔登遐　古代帝王死的諱稱。㉕遠邇　遠近。㉖甲午　六月二十日。㉗梁王宗訓即皇帝位　梁王宗訓本是周世宗第四子，周世宗前三子皆為後漢隱帝所殺。周世宗辭世前十天柴宗訓始封為梁王。

【校　記】 ①才略為輔佐者　原作「才略者為輔佐」。據章鈺校，乙十一行本、孔天胤本皆作「才略為輔佐者」，其義長，今據改。②吳廷祚　原作「吳延祚」。本卷他處皆作「吳廷祚」，而「吳延祚」僅此一見，且陳尚君《舊五代史新輯會證》云當作「吳廷祚」，其義長，今據改。

【語　譯】 六月初七日辛巳，建雄節度使楊廷璋奏報攻打北漢，降服十三個堡寨。〇初九日癸未，立皇后符氏，她是宣懿皇后的妹妹。〇立皇子柴宗訓為梁王、兼任左衛上將軍，柴宗讓為燕公、兼任左驍衛上將軍。

周世宗想任命樞密使魏仁浦為宰相，議論的人認為魏仁浦不是從科第出身，不能擔任宰相。周世宗說：「自古以來，任用具有文武才略的人作為輔佐，哪裡全是從科第出身的呢！」六月十五日己丑，加授王溥門下侍郎，與范質都參知樞密院事務。任命魏仁浦為中書侍郎、同平章事，樞密使職務依舊。魏仁浦雖然身居權力中樞而能謙虛謹慎。周世宗生性嚴厲而急迫，近臣有違反周世宗旨意的，魏仁浦多是把罪過歸於自己而解救他人，所保全救活的有十分之七八，所以雖然他出身於文書小吏，而致位宰相，當時的人並不認為他愧居官位。又任命宣徽南院使吳廷祚為左驍衛上將軍，充任樞密使。歸德節度使・侍衛親軍都虞候韓通，鎮寧節度使兼殿前都點檢張永德，都加官同平章事，仍舊任命韓通充任侍衛親軍副都指揮使。任命太祖皇帝趙匡胤兼任殿前都點檢。

周世宗曾經詢問兵部尚書張昭大臣中誰可以當宰相，張昭推薦李濤。周世宗驚愕地說：「李濤輕薄，沒有大臣的原則，朕問宰相人選，而你首先推薦他，為什麼？」張昭回答說：「陛下追究的是生活細節，臣所舉出的是臣子的重大節操。以前晉高祖時，張彥澤殘殺無辜，李濤多次上奏請求誅殺他，認為不殺必定成為國家的禍患。漢隱帝時，李濤也上疏請求解除先帝的兵權。國家的安危還沒有形成而能夠預見，這是真正宰相的人才啊，所以臣推薦他。」周世宗說：「你說得很好而且極為公正，但是像李濤這樣的人，終究不能安置在中書省。」李濤喜歡戲謔逗趣，不修邊幅，和他的弟弟李澣都以文章聞名，雖然相互很友愛，但是常常戲謔放蕩，沒有長幼的規矩，周世宗因此輕視他。

周世宗因為翰林學士單父人王著是舊時幕府僚屬，多次想用他為宰相，因為他嗜好喝酒，行為不檢點而作罷。六月十九日癸巳，周世宗病危，召見范質等人入宮接受臨終的遺命。周世宗說：「王著是我在藩王府邸的舊人，朕如果去世，應當任用他為宰相。」范質等人出來，互相說：「王著整天遨遊醉鄉，哪裡堪任宰相！千萬不要洩露這些話。」當天，周世宗去世。

周世宗在藩鎮的時候，很注意韜光晦跡，等到即位以後，打敗高平的敵寇，人們才開始佩服他的英明勇武。他統率軍隊，號令嚴明，沒有人敢違犯，攻打城池，對峙敵人，箭石落在他的身邊，別人都驚慌失色，而周世宗一點也不動聲色。順應時機，果斷決策，出人意料之外。又勤於治理政事，各個部門的簿籍，過目沒有忘記的；舉發奸邪揭露隱惡，聰睿明察猶如神明。閒暇時就召儒生閱讀前朝史，商討大義。生性不喜好音樂和珍玩之物，常常說太祖姑息養成王峻、王殷的罪惡，以致君臣的情分不能維持到最後，所以群臣有過失就當面質問指責，服罪就赦免他，有功勞就重賞他。文武參用，各盡其能，人們沒有不畏懼他的嚴明而懷念他的恩惠的，所以能夠打敗敵人，擴充土地，所向無敵。然而使用刑法太嚴厲，群臣職內諸事，稍有一點沒有成功，往往處以極刑；雖然一向有才幹名望，也無所寬恕，不久自己也後悔，晚年時逐漸寬緩。周世宗去世之日，遠近哀悼仰慕。

六月二十日甲午，宣布遺詔，命令梁王柴宗訓即皇帝位，他年已七歲了。

秋，七月壬戌❶，以侍衛親軍都指揮使李重進領淮南節度使，副都指揮使韓通領天平節度使，太祖皇帝領歸德節度使。以山南東道節度使、同平章事向拱❷為西京留守，庚申❸，加拱兼侍中。拱，即向訓也，避恭帝名改焉。○丙寅❹，大赦。

唐主以金陵去周境纔隔一水❺，洪州險固居上游❻，集羣臣議徙都之。羣臣多不欲徙，惟樞密副使、給事中唐鎬勸之，乃命經營豫章❼為都城之制。

唐自淮上用兵及割江北，臣事於周，歲時貢獻，府藏空竭，錢益少，物價騰貴❽。禮部侍郎鍾謨請鑄大錢，一當五十，中書舍人韓熙載請鑄鐵錢。唐主始皆不從，謨陳請不已，乃從之。是月，始鑄當十大錢，文曰「永通泉貨」，又鑄當二錢，文曰「唐國通寶」，與開元錢❾並行。

八月戊子⑩，蜀主以李昊領武信節度使。右補闕李起上言：「故事⑪，宰相無領方鎮者。」蜀主曰：「昊家多冗費⑫，以厚祿優之耳。」起，邛州⑬人，性婞直⑭，李昊嘗語之曰：「以子之才，苟能慎默⑮，當為翰林學士。」起曰：「俟無舌，乃不言耳⑯！」

庚寅⑰，立皇弟宗讓為曹王，更名熙讓；熙謹⑱為紀王，熙誨⑲為蘄王。

九月丙午⑳，唐太子弘冀卒，有司引浙西之功㉑，諡曰武宣㉒。句容㉓尉全椒張洎㉔上言：「太子之德，主於孝敬，今諡以武功，非所以防微而慎德㉕也。」乃更諡曰文獻㉖，擢洎為上元尉㉗。

唐禮部侍郎、知尚書省事鍾謨數奉使入周，傳世宗命於唐主，世宗及唐主皆厚待之，恃此驕橫於其國，三省㉘之事皆預焉。

文獻太子㉙總朝政，謨求兼東宮官不得，乃薦其所善閻式為司議郎㉚，掌百司關啓㉛。李德明之死㉜也，唐鎬預其謀，謨聞鎬受賕，嘗面詰之，鎬甚懼。謨與天威都虞候張巒善，數於私第屏人語至夜分，鎬譖諸唐主曰：「謨與巒氣類不同㉝，而過相親狎，謨屢使上國，巒北人，恐其有異謀。」又言：「永通大錢民多盜鑄，犯法者眾。」及文獻太子卒，唐主欲立其母弟鄭王從嘉㉞。謨嘗與紀公從善同奉使于周，相厚善，言於唐主曰：「從嘉德輕志懦，又酷信釋氏，非人主才。從善果敢凝重，宜為嗣。」唐主由是怒。尋徙從嘉為吳王、尚書令、知政事，居東宮。冬，十月，謨請令張巒以所部兵巡徼㉟都城。唐主乃下詔暴謨侵官㊱之罪，貶國子司業，流饒州㊲，貶張巒為宣州副使，未幾，皆殺之。廢永通錢。

十一月壬寅朔㊳，葬睿武孝文皇帝于慶陵㊴，廟號世宗。

【章旨】以上為第十一段，寫趙匡胤領歸德節度使。南唐主畏周之逼，經營豫章為京城之制以備遷都，後周葬周世宗於慶陵。

【注釋】❶壬戌　七月十九日。❷向拱　字星民，懷州河內（今河南沁陽）人，初名訓，避周恭帝諱改。官至加檢校太師、河南尹、西京留守，宋初封秦國公。傳見《宋史》卷二百五十五。❸庚申　十月十七日。❹丙寅　七月二十三日。❺一水　指長江水。❻上游　指洪州地居金陵上游。❼豫章　古縣名，隋唐時為洪州治所，在今江西南昌。❽騰貴　價格飛漲。❾開元錢　開元通寶，古錢幣名，唐高祖武德四年（西元六二一年）廢五銖後開始鑄造。幣面上下左右有「開元通寶」四字，「開元」意為開闢新紀元。❿戊子　八月十五日。⓫故事　成例，或舊日的典章制度。⓬宂費　繁多雜亂的開支。⓭邛州　州名，治所臨邛，在今四川邛崍。⓮婞直　剛直。⓯慎默　謹慎沉默。⓰俟無舌二句　等到我沒有舌頭那一天，才不說話。意謂絕不做慎默保身的庸人。⓱庚寅　八月十七日。⓲熙謹　周世宗第六子，官右武衛大將軍，封紀王。傳見《舊五代史》卷一百二十二、《新五代史》卷二十。⓳熙誨　周世宗第七子，官左領軍衛大將軍，封蘄王。傳同上。⓴丙午　九月初四日。㉑浙西之功　指弘冀遣柴克宏在常州擊敗吳越兵一事。見本書卷二百九十三後周顯德三年（西元九五六年）三月。㉒武宣　《諡法》：克定禍亂曰武，聖善周聞曰宣。㉓句容　縣名，縣治在今江蘇句容。㉔張洎　滁州全椒（今安徽全椒）人，博涉經史，多知典故，尤善建議。初官南唐中書舍人，入宋為參知政事。傳見《宋史》卷二百六十七。㉕防微而慎德　防微杜漸，慎修德行。㉖文獻　《諡法》：慈惠愛民曰文，聰明睿哲曰獻。㉗擢泊為上元尉　提拔張泊為上元縣的縣尉。上元，縣名，縣治在今江蘇南京。唐代縣有赤、畿、望、緊、上、中、下七等的差別。京都所治為赤縣，京都附近的縣為畿縣。上元為唐都金陵所治縣，為赤縣；句容為畿縣，張洎從句容到上元，單均任縣尉，有提升之意，故稱「擢」。㉘三省　尚書省、門下省、中書省。㉙文獻太子　即弘冀。㉚司議郎　東宮屬官，掌侍從規諫、駁正啟奏、並錄東宮記注，職擬給事中。㉛掌百司關啓　指司議郎掌握各部門的奏報文書。關啓，通報啟奏。㉜李德明之死　後周世宗顯德三年三月，李德明奉南唐主之命出使北周，返回後，勸南唐主割讓江北之地給後周，南唐主不悅。樞密使陳覺、副使李徵古素惡德明，乘機譖毀，南唐主大怒，斬德明於市。㉝氣類不同　氣味不相投。㉞鄭王從嘉　即李煜，初名從嘉，即位前封鄭王。㉟巡徼　巡察。㊱侵官　越職侵權。㊲饒州　州名，治所鄱陽，在今江西鄱陽。㊳壬寅朔　十一月初一日。㊴慶陵　周世宗陵，在今河南鄭州。

【語　譯】秋，七月十九日壬戌，任命侍衛親軍都指揮使李重進兼任淮南節度使，副都指揮使韓通兼任天平節度使，太祖皇帝趙匡胤兼任歸德節度使。任命山南東道節度使、同平章事向拱為西京留守；十七日庚申，加授向拱兼任侍中。向拱就是向訓，避恭帝的諱而改名。〇二十三日丙寅，實行大赦。

南唐主因為金陵離後周國境僅隔一條長江，而洪州地勢險要堅固，處在金陵的上游，召集群臣商議遷都洪州。群臣大多不想遷都，只有樞密副使、給事中唐鎬勸說遷都，於是命令營建豫章，使它具備都城的規模。

南唐自從在淮上用兵和割讓江北之地，臣服後周，每年按時向後周進貢，府庫所藏空竭，錢幣越來越少，物價飛漲。禮部侍郎鍾謨請求鑄造大錢，以一當五十，中書舍人韓熙載請求鑄造鐵錢。南唐主開始都不採納，鍾謨陳請不已，於是同意了他的建議。當月，開始鑄造以一當十的大錢，錢上文字為「永通泉貨」，又鑄造以一當二的錢，錢上文字為「唐國通寶」，與開元錢同時通行。

八月十五日戊子，後蜀主任命李昊兼任武信節度使。右補闕李起進言：「舊例，宰相沒有兼領方鎮的。」後蜀主說：「李昊家裡有許多繁雜的費用，用豐厚的俸祿優待他而已。」李起是邛州人，生性剛直，李昊曾經對他說：「以你的才能，如果能夠謹慎沉默，應該任翰林學士。」李起說：「等到我沒有舌頭，才不說話！」

八月十七日庚寅，立皇弟柴宗讓為曹王，改名為柴熙讓；立柴熙謹為紀王，柴熙誨為蘄王。

九月初四日丙午，南唐太子李弘冀去世，有關官員援引他在浙西打敗吳越兵的功勞，諡為武宣。句容縣尉全椒人張洎進言：「太子的德行，主要在於孝敬，如今以武功為諡，不是用來防微杜漸，慎修德行的原則。」於是改諡號為文獻，提拔張洎為上元縣尉。

南唐禮部侍郎、知尚書省事鍾謨多次奉命出使到後周，向南唐主傳達周世宗的命令，周世宗和南唐主都厚待他。鍾謨依仗這些，驕橫國內，三省的事情都參與。

文獻太子總理朝政的時候，鍾謨請求兼任東宮的官職沒有得到，於是推薦與他關係好的人閻式為司議郎，掌管各部門的稟報啟奏。李德明死的時候，唐鎬參與其中的謀劃，鍾謨聽說唐鎬接受賄賂，曾經當面責問他，唐鎬十分害怕。鍾謨和天威都虞候張巒關係好，多次在私宅中屏退旁人談到半夜。唐鎬向南唐主誣陷鍾謨說：「鍾謨和張巒氣味不相投，卻來往非常親密，鍾謨屢次出使中原，張巒是北方人，恐怕他們有反叛的打算。」又說：「永通大錢民間很多人盜鑄，犯法的人眾多。」文獻太子去世後，南唐主想立他的同母弟弟鄭王李從嘉。鍾謨曾經和紀公李從善一起奉命出使於後周，互相親厚友善，鍾謨對南唐主說：「從嘉德行輕浮，心志懦弱，又酷信佛教，不是當人主的材料。從善果敢持重，應該做繼承人。」南唐主因此很生氣，不久徙封李從嘉為吳王、尚書令、知政事，居住在東宮。冬，十月，鍾謨請求命令張巒率領所部軍隊巡察都城。南唐主於是下詔公布鍾謨越職侵權的罪行，貶為國子司業，流放饒州；貶張巒為宣州副使。不久，把他們都殺掉了。廢止永通錢。

十一月初一日壬寅，把睿武孝文皇帝安葬在慶陵，廟號為世宗。

南漢主以中書舍人鍾允章藩府舊僚，擢為尚書右丞、參政事，甚委任之。允章請誅亂法者數人以正綱紀，南漢主不能從，宦官聞而惡之。南漢主將祀圜丘❶，前三日，允章帥禮官登壇，四顧指揮設神位。內侍監許彥真❷望之曰：「此謀反也！」即帶劍登壇，允章叱之。彥真馳入宮，告允章欲於郊祀日作亂。南漢主曰：「朕待允章厚，豈有此邪！」玉清宮使龔澄樞、內侍監李托❸等共證之，以彥真言為然，乃收允章，繫含章樓下，命宦者與禮部尚書薛用丕雜治之。用丕素與允章善，告以必不免，允章執用丕手泣曰：「老夫今日猶几上肉耳，分為仇人所烹。但恨邕、昌幼，不知吾冤，及其長也，公為我語之。」彥真聞之，罵曰：「反賊欲使其子報仇邪！」復白南漢主曰：「允章與二子共登壇，潛有所禱。」俱斬之。自是宦官益橫。李托，封州人也。

辛亥❹，南漢主祀圜丘，大赦。未幾，以龔澄樞為左龍虎觀軍容使、內太師，軍國之事皆取決焉。凡羣臣有才能及進士狀頭❺或僧道可與談者，皆先下蠶室❻，然後得進。亦有自宮以求進者，亦有免死而宮者，由是宦者近二萬人。貴顯用事之人，大抵皆宦者也，謂士人為門外人，不得預事，卒以此亡國❼。

唐更命洪州曰南昌府，建南都，以武清節度使❽何敬洙為南都留守，以兵部尚書陳繼善為南昌尹。

周人之攻秦、鳳也，蜀中恟懼。都官郎中❾徐及甫自負才略，仕不得志，陰結黨與，謀奉前蜀高祖❿之孫少府少監王令儀為主以作亂，會周兵退而止。至是，其黨有告者，收捕之，及甫自殺。十二月甲午⓫，賜令儀死。

端明殿學士、兵部侍郎竇儀使於唐，天雨雪，唐主欲受詔於廡下⓬。儀曰：「使者奉詔而來，不敢失舊禮。若雪霑服，請俟他日。」唐主乃拜詔於庭。

契丹主遣其舅使於唐，泰州團練使荊罕儒⓭募刺[1]客使殺之。唐人夜宴契丹使者於清風驛，酒酣，起更衣，久不返。視之，失其首矣。自是契丹與唐絕。罕儒，冀州人也。

【章旨】以上為第十二段，寫南漢主殺賢良、任宦官，彈丸小國宦者近二萬人。南唐更命洪州為南昌府，建南都。

【注釋】❶祀圜丘　即祭天。圜丘，祭天的土壇。❷許彥真　南漢內侍監，仕中宗父子。向中宗進讒言殺害鍾允章後，與龔澄樞共專國政。後因龔澄樞要審查他通先朝李麗姬事，又欲謀殺澄樞，反被澄樞以謀反罪名下獄，族誅。❸李托　封州封川（今廣東封開）人，南漢內侍監。納二養女於後主，遂專國政，官驃騎上將軍、內太師。宋師伐南漢，被俘，殺於汴京。傳見《宋史》卷四百八十一。❹辛亥　十一月初十日。❺狀頭　進士第一人稱狀頭。❻蠶室　古時受宮刑的牢獄。❼卒以此亡國　宋太祖開寶四年（西元九七一年）南漢亡。❽武清節度使　武清軍在衡州，治所在今湖南衡陽，何敬洙為武清節度使，係遙領。❾都官郎中　官名，屬刑部，掌徒流配隸。❿前蜀高祖　指前蜀王建。王建廟號高祖。⓫甲午　十二月二十三日。⓬廡下　堂周的廊屋。⓭荊罕儒　冀州信都（今河北冀州）人，仕後周，官泰州團練使。入宋，為鄭州防禦使。後因恃勇輕敵，死於戰場。傳見《宋史》卷二百七十二。

【校記】[1]刺　原無此字。據章鈺校，乙十一行本、孔天胤本皆有此字，張敦仁《通鑑刊本識誤》同，今據補。

【語譯】南漢主因為中書舍人鍾允章是自己當太子時的幕府舊僚，提升他為尚書右丞、參政事，非常重用他。

鍾允章請求誅殺擾亂法紀的幾個人來肅正朝廷綱紀，南漢主沒有聽從，宦官們聽說後憎恨鍾允章。南漢主將要在圜丘祭天，前三天，鍾允章帶領禮官登上祭壇，四處察看，指揮設置神位。內侍監許彥真看到這些情況說：「這是謀反啊！」立刻帶劍登上祭壇，鍾允章叱責他。許彥真飛馳入宮，報告鍾允章想在祭天那一天作亂。南漢主說：「朕對待鍾允章很優厚，哪裡能有這種事呢！」玉清宮使龔澄樞、內侍監李托等人一起作證這件事，認為許彥真的話是對的，於是收捕鍾允章，關押在含章樓下，命令宦官和禮部尚書薛用丕共同審問他。薛用丕向來和鍾允章關係好，告訴他一定不能免死。鍾允章拉著薛用丕的手哭著說：「老夫今日就像砧板上的肉而已，本應該被仇人所烹煮。只恨兒子鍾邕、鍾昌年幼，不知道我的冤屈，等到他們長大了，您替我告訴他們。」許彥真聽說這些話，罵道：「叛賊想讓他的兒子報仇啊！」又稟告南漢主說：「鍾允章和兩個兒子一起登上祭壇，暗中有所祈禱。」便把他們全部斬首。從此宦官更加專橫。李托，是封州人。

十一月初十日辛亥，南漢主在圜丘祭天，實行大赦。不久，任命龔澄樞為左龍虎觀軍容使、內太師，軍務國政都取決於他。凡是群臣中有才能的人以及進士第一名，或者和尚道士可以談論的人，都先送到蠶室，然後才能進用。也有自宮以求進用的，也有免死而宮的，因此宦官將近兩萬人。尊貴顯赫當權的人，大多都是宦官，他們稱士人為門外人，不得參與政事，最終南漢因此而亡國。

南唐改名洪州為南昌府，建立南都，任命武清節度使何敬洙為南都留守，任命兵部尚書陳繼善為南昌尹。後周軍隊攻打秦州和鳳州時，後蜀國中震恐。都官郎中徐及甫自負有才略，仕途不得志，暗中組織黨羽，謀劃擁立前蜀高祖的孫子少府少監王令儀為君主來發動叛亂，適逢後周軍隊撤退而作罷。到了這個時候，徐及甫的黨羽中有向朝廷告發的，便收捕了徐及甫，徐及甫自殺。十二月二十三日甲午，後蜀主賜王令儀自殺。

端明殿學士、兵部侍郎竇儀出使南唐，天下雪，南唐主想在廊簷下接受詔書。竇儀說：「使者奉持詔書而來，不敢失去舊時禮儀。如果怕雪打溼衣服，請求等待他日。」南唐主於是在庭中下拜接受詔書。

契丹主派遣他的舅舅出使南唐，泰州團練使荊罕儒重賞購求刺客，派去刺殺他。南唐官員夜裡在清風驛宴請契丹使者，酒喝得酣暢時，契丹使者起身解手，很久沒有回來。前去看視，契丹使者已經掉了腦袋。從此契丹與南唐斷絕關係。荊罕儒，是冀州人。

【研　析】本卷研討周世宗示信南唐、南唐主李璟貶逐奸佞、《資治通鑑》殺青於周恭帝即位三件史事。

周世宗示信南唐。周世宗南伐南唐，三次親征，用兵三載，奪得江北之地，即議和而罷兵。周世宗對南唐議和使者說：「朕本興師止取江北，今爾主能舉國內附，朕復何求！」和議成，周世宗賜給南唐主書信慰問，說：「沿長江的各支軍隊，以及兩浙、湖南、荊南的軍隊都要撤走，正在圍攻南唐廬州、蘄州、黃州的三支軍隊停止圍攻，後撤到郊外，南唐三州的將士和家屬回歸南唐，上路後周軍才來接管三州城市。長江上的南唐船隻，如需往來，可以靠在北岸。」周世宗如所承諾，詔命吳越和荊南的軍隊各回本地。周世宗沒有一氣滅江南，也是對王朴之策的修正，不是統一了江南以後再北向用兵契丹。契丹是中國之大敵，據有燕雲十六州，居高以臨中原，不逐走契丹，不收復燕雲之地，則中國國防不固，兩宋積貧積弱，導致蒙元入主中國，是其證也。自朱溫以來，梁、唐、晉、漢，只有中原兩河及關中之地，四圍強敵，正如王夫之所說：「守不固，兵不強，食不裕」（《讀通鑑論》卷三十），則無力與契丹爭勝負，石重貴之覆亡是其證也。周世宗不是不想混一江南，由於李唐拒戰堅決，人心尚固，必欲滅之，耗費時日，有誤北伐契丹，所以得江北之地而停止用兵。江北之地盡歸中國，周朝地廣兵強，所降南唐之兵收編為六軍，南唐效順，厚奉資財以足財用，示信南唐，全境平安，北伐無後顧之憂，所以周世宗一年後就有強力大舉北伐契丹，不幸染病而功不成。其後宋太祖一統江南之後再欲北伐，連機會都沒有了。周世宗之志，重在逐契丹，收燕雲，一雪中國之恥，是一位難得的雄略之主。他沒有能夠繼漢、唐之盛，此天不佑中國也夫！

南唐主李璟貶逐奸佞。當初，馮延巳以取中原之策邀寵於唐主，自謂不凡，誇誇其談，常以天下為己任。翰林學士常夢錫多次奏言馮延巳浮誕，不可信任。常夢錫說：「奸言似忠，陛下不悟，國必亡矣！」等到唐主臣服於周，南北和議成，馮延巳及其黨，盛稱周主為大朝，常夢錫譏諷說：「諸公常常說要使皇上成為堯、舜，怎麼今天自甘為小朝廷呢！」又，唐太傅兼中書令宋公宋齊丘多結黨羽，樞密使陳覺、副使李徵古皆其黨羽骨幹，仗著宋齊丘的勢力驕橫傲慢。宋齊丘、陳覺、李徵古等誤國，導致南唐兵敗，割地議和，唐主歎息流淚，說：「沒想到我的國家淪落到這個地步。」李徵古不僅不安慰唐主，還目無尊長的說：「陛下哭有什麼用，是酒渴多了，還是找奶媽子，哭哭涕涕像啥話。」唐主臉色大變，李徵古仍有恃無恐，舉止自如。這時司天監奏報：「天象變化，人主應當避開帝位祈求消災。」唐主說：「我正想讓出帝位，國家託付給誰呢？」李徵古說：「宋公是締造國家的元老，國事可以交給他。」這時陳覺出使周朝回來，矯傳周主之命誅殺主張抗擊周師的宰相嚴續。唐主懷疑陳覺公報私仇，他知道二人一向不和。唐主沒有貿然聽陳覺的話，而是請示周主，陳覺借刀殺人的陰謀敗露，唐主醒悟，將馮延巳、宋齊丘，以及其黨陳覺、李徵古悉皆貶逐，幽囚宋齊丘於九華山，宋齊丘不堪其辱，自縊而亡。這時常夢錫已死，唐主歎息說：「常夢錫勸朕除掉宋齊丘，遺憾的是他沒有看到宋齊丘今天的下場！」

《資治通鑑》殺青於周恭帝即位。周世宗柴榮有七子。前三子在郭威起兵時為漢所殺，第四子柴宗訓嗣位，史稱恭皇帝，第五子柴熙讓、第六子柴熙謹、第七子柴熙誨。恭帝即位，封三皇弟為王，熙讓封曹王，熙謹封紀王，熙誨封蘄王。紀王熙謹卒於宋太祖乾德二年（西元九六四年），熙讓、熙誨，不知所終。周世宗顯德六年（西元九六〇年）六月十九日癸巳，周世宗辭世，第二日，六月二十日甲午，梁王柴宗訓立，年僅七歲。周世宗病逝之前十日，才立宗訓為梁王。《新五代史》載，顯德七年春正月初四日甲辰，「遜於位，宋興」。恭帝七歲即位，在位半年亡國。歐陽修，宋臣，不書恭帝禪位之事，及其所終，只書「遜於位，宋興」五個字。遜，順也，謂恭帝能順乎天命，讓出帝位，為宋諱也。薛居正仕周入宋，所修《舊五代史》記述趙匡胤發動陳橋驛兵變奪位，恭帝禪讓後封鄭王，建隆三年（西元九六二年）出周鄭王於房陵，開寶六年（西元九七三年）周鄭王殂，年二十歲。恭帝歸葬於周世宗慶陵之側，陵曰順陵，有司擬謚曰恭。司馬光作《資治通鑑》五代史事終止於周恭帝即位，也是全書終篇，避免了周亡宋興的記述，為宋避諱也。載述一代王朝，沒有結尾，不符史例。司馬光為了宋諱，不顧其他了。史官言事，應以實錄示信，薛居正的做法，才是應當肯定的。

當然，司馬光把《資治通鑑》的下限只寫到五代，也避免了寫宋朝當代史，少了觸犯禁忌的風險。

進資治通鑑表[1]

臣光言：先奉敕[2]編集歷代君臣事迹，又奉聖旨[3]賜名資治通鑑，今已了畢者。

伏念臣性識愚魯[4]，學術荒疏，凡百事為[5]，皆出人下。獨於前史，粗嘗盡心[6]，自幼至老，嗜之不厭。每患遷、固以來[7]，文字繁多，自布衣之士[8]，讀之不遍，況於人主，日有萬機，何暇周覽[9]！臣常不自揆[10]，欲刪削冗長，舉撮機要[11]，專取關國家盛衰，繫生民休戚[12]，善可為法，惡可為戒者，為編年一書，使先後有倫[13]，精粗不雜，私家力薄，無由可成。

伏遇英宗皇帝，資睿智之性，敷[14]文明之治，思歷覽古事，用恢張大猷[15]，爰詔下臣，俾之編集。臣夙昔所願，一朝獲伸，踊躍奉承，惟懼不稱。先帝仍命自選辟官屬，於崇文院[16]置局[17]，許借龍圖[18]、天章閣[19]、三館[20]、祕閣[21]書籍，賜以御府筆墨繒帛及御前錢以供果餌[22]，以內臣為承受，眷遇[23]之榮，近臣莫及。不幸書未進御，先帝違棄[24]羣臣。陛下紹膺大統，欽承先志，寵以冠序，錫之嘉名，每開經筵㉕，常令進讀。臣雖頑愚，荷兩朝知待如此其厚，隕身喪元，未足報塞，苟智力所及，豈敢有遺！會差知永興軍㉖，以衰疾不任治劇㉗，乞就冗官㉘。陛下俯從所欲，曲賜容養㉙，差判西京㉚留司㉛御史臺㉜及提舉㉝西京嵩山崇福宮，前後六任㉞，仍聽以書局自隨㉟，給之祿秩，不責職業㊱。臣既無它事，得以研精極慮㊲，窮竭所有，日力不足，繼之以夜。徧閱舊史，旁采小說，簡牘盈積，浩如煙海，抉擿幽隱㊳，校計豪釐。上起戰國，下終五代，凡一千三百六十二年，修成二百九十四卷。又略舉事目，年經國緯㊴，以備檢尋，為目錄三十卷。又參考羣書，評其同異，俾歸一塗，為考異三十卷。合三百五十四卷。自治平開局，迨今始成㊵，歲月淹久，其間抵牾㊶，不敢自保，罪負之重，固無所逃。臣光誠惶誠懼，頓首頓首。

重念臣違離闕庭，十有五年，雖身處于外，區區之心，朝夕寤寐，何嘗不在陛下之左右！顧以駑蹇㊷，無施而可，是以專事鉛槧㊸，用酬大恩，庶竭涓塵㊹，少裨海嶽㊺。臣今筋骸[1]癯瘁㊻，目視昏近，齒牙無幾，神識衰耗㊼，目前所為，旋踵遺忘㊽，臣之精力，盡於此書。伏望陛下寬其妄作之誅㊾，察其願忠之意，以清閒之宴㊿，時賜省覽，監前世之興衰，考當今之得失，嘉善矜惡(51)，取是捨非，足以懋稽古之盛德(52)，躋(53)無前之至治，俾四海羣生(54)，咸蒙其福，則臣雖委骨九泉(55)，志願永畢矣。謹奉表陳進以聞。臣光誠惶誠懼，頓首頓首，謹言。

端明殿學士兼翰林侍讀學士大中大夫提舉西京嵩山崇福宮上柱國河內郡開國公食邑二千六百戶食實封壹阡戶

臣 司馬光上表

【注　釋】❶進資治通鑑表　原無此標題。按，司馬光《傳家集》卷十七同收此表，題作「進資治通鑑表」，謹迻錄為題。❷先奉敕　指奉宋英宗之命。❸又奉聖旨　指奉宋神宗之命。司馬光原題名《通典》，宋神宗賜名《資治通鑑》。❹愚魯　愚昧遲鈍。魯，魯鈍；遲鈍。❺凡百事為　大凡做任何事情。❻盡心　用全力。❼遷固以來　從司馬遷、班固以來。司馬遷著《史記》，班固著《漢書》，創紀傳史，文字浩繁。遷、固以來至司馬光，紀傳史積數已達十五部，司馬光刪繁化簡而為編年史《資治通鑑》。❽布衣之士　此指無職任的讀書人。❾何暇周覽　沒有時間一一讀完紀傳史。周覽，一一遍讀。❿不自揆　即不自量力。揆，度量；揣度。⓫舉撮機要　摘取大略要旨。⓬休戚　福和禍；喜樂與憂慮。⓭先後有倫　指編年體使歷史事件先後有序。⓮敷　布；施。⓯大猷　大的謀劃。⓰崇文院　官署名，宋初沿唐制，以史館、昭文館、集賢院並祕閣總為崇文院，掌圖書經籍、修史等事。⓱置局　設立修史機構。⓲龍圖　龍圖閣，官署名，設學士、直學士、待制等官，掌太宗御書、御製文集、典籍圖畫、寶瑞之物及宗正寺所進屬籍、世譜等。⓳天章閣　官署名，設學士、直學士、待制等官，掌真宗御製。後亦掌圖籍、符瑞、寶玩之物。⓴三館　史館、昭文館、集賢院，總稱三館。㉑祕閣　宋太宗端拱元年（西元九八八年），於崇文院建祕閣，選三館真本書籍、古畫墨跡及國史、宗正寺所進屬籍等藏其中。㉒果餌　果品、糕餅，泛指食物。㉓眷遇　愛重禮遇。㉔違棄　死亡的諱稱。㉕經筵　宋代為皇帝講解經傳史鑑特設的講席。㉖永興軍　路名，治所京兆，在今陝西西安。當時司馬光以端明殿學士身分出知永興軍。㉗治劇　處理繁重難辦的事務。㉘冗官　無專職的閒散官員。㉙曲賜容養　這是委婉的說法，意為委曲賜給包容養育。㉚西京　宋以開封為東京，洛陽為西京。㉛留司　留守衙署。㉜御史臺　官署名，主糾察。司馬光任此職，實為閒職。㉝提舉　官名，管理專門事務的職官。提舉嵩山崇福宮，即管理嵩山崇福宮的長官。崇福宮在河南嵩山，為道士廟。㉞前後六任　西京留司御史臺兩任，提舉嵩山崇福宮四任，共六任。㉟書局自隨　書局，《資治通鑑》的寫作班子，由司馬光點名當時史學大家劉攽、劉恕、范祖禹等。原在都城開封，司馬光到西京洛陽，稱書局自隨。㊱不責職業　不過問所職之事。㊲研精極慮　精心研究，極力思考。㊳抉擿幽隱　從浩如煙海的古籍中發掘出細微有用的資料。㊴年經國緯　以編年為綱，以分國的事件為內容。㊵自治平開局二句　司馬光修《資治通鑑》始於仁宗嘉祐年間，英宗治平三年四月十八日正式置書局，至神宗元豐七年十一月全書告竣，以設書局起計日，前後歷時十九年，即西元一〇六六至一〇八四年。㊶其間抵牾　指書中的矛盾。㊷駑蹇　駑馬和蹇驢，比喻才能低下。蹇，跛足。㊸鉛槧　古代用以書寫的工具。鉛，鉛粉筆，寫字用。槧，古代用木削成以備書寫的版片。㊹庶竭涓塵　竭盡微薄的力量。涓塵，比喻微末。㊺少裨海嶽　對天下稍有裨益。㊻癯瘁　因勞累而瘦弱困病。㊼神識衰耗　精神與記憶力減退。㊽旋踵遺忘　轉身就忘。旋踵，轉動腳後跟，即轉身，形容時間短暫。㊾妄作之誅　處罰寫得不好。妄作，隨隨便便的創作，謙詞，謂《資治通鑑》寫得不好。㊿清閒之宴　清閒安樂的時候。(51)嘉善矜惡　揚善黜惡。矜，自誇，此指貶斥。(52)足以懋稽古之盛德　足可以發揚古代的大德。懋，盛大；褒美。稽古，考古。(53)躋　登；升。(54)四海羣生　全天下的黎民百姓。(55)委骨九泉　埋骨地下。死的委婉語。

【校　記】[1]筋骸　原作「骸骨」。據章鈺校，乙十一行本作「筋骸」，四庫館臣校陳仁錫本同，其義長，今據改。

【語　譯】臣司馬光說：先前奉敕命編纂歷代君臣事跡，又奉聖旨賜名《資治通鑑》。如今，書稿已經完成了。

臣的性情愚昧遲鈍，學問荒疏，大凡做任何事情，都是在眾人之下。唯獨對於以前的歷史，稍微盡心盡力，從幼到老，愛好於此而不感厭煩。時常苦於從司馬遷、班固編纂史書以來，文字繁多，即使是無職任的讀書人，也無法通讀，何況是一國之君，日理萬機，哪有空餘的時間一一遍讀！臣曾經不自量力，想要刪減冗長的文句，摘取大略要旨，專門收錄有關國家興亡盛衰，有關民生禍福，好的可以作為典範，壞的可以引以為戒的史事，編成一部編年史，使內容先後有序，精華與糟粕不相混雜。但是私人的能力有限，沒辦法完成。

幸蒙英宗皇帝在位，憑著聰明睿智的天性，施行聖明的政策，想要歷覽古代的史事，用以施展偉大的謀劃，於是詔命臣下，讓臣進行編纂工作。臣昔日的願望，突然間得到實踐，歡欣鼓舞，欣然奉命，生怕不能勝任。先帝還命臣自己挑選官員，在崇文院設立修史機構，允許向龍圖閣、天章閣、三館、祕閣借閱圖書，賞賜皇家的筆墨紙硯和御前錢，用以供給果品糕餅，任命內臣擔任聯絡傳遞的工作。臣所受到的寵遇，是親近大臣所不及的。不幸書還沒來得及進呈御覽，先帝棄群臣而去。陛下繼位大統，繼承先帝遺志，寵以書前撰序，頒賜本書美名。每當開設講解經傳的講席，常命臣宣讀。臣雖然頑劣愚昧，但受到兩朝聖上如此的厚愛，殺身隕首，也不足以報答，如果才智所及，怎敢有絲毫懈怠！期間剛好被指派到永興軍任職，臣以身體衰弱染疾，無法從事繁重難辦的工作為由，請求就任散職。陛下俯允所欲，曲賜包容養護，改派臣擔任西京留司御史臺和管理西京嵩山崇福宮的官職，前後共六任，並且准許寫作機構跟臣一起調動，發給俸祿，不過問所職之事。臣既然沒有其他的職事，得以精心研究，極力思考，竭盡心力來編修。白天的時間不夠用，就繼之以黑夜。臣遍覽舊史，旁採野史雜說，書稿圖籍堆積，浩如煙海，從中發掘細微可用的資料，核校細微的差異。上起戰國，下至五代，總計一千三百六十二年，撰成二百九十四卷。又略舉事件條目，以編年為綱，以分國的事件為內容，以備檢索，作成《目錄》三十卷。又參考群書，判斷其中的異同之處，使其殊途同歸，作成《考異》三十卷。共三百五十四卷。從治平三年開設書局，到如今才完成，歲月漫長，書中矛盾之處，不敢保證沒有，自知負罪深重，實在無所逃避。臣司馬光誠惶誠恐，頓首頓首。

懇請陛下念在臣離開朝廷，十有五年，雖然身在外地，但區區之心，無論早上或黃昏，無論清醒或睡著，何曾不在陛下左右！只因才能低下，無從效力，所以專職於筆墨，以此報答陛下大恩，希望能竭盡薄力，對天下稍有裨益。臣如今瘦弱病困，眼睛模糊不清，牙齒沒剩幾顆，精神與記憶力減退，眼前剛做過的事，轉身就忘掉了。臣的精力，全部投入到這部書中了。期望陛下對臣寬恕隨意撰述的懲罰，鑑察臣的盡忠之意，在清閒安樂的時候，能夠順手翻閱。鏡鑑前代王朝的興衰，考察當今政治的得失，揚善黜惡，取是去非，足可以發揚古代的大德，進入前所未有的太平盛世，使天下的黎民百姓，都能蒙受福祉。那麼，臣雖然埋骨九泉，畢生的心願永遠完成了。謹奉表陳述，進呈此書，以奏知陛下。臣司馬光誠惶誠恐，頓首頓首，謹言。

端明殿學士兼翰林侍讀學士太中大夫提舉西京嵩山崇福宮上柱國河內郡開國公食邑二千六百戶食實封一千戶臣　司馬光上表

元豐七年十一月，進呈。

檢閱文字 承事郎 臣 司馬康❶

同修 奉議郎 臣 范祖禹❷

同修 祕書丞 臣 劉恕❸

同修 尚書屯田員外郎充集賢校理 臣 劉攽❹

編集 端明殿學士兼翰林侍讀學士太中大夫 臣 司馬光

【說　明】以上記進呈《通鑑》年月，及列署之銜名。銜名自司馬康至司馬光，年歲遞長，職銜遞尊。

【注　釋】❶司馬康　字公休，陝州夏縣（今山西夏縣）人，本司馬光兄司馬旦之子，後過繼為光子。學識容止俱有父風，司馬光修《資治通鑑》時，奏為「檢閱文字」。傳見《宋史》卷三百三十六。❷范祖禹　字淳甫，成都華陽（今成都雙流）人，范鎮從孫，世為史家，其所撰《唐鑑》為學者所尊，因稱其為「唐鑑公」。從司馬光於洛陽編修《資治通鑑》，「首尾一十五年」，於同修諸人中，在書局時間最久，主修唐代部分。傳見《宋史》卷三百三十七。❸劉恕　字道原，筠州（今江西高安）人，英宗命司馬光自擇英才共修《通鑑》，司馬光獨獨推許劉恕，稱「專精史學……唯劉恕耳」。恕自撰《十國紀年》，主修魏晉南北朝與五代部分。傳見《宋史》卷四百四十四。❹劉攽　字貢父，臨江新喻（今江西新餘）人，與兄敞、敞子奉世稱為「三劉」。攽撰有《兩漢書刊誤》，主修兩漢部分的長編。傳見《宋史》卷三百十九。

【語　譯】元豐七年十一月，將《資治通鑑》進呈宋神宗。

檢閱文字 承事郎 臣 司馬康

同修 奉議郎 臣 范祖禹

同修 祕書丞 臣 劉恕

同修 尚書屯田員外郎充集賢校理 臣 劉攽

編集 端明殿學士兼翰林侍讀學士太中大夫 臣 司馬光

獎諭詔書❶

勑司馬光修資治通鑑成事：

史學之廢久矣！紀次無法❷，論議不明❸，豈足以示懲勸❹，明久遠哉！卿博學多聞，貫穿今古，上自晚周，下迄五代，發揮綴緝，成一家之書❺，褒貶去取，有所據依。省閱❻以還，良深嘉歎❼！今賜卿銀絹、對衣、腰帶、鞍轡馬，具如別錄❽，至可領也。故茲獎諭，想宜知悉。冬寒，卿比平安好，遣書指不多及❾。

十五日

【說　明】以上為宋神宗獎諭司馬光修成《資治通鑑》所下詔書。

【注　釋】❶獎諭詔書　此四字篇題為底本原標題。❷紀次無法　史書的編次沒有法度。紀次，指紀傳編次。❸論議不明　史論不足以彰顯善惡。❹懲勸　懲戒過惡，勸勉善行。❺成一家之書　化用司馬遷〈報任安書〉「究天人之際，通古今之變，成一家之言」語，以讚譽司馬光修史能夠自成一家。❻省閱　審讀、閱覽。❼良深嘉歎　深深的為之讚歎。良，確實；誠然。❽具如別錄　正如另一封書牒上所寫明的那樣。別錄，另一封書牒。❾冬寒三句　後兩句為宋代文書習語，如《宋大詔令集》載〈賜高麗璽書〉亦有「春暄，卿比平安好，遣書指多不及」。比，近來。遣書，所寄達的書信。指多不及，即言不盡意。指，通「旨」。意旨；心意。

【語　譯】就司馬光修《資治通鑑》完畢事所下詔書：

史學已經衰敗很久了啊！前此的史書往往編次紊亂、法度蕩然，其史論又含混不清、不足以彰顯善惡，哪裡能夠用作懲惡勸善、通達古今啊！您博學多聞、學貫古今，將上起晚周、下迄五代的史事，揀選發揮、編次連綴，從而作成《資治通鑑》，得以自成一家，其中的褒貶取捨，也都有所依據。我審讀以來，實在是深深的為之讚歎！現特別賞賜給您銀絹、對衣、腰帶、鞍轡馬，正如另一封書牒上所寫明的那樣，到了就可以領取。特地以詔書獎諭您寫成《資治通鑑》的勳勞，希望您能夠知道。冬天寒冷，祝您近來平安安好，詔書言不盡意。

十五日

元豐八年❶九月十七日，准尚書省劄子，奉聖旨重行校定。

元祐元年❷十月十四日，奉聖旨下杭州鏤板❸。

校對 宣德郎祕書省正字 臣 張耒❹

校對 宣德郎祕書省正字 臣 晁補之❺

校對 朝奉郎行祕書省正字上騎都尉 臣 宋匪躬❻

校對 朝奉郎行祕書省校書郎充集賢校理武騎尉賜緋魚袋 臣 盛次仲❼

校定 奉議郎[1]充祕閣校理武騎尉賜緋魚袋 臣 張舜民❽

校定 奉議郎祕書省校書郎充集賢校理武騎尉賜緋魚袋 臣 孔武仲❾

校定 修實錄[2]檢討官朝奉郎行祕書省著作佐郎武騎尉賜緋魚袋 臣 黃庭堅❿

校定宣德郎守右正言臣劉安世⑪

校定奉議郎行祕書省著作佐郎兼侍講賜緋魚袋臣司馬康

校定修實錄檢討官承議郎祕書省著作郎兼侍講上騎都尉賜緋魚袋臣范祖禹

中大夫守尚書右丞上柱國汲郡開國侯食邑一千八百戶食實封貳伯戶賜紫金魚袋臣呂大防⑫

通議大夫守尚書左丞上柱國平原郡開國公食邑二千五百戶食實封柒伯戶臣李清臣⑬

金紫光祿大夫守尚書右僕射兼中書侍郎上柱國東平郡開國公食邑七千一百戶食實封二阡叁伯戶

臣呂公著⑭

【說明】以上記哲宗初年高太后臨朝時，下詔校刻《通鑑》事，及所附列銜名。銜名分兩層：自張耒至范祖禹，為奉旨校對、校定《通鑑》者；呂公著、李清臣、呂大防三人，為元祐初宰相，因署名校刻者。

【注釋】❶元豐八年　西元一〇八五年。是年三月，宋神宗趙頊駕崩，時年三十八歲。第六子趙煦九歲即位，即宋哲宗。❷元祐元年　西元一〇八六年。元祐，宋哲宗即位次年改元。時哲宗年幼，高太后臨朝稱制，閏二月，起用司馬光為相，大舉辟用舊黨臣僚，盡去熙寧以來新法而改行舊法，史稱「元祐更化」。❸下杭州鏤板　王國維〈兩浙古刊本考序〉云：「及宋有天下，南并吳越，嗣後國子監刊書，若《七經》正義，若《史》、《漢》三史，若南北朝七史，若《唐書》，若《資治通鑑》，若諸醫書，皆下杭州鏤板。北宋監本刊於杭者，殆居泰半。」章鈺以為《資治通鑑》在「杭本之外別有監本」，實則「杭本」即「監本」。❹張耒　字文潛，楚州淮陰（今屬江蘇）人，蘇門四學士之一。少而能文，「范純仁以館閣薦試」，遂受詔校《通鑑》。傳見《宋史》卷四百四十四。❺晁補之　字無咎，濟州巨野（今屬山東）人，蘇門四學士之一。狀元及第，李清臣薦入館閣，因校《通鑑》。傳見《宋史》卷四百四十四。❻宋匪躬　《宋史》無傳，李燾記其為名臣宋綬之孫。文彥博有〈舉宋匪躬〉劄子（《潞公文集》卷四十），薦其入祕書省。❼盛次仲　《宋史》無傳，據李燾《續資治通鑑長編》，元祐元年六月，司馬光薦次仲任館閣。❽張舜民　字芸叟，邠州（今陝西彬縣）人，因黨爭貶官，元祐元年赦歸，與盛次仲俱為司馬光薦入館閣。傳見《宋史》卷三百四十七。❾孔武仲　字常父，臨江新喻（今江西峽江）人，與兄文仲、弟平仲號為「三孔」，並有文名，元祐初入館閣。傳見《宋史》卷三百四十四。❿黃庭堅　字魯直，號山谷道人，洪州分寧（今江西九江）人，蘇門四學士之一，「學問文章，天成性得」。元祐元年，司馬光上〈乞黃庭堅同校資治通鑑劄子〉，稱其「好學有聞」，因校定《通鑑》。傳見《宋史》卷四百四十四。⓫劉安世　字器之，魏（今河北館陶）人，從學於司馬光，元祐元年，光入相，以其「才而自晦，愿而有立，立學修己，恬於進取」，自河南府左軍巡判官任上薦入館閣。傳見《宋史》卷三百四十五。⓬呂大防　字微仲，京兆藍田（今陝西藍田）人，元祐元年拜相，後提舉修《神宗實錄》。紹聖中，以黨爭貶死。傳見《宋史》卷三百四十。⓭李清臣　字邦直，魏（今河北館陶）人，為文「簡重宏放」，然「志在利祿，不公於謀國」，為時人所輕。傳見《宋史》卷三百二十八。⓮呂公著　字晦叔，壽州（今安徽鳳臺）人，名相呂夷簡第三子，高太后主政，召其入朝，與司馬光並為左、右相。傳見《宋史》卷三百三十六。

【校　記】①奉議郎　據章鈺校，乙十一行本作「承議郎」，熊羅宿《胡刻資治通鑑校字記》同。按，據司馬光《傳家集》卷五十三〈舉張舜民等充館閣劄子〉云：「臣竊見奉議郎張舜民」，似仍以「奉」為是。②修實錄　「錄」下原有「院」字。據章鈺校，乙十一行本無「院」字，今據刪。按，下文范祖禹銜亦有「修實錄檢討官」，無「院」字。司馬光《傳家集》卷五十一〈乞黃庭堅同校資治通鑑劄子〉：「其范祖禹近差充修神宗皇帝實錄檢討官」，亦無「院」字。

【語　譯】元豐八年九月十七日，依照尚書省的劄子，遵奉聖旨，重新校定《資治通鑑》。

元祐元年十月十四日，遵奉聖旨，將《資治通鑑》下杭州刻板印刷。

校對宣德郎祕書省正字臣張耒

校對宣德郎祕書省正字臣晁補之

校對朝奉郎行祕書省正字上騎都尉臣宋匪躬

校對朝奉郎行祕書省校書郎充集賢校理武騎尉賜緋魚袋臣盛次仲

校定奉議郎充祕閣校理武騎尉賜緋魚袋臣張舜民

校定奉議郎祕書省校書郎充集賢校理武騎尉賜緋魚袋臣孔武仲

校定修實錄檢討官朝奉郎行祕書省著作佐郎武騎尉賜緋魚袋臣黃庭堅

校定宣德郎守右正言臣劉安世

校定奉議郎行祕書省著作佐郎兼侍講賜緋魚袋臣司馬康

校定修實錄檢討官承議郎祕書省著作郎兼侍講上騎都尉賜緋魚袋臣范祖禹

中大夫守尚書右丞上柱國汲郡開國侯食邑一千八百戶食實封二百戶賜紫金魚袋臣呂大防

通議大夫守尚書左丞上柱國平原郡開國公食邑二千五百戶食實封七百戶臣李清臣

金紫光祿大夫守尚書右僕射兼中書侍郎上柱國東平郡開國公食邑七千一百戶食實封二千三百戶臣呂公著

紹興二年七月初一日，兩浙東路提舉茶鹽司公使庫❶下紹興府餘姚縣刊板。

紹興三年十二月二十日，畢工，印造進入。

左迪功郎紹興府司法參軍主管本司文字兼造帳官臣邊智❷ [1]

右迪功郎充提舉茶鹽司幹辦公事臣常任佚❸

右文林郎充提舉茶鹽司幹辦公事臣強公徹

右修職郎充提舉茶鹽司幹辦公事臣石公憲❹

右奉議郎提舉兩浙東路茶鹽司公事臣韓協❺

降授右朝奉郎前提舉兩浙東路茶鹽司公事臣王　然❻

校勘監視

嵊　縣：進士婁　諤　　進士茹贊廷

進士唐　弈[2]　　進士婁時升

進士婁時敏　　進士石　袞

進士茹　升[3]　　進士王　僉

進士張　綱❼

右迪功郎新虔州興國縣主簿　唐　自

餘姚縣：進士葉汝士❽　　進士杜邦彥

進士錢移哲❾　　進士陸　宕

進士顧大冶　　進士呂克勤

進士張彥衡　　進士朱國輔

進士杜　紱　　進士孫　彬

右迪功郎紹興府餘姚縣主簿　王　絪

右從事郎紹興府嵊縣尉　薛　鎡

右修職郎紹興府嵊縣丞　桂祐之⑩

左迪功郎紹興府府學教授　晏肅⑪

右承務郎知紹興府餘姚縣丞　馮榮叔⑫

左宣教郎知紹興府餘姚縣丞　晏敦臨⑬

右承奉郎知紹興府嵊縣主管勸農公事兼兵馬監押　范仲將⑭

右宣義郎知紹興府餘姚縣主管勸農公事兼監石堰鹽場　徐端禮⑮

左奉議郎簽書鎮東軍節度判官廳公事　張九成⑯

【說明】以上記南宋高宗紹興初年，由兩浙東路提舉茶鹽司公使庫總責，以嵊縣、餘姚縣的進士、官吏承擔校勘、監刻工作，重新校刻《通鑑》一事，及參與者的銜名題署。

【注釋】❶兩浙東路提舉茶鹽司公使庫　兩浙東路，南宋初分兩浙路東南部置，治所在紹興府（今浙江紹興）。提舉茶鹽司，各路所轄管理地方茶、鹽事務的機構。公使庫，補貼公務往來的機構，常以餘資刻書，東南大州的公使庫甚或轄有專門的雕造所。❷邊智　史籍失載，疑係「邊知白」。邊知白，字公式，吳縣（今江蘇蘇州）人。宣和六年進士。紹興中，歷為郎官、侍郎、直學士。❸常任佚　史籍失載。據晁說之撰〈蘇過墓誌銘〉，蘇過長女「適將仕郎常任佚」，疑即其人。蘇過，蘇軾幼子。❹石公憲　史籍失載。《史記》版本亦有「石公憲本」，題「紹興三年四月十二日右修職郎充提舉茶鹽司幹辦公事石公憲發刊」。❺韓協　據《會稽志》，紹興三年三月二十七日以右奉議郎到任，紹興五年四月初七日得替。❻王然　據《會稽志》，紹興二年二月初十日以右朝奉大夫到任，紹興三年三月初八日罷。❼張綱　疑即南宋名臣張綱，字彥正，潤州丹陽（今金壇薛埠）人。徽宗時，「三中首選」，擢為第一。紹興二年至三年，由江東提刑累遷中書舍人。傳見《宋史》卷三百九十。❽葉汝士　據明萬曆《紹興府志》，葉汝士為紹興十二年進士。❾錢移哲　據明萬曆《紹興府志》，錢移哲與葉汝士同榜，亦紹興十二年進士。⑩桂祐之　疑即「季祐之」。南宋高似孫《剡錄》縣丞題名以「季祐之」為首，無「桂祐之」，《浙江通志》記宣和六年榜亦有「季祐之」。疑「桂祐之」即「季祐之」，不知孰誤。⑪晏肅　撫州臨川（今屬江西）人，晏殊曾孫，宣和三年進士。其兄晏敦復《宋史》卷三百八十一有傳。⑫馮榮叔　數見於《建炎以來繫年要錄》，累知軍州，以貪鄙罷。⑬晏敦臨　撫州臨川（今屬江西）人，晏殊曾孫，晏敦復弟，政和五年進士。⑭范仲將　時任嵊縣地方長官。⑮徐端禮　時任餘姚地方長官。⑯張九成　字子韶，錢塘（今屬浙江杭州）人，南宋名臣。紹興二年進士第一，授鎮東軍簽判。因與秦檜不合，謫居南安軍，因號橫浦居士，開宗學脈，祖述二程，後世稱為「橫浦學派」。傳見《宋史》卷三百七十四。

【校記】①邊智　據章鈺校，乙十一行本「智」字作「知白」二字。②唐弈　據章鈺校，乙十一行本「弈」作「奕」。③茹升　據章鈺校，乙十一行本「升」作「幵」。

【語　譯】紹興二年七月初一日，由兩浙東路提舉茶鹽司公使庫下達，命令紹興府餘姚縣刊刻《資治通鑑》的書版。紹興三年十二月二十日，刊刻完畢，印刷呈進。

左迪功郎紹興府司法參軍主管本司文字兼造帳官臣邊智
右迪功郎充提舉茶鹽司幹辦公事臣常任佚
右文林郎充提舉茶鹽司幹辦公事臣強公徹
右修職郎充提舉茶鹽司幹辦公事臣石公憲
右奉議郎提舉兩浙東路茶鹽司公事臣韓協
降授右朝奉郎前提舉兩浙東路茶鹽司公事臣王然

校勘監視

嵊縣：進士婁諤　進士茹贊廷
進士唐弈　進士婁時升
進士婁時敏　進士石衮
進士茹升　進士王悆

進士張綱
右迪功郎新虔州興國縣主簿 唐自
餘姚縣：進士葉汝士 進士杜邦彦
進士錢移哲 進士陸宧
進士顧大治 進士呂克勤
進士張彥衡 進士朱國輔
進士杜紘 進士孫彬
右迪功郎紹興府餘姚縣主簿 王綑
右從事郎紹興府嵊縣尉 薛鎡
右修職郎紹興府嵊縣丞 桂祐之
左迪功郎紹興府府學教授 晏肅
右承務郎知紹興府餘姚縣丞 馮榮叔
左宣教郎知紹興府餘姚縣丞 晏敦臨
右承奉郎知紹興府嵊縣主管勸農公事兼兵馬監押 范仲將
右宣義郎知紹興府餘姚縣主管勸農公事兼監石堰鹽場 徐端禮
左奉議郎簽書鎮東軍節度判官廳公事 張九成

新譯范文正公選集
新譯蘇洵文選
新譯蘇軾文選
新譯蘇軾詞選
新譯蘇軾詩選
新譯蘇轍文選
新譯曾鞏文選
新譯王安石文選
新譯唐宋八大家文選
新譯柳永詞集
新譯李清照集
新譯辛棄疾詞選
新譯陸游詩文選
新譯歸有光文選
新譯唐順之詩文選
新譯徐渭詩文選
新譯袁宏道詩文選
新譯薑齋文集
新譯顧亭林文集
新譯納蘭性德詞
新譯方苞文選
新譯閒情偶寄
新譯鄭板橋集
新譯袁枚詩文選
新譯李慈銘詩文選
新譯聊齋誌異選
新譯閱微草堂筆記
新譯浮生六記
新譯弘一大師詩詞全編

教育類

新譯爾雅讀本
新譯顏氏家訓
新譯聰訓齋語
新譯曾文正公家書
新譯三字經
新譯百家姓
新譯幼學瓊林
新譯增廣賢文・千字文
新譯格言聯璧

歷史類

新譯史記
新譯漢書
新譯後漢書
新譯三國志
新譯資治通鑑
新譯史記——名篇精選
新譯尚書讀本
新譯周禮讀本
新譯逸周書
新譯左傳讀本
新譯公羊傳
新譯穀梁傳
新譯春秋穀梁傳
新譯戰國策
新譯國語讀本
新譯說苑讀本
新譯新序讀本
新譯吳越春秋
新譯西京雜記
新譯越絕書
新譯列女傳
新譯燕丹子
新譯東萊博議
新譯唐六典
新譯唐摭言

宗教類

新譯金剛經
新譯高僧傳
新譯碧巖集
新譯百喻經
新譯楞嚴經
新譯梵網經
新譯圓覺經
新譯法句經
新譯六祖壇經
新譯禪林寶訓
新譯維摩詰經
新譯經律異相
新譯阿彌陀經
新譯無量壽經
新譯妙法蓮華經
新譯景德傳燈錄
新譯大乘起信論
新譯釋禪波羅蜜
新譯八識規矩頌
新譯永嘉大師證道歌
新譯華嚴經入法界品
新譯地藏菩薩本願經
新譯悟真篇
新譯无能子
新譯坐忘論
新譯列仙傳
新譯抱朴子
新譯神仙傳
新譯性命圭旨
新譯老子想爾注
新譯周易參同契
新譯道門觀心經
新譯養性延命錄
新譯樂育堂語錄
新譯沖虛至德真經
新譯長春真人西遊記
新譯黃庭經・陰符經

地志類

新譯山海經
新譯水經注
新譯佛國記
新譯大唐西域記
新譯洛陽伽藍記
新譯徐霞客遊記
新譯東京夢華錄

政事類

新譯商君書
新譯鹽鐵論
新譯貞觀政要

軍事類

新譯孫子讀本
新譯司馬法
新譯尉繚子
新譯三略讀本
新譯六韜讀本
新譯吳子讀本
新譯李衛公問對

◎新譯高僧傳

朱恒夫、王學鈞等／注譯

潘栢世／校閱

慧皎的《高僧傳》詳細記錄了從東漢至南朝梁時佛教主體——僧人的活動，使後人能全面了解佛教傳入中國之後，經過宣傳、融合而至佔據哲學領域顯要地位的歷史。其中正傳二百五十七人，附見二百三十九人，不僅鮮活表現佛教在此一時期的風貌，是研究佛教史的重要參考資料，也是十分優秀的傳記散文傑作。本書參酌歷來各種版本，詳加考校注譯，通俗明白，有助讀者輕鬆通讀全書。

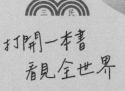